Informatik-Fachberichte

Herausgegeben von W. Brauer
im Auftrag der Gesellschaft für Informatik (GI)

61

Messung, Modellierung und Bewertung von Rechensystemen

2. GI/NTG-Fachtagung
Stuttgart, 21. – 23. Februar 1983

Herausgegeben von
P. J. Kühn und K. M. Schulz

Springer-Verlag
Berlin Heidelberg New York 1983

Herausgeber

Prof. Dr.-Ing. Paul J. Kühn
Institut für Nachrichtenvermittlung und Datenverarbeitung
Universität Stuttgart
Seidenstraße 36, 7000 Stuttgart 1

Dr. Klaus M. Schulz
Abt. 3144, 7030-19
IBM Entwicklung und Forschung
Schönaicher Straße 220, 7030 Böblingen

CR Subject Classifications (1982): C.4

ISBN-13:978-3-540-11990-6   e-ISBN-13:978-3-642-68830-0
DOI: 10.1007/978-3-642-68830-0

CIP-Kurztitelaufnahme der Deutschen Bibliothek.
Messung, Modellierung und Bewertung von Rechensystemen : GI/NTG-Fachtagung. - Berlin;
Heidelberg; New York: Springer. 2. Stuttgart, 21. - 23. Februar 1983. - 1983.
(Informatik-Fachberichte; 61)
ISBN-13:978-3-540-11990-6

NE: Gesellschaft für Informatik; GT

Vorwort der Herausgeber
========================

Dieser Band enthält die Beiträge zur 2. Fachtagung "Messung, Modellierung
und Bewertung von Rechensystemen", die vom 21. bis 23. Februar 1983 an de
Universität Stuttgart stattfindet. Wie die erste Tagung vor zwei Jahren
in der Kernforschungsanlage Jülich wird auch sie vom Fachausschuß 3/4
(Rechnerorganisation/Betriebssysteme) der Gesellschaft für Informatik und
vom Fachausschuß 6 (Technische Informatik) der Nachrichtentechnischen
Gesellschaft, vertreten durch die Interessengruppe "Messung, Modellierung
und Bewertung von Rechensystemen", veranstaltet.

Das wiederum große Interesse an der Thematik der Fachtagung spiegelt sich
in zahlreichen Vortragsanmeldungen - auch aus dem Ausland - wider, von
denen nur etwa 60% berücksichtigt werden konnten. Bei der Auswahl der
Vorträge spielten ihre Qualität, Relevanz, Aktualität und Originalität,
aber auch ihre verständliche Darstellung eine Rolle. Zur Abrundung der
Tagung und um gewisse Kristallisationspunkte zu bilden, wurden drei
Hauptbeiträge eingeladen, die sich der Thematik aus der Sicht des Theo-
retikers und des Praktikers anzunehmen versuchen und jeweils ein Tages-
programm eröffnen.

An dieser Stelle sei allen denjenigen gedankt, die beim Zustandekommen
dieses Tagungsbandes mitgewirkt und zum Gelingen der Tagung beigetragen
haben, insbesondere

- den Vortragenden und Autoren,
- den Rezensenten der eingereichten Vorträge,
- den Mitgliedern des Programmausschusses,
- den Sitzungsleitern,
- allen Förderern und
- Helfern

sowie auch den Herren Dr. K.M. Roehr und Dr. W. Krämer für die von ihnen
geleistete Vorarbeit.

Der Universität Stuttgart und den IBM Laboratorien Böblingen gilt unser
besonderer Dank für die Bereitstellung von Helfern und Hilfsmitteln für
die Organisation und die Durchführung dieser Tagung. Schließlich sei
auch noch Dank gesagt dem Springer-Verlag und dem Herausgeber der Informatik-Fachberichte , Herrn Prof. Dr. W. BRAUER, für die Veröffent-
lichung dieses Tagungsbandes.

Stuttgart/Böblingen,
im Dezember 1982   Paul J. Kühn, Klaus M. Schulz

<u>Vorwort des Sprechers der Interessengruppe</u>
<u>"Messung, Modellierung und Bewertung von Rechensystemen"</u>

Die Interessengruppe wurde 1978 gemeinsam gegründet von den Ausschüssen

- Fachausschuß 3/4 (Rechnerorganisation/Betriebssysteme) der Gesellschaft
  für Informatik (GI)

- Fachausschuß 6 (Technische Informatik) der Nachrichtentechnischen Gesellschaft (NTG)

Die Interessengruppe strebt an,

- Aktivitäten auf dem genannten Interessengebiet zusammenzuführen;

- interessierte Fachleute möglichst unmittelbar an der Arbeit der Gesell-
  schaften auf dem Interessengebiet zu beteiligen;

- für internationale Zusammenarbeit eine deutsche Partnergruppe zu bilden

Die Interessengruppe hat heute ca. 250 eingeschriebene Mitglieder. Sie is
offen auch für Personen, die nicht GI- bzw. NTG-Mitglieder sind. Es wird
dzt. kein Mitgliedsbeitrag erhoben. Die Interessengruppe wird geleitet
von einer zehnköpfigen Arbeitsgruppe (dzt.: Beilner, Herzog, Hieber,
Klar, Mertens, Roehr, Spaniol, Spies, Walke, Zorn), die alle vier Jahre
teils von den Mitgliedern gewählt, teils durch die Dachorganisationen
bestimmt wird. Ihre Mitgliedschaft in der Interessengruppe erreichen Sie
durch eine formlose Absichtserklärung an den dzt. Sprecher: H.Beilner,
Abteilung Informatik, Universität Dortmund, Postfach 500500, 4600 Dortmund 50; Tel.: 0231-755/2570.

Die Interessengruppe gibt einen zweimal jährlich erscheinenden Rundbrief
heraus, der über Arbeiten der Mitglieder, geplante Vorhaben und fachbe-
zogene Veranstaltungen informiert. Sie organisiert in regelmäßigen Abständen Fachgespräche mit wechselnden Themen, die dem direkten Ideen-
austausch von normalerweise jeweils 10-20 aktiven Teilnehmern dienen.
Sie organisiert mit der Tagung, deren Tagungsband vor Ihnen liegt, ihre
zweite Fachtagung zum angesprochenen Interessengebiet.

Ich ergreife gerne die Gelegenheit, den Herren P.J. Kühn und K.M. Schulz,
die für die wissenschaftliche und organisatorische Ausrichtung der Tagung
verantwortlich zeichnen, den herzlichen Dank der Interessengruppe für
ihre umsichtige und arbeitsaufwendige Tätigkeit auszudrücken. Und: Ich
wünsche der Tagung selbst einen guten Erfolg.

Dortmund, 1.12.1982   Heinz Beilner

Inhaltsverzeichnis

Leistungsanalyse im Bereich der Betriebssystementwicklung

G. Seßler, H. Stiegler
SIEMENS AG

Zusammenfassung:

Leistungsanalyse in der Betriebssystementwicklung dient der Qualitätssicherung und der Bestimmung von Maßzahlen als Leistungsangabe
für auszuliefernde Software-Produkte. Dadurch wird deren wirtschaft-
licher Vertrieb und Einsatz erst möglich. Eine diesen Zielen entsprechende Betrachtungsweise der Leistungsanalyse und eine überblickar-
tige Beschreibung des Einsatzes von Werkzeugen und Verfahren soll am
Beispiel der Betriebssystementwicklung bei Siemens gegeben werden.

1. Einleitung

Leistungsanalyse wird üblicherweise aus dem Blickwinkel des Betreibers oder Benutzers einer Rechenanlage gesehen. Dabei geht es dann
um Bewertung oder Optimierung eines einzigen Rechensystems, wobei
Hardware, Betriebssystem und Anwenderprogramme als Einheit gesehen
werden. Typischerweise sind hier auch die Leistungskriterien, in
Bezug auf die eine Bewertung oder Optimierung durchgeführt werden
soll, weitgehend bekannt. Die Betrachtung eines abgeschlossenen
Systems unter festliegenden Last- und Leistungsanforderungen entspricht etwa auch der Fragestellung der Leistungsanalyse bei der
Hardware-Entwicklung.

Bei der Software-Entwicklung, wie etwa im Bereich der Betriebssysteme, liegt dagegen der Schwerpunkt anders. Es muß dort

1) die Leistungsfähigkeit (als "Wirkungsgrad") eines Programmsystems relativ zu der Leistungsfähigkeit von unterliegenden
Hardware- (und Software-)Komponenten betrachtet werden. Dabei
ist eine große Variationsbreite an möglichen Konfigurationen
mit unterschiedlichen Eigenschaften zu berücksichtigen;

2) mit sehr verschiedenen Lastarten und Leistungskriterien ge-
rechnet werden, die ein nicht auszuschöpfendes Spektrum von
Variationsmöglichkeiten zulassen.

Die Leistungsfähigkeit eines Betriebssystems hängt nun in starkem
Maße sowohl von der unterliegenden, benutzten Hardware, als auch
von den Lastanforderungen ab. Zusätzlich bestehen Wechselwirkungen. Deshalb stellt sich die Leistungsanalyse aus dem Blickwinkel
des Herstellers noch deutlich komplizierter dar, als aus dem Blickwinkel des Betreibers einer Rechenanlage.

Einflüsse der unterliegenden Hardwarekomponenten sind z.B.
gegeben durch die charakteristischen Zeitverhältnisse verschiedener Verarbeitungsvorgänge zueinander (Dauer eines Ein-/Ausgabe-
vorgangs im Vergleich zur durchschnittlichen Ausführungszeit eines
Befehls der Zentraleinheit - je nach Anlagentyp sehr verschieden,
Ausführungszeiten der einzelnen Befehle in ihren Relationen zu-
einander - je nach Typ der Zentraleinheit verschieden) und die
Anlagenkonfiguration (Hauptspeichergröße, Anzahl angeschlossener
Kanalprozessoren und Geräte etc.). Das Spektrum möglicher Last-
profile wird schon in den verschiedenartigen Betriebsarten Batch,
Dialog und Transaktionsbetrieb sowie deren Kombinationen sichtbar.
Anforderungen infolge von Datenaufkommen, Datenraten, Benutzerver-
halten erfordern unterschiedliche Arbeitsweisen des Systems. Beim
Antwortzeitverhalten sind z.B. gegensätzliche Kundenanforderungen
bzgl. charakteristischer Verteilungsgrößen zu befriedigen.

In der Literatur und auf Fachtagungen werden im allgemeinen Probleme und Lösungen sowie Erfahrungen mit Einzel- und Teilsitu-
ationen vorgestellt und diskutiert. Die Bedürfnisse der Betriebssystementwicklung können damit noch nicht umfassend abgedeckt
werden. Ein theoretischer Unterbau für die Leistungsanalyse in
diesem Bereich ist nicht vorhanden und auch nicht in Sicht. Ein

Hersteller hat natürlich auch keine geschlossene Lösung, aber er
hat Interessen und Ziele, z.B.:

- der Wirkungsgrad seiner Software-Produkte ist ein Qualitäts-
  merkmal und soll möglichst hoch sein - denn das erlaubt kostengünstige Systemlösungen und erhält die Konkurrenzfähigkeit;
- die Kennlinien des Wirkungsgrades sollen über der Variation der
  Einflußparameter möglichst flach verlaufen, d.h. die Produkte
  sollen robust sein gegen dynamische Veränderungen der Einflußparameter - denn das erlaubt einen breiten Einsatzbereich;
- der Vertrieb soll sich bei der Projektierung von Hardware-/
  Software-Konfigurationen möglichst wenig in der Dimensionierung verschätzen - denn das kostet Geld;
- der Kunde soll seine Systeme weitgehend selbständig so regeln
  können, daß die Einflußparameter bei gutem Wirkungsgrad in
  weiten Grenzen variierbar sind - denn das gibt ihm Bewegungs-
  spielraum für Veränderungen und verringert den Beratungsaufwand.

Um diese Ziele zu erreichen, muß ein Hersteller also ein pragmati-
sches Vorgehen finden. Er wird aus der Gesamtheit aller Konfigurationen und Lastprofile solche auswählen, die als kritisch bekannt
sind und seine Leistungsanalyse auf diese beschränken. Er wird Leistungsanalysen streng an Wirtschaftlichkeitsüberlegungen koppeln.
Die Bedürfnisse der Qualitätssicherung (Kap. 3) und der Bestimmung
von Maßzahlen als Leistungsangabe für auszuliefernde Produkte
(Kap. 4) müssen erfüllt werden. Er wird endlich Meß- und Regelmechanismen entwickeln, die die Anpassung an unterschiedlichste
Einsatzbedingungen im praktischen Betrieb erlauben. Darüberhinaus-
gehende Maßnahmen binden dagegen Entwicklungskapazität, die der
Produktverbesserung verloren geht.

2.   Leistungsmessung und Werkzeuge

2.1   Begriffseingrenzung

2.2.1 Leistung und Last

Die Leistungsfähigkeit eines Gesamtsystems ist, wie schon erwähnt,
keine skalare Größe, sondern eine Kurvenschar als Funktion der
Last.

Die Charakterisierung einer Last besteht dabei aus der Beschreibung

- der Lasteinheiten (Lastscripts),

- deren Ankunftsrate und Verteilung,

- und der Randbedingungen für deren Ausführung wie z.B. maximale mittlere Antwortzeit, maximale Antwortzeit, maximale Antwortzeit von 95 % aller Aufträge oder in Priorisierungsgarantien einzelner Auftragstypen bei Mischlasten.

Diese hier erlaubte Allgemeinheit wird in Begriffsbestimmungen anderer Autoren meist nicht berücksichtigt. Oft werden die möglichen Randbedingungen auf maximale Antwortzeiten beschränkt. Da Betriebssysteme der heutigen Generation Steuer- und Regelmechanismen enthalten, die einerseits Randbedingungen einzuhalten erlauben, andererseits die Leistungscharakteristik und den Wirkungsgrad des Systems verändern, ist deren Einbeziehung in eine Lastdefinition jedoch zwangsläufig.

In der Praxis sind Lastscripts nicht alle von einheitlichem Typ, sondern beschreiben unterschiedliche Aufträge an das System. Nur über eine Bewertungsfunktion ist eine Umrechung in Lasteinheiten gegeben. Insbesondere wird man auch Mischlasten sehr verschiedener Auftragsarten (z.B. Transaktion und Recovery einer Datenbank) betrachten, wobei Randbedingungen typischerweise sich auf Priorisierungsgarantien beziehen. Zur Vereinfachung der Darstellung wird dies im Folgenden nicht weiter diskutiert.

Eine Nennbelastung liegt dann vor, wenn unter Erfüllung aller vorgegebenen Randbedingungen die Rate der abgearbeiteten Lasteinheiten (der "Durchsatz") maximal ist. Für jede Nennbelastung ergibt sich ein Leistungswert. Leistung ist also auch hier "Arbeit pro Zeit", wobei die Einheiten der Arbeit und ihre Ankunftsraten vorgegeben sind und Randbedingungen für ihre Erledigung eingehalten werden.

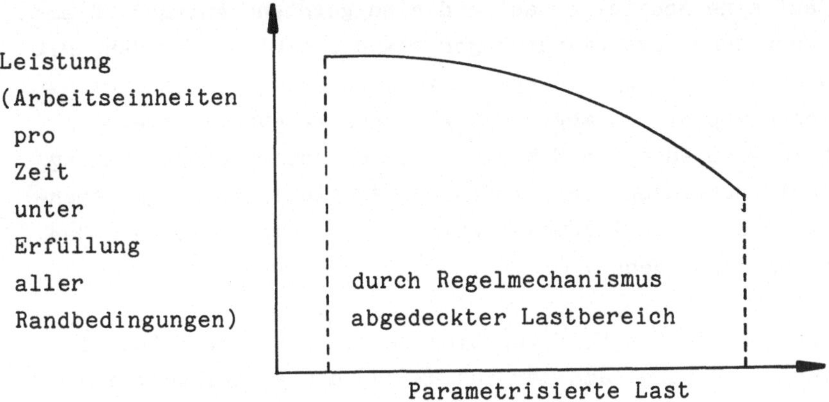

Bild 1: Leistung in Abhängigkeit einer Last

Dieser Leistungsbegriff ist auf alle Hardware- und Software-Schnitt-
stellen anwendbar. An der Maschinenschnittstelle sprechen wir von
Rohleistung (gemessen in pro Sekunde ausgeführten CPU-Instruktionen
und Ein-/Ausgabevorgängen). An der Systemschnittstelle sprechen
wir von Verwaltungsleistung (gemessen in pro Sekunde ausgeführten
SVC-Diensten). An der Benutzerschnittstelle sprechen wir von Nutzleistung (gemessen in pro Sekunde ausgeführten Benutzerauftragsein-
heiten).

2.1.2 Leistungsanteile und Wirkungsgrad

Der gerade definierte Leistungsbegriff erlaubt noch nicht, Aussagen
über den Wirkungsgrad eines Betriebssystems auf verschiedenen Konfigurationen oder unter verschiedenen Lasten zu machen, da die Maßzahlen in verschiedenen, nicht vergleichbaren Maßeinheiten gemessen
werden. Hierzu muß eine Umrechnung in eine einheitliche Maßeinheit
erfolgen (z.B. Rohleistung) und um Vergleiche zwischen verschiedenen
Konfigurationen zu erlauben sollte daraus eine dimensionslose Ver-
hältniszahl abgeleitet werden.

Jede Nutzleistung erfordert einen Anteil an Rohleistung und an Verwaltungsleistung. Rechnet man die Verwaltungsleistung ebenfalls
in die zu ihrer Erbringung verbrauchte Rohleistung um, so kann man
Nutz- und Verwaltungsleistung zueinander in Beziehung setzen. Die
prozentuale Aufteilung der abgegebenen Rohleistung für Nutzleistung
und für Verwaltungsleistung ist eine Kenngröße für ein Betriebssystem

(in Bezug auf eine spezielle Last und eine gegebene Anlage). Diese
Kenngröße kann durch Systemänderungen stark beeinflußt werden. Die
Systementwicklung muß dafür Sorge tragen, daß sie für ein breites
Spektrum von Lastprofilen möglichst gleichmäßig günstig bleibt.
Die Kenngröße wird auch von Maschinen verschiedener Größenordnung
oder von Konfigurationen beeinflußt. Der Vergleich kann dann eben-
falls Aussagen über die Angemessenheit des Systembetriebs auf den
jeweiligen Maschinen geben.

Ein bei einer bestimmten Konfiguration deutlich erhöhter Anteil
der Verwaltungsleistung läßt den Schluß zu, daß Rohleistung als
Blindleistung aufgenommen wird. Blindleistung entspricht dem um-
gangssprachlichen "Overhead" und umfaßt z.B. "idle"-Zeiten, die
aufgrund von Wartezeiten auf Ein-/Ausgabevorgänge auftreten.

Da die einzelnen Hardwarekomponenten nicht unabhängig voneinander
sind und i.a. eine gleichzeitige volle Auslastung aller Komponenten nicht möglich ist, ist Blindleistung im Systembetrieb nicht
zu vermeiden. Aber sie ist - in Analogie zur Elektrotechnik - durch
zusätzliche Verwaltungsleistung zu reduzieren (vgl. Kap. 3). Prinzipiell kann jeder überflüssige Ablaufteil im System als Verursacher
von Blindleistung aufgefaßt werden. Die Bestimmung solcher Anteile
an Blindleistung ist aber nur a posteriori d.h. bei Kenntnis von
besseren Lösungen möglich.

Der Wirkungsgrad eines Systems ist das Verhältnis der um die Blindleistung reduzierten Rohleistung zu der insgesamt aufgenommenen Rohleistung. Er hängt von Konfiguration und Last ab, seine Bestimmung
ist aber nur indirekt über Vergleiche der genannten Kenngröße des
für Verwaltungsleistung aufgenommenen Rohleistungsanteils möglich.

Typischerweise müssen bei der Betriebssystementwicklung solche Betrachtungen nicht nur für das gesamte System angestellt werden,
sondern für einzelne Komponenten des Systems. Z.B. könnte die Verwaltung des virtuellen Speichers bei Anlagen mit sehr kleinen oder
sehr großen Speicherausbauten unverhältnismäßig hohe Rohleistungsanteile des Systems verbrauchen, etwa weil in einem Fall der Haupt-
speicherausbau so klein ist, daß die Seitentauschrate ansteigt,
im anderen, weil die Systemtabellen sehr groß sind, so daß lange
Suchzeiten entstehen. Man benötigt also für eine einzelne Software-
komponente wieder Aussagen, welchen Anteil an Rohleistung und an

Verwaltungsleistung anderer Softwarekomponenten die von ihnen erbrachten Auftragseinheiten benötigen (vgl. /BARTH 82/).

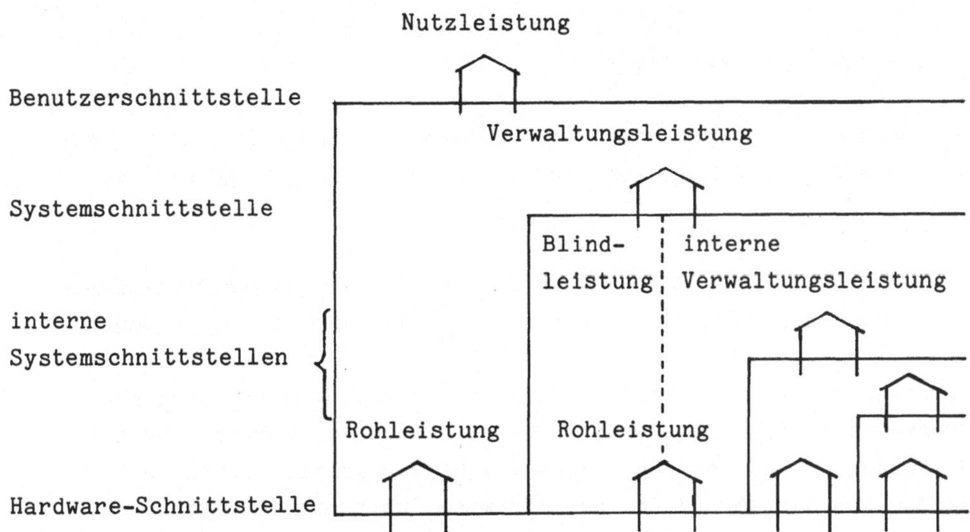

Bild 2: Schematische Aufteilung der Nutzleistung in
Rohleistung und Verwaltungsleistung.

2.2 <u>Leistungsmessung</u>

2.2.1 <u>Spezielle Anforderungen</u>

Leistungsanalysen im Betriebssystembereich sind dadurch charakterisiert, daß entweder schrittweise Verwaltungsleistungen von
Softwarekomponenten aufgegliedert werden in Rohleistungsanteile
und in Verwaltungsleistungen von Softwarekomponenten einer feine-
ren Systemgliederung, oder daß umgekehrt aus Aussagen über Lei-
stungsanteile kleiner Softwarekomponenten Aussagen über gröbere,
zusammengesetzte Komponenten ermittelt werden. Dem ersten Fall
entspricht ein immer gezielteres Messen, dem zweiten Fall entspricht die Voraussage mittels Simulation oder Modellierung.

Die Schwierigkeit der Leistungsanalyse im Bereich der Betriebssystementwicklung besteht darin, daß die Leistungsfähigkeit einer
einzelnen Komponente nicht ohne - z.T. übermäßig - großen Aufwand

für sich isoliert zu bestimmen ist. Man muß also spezielle Vorgehensweisen anwenden, um vom System auf kritische Teile zu schliessen und umgekehrt, um von kritischen Teilen ausgehend das Verhalten des Gesamtsystems voraussagen zu können.

2.2.2 Verwendete Werkzeuge

Die Werkzeuge unterscheiden sich grundsätzlich je nachdem, ob sie zum Messen, zur Simulation oder zur Modellierung eingesetzt werden.

Die einfachste Form des Messens besteht in der groben Pfadlängenbestimmung durch Auszählen von Befehlsfolgen. Hierbei ist weder die um Faktoren differierende Ausführungszeit einzelner Befehle berücksichtigt, noch werden Unterschiede bzgl. datenabhängiger Programmalternativen statistisch ausgemittelt. Deshalb kann auf Messungen im Betrieb des Systems nicht verzichtet werden. Dazu werden vom System und von der Hardware Instrumentierungen geboten, die sowohl die verbrauchte Rohleistung als auch die verbrauchte Verwaltungsleistung anderer Softwarekomponenten pro Einzeldurchlauf oder im statischen Mittel zu bestimmen erlauben.

Eine - im Sinne von /SVOBODAVA 81/ - permanente Instrumentierung des BS2000 ist durch einen Software Monitor gegeben, der periodisch Stichprobendaten über die Nutzung realer und logischer d.h. verwaltungstechnisch realisierter Betriebsmittel sammelt und auswertet. Die Periodendauer des Sammelns und die der Auswertung müssen dabei variabel einstellbar sein.

Dieser Stichproben-Monitor steht als sog. nachladbares Produkt auch dem Kunden zur Überwachung der Effizienz des produktiven Betriebs zur Verfügung. Es werden Histogramme aus integrierten Stichprobendaten an beliebig zu wählenden Benutzer-Terminals erzeugt. Aus dem Universitätsbereich stammt ein entsprechendes Produkt zur Überwachung des BS2000-Betriebs, das zusätzlich zu den geschilderten Leistungen die Analyse der Betriebsmittelanforderungen über einen Programmanalysator anbietet.

Ein größeres Auflösungsvermögen bei der Analyse des Betriebsgeschehens einschließlich der Ablaufverfolgung bieten Software Monitore, die ereignisgesteuert Betriebsdaten erfassen.

Die Auswertung der erfaßten Daten erfolgt zeitlich entkoppelt. Dadurch können sehr verschiedenartige und detaillierte Auswertungen gemacht werden, ohne den analysierten Ablauf zu verfälschen. Die Menge der möglichen Ereignisse, die als Anstoß zur Datenerfassung verwendet werden können, besteht dabei aus vorgegebenen Standardereignissen, die um beliebige zusätzliche Ereignisse erweitert werden können. Dies ist wichtig, damit Ereignisse, die zum Vermessen von "kritischen" Einzelkomponenten sich als notwendig erweisen, fallweise ergänzt werden können.

Ereignisgesteuerte Monitore stehen dem Kunden wegen ihrer komplizierten Anwendung nicht zur Verfügung, sondern sind auf den Einsatz durch den Hersteller beschränkt.

Weitere Software-Monitore sind auf Spezialzwecke der Datenkommunikation und des Datenbankbetriebs zugeschnitten (z.B. Messung der Auslastung eines Vorrechners und der dort abgewickelten Transportvorgänge) wobei zumindest ein Anschluß an den Stichproben-Monitor des Hauptrechners vorzusehen ist.

Durch Hardware-Monitore kann eine Analyse des Hardware-Betriebsgeschehens erfolgen. Allerdings muß hier i.a. hybrid mit Software-Monitoren gearbeitet und dafür Sorge getragen werden, daß der Kontext untereinander nicht verloren geht (vgl. /BORDEWISCH 81/).

Messungen im Betrieb erfordern, daß vorgegebene Nennbelastungen zuverlässig generiert werden können. Hierbei müssen natürlich alle Betriebsarten und ihre Kombinationen abgedeckt werden können. Testtreiber erlauben die Generierung von Lastprofilen auf der Grundlage von Lastscripts und Benchmarks für gemischten Dialog-, Transaktions- und Batchbetrieb. Das Verhalten des Zentralsystems kann allein ausgemessen werden, so daß auf Terminal und Netzanschlüsse dabei verzichtet werden kann. Sollen neben Eigenschaften des Zentralrechners auch Eigenschaften, die durch Vorrechner und Terminalkonfiguration mitbestimmt sind, ermittelt werden, werden Teile des Datennetzes mit einbezogen. Der Vorrechner arbeitet hierbei nach dem Spiegelprinzip, das erlaubt, den Treiber auf dem zu vermessenden Rechner ablaufen zu lassen. Um Verfälschungen der Leistungsmessung durch Zeitverzerrungen, die durch den Vorgang der Lastgeneration entstehen, völlig auszuschließen, kann auch ein zweiter Zentralrechner zur Lastgenerierung herangezogen werden.

Zur Vorhersage des Systemverhaltens bei Änderungen einzelner Softwarekomponenten, insbesondere bzgl. des Scheduling von Prozessen, können Simulationssysteme (z.B. TOCS wie in /MÜHLENBEIN 79/ beschrieben) eingesetzt werden.

Die Modellierung des Systems als ein Warteschlangennetz (z.B. COPE wie in /BEI MÄT 82/, /GOE MAT 80/ beschrieben) erlaubt Aussagen über das Verhalten des Gesamtsystems bei unterschiedlichen Hardware- und Softwarekonfigurationen. Die laufenden Änderungen der charakteristischen Maßzahlen der einzelnen Systemteile müssen dabei in eine entsprechend geänderte Parametrisierung des Modells umgesetzt werden.

3. Qualitätssicherung über Leistungsanalysen

3.1 Qualitätskontrolle von Entwicklungsprojekten

Die Weiterentwicklung eines Betriebssystems dient wesentlich dazu, dem Kunden erweiterte und neue Funktionen, sowie gesteigerten Komfort zu bieten. Solche Weiterentwicklungen führen auch zur Erhöhung der Verwaltungsleistung und des Anteils an Rohleistung, den das System aufnimmt. Dies kann z.B. indirekt dadurch der Fall sein, daß sich der Speicherbedarf für Funktionen oder systemintern benötigte Daten erhöht. In Systemkonfigurationen mit begrenztem Speicherausbau können daraus eine zu hohe Seitenwechselrate und ein entsprechend hoher Verwaltungsaufwand entstehen.

Dies zeigt, daß die Betriebssystemweiterentwicklung, obwohl sie auf zukünftige, dem Preisverfall angepaßt entsprechend leistungsfähigere Hardwarekonfigurationen zielt, die in der Vergangenheit ausgelieferten Hardwarekonfigurationen nicht außer acht lassen darf. Bei dem weiten Spektrum der von einem Betriebssystem unterstützten Hardwarekonfigurationen bedeutet das, daß der Spielraum für erlaubte Schwankungen der Leistungsfähigkeit jeder einzelnen Systemkomponente sehr schmal ist. Deshalb muß bzgl. des Leistungsverhaltens eine Qualitätskontrolle für jede neue Systemversion stattfinden.

3.1.1 Regressionstest

Für Entwicklungsprojekte, die vorhandene Systemkomponenten modi-
fizieren, müssen Regressionstests in Bezug auf die Vorgängerver-
sion durchgeführt werden. Diese Tests beziehen sich bzgl. verschiedener Lastprofile u.a. auf

- Pfadlängen ("benötigte Rohleistung der Zentraleinheit")

- Anzahl angestoßener Ein/Ausgabevorgänge ("benötigte Rohleistung
  der Ein-/Ausgabeprozessoren")

- Aufrufhäufigkeit anderer Systemleistungen ("intern bestellte
  Verwaltungsleistung")

- Speicherbedarf und Lokalitätsverhalten ("Randbedingung")

- Länge von unter (System-) Sperren ausgeführten Befehlstrecken
  und Häufigkeit von Sperren ("mögliche Ursache von Blindleistung").

Hierzu ist von Bedeutung, daß nicht für jede funktionell abge-
schlossene Komponente eine Testumgebung mit entsprechenden Lastprofilen existiert, die alle Leistungsdaten zu ermitteln erlaubt. Eine besonders einfache, aber aufwendige Methode besteht
darin, die einzelnen neuen Komponenten schrittweise mit anderen
des alten Systems zu integrieren und zuerst zu bestimmen, ob Auswirkungen der Änderungen in einem Leistungstest des gesamten Systems
zu finden sind. Gegebenenfalls sind dann gezielt detailliertere
Analysen anzuschließen.

Die Vorgaben hierfür sind aus in der Vergangenheit kritischen
Lastprofilen abgeleitet und betreffen insbesondere deren Ablauf
auf Hardware-Konfigurationen an der unteren oder der oberen Lei-
stungsgrenze des unterstützten Produktspektrums. Bestimmt wird
in erster Linie die Nutzleistung und das Verhältnis der für Nutzleistung und Verwaltungsleistung aufgenommenen Rohleistung.

Der Einfachheit des Vermessens eines Gesamtsystems in diesem Sinne
steht die Unbequemlichkeit gegenüber, dieses Gesamtsystem zu erstellen. Da Leistungsanalysen rechtzeitig genug erfolgen müssen,
um eventuell noch Korrekturen an den Systemkomponenten durchführen

zu können, kann damit natürlich nicht gewartet werden, bis die Integration mit allen Abnahmetests durchgeführt worden ist. Es kostet einen erheblichen Aufwand, um die vorgezogene Integration von z.T. noch nicht abnahmereifen Komponenten zu einem Meßsystem durchzuführen.

Regressionstests eines Gesamtsystems sind weitgehend automatisiert. Es werden verschiedene Lastprofile stufenweise bis zur Überlast auf das System gebracht und die jeweiligen Leistungsdaten ermittelt. Hierzu genügt als Werkzeug die permanente Instrumentierung des Systems. Analysen einzelner Softwarekomponenten dagegen erfordern die Verwendung der ereignisgesteuerten Software-Monitore und bedürfen der manuellen Betreuung.

3.1.2 Abnahme von Neuentwicklungen

Entwicklungsprojekte, die neue Systemkomponenten ins System einbringen oder vorhandene Regelungsstrategien durch neue ersetzen, um z.B. neue Lastprofile bedienen zu können, können nicht mit Hilfe eines Regressionstests auf ihre Tauglichkeit geprüft werden, sondern müssen gegen die ihrer Entwicklung zugrundeliegenden Leistungsspezifikationen verglichen werden.

Um auch hier rechtzeitig Meßergebnisse zu erhalten, bietet es sich an, Prototypen der entsprechenden Systemkomponenten zu erstellen, und diese im System zu vermessen. Alternativen sind Simulation und Modellbildung. Modellbildung hat sich für diese Zwecke bisher als noch nicht geeignet erwiesen, da für jede Erweiterung des Systems jeweils auch eine entsprechende Erweiterung des Modells nötig wäre. Die Güte der Modellierung könnte aber wegen fehlender Messungen nicht bestimmt werden, so daß trotz des großen Modellierungsaufwands hohe Ungenauigkeiten der Voraussage inkauf genommen werden müssen. Simulation hat sich bei einigen Entwicklungen, z.B. der eines neuen Taskschedulers, als sehr nützlich erwiesen und hat auch zu zutreffenden Ergebnissen geführt. Bei Entwicklungen bzgl. der Speicherverwaltungsalgorithmen allerdings stellt sich die Simulation als wenig vorteilhaft heraus. Die Einbettung der neuen Algorithmen in die Simulation entspricht etwa dem Aufwand, eine Pilotversion der Speicherverwaltungseinheit zu erstellen. Deshalb wird die Pilotierung dort der Simulation vorgezogen.

3.2   Schwachstellenanalyse und Verbesserungen

3.2.1 Ursachen von Schwachstellen

Die Qualitätskontrolle kann nicht garantieren, daß die von ihr
festgestellten Mängel des Systems, die sich in Folge eines Ent-
wicklungsprojekts ergeben (wie z.B. erhöhter Speicherbedarf) auch
direkt beseitigt werden können. Häufig zeigt sich, daß Leistungs-
mängel des Gesamtsystems, die als Folge von Leistungsänderungen
einer Systemkomponente auftreten, nachhaltiger und billiger durch
Verbesserungen an anderen Systemkomponenten beseitigt werden können.
Hierfür muß die Leistungsanalyse gezielt zur Schwachstellenanalyse
und zur Erarbeitung von Tuningvorschlägen eingesetzt werden.

Schwachstellen eines Systems ergeben sich aber auch aus anderen
Gründen als der Systemweiterentwicklung. Durch Änderungen der
Hardwarekomponenten und durch das Auftauchen neuer Lastprofile
werden Schwächen der Leistungsfähigkeit offenkundig, die bei der
Qualitätskontrolle nicht notwendig entdeckt werden.

3.2.2 Beispiele und Maßnahmen

Ein prominentes Beispiel für sich ändernde maschinelle Voraussetz-
zungen ist die Geschwindigkeitsrelation von Zentraleiheits-Befehls-
ausführung zu Ein-/Ausgabevorgängen. Die Geschwindigkeit der zentralen Verarbeitungseinheiten hat sich in den letzten Jahren um
ein Vielfaches erhöht, während Ein-/Ausgabevorgänge demgegenüber
nur wenig beschleunigt werden konnten. Dies hat Auswirkungen auf
die Zeitverhältnisse der im Betriebssystem ablaufenden Vorgänge
und beeinträchtigt bei entsprechenden Lastprofilen die Leistungsfähigkeit deutlich. In solchen Situationen bewähren sich z.B.
erweiterte Puffer im Arbeitsspeicher, deren Verwaltung zwar die
Leistung der Zentraleinheit belastet, die aber die Anzahl der
Ein-/Ausgabevorgänge wesentlich reduziert. Die Dateikataloge sind
mit dem Anwachsen des Sekundärspeicherplatzes so groß geworden,
daß hier solche Techniken verwendet werden müssen.

Ebenso haben auch Hardwareentwicklungen wie Festplatten mit immer
größerer Kapazität und wie Bandgeräte, die im Streaming Mode betrieben werden, Auswirkungen auf das Leistungsverhalten des Systems.

Wichtig ist hier besonders, daß solche Hardwareentwicklungen auch
immer eine Rückwirkung auf Benutzerwünsche haben, d.h., daß die
Lastprofile, die vom System abgearbeitet werden müssen, sich ändern.

Neuartige Lastprofile traten vor einigen Jahren mit dem Transaktionsbetrieb in Erscheinung, bei dem eine sehr hohe Anzahl von Terminal-
geräten mit einer Anwendung verbunden ist, d.h. einem Satz von Programmen, die über gemeinsamen Daten, wie z.B. einer oder mehreren
Datenbanken ablaufen. Ein Bündel von Maßnahmen war hier nötig,
das die Bedienung des Hauptspeichers, des Hintergrundspeichers,
des Ein-/Ausgabeverkehrs insgesamt und die generelle Beschleunigung
von Systemaufrufen aus Benutzerprogrammen vorsieht, um das BS2000
an diese Anforderungen anzupassen.

3.2.3 Allgemeines Vorgehen

Die Schwachstellenanalyse beginnt mit der Vermessung des Gesamtsystems bei kritischen Lastprofilen. Diejenigen Betriebsmittel,
für die ein Engpaß besteht, werden festgestellt und die verursachenden Systemkomponenten bestimmt. Dies ist nicht einfach, sobald
Wechselwirkungen zwischen den Komponenten bestehen. Man denke etwa
an einen Engpaß im Hauptspeicher, bei dem Thrashing auftritt. Wenn
die Verschiebung der Lokalität der Seitenzugriffe in einer Komponente zu einer Verminderung der Seitentauschrate führt, wird bei
anderen Komponenten die kritische Erhöhung der Seitentauschrate
auftreten. Selbst in einer Situation, in der nur ein einzelner Verursacher existiert, ist dieser nur mittelbar zu bestimmen und die
Rückverfolgung bedingt diffizile Vergleiche. Software- und Hardware-
Monitore, eventuell durch ad-hoc erstellte Werkzeuge ergänzt, finden
bei der Schwachstellenanalyse Anwendung. Eventuell wird Simulation
anhand gemessener interner Lastprofile zur Analyse einer Wechselwirkung verwendet.

Stehen die Verursacher fest, so werden Abhilfemaßnahmen erarbeitet,
wie z.B.

- Neubinden von Programm-Modulen zur Verbesserung der Lokalität
  von Seitenreferenzen (bei Hauptspeicherengpaß)

- Reduzierung von Pfadlängen in kritischen Komponenten

- erwünschte Schedulingreihenfolgen

- Benutzung von alternativen Sperrmechanismen.

Abhilfemaßnahmen umfassen Betriebsmittelsparmaßnahmen aller Art.
Ein wesentliches Prinzip darüberhinaus ist, daß Last von Betriebsmitteln, die einen Engpaß bilden, auf solche verschoben wird,
deren Nutzung noch nicht voll ausgeschöpft ist. Hierzu sind -
ebenso wenn Lösungen bzgl. optimaler Leistung für verschiedene
Lasten im Zielkonflikt sind - meist zusätzliche Steuer- oder
Regelfunktionen notwendig. Ins BS2000 z.B. wird als eine solche
Funktion ein mit der TU Karlsruhe gemeinsam entwickelter sogenannter "Performancecontroller" (PC) integriert.

4. Leistungsdaten als Kenngrößen für Produkte

4.1 Vorgaben für Regelmechanismen

Regelmechanismen sind zur optimalen Bearbeitung von Lastprofilen
wichtig, um deren Randbedingungen einhalten zu können. Sie sollen
verhindern, daß das System sich von seinen optimalen Betriebs-
punkten, in denen die Summe der angeforderten realen Betriebsmittel
etwa gleich der Summe der vorhandenen ist, zu weit entfernt.

Regelmechanismen sind aus diesem Grund schon immer in Betriebssystemen vorhanden, um die verschiedenen Formen von Überlast
zu verhindern. Dazu benötigen Regelmechanismen Indikatoren und
Schwellwerte, bei deren Überschreitung sie aktiv werden müssen.

Die Indikatoren werden durch Meßsonden, die im System integriert
sind, geliefert. Schwellwerte müssen vom Hersteller oder vom Betreiber des Systems vorgegeben werden. Sie beruhen auf Erkenntnis-
sen des Verhaltens des Gesamtsystems, die bei Probeläufen etwa mit
Hilfe eines Stichproben-Monitors gewonnen worden sind. Ein bekann-
tes Beispiel ist der Regelkreis zwischen Seitentauschrate und Prozeßsteuerung, der die Zahl der parallel abgearbeiteten Jobs ändert.

Der Entwurf eines Regelmechanismus bedingt also immer eine zusätzliche Leistungsanalyse zur Bestimmung der intern verwendeten

Schwellwerte. Diese müssen bei Änderung der Hardware- und Software-
konfiguration natürlich aktualisiert werden.

4.2 Entwicklungsleitlinien

Lösungsalternativen bei Konzeption und Implementierung von Anwen-
dungssoftware müssen unter Einbeziehung von Effizienzbetrachtungen
abgewogen werden. Hierbei stellen die Kosten der Systemdienste
wesentliche Faktoren dar. Auch bei systeminternen Weiterentwicklungen ist es wichtig, Maßzahlen für die Dienste zu haben, die man
von anderen Softwarekomponenten in Anspruch nimmt.

Solche Maßzahlen werden für grobe Leistungsabschätzungen benötigt.
Sie ergeben sich als Erfahrungswerte durch Mittelbildung über
sehr verschiedene Meßreihen oder als Erkenntnisse aus dem praktischen Betrieb. Ihre Bestimmung beruht sowohl auf dem Einsatz von
Stichprobenmonitoren und ereignisgesteuerten Monitoren, wie auch
auf der Verwendung sehr einfacher Modelle, die z.B. Annahmen über
die Anzahl bestimmter interner Dienstleistungsaufrufe machen.
Maßzahlen als Leitlinien für den Softwareentwickler werden zwar
nicht verbindlich gegeben oder gar garantiert, da sie zu großen
Schwankungen unterworfen sind. Trotzdem stellen sie für den
erfahrenen Programmierer eine wesentliche Hilfe dar. Besonders
einfache Beispiele sind die Kosten für einen Hintergrundtransport
auf Platte angestoßen aus einem Benutzerprogramm, die Kosten für
das Setzen eines Sperrsemaphors zwischen Benutzerprogrammen oder
die Kosten für Kontextwechsel.

Etwas komplexer wird der Umgang mit Maßzahlen, wenn nicht nur die
Dienste in Anspruch genommener Komponenten betrachtet werden müssen, sondern wenn wechselseitige Abhängigkeiten bestehen. Dies ist
z.B. der Fall, wenn gleichrangige Partner sich gegenseitig Betriebsmittel streitig machen können, wie dies bei Paging bzgl. des Hauptspeichers oder bei Sperren bzgl. der CPU-Bedienung anzutreffen ist.
Dann müssen, um Lösungsalternativen richtig auszuwählen, Maßzahlen
zur Charakterisierung des Verhaltens der Partner gefunden werden
und ein Modell für die Wechselwirkungen erarbeitet werden. Ein in
der Literatur behandeltes Beispiel für ein Problem dieser Art ist
die Bildung von Prozeß-Convoys, die auf "high traffic locks" warten (vgl. /BLASGEN et al. 79/).

4.3   Vertriebsleitlinien

4.3.1 Maßzahlen für den Vertrieb

Für die Erstellung von Angeboten müssen zu vorgegebenen Lastanforderungen die passenden Software- und Hardwarekonfigurationen
ausgearbeitet werden. Als Vorgaben dienen die Charakterisierung
der Last wie Pfadlängen und Speicherbedarf der einzelnen Programme,
Ein-/Ausgaberaten etc., die vom Kunden erwarteten Randbedingungen
und die aktuellen Leistungsdaten der infrage kommenden Gesamt-
systeme. Das Betriebsgeschehen wird dann mit einem Warteschlangennetz modelliert und die Ergebnisse der analytischen Durchrechnung
oder Simulation verschiedener Konfigurationen werden verglichen.

Hier ist das im Kap. 2 erwähnte Modellierungssystem zu nennen, mit
dem ein BS2000 Modell aufgebaut worden ist. Das Modellierungssystem
wird zentral eingesetzt und betreut, steht aber über Wählleitungen
allen Zweigniederlassungen zur Verfügung. Die zentrale Betreuung
stellt insbesondere sicher, daß das Modell dem aktuellen Stand der
Systemmaßzahlen entspricht. Andere Simulationsmodelle, z.B. die
im Forschungsbereich häufig auf GPSS aufsetzende Modelle
(s. /SCHMIDT 78/) sind demgegenüber nur selten im Einsatz. Hier
ist immer der Anpassungsaufwand des Modells dem Nutzen des Einsatzes gegenüberzustellen.

Die Erfüllung von Lastprofilen mit besonders harten Randbedingungen erfordern oft Zusatzoptimierungen, die über Variationen der
Hardware- und Softwarekomponenten hinausgehen. Die Analyse des
Leistungsverhaltens muß hier - wie unter 3.2 diskutiert - die
Schwachstellen aufzeigen. Optimierungswünsche können dabei direkt
bis zur Entwicklung durchschlagen, wenn sie mit Standardmethoden
nicht zu befriedigen sind. Dies kann zu maßgeschneiderten Angeboten führen und auch zu Verbesserungsideen, die dann der gesamten
Betriebssystementwicklung zu Gute kommen. Dieser direkte Kontakt
der Entwicklung mit individuellen Kundenwünschen ist sicherlich
nur in Ausnahmesituationen möglich und kann im Großseriengeschäft
nicht praktiziert werden.

4.3.2 <u>Maßzahlen für den Kunden</u>

Auch für ausgelieferte Systeme spielen Maßzahlen eine Rolle, um
dem Betreiber Richtlinien zum optimalen Betrieb geben zu können.
Der Betreiber kann damit selbst - mit Hilfe der permanenten Instrumentierung - das Leistungsverhalten analysieren und optimie-
ren. Hieraus ergeben sich natürlich funktionelle Anforderungen an
diese Instrumentierung. Deren Funktionen werden deshalb ständig
weiterentwickelt und verbessert, um den wachsenden Bedürfnissen
der Kunden bzgl. der Betriebsüberwachung entgegenzukommen.

5. <u>Abschließende Bemerkungen</u>

Leistungsanalysen sind ein wesentlicher Bestandteil der Betriebssystementwicklung. Ihre Bedeutung liegt bei der Qualitätssicherung
und bei der Bestimmung von Leistungsdaten als Kenngrößen für Produkte.
Überblickt man die geschilderten Methoden und Werkzeuge, so sieht
man, daß ihr Einsatz pragmatisch an Rentabilitätsgesichtspunkten
orientiert ist. Messen überwiegt bei weitem Simulation und Modellierung. Messen erfolgt wiederum überwiegend mit dem Stichproben-
Monitor.

Bei allen drei Methoden besteht das Problem der Rückschlüsse vom
Verhalten der Teile auf das des Gesamtsystems und umgekehrt. Die
Abhängigkeiten sind dauernden Änderungen unterworfen, und eine genaue Vermessung aller Einzelkomponenten ist nicht möglich. Deshalb
wird vorwiegend noch am gesamten System gemessen, woraus sich ein
nicht unerheblicher Aufwand für Systemintegration allein zu Meß-
zwecken ergibt. Hier sind Verbesserungen denkbar, ebenso wie bei
der gezielten Auswertung von Meßdaten, wo das Problem der Reduktion großer Datenmengen besteht.

Ein Fortschritt im Stand der Kunst der Leistungsanalyse wird von
uns als Hersteller dankbar zur Kenntnis genommen, auch wenn nur
Teilaspekte und Einzellösungen davon betroffen sind. Neue Methoden
können allerdings nicht immer unmittelbar in den Entwicklungsprozeß
eingepaßt werden. Wir haben jedoch gute Erfahrungen in der Zusammenarbeit mit Universitäten gemacht, bei denen zwei der erwähnten Werkzeuge entstanden sind. Insbesondere ist hier die Einpassung und
Anpassung der Werkzeuge an die spezifischen Bedürfnisse eines Herstellers gelungen.

<u>Literatur</u>

/BARTH 82/
R. Barth: Leistungsmaße in einem Schichtenmodell.
Siemens, D ST SDPF, VOL. 400

/BEI MÄT 82/
H. Beilner, J. Mäter: Simulative and Analytical Modelling of
Computing System Performance Using the Software Tool COPE.
Conf. Proc. of the European Computer Measurement Ass.,
München 1982.

/BLASGEN et al. 79/
M. Blasgen, J. Gray, M. Mitoma, T. Price: The Convoy Phenomenon.
ACM Operating Systems Reviews, Vol. 13, 2 (1979)

/BORDEWISCH 81/
R. Bordewisch: Messung und Bewertung von Betriebssystem-Komponenten. Informatik-Fachberichte 41, Springer 1981

/DIN-NI 82/
Leistungsbeurteilung von DV-Systemen.
Arbeitsbericht des AK 5.3.3 im DIN, Nr. NI 5.3.20-82, 1982

/GOE MAT 80/
C. Goerdt, W. Materna: COPE: Ein Instrumentarium zur quantitativen
Bewertung von Rechensystemen
GI-NTG-Fachtagung "Struktur und Betrieb von Rechensystemen",
Kiel 1980

/MÜHLENBEIN 79/
H. Mühlenbein: TOCS - ein Programmsystem zur Simulation von
Rechensystemen. Informatik Fachberichte 19, Springer 1979

/SCHMIDT 78/
B. Schmidt: Einführung in die Simulation diskreter Systeme
mit Hilfe von GPSS-FORTRAN.
Informatik-Fachberichte 16, Springer 1978

/SVOBODOVA 81/
L. Svobodova: Performance Monitoring in Computer Systems:
a Structured Approach. ACM Operating Systems Reviews,
Vol. 15,3 (1981)

<u>EIN VORSCHLAG ZUR DEFINITION DES BEGRIFFES LEISTUNG IM DV-BEREICH</u>

W. Dirlewanger, Universität Kassel
Hochschulrechenzentrum, Mönchebergstraße 11
3500 Kassel

1. Überblick

Obwohl in manigfaltigen Zusammenhängen und seit langem Leistungsangaben für DV-
Systeme gemacht werden ist bisher eine erstaunliche Unschärfe der Vorstellungen
über diesen Begriff selbst festzustellen. Verschiedenste Beschreibungsmittel sind
im Einsatz; sie haben unterschiedliche Nachteile und nur begrenzte Einsatzmöglichkeiten. Es fehlen sowohl eine klare und einheitliche Definition für den Begriff
Leistung wie auch ein Maß für bezifferte objektive Leistungsangaben. Es wird deshalb ein Definitionsvorschlag für einen allgemeinen, typ- und systemunabhängig einsetzbaren Leistungsbegriff sowie ein Maß entwickelt.

Dabei zeigt sich, daß Leistungswerte nicht etwa bezüglich eines DV-Systems (oder
einer Komponente davon) schlechthin, sondern nur bezüglich klar definierter Schnittstellen angegeben werden können. Solche Schnittstellen können sowohl zwischen DV-
System und Benutzer liegen; es können aber auch weiter innen im System liegende sein.

Der Begriff "DV-Leistung" entsteht unter Zwischenschaltung eines Begriffes "DV-
Arbeit": Der wesentliche Vorgang an Schnittstellen (Dienstleistungscharakter der
Datenverarbeitung!) ist, Verrichtungen in Auftrag zu geben, kurz "Aufträge" zu ver-
geben. Diese haben neben dem Merkmal der "Beschreibung, was zu tun ist" (geforderte
Funktion) noch zwei weitere wesentliche Merkmale, nämlich ein Zeitkriterium (Terminvorstellung, bis wann die Verrichtung erbracht sein muß) und eine Qualitätsforderung
("richtig" wäre die simpelste, sie kann aber auch sehr differenziert sein). Jedes
solche Merkmaltripel definiert eine Auftragsart. Mittels des Auftrages ergibt sich
der Begriff der DV-Arbeit, deren Maßeinheit ein Auftrag (einer bestimmten Auftragsart) ist. Als Größen an den Schnittstellen finden sich einerseits die "in Auftrag
gegebene Arbeit" und andererseits die "erledigte Arbeit". Erstere ist die Menge der
in Bearbeitung gegebenen Aufträge; letztere besteht aus einer Untermenge davon,
nämlich denjenigen Aufträgen die sowohl terminlich rechtzeitig wie auch qualitäts-
mäßig zufriedenstellend erledigt wurden. Die DV-Leistung ergibt sich nun als
Quotient von Arbeit durch Zeit; ihre Maßeinheit ist "1 Auftrag (einer bestimmten
Auftragsart) pro Zeiteinheit". Die pro Zeiteinheit von einem "Auftraggeber" in Auftrag gegebene Arbeit ist die "Belastung", und die pro Zeiteinheit vom "Auftragnehmer" erledigte DV-Arbeit ist die "erzeugte Leistung". Gibt der Auftraggeber
über die Schnittstelle Aufträge nicht nur von einer, sondern von $m > 1$ Auftragsarten

ab, dann sind alle Größen für Arbeit und Leistung nicht Skalare, sondern Vektoren mit m Komponenten.

Betrachtet man nun den an der Schnittstelle wirkenden Mechanismus der Auftragsübergabe näher, dann zeigen sich interessante Fakten:

Erstens: Die meist starke Rückwirkung zwischen Auftragserledigung und Auftragserzeugung, zusammen mit der Tatsache, daß der Auftraggeber der agierende und treibende Teil des Geschehens ist (während der Auftragnehmer nur jeweils reagiert), zieht nach sich, daß eine Leistungsangabe im Sinne eines dem Auftragnehmer inhärenten typischen Wertes für erzeugte Leistung im allgemeinen nicht zu finden ist. Die bisher so gern verwendete Aussage, daß eine bestimmte DV-Anlage eine so und so große Leistung habe, ist eigentlich gar nicht möglich. Vielmehr können Leistungsangaben für DV-Systeme (oder Komponenten davon) nur so erfolgen, daß bezüglich eines ganz bestimmten Auftraggebers die jeweils erzeugte Leisung angegeben wird.

Zweitens: Während für den Auftragnehmer also ein typischer (vom Auftraggeber unabhängiger) Wert für die erzeugte Leistung fehlt, läßt sich jedoch bezüglich der Belastung für jeden Auftraggeber ein typischer (und vom Auftragnehmer unabhängiger) Leistungswert angeben. Es ist die "Nennbelastung". Sie läßt sich allein aus denjenigen Parametern berechnen, durch die der Auftraggeber beschrieben ist.

Drittens: Betrachtet man das Geschehen an der Schnittstelle als Regelkreis, dann stellt sich die Nennbelastung genau dann als Wert für die Belastung ein (und ist dann auch gleichzeitig der Wert der erzeugten Leistung), wenn der Auftragnehmer gerade alle Aufträge termingerecht und qualitätsgerecht erledigt, keinen langsamer aber auch keinen schneller als verlangt. In allen anderen Fällen haben die erzeugte Leistung und die Belastung andere Werte.

Es bietet sich deshalb an, Leistungsbeurteilungen und Leistungsvergleiche von DV-Anlagen (oder von Moduln davon) wie folgt vorzunehmen: Die zu vergleichenden Auftragnehmer werden alle einem bestimmten Auftraggeber gegenüber gestellt, und die erzeugte Leistung wird gemessen. Als Beurteilungskriterium wird der Quotient von erzeugter Leistung und Nennleistung, der "Vergleichsvektor", verwendet. Er ist nicht nur ein Indikator dafür ob ein Auftragnehmer den Wünschen eines Auftraggebers gerecht wird, sondern gibt darüberhinaus genau an, um wieviel die tatsächlich erzeugte Leistung (aufgrund der Rückwirkung) ggf. unter oder über demjenigen Leistungswert liegt, den der Auftraggeber eigentlich verlangt.

Bezüglich viel verwendeter Schnittstellen, empfiehlt es sich, daß Standardauftraggeber definiert werden. Die Leistungsfähigkeit eines Auftragnehmers kann dann durch Angabe des Standardauftraggebers und des Vergleichsvektors (oder mehrerer solcher Paare) beschrieben werden.

Erste Anwendungen dieser neuen Leistungsvorstellung haben gezeigt, daß sie leicht auf unterschiedlichste Schnittstellen anwendbar ist (z.B. Betriebssystem-Prozessor,

Frontend-Backendrechner, Onlinesystem-Sachbearbeiter, Rechnerterminal-Programmierer, Batcheingabestation-Benutzer). Gegenüber bisherigen Methoden wird zwar verlangt, daß die Bedürfnisse des Auftraggebers deutlich klarer und präziser formuliert werden, aber es ergeben sich im Gegenzug genaue und objektive Leistungsaussagen. Sie sind unabhängig von der Konstruktion, dem Hersteller usw. des Systems, das als Auftragnehmer hinter der Schnittstelle liegt.

2. Kurze Bemerkungen zu den derzeitigen Leistungsbeschreibungen

Umgangssprachlich ist das Wort Leistung mit zwei verschiedenen Bedeutungen belegt: Einerseits bedeutet es eine Liste ausführbarer Tätigkeiten als solche und andererseits gibt es die Anzahl von Tätigkeiten an, die innerhalb einer gegebenen Zeit durchgeführt werden. Leistung sei hier ausschließlich im zweiten Sinn verstanden, während für Leistung im ersten obigen Sinn das Wort Funktionsmenge verwendet wird.

Innerhalb des so festgelegten Leistungsverständnisses gibt es eine große Mannigfaltigkeit der Vorstellungen. Für die Vielzahl der Varianten seien stellvertretend und beispielhaft die Literaturstellen [1] bis [17] genannt. Zu bemerken ist, daß fast immer nur implizit definierte Leistungsvorstellungen verwendet werden; nur selten gibt ein Autor eine explizite Definition dafür an, was er unter Leistung versteht. Eine Klassifizierung derzeit verwendeter Leistungsbeschreibungen gibt [18]. Mit dem Leistungsbegriff als solchem befaßten sich nur wenige Autoren, z.B. [19] bis [22].

Die kritische Betrachtung der bisher verwendeten Vorstellungen zeigt, daß sie jeweils mindestens einen, oft mehrere Nachteile von unterschiedlichem Gewicht haben. Damit sind umgekehrt die Forderungen formuliert, die ein neu zu schaffender Leistungsbegriff zu erfüllen hat. Die wesentlichsten Punkte sind:

- Angabe von absoluten Leistungswerten
- Genauigkeit
- Objektivität und Nachmeßbarkeit
- Unabhängigkeit von der konstruktiven Art der Realisierung der geforderten Funktionen
- Möglichst universelle Verwendbarkeit, d.h. Anwendbarkeit auf verschiedenste Schnittstellen

3. Die DV-Arbeit

Gemäß Abschnitt 2 wird DV-Leistung im Sinne von "Arbeit pro Zeit" verstanden. Es muß nun geklärt werden was unter DV-Arbeit zu verstehen ist. Dazu wird der typische Vorgang betrachtet, der darin besteht, daß Verrichtungen in Auftrag gegeben und ausgeführt werden. Es gibt also einen Auftraggeber (kurz mit AG bezeichnet) und einen Auftragnehmer (kurz AN genannt). Beide verkehren über eine Schnittstelle

(SCH genannt) miteinander. Diese ist durch das Spektrum derjenigen Verrichtungen beschrieben, die der AG beim AN durchführen lassen kann (Verrichtung = Durchführung einer Funktion). Wenn der AN einer Reihe verschiedener Verrichtungen instande ist, ist SCH durch eine Funktionsmenge von endlich vielen Funktionen f_1, f_2, ... beschrieben. Der Kürze halber sei SCH selbst als Name für die Funktionsmenge SCH verwendet:

$$SCH = \left\{ f_1,\ f_2,\ \ldots\ldots \right\} \qquad .$$

Die Auftragsabwicklung spielt sich in einer Umgebung ab, die aus den drei Komponenten AG, SCH, AN besteht. Beispiele für solche Umgebungen sind:

Auftraggeber	Schnittstelle	Auftragnehmer
Buchungssach-bearbeiter	Flugbuchungsterminal (SCH = Menge der Buchungs-Kommandos)	Buchungssystem, bestehend aus Anwendersoftwarepaket, Laufzeitumgebung des Compilats, Betriebssystem, Utilities, Hardware.
Betriebssystem	Maschinenbefehls-Ebene (SCH = Befehlsvorrat der Maschine)	Hardware, ggf. die Firmware beinhaltend,

Der elementare Vorgang an der Schnittstelle besteht darin, daß der AG dem AN die einmalige Ausführung einer Funktion f aufträgt. Dabei ist es typisch - wie für alle Dienstleistungsvorgänge, wozu auch DV-Arbeit gehört - daß der AG bezüglich der Erledigung eine Terminvorstellung ("Zeitkriterium" z) sowie eine Qualitätserwartung ("Qualitätsforderung" q) statuiert; q ist im einfachsten Fall die "richtige Ausführung". Die drei Angaben f, z, q, beschreiben den vom AG gestellten Auftrag. Jedes derartige Tripel legt eine Auftragsart fest. Die Gesamtmenge aller vorkommenden Auftragsarten ist durch den AG bestimmt. Dabei können (durch Variation von z und q) mehrere Auftragsarten existieren, die eine ganz bestimmte Funktion f verwenden. Andererseits muß der AG nicht von allen $f \in$ SCH Gebrauch machen. Es sei Z = $\left\{ z_1,\ z_2,\ \ldots \right\}$ die (endliche) Menge aller vorkommenden Zeitkriterien und Q = $\left\{ q_1,\ q_2,\ \ldots \right\}$ die (endliche) Menge aller vorkommenden Qualitätsforderungen. Die formale Beschreibung der (im allg. Fall) $m > 1$ Auftragsarten erfolge durch Indextripel

$$\alpha_j = (u_j,\ v_j,\ w_j)\ ,\quad j = 1,\ \ldots,\ m \qquad\qquad . \tag{1}$$

Dabei ist u_j die Nummer der durchzuführenden Funktion, v_j die Nummer des Zeitkriteriums und w_j die Nummer der Qualitätsforderung. Ein Auftrag der j-ten Auftragsart verlangt also die Durchführung einer Funktion f_{u_j}, wobei das Zeitkriterium z_{v_j}

sowie die Qualitätsforderung q_{w_j} vorgegeben werden.

Bezüglich Q sei gesagt, daß sich die formale und die inhaltliche Richtigkeit q von Auftragsergebnissen aus einer (guten) Spezifikation des Programmsystems, dem Handbuch etc. entnehmen lassen. Die Verwendung eines Qualitätskriteriums ist deswegen nötig, weil es leichtfertig wäre, zu unterstellen, daß ein DV-System immer alles gut und richtig macht. Betreffs Z sei auf Abschnitt 7.1 verwiesen.

Die vom AG dem AN übertragene Arbeit ist im Fall $m > 1$ durch einen Vektor

$$\vec{b} = \begin{pmatrix} b_1 \\ \vdots \\ b_m \end{pmatrix} \qquad (2)$$

beschrieben, dessen j-te Komponente angibt, wieviele Aufträge der Art q_j enthalten sind.

Bei der Bearbeitung der Aufträge durch den AN wird jeder Auftrag individuell auf Termin- und Qualitätseinhaltung beobachtet. Aufträge, die die Termin- und/oder Qualitätsforderung nicht einhalten, gelten als unerledigt. Sei e_j die Anzahl der vom AG als erledigt anerkannten Aufträge der j-ten Art, dann ist

$$\vec{e} = \begin{pmatrix} e_1 \\ \vdots \\ e_m \end{pmatrix} \qquad (3)$$

die "erledigte Arbeit".

<u>Bemerkung</u>: Die Fähigkeit zu speichern wird hier als Funktion verstanden (z.B. Funktion "300 KBytes Dateiplatz bereitstellen"). Wie lage Inhalte von Speichern gespeichert bleiben hat keine Relevanz. Ist z.B. eine Rechenanlage imstande, die während eines Rechenablaufes nötigen Zwischenspeicher bereitzustellen, dann kann sie das Programm ausführen (Funktion "Durchführen von Programmläufen mit ganz bestimmten Hauptspeicher-, Plattenspeicherbedarfswerten usw."). Kann sie es nicht, dann fehlt diese Funktion. DV-Arbeiten jedoch sind die Transporte vom bzw. zum Speicher (z.B. Ablegen von 50 Datensätzen in eine Datei oder Bringen von 7 Bytes aus dem Hauptspeicher).

4. Die DV-Leistung

Aus dem eben entwickelten Begriff der DV-Arbeit ergibt sich die DV-Leistung als Quotient der DV-Arbeit durch die Zeit T, in der sie durchgeführt wird. Im Fall $m = 1$ (d.h. nur eine Auftragsart) ist die Maßeinheit der Leistung gleich 1 Auftrag pro Zeiteinheit. Im Fall $m > 1$ ist die Leistung durch einen Vektor mit m Komponenten beschrieben, dessen j-te Komponente die Anzahl der Aufträge der j-ten Art pro Zeiteinheit angibt.

Für das Geschehen an der Schnittstelle SCH sind zwei Leistungsgrößen von besonderer
Bedeutung. Es ist einerseits die "Belastung" $\vec{B}$, die die pro Zeiteinheit vom AG in
Auftrag gegebene Arbeit beschreibt und andererseits die erzeugte Leistung $\vec{E}$, die die
von AN pro Zeiteinheit erledigten Arbeiten beschreibt. $\vec{E}$ ist also diejenige Arbeits-
menge pro Zeiteinheit, die termin- und qualitätsgerecht angeführt wurde. Es ist:

$$\vec{B} = \begin{pmatrix} B_1 \\ \vdots \\ B_m \end{pmatrix} \quad , \quad \text{mit } B_j = \frac{b_j}{T} \quad , \tag{4}$$

$$\vec{E} = \begin{pmatrix} E_1 \\ \vdots \\ E_m \end{pmatrix} \quad , \quad \text{mit } E_j = \frac{e_j}{T} \quad . \tag{5}$$

Zur Durchführung von Messungen sei noch bemerkt, daß man die Werte b_j und e_j durch
Abzählen der während $T = t_2 - t_1$ erteilten bzw. erledigten Aufträge
erhält. Bezüglich der Zählung zur Ermittlung der e_j ist zweierlei zu beachten.
Erstens dürfen solche Aufträge nicht gezählt werden, die zwar innerhalb des Be-
obachtungszeitraumes (t_1, t_2) vom AN beendet werden, aber vor t_1 in Auftrag gegeben
worden waren. Zweitens müssen die Werte von e_j natürlich alle erledigten Aufträge
beinhalten, soweit sie innerhalb (t_1, t_2) in Auftrag gegeben wurden, d.h. auch
solche, die im Rahmen der erlaubten Bearbeitungsdauer erst nach t_2 zuendekommen.

5. Die gegenseitige Beeinflussung von Auftragserzeugung und Auftragserledigung

Für die verschiedensten Schnittstellen im DV-Bereich ist folgendes Wechselspiel
typisch: Der AG übergibt dem AN einen Auftrag; der AN meldet nach einer gewissen
Zeit den Auftrag als erledigt (termingerecht oder auch zu spät, qualitativ ausreichend oder auch zu schlecht); eine weitere Zeit später erteilt der AG wieder
einen Auftrag (von der gleichen Art wie vorher oder auch einen anderen) an den AN;
usw. Es wechseln also die Zustände "AG ist aktiv und AN wartet" (sog. Denkzeit) und
"AN ist aktiv und AG wartet" (sog. Verweilzeit) ab. Die Denkzeit wird vom AG bestimmt und die Verweilzeit vom AN.

Dieses Wechselspiel gilt nicht nur für interaktives Arbeiten, sondern auch für
Batchjobs. Letzteres deshalb, weil typischerweise eine Fachabteilung den zu einem
eben gestarteten Job logisch nächsten erst in Auftrag gibt, wenn sie das Ergebnis
des jetzigen erhalten hat. Man verwechsele hiermit nicht den Sachverhalt, daß eine
Fachabteilung u.U. zeitlich parallel an mehreren logisch getrennten Aufgaben arbeitet, sodaß bezüglich aller aus dieser Fachabteilung kommenden Batchjobs das

obige Wechselspiel als nicht mehr eingehalten erscheint; dies ist jedoch nur scheinbar nicht eingehalten, da hier die Überlagerung der Auftragsströme von mehreren
logisch zu trennenden "elementaren Benutzern" (s. weiter unten) vorliegt. Das beschriebene Wechselspiel ist nicht nur für Schnittstellen typisch bei denen der AG
eine Person ist, sondern gilt ebenso für Schnittstellen, die in DV-Systemen weiter
innen liegen.

Die Denkzeit des AG schwankt üblicherweise mehr oder weniger und in schlecht vorher-
sehbarer Weise, und die Häufigkeitsverteilung (und damit auch der Mittelwert) ist
typisch für die Auftragsart zu der die Denkzeit gehört. Ob man dabei die auf die
Erledigung folgende Denkzeit dem Auftrag zuordnet oder die vorhergehende, spielt
im statistischen Mittel keine Rolle. Als Folge des Wechselspiels von AG und AN hat
der Gesamtvorgang folgende Charakteristik: Je schneller (oder langsamer) der AN die
Aufträge bearbeitet, umso mehr (bzw. weniger) Aufträge erhält er pro Zeiteinheit
vom AG. Der zeitliche Strom von Aufträgen, d.h. die Belastung $\vec{B}$ pendelt sich als
Resultat von Auftragserzeugung und Auftragserledigung ein. Dies gilt zunächst für
den Fall, daß die von einem AG abgegebenen Aufträge eine logisch zusammengehörige
und aus genau einer Aufgabenstellung resultierende Auftragsfolge sind (Beispiel:
Auftraggebende Fachabteilung bezüglich genau einer Angelegenheit). Daneben gibt es
den Fall, der AG mehrere solche "elementare Benutzer" subsumiert (Beispiele: Ge-
samtauftragsstrom, der an einer Batch-Eingabestelle ankommt; Strom der Interaktionen zwischen einem Terminalkonzentrator und der Timesharingrechenanlage). Es über-
lagern sich dann an der Schnittstelle mehrere elementare Auftragsströme. Dies
bringt im Prinzip nur wenig neues. Als Effekt kommt lediglich hinzu, daß nun der
AG ggf. zeitlich parallel an mehreren Aufträgen arbeitet, was dazu führen kann,
daß die Erledigungszeiten mit steigendem Auftragseingang zunehmen. Damit tritt
eine Art Regelungseffekt ein, denn steigende Erledigungszeiten vermindern den Auftragseingang. Es ergibt sich wiederum ein Einpendeln der Auftragsströme als Resultat
von Auftragserzeugung und -Erledigung. Insgesamt ergeben sich der Strom der Aufträge $\vec{B}$ und der Strom erledigter Aufträge $\vec{E}$ als Summe aus allen Regelungs- und Rück-
wirkungsvorgängen.

6. Suche nach einem für den Auftragnehmer charakteristischen Leistungswert

Variiert man für einen gegebenen AN die Eigenschaften des AG, dann stellen sich
gemäß der Regelkreisbetrachtung unterschiedliche Wertpaare $(\vec{B}, \vec{E})$ für Belastung
und erzeugte Leistung ein. Keines davon ist ausschließlich durch die Eigenschaften
des AN bestimmt, da ja der AG der aktive und treibende Teil des Geschehens ist.
Fehlt der AN gar, dann findet nichts statt, und $\vec{E}$ ist der Nullvektor. Ein Leistungswert als alleinige Eigenschaft des AN ist also nicht zu finden.

Wenigstens gedanklich könnte man natürlich auch den Versuch zur Ermittlung von so
etwas wie einer Maximalleistung des AN unternehmen. Das hieße dann, zu einem

gegebenen AN einen "idealen" AG zu finden, der ihn in irgend einem Sinne optimal auslastet. Dies führt aber in der Praxis zu keinem sinnvollen Verfahren, denn es erhebt sich die Frage, welches Optimum angestrebt werden soll. Würde man z.B. als Ziel eine "möglichst hohe erzeugte Leistung" nehmen, dann wäre der ideale AG wohl derjenige, der mit der Denkzeit Null nur eine Art von Aufträgen abgibt, nämlich diejenige, die der AN am schnellsten erledigen kann. Wenn z.B. die Maschinenbefehlsebene als Schnittstelle betrachtet wird, dann wäre ein derartiger "idealer" AG ein Trivialprogramm, das nur aus einem Sprungbefehl (mit Sprung auf sich selbst) besteht; dann ergäbe sich voraussichtlich die höchstmögliche Rate von Instruktionen pro Sekunde. Aber welche praktische Bedeutung hätte solch ein Wert?

Es bleibt also zunächst festzuhalten, daß ein dem AN inhärenter Leistungswert (d.h. ein Leistungswert, der allein aus den Eigenschaften des AN resultiert) nicht zu finden ist.

7. Suche nach sonstigen ausgezeichneten Leistungswerten

7.1. Beschreibung der Zeitkriterien in Form von Terminfunktionen

Im Rahmen der Suche nach sonstigen ausgezeichneten Leistungswerten sei nun der AG näher betrachtet. Betreffs der Erzeugung von Aufträgen durch den AG war schon oben angenommen worden, daß die m Häufigkeitsverteilungen der zu den m Auftragsarten gehörenden (zufallsähnlich schwankenden) Denkzeiten bekannt seien, und es sei t_{Dj} der Mittelwert der zur j-ten Auftragsart gehörigen Denkzeit. Weiterhin sei angenommen, daß die m Auftragsarten in zufallsähnlicher Folge vom AG erzeugt werden. Nach welcher Regel dies geschieht, sei dem AG als treibenden und aktiven Teil des Geschehens überlassen. Als beschreibende Größe sei p_j eingeführt. Dies ist die relative Häufigkeit, mit der die j-te Auftragsart in der Gesamtmenge der vom AG erzeugten Aufträge vorkommt. (Es gilt: $\sum_{j=1}^{m} p_j = 1$.) Daß die Werte p_j sowie die Denkzeitverteilungen ihrerseits von der Rückwirkung im Regelkreis u.U. beeinflußt werden, ist eine Komplikation, die zunächst ruhig hingenommen werden kann.

Neben der Erzeugung von Aufträgen entscheidet der AG darüber, welche der vom AN als fertig gemeldeten Aufträge er als erledigt anerkennt (vergl. Abschn.3). Bezüglich der Qualität ist dies eine Ja-Nein-Entscheidung anhand der von ihm statuierten Qualitätsforderungen $q \in Q$. Bezüglich der Termineinhaltung gilt, daß der AG Tätigkeiten nicht ohne Vorstellung bezüglich der Zeit, innerhalb der sie erledigt sein sollen, in Auftrag gibt. Dauert die Erledigung wesentlich zu lange, dann nützt ihm das Ergebnis nicht mehr. Ein zu spät erledigter Auftrag ist genauso unerledigt, wie wenn das Ergebnis nie vorgelegt würde (Beispiel: Die Durchführung einer Flugbuchung am Terminal, die 20 Minuten dauert, während das Flugzeug in 15 Minuten startet). Um auch detailliertere Wünsche dieser Art beschreiben zu können sei eine "Terminfunktion" eingeführt. Dies ist diejenige Erledigungszeitverteilung (bezüglich einer bestimmten Auftragsart), die der AG gerade noch als schlechteste zu akzeptieren bereit ist. Beispiel:

Zeitklasse	relative Häufigkeit
0 bis 2 sec	90 %
2 bis 4 sec	8 %
4 bis 15 sec	2 %
> 15 sec	0 %

Eine andere Schreibweise ist:

Zeitbereich	zulässige rel. Häufigkeit
$\geqslant 0$ sec	0+2+8+90=100%
> 2 sec	0+2+8 = 10%
> 4 sec	0+2 = 2%
> 15 sec	0%

<u>Bem.</u>: Hier wird impliziert, daß jede bessere Klasse einer schlechteren "aushelfen" kann, solange sie selbst nicht "voll" ist.

Solche Terminfunktionen seien als Zeitkriterien $z \in Z$ in den Auftragsarten verwendet. Der Mittelwert derjenigen Terminfunktion, die als Zeitkriterium in der Auftragsart α_j verwendet wird, sei t_{Nj}, und er sei immer endlich.

7.2. Die Nennbelastung als besonders ausgezeichneter Leistungswert

Es sei nun eine bestimmte Schnittstelle SCH sowie ein gegebener AG betrachtet. Variiert man die Eigenschaften des AN, dann lassen sich die (jeweils nach Einpendeln des Regelkreises) entstehenden Zustände in folgende drei Klassen einordnen:

a) Der AN erledigt nicht alle Aufträge des AG qualitäts- und termingerecht. Dann ist: $\vec{B} \neq \vec{E}$ mit $B_i > E_i$ für mindestens einen Wert von i .

b) Es liegt ein AN vor, der erstens alle Aufträge qualitativ zufriedenstellend ausführt und zweitens bei der zeitlichen Abwicklung so raffiniert vorgeht, daß alle Aufträge zwar im Sinne der Terminfunktionen als erledigt gelten, aber keiner schneller als unbedingt nötig erledigt wird. Dann ist:
$$\vec{B} = \vec{E} \; ; \; \text{d.h.} \; B_i = E_i \, , \; i = 1, \ldots , m \; .$$

c) Der AN erledigt alle Aufträge qualitativ zufriedenstellend, und es gibt sogar Aufträge, die er schneller als gemäß den Terminfunktionen nötig erledigt. Dann ist (wie bei "b)"):
$$\vec{B} = \vec{E} \, ,$$
aber eine oder mehrere Komponenten von $\vec{E}$ sind größer als im Fall "b)".

Der Fall "b)" stellt eine besondere Situation dar, denn in ihm hat die Belastung $\vec{B}$ einen Wert, der allein durch die Forderungen des AG festgelegt ist. Dieser Wert genießt also eine ausgezeichnete Stellung. Er beschreibt denjenigen Strom von Aufträgen, den der AG dem AN eigentlich zur Erledigung vorschreibt. Wenn dieser Auftragsstrom erledigt ist, ist der AG zufrieden. Wenn er übererfüllt wird, dann

arbeitet der AN schneller als eigentlich nötig, wogegen der AG sicher keine Ein-
wände hat; aber er verlangt es nicht. Wenn der AN allerdings langsamer arbeitet,
ist der AG unzufrieden, denn der AN bringt weniger als die gewünschte Leistung.
Deshalb kann der Wert von $\vec{B}$ im Fall "b)" als "Nennbelastung" betrachtet werden.
Es ist die Belastung, die der AG dem AN aufbürdet und gleichzeitig die vom AG
eigentlich erwartete Leistung.

8. Berechnung der Nennbelastung aus den Eigenschaften des Auftraggebers

8.1. Der elementare Benutzer

Es sei der Fall betrachtet, daß der AG aus genau einem elementaren Benutzer besteht.
Er erzeugt mit der Verteilung p_j, j= 1,..., m, Aufträge aus einem Vorrat von m Auftragsarten (i. allg. ist $m > 1$). Die zu jeder Auftragsart gehörende Denkzeitvertei-
lung sei bekannt und ihr Mittelwert sei t_{Dj}.

Es sei angenommen, daß die Vorgänge, soweit sie weiter oben als statistisch und
nicht deterministisch betrachtet worden sind, in so ausreichender Form zufallsähnlich sind, daß man sie ohne großen Fehler als Zufallsvariablen auffassen kann
(und, soweit nötig, auch als unabhängige Zufallsvariablen). Der AG ist durch die
eben genannten Größen beschrieben. Von ihnen sind die Auftragsbeschreibungen fest-
stehende Größen, während man bei p_j und den Denkzeitverteilungen noch zu unterscheiden hat, ob sie feste Größen sind oder ob man zulassen will, daß sie ihrerseits durch den Rückwirkungsvorgang beeinflußt werden (was eine Art Rückwirkung
höheren Grades wäre). Für den letzteren Fall sei angenommen: Wenigstens für die
naheliegendste Situation, bezüglich der Angaben über den AG zu machen sind, nämlich
den Zustand der völligen Erfüllung der AG-Wünsche (d.h. Fall "b)" in Abschn.7.2)
sollen p_j und die Denkzeitverteilungen (und damit auch deren Mittelwerte t_{Dj}) bekannt sein. Damit liegen alle Angaben vor, um die Nennbelastung zu bestimmen.

Aus der in der j-ten Auftragsart als Zeitkriterium enthaltenen Terminfunktion kennt
man die mittlere geforderte Bearbeitungsdauer t_{Nj} für diese Auftragsart. Die mittlere Zeit t_M zwischen zwei aufeinanderfolgenden Auftragserzeugungen ist dann:

$$ t_M = \sum_{j=1}^{m} \left[p_j \cdot (t_{Dj} + t_{Nj}) \right] \qquad , \tag{6} $$

Der reziproke Wert davon ist die mittlere Auftragsrate β_M des AG:

$$ \beta_M = \frac{1}{t_M} \qquad , \tag{7} $$

und die Komponenten β_j von $\vec{\beta}$ ergeben sich zu:

$$ \beta_j = \beta_M \cdot p_j \qquad , \qquad j = 1,..., m \qquad , \tag{8a} $$

Damit ist die Nennbelastung berechnet:

$$\vec{\beta} = \begin{pmatrix} \beta_1 \\ \vdots \\ \beta_m \end{pmatrix} \qquad \bullet \qquad (8b)$$

8.2. Eine Gruppe elementarer Benutzer

Subsumiert der AG $g > 1$ gleiche elementare Benutzer, dann ist der mittlere Abstand t_M zwischen zwei Auftragserzeugungen eines elementaren Benutzers gemäß Gl.(6) bekannt. Für die mittlere Auftragsrate gilt dann:

$$\beta_M = g \cdot \frac{1}{t_M} \qquad , \qquad (9)$$

und für $\vec{\beta}$ gilt wieder Gl. (8a,b).

8.3 Nennbelastung bei rückwirkungsfreier Auftragserzeugung

Gelegentlich kommt der Fall vor, daß ein AG seine Aufträge unbeeinflußt von den Verweilzeiten und allein davon abhängig erzeugt, wann er seinen letzten Auftrag absandte. Diese Zeiten seien voneinander unabhängige zufällige Werte. Die Verteilung sei bekannt und der Mittelwert sei t_{oM}. Dann ist:

$$\beta_M = \frac{1}{t_{oM}} \qquad \bullet \qquad (10)$$

Es sei p_j wieder (ggf. in genügender Näherung) die bedingte Wahrscheinlichkeit, daß es sich um einen Auftrag von der Art α_j handelt, falls der AG einen Auftrag erzeugt. Dann gilt für $\vec{\beta}$ wieder Gl. (8a,b).

8.4 Überlagerung

Laufen an einer Schnittstelle SCH die Auftragsströme von mehreren Teilauftraggebern zusammen, dann berechnet sich $\vec{\beta}$ durch Addition der Nennbelastungen dieser Teilauftraggeber. Ein Beispiel möge genügen: SCH sei die Verbindung von einem Terminalkonzentrator (mit drei Terminals) zu einem Rechner. Die Terminals (samt Benutzer) sind die Teilauftraggeber AG1, AG2, AG3. Die ersten beiden seien (ggf. unterschiedliche)elementare Benutzer; $\vec{\beta}_{AG1}$ und $\vec{\beta}_{AG2}$ berechnen sich gemäß Abschnitt 8.1. AG3 habe rückwirkungsfreie Auftragserzeugung; also berechnet sich $\vec{\beta}_{AG3}$ gemäß Abschnitt 8.3. Der vom Konzentrator zum Rechner fließende Auftragsstrom stellt einen AG mit folgender Nennbelastung dar:

$$\vec{\beta} = \vec{\beta}_{AG1} + \vec{\beta}_{AG2} + \vec{\beta}_{AG3} \qquad \bullet \qquad (11)$$

Natürlich ist es nicht nötig, daß alle drei Teilauftraggeber dieselbe Menge von Auftragsarten kennen. Die Anzahl der Komponenten von $\vec{\beta}$ ist ja die Anzahl der Auftragsarten der Vereinigungsmenge der Auftragsarten der drei Teilauftraggeber. Für solche Auftragsarten α_j , die ein bestimmter Teilauftraggeber nicht kennt, ist in seiner Auftragsartenverteilung der Wert p_j ja gleich Null, womit die betreffende Komponente in $\vec{\beta}_{AG\ldots}$ gleich Null ist.

9. Leistungsbeurteilung

Nachdem (s.Abschn. 6) ein sinnvoller Leistungswert als eine dem AN inhärente Eigenschaft nicht zu finden ist, können Leistungsangaben für den AN nur so gefunden werden, daß man ihm über die Schnittstelle SCH einen AG mit genau bekannten Eigenschaften gegenüberstellt und dann einen Meßversuch durchführt. In diesem ist die erzeugte Leistung $\vec{E}$ zu messen; es kann - falls interessierend - gleichzeitig die Belastung $\vec{B}$ mitbestimmt werden. Diese Messung ist (vergl. Abschn. 4) einfach durchführbar.

Als Beurteilungskriterium für $\vec{E}$ könnte man z.B. die Belastung $\vec{B}$ verwenden. Da dieser Wert jedoch ein Abbild desjenigen Zustands ist, auf den sich der aus AG und AN bestehende Regelkreis einstellt (Rückwirkung!), ist sie als Kriterium nicht sehr geeignet. Viel geeigneter ist die Nennbelastung $\vec{\beta}$, da sie ja diejenige Leistung wiederspiegelt, die der AG von AN eigentlich erwartet. $\vec{\beta}$ sei zur Bildung eines Vergleichsvektors $\vec{V}$ verwendet, der angibt, wie gut der AN seine Aufgabe erfüllt hat:

$$\vec{V} = \begin{pmatrix} V_1 \\ \vdots \\ V_m \end{pmatrix} \quad , \text{ mit } \quad V_j = \frac{E_j}{\beta_j} \quad , \quad j = 1,\ldots, m \quad . \tag{12}$$

Bedeutung von V_j: Für diejenigen Auftragsarten α_j, für die $V_j > 1$ ist, liegt Übererfüllung vor, bei $V_j=1$ leistet der AN genau das Verlangte, und bei $V_j < 1$ werden die Anforderungen nicht erfüllt. V_j ist nicht nur ein Indikator für die drei Sachverhalte als solche, sondern auch eine bezifferte Angabe für die Über- oder Untererfüllung. Z.B. bedeutet $V_j = 0.85$ eine Untererfüllung mit 15 % unerledigten Aufträgen der Art α_j. Ein anderes Beispiel ist: $V_j = 1.05$; hier liegt Übererfüllung vor, wobei 5 % mehr Aufträge von der Art α_j erledigt werden als verlangt sind.

Für die Praxis zeichnet sich ab, daß eine gewisse Standardisierung folgender Art nötig wird: Für die gängigsten Schnittstellen sollte je ein Satz von AG'n definiert werden um "Normlastsätze für Standardschnittstellen" zu haben. Die Leistung eines AN's ist dann durch Angabe der Schnittstelle SCH und eines Satzes von Duppeln der Art $(AG, \vec{V})$ gut zu charakterisieren.

10. Abschließende Bemerkungen

Die Formulierung von solchen Normlasten enthält - ob der Differenziertheit des Modells - zwar eine entsprechende Anzahl von Werten und Parametern, läßt sich aber, - wie praktische Beispiele zeigen, siehe etwa [23] - durchaus übersichtlich gestalten, insbesondere wenn man die in den einzelnen Auftragsarten durchzuführenden Funktionen weitgehend mittels geeigneter Sätze von Primitivs beschreibt. Die Primitivs können erstens z.B. problembezogen sein oder es können zweitens Funktionen von weiter unten liegenden Schnittstellen verwendet werden.

Die erste Möglichkeit bietet sich z.B. zur Formulierung von Normlasten für die Schnittstelle Universalrechenanlage/Benutzergesamtheit an.

Die zweite Möglichkeit ist von Bedeutung, wenn es um die Leistungsumrechnung über eine oder mehrere Schichten eines geschichteten Systems hinweg geht. Dazu ist zunächst festzustellen, daß aus Leistungsangaben für eine hierarchisch untere Schicht (z.B. Prozessorleistung auf Maschinensprachenebene) die Leistung an einer höheren Schnittstelle (z.B. Datenbank/Benutzer) - oder umgekehrt - nicht berechnet werden kann, ohne die dazwischenliegenden Schichten genau zu kennen. Leider gehen sowohl Kunden wie Hersteller von DV-Systemen immer wieder davon aus, daß dies unbesehen möglich sei. Zu richtigen Ergebnissen kommt man jedoch nur im trivialen Fall (Hardwarearchitektuer und gesamte Software der "dazwischenliegenden" Schichten sind für zwei zu vergleichende Anlagen völlig identisch), oder aber wenn man die komplexe Abbildung Schnittstellen-Funktionen aufeinander voll berücksichtigt, wozu derzeit allerdings noch keine Verfahren entwickelt worden sind. Wohl am ehesten einer Lösung zugänglich sind diejenigen Fälle, in denen die Funktionsmenge der Schnittstellen von übereinander liegenden Schichten im Sinne von PARNAS'schen virtuellen Maschinen hierarchisch aufeinander aufbauen. Dann erscheint eine Leistungsumrechnung zwischen Ebenen bzw. Schnittstellen leichter möglich.

Literatur

[1] Cale, E.G., et al. Price/Performance Patterns of U.S. Computer Systems, Comm. ACM 22 (April 1979), S. 225 - 233

[2] Heinrich, L.J. Was ist Computerleistung am Arbeitsplatz? Elektron.Rechenanlagen 21, Heft 2 (1979), S. 74 - 82

[3] Card, S.K. and Moran, T.P. The Keystroke-Level Model for User Performance Time with Interactive Systems, Comm. ACM 23 (July 1980), S. 396 - 410

[4] Behrens, C. und Schumacher, H. Workload Forecast, Informatik Spektrum 3, Heft 4 (November 1980), S. 263 - 265

[5] Shoch, J.f. and Hupp, J.A. Measured Performance of an Ethernet Local
Network, Comm. ACM 23 (December 1980), S. 711 - 721

[6] Effelsberg, W. et al. Leistungsmessung von Datenbanksystemen, Informatik
Fachberichte 41, W. Brauer Hrsg., Springer Verlag, 1981, S. 87 - 101

[7] Assmus, V. Dynamische Leistungseigenschaften von Magnetplattensystemen,
Elektron. Rechenanlagen 23, Heft 6 (1981), S. 273 -281

[8] Ruschitzka, M. Policy Function Scheduling, Performance Evaluation 1 (1981),
S. 31 - 47

[9] Bordewisch, R. Messung und Bewertung von Betriebssystem-Komponeten,
Informatik Fachberichte 41, W.Brauer Hrsg., Springer Verlag, 1981, S. 14-28

[10] Bolch, G. und Jarschel, W. Zur Leistungsanalyse von symmetrischen Mehrprozessorsystemen, Elektron. Rechenanlagen 24, Heft 1 (1982), S. 3 - 7

[11] Toong, H.D. and Gupta, A. Evaluation Kernels for Microprocessor Performance
Analysis, Performance Evaluation 2 (1982), S. 1 - 8

[12] Kruijer, H.S.M. A Multi-user Operating System for Transaction Processing,
Written in Concurrent Pascal, Software-Practice and Experience 12 (1982),
S. 445 - 454

[13] Lang, T. et al. Experiences in Benchmarking for the Selection of an Interactive System, Software-Practice and Experience 12 (1982), S. 531 - 542

[14] Schall, S. Der 'Konstanzer Leistungstest' als Basis einer Benchmark-
Normung, Das Rechenzentrum, Heft 1 (1982), S. 21 - 30

[15] Yip,C.K. Implementation of a CORAL66 Programming Environment, Software-
Practice and Experience 12 (1982), S. 411 - 431

[16] CW-Marktübersicht: Die Superminis, Computerwoche Nr. 28 (1982), S. 18 - 19

[17] Zahorian, J. Balanced Job Bound Analysis of Queueing Networks, Comm. ACM
ACM 25 (Febr. 1982), S. 134 - 141

[18] Dirlewanger, W. Der Begriff der Leistung bei DV-Systemen, Das Rechenzentrum,
Heft 4 (1982)

[19] Kolence, K.W. The Capacity Management & Software Physics Primer, Institute
for Software Engineering, Palo Alto, California 94302 (1977), Nr.(415)493-0300

[20] Hecht, G. Leistungsbetrachtungen am Realtime System der Deutschen Lufthansa,
Das Rechenzentrum, Heft 4 (1980), S. 204 - 209

[21] Schriefer, D. Leistungsbewertungsstrategie für Timesharing-Systeme, Informatik Fachberichte 46, W. Brauer Hrsg., Springer Verlag, 1981, S. 52 - 63

[22] Seiler, W. Ein mathematisches Modell zur nutzerorientierten Bewertung von
interaktiven Rechensystemen, Informatik Fachberichte 41, W. Brauer Hrsg.,
Springer Verlag, 1981, S. 227 - 239

[23] Interne Berichte des Hochschulrechenzentrums der Universität Kassel zu
"Leistungsbegriffe und Maße in DV-Systemen",Teil III "Beispiel Universal-
rechenanlage" (11.8.1982, HRZ - Az= 2.4.2.1.1)

Leistungsmonitore im Betriebssystem OSKAR

Karlheinz Hug, Klaus Dittrich, Peter Kammerer,
Dieter Lienert, Hans Mau, Klaus Wachsmuth

Institut für Informatik II
Fakultät für Informatik, Universität Karlsruhe
Postfach 6380, D-7500 Karlsruhe 1

Zusammenfassung

Das Betriebssystem OSKAR ist funktional in sog. Subsysteme als
grundlegende Strukturierungseinheit gegliedert. Der Systemablauf
besteht aus Folgen von Subsystemaufrufen, die von Prozessen durchgeführt werden. Für das Sammeln und Verarbeiten von Daten über das
Leistungsverhalten des Betriebssystems werden sog. Leistungsmonitore
eingesetzt. Ausgehend von allgemeinen Aufgaben und Anforderungen an
Leistungsmonitore werden das Leistungsmonitorkonzept für OSKAR
entwickelt und dargestellt und Implementierungshinweise gegeben.

<u>Schlagworte:</u> Betriebssystem, Leistungsmessung, Leistungsmonitor,
Meßmethode, Strukturierung, Modularisierung.

Das Projekt OSKAR wird von der Deutschen Forschungsgemeinschaft (DFG)
unter der Nummer Go 323/1 gefördert.

Inhalt

1 Die grundlegenden Entwurfskonzepte von OSKAR

Systemarchitektur und Schutzmaßnahmen sind in OSKAR eng miteinander
verbunden. Ein <u>Subsystem</u> ist - als Grundeinheit der statischen,
funktionalen Gliederung - eine Menge von Operatoren zusammen mit
allen Datenobjekten, auf denen diese Operatoren arbeiten können. Von
außen sichtbar sind nur die <u>Subsystem-Operatoren</u>, nicht dagegen die

Subsystem-Daten. Die Operatoren machen die Schnittstelle des Subsystems aus, sie können nur aus anderen Subsystemen heraus (und vom Kern) aufgerufen werden. D.h. umgekehrt, daß in den zu einem Subsystem gehörenden Programmteilen sog. Inter-Subsystem-Aufrufe stehen können. Subsysteme sind aufgrund ihrer gegenseitigen Isolation und der Überwachung ihrer Aufrufbeziehungen auch die Schutzeinheiten des Systems.

Den Wechsel und die Aufrufkontrolle zwischen zwei Subsystemen vermittelt der sog. Kern, der als Hardware-Erweiterung zur Realisierung des Subsystemkonzepts als einzige Software-Komponente kein Subsystem ist, jedoch auch eine rein operationale Schnittstelle besitzt. Der Kern bewältigt noch verschiedene andere Aufgaben, insbesondere ist die Verwendung privilegierter Befehle auf ihn beschränkt.

Die dynamischen Abläufe werden durch die Strukturierungseinheit Prozeß beschrieben. Ein Subsystem kann nicht von sich aus aktiv werden, dazu muß sich ein Prozeß in dem Subsystem befinden, der als Subjekt auf das Objekt Subsystem einwirkt und dessen Zustand verändert. Als Entwurfsprinzip wurde für OSKAR das prozedurorientierte Modell (in-process design; z.B. [Kee 79], [Löh 80]) gewählt, demzufolge die (Benutzer- und System-) Prozesse, die die Bearbeitung einer Aufgabe fordern, diese weitgehend selbst durch prozedurale Aufrufe von Operationen durchführen. Systemprozesse werden nur dort für Teilaufgaben eingesetzt, wo dies aus Effizienzgründen angebracht ist. Für OSKAR bedeutet dies, daß ein Prozeß in einem Subsystem Operatoren anderer Subsysteme durch Inter-Subsystem-Aufrufe aufrufen kann. Ein Prozeß ist damit ein sequentieller Ablauf einer prozeduralen Folge von Subsystem-Operatoren auf einem virtuellen Prozessor, beginnend mit dem sog. Anfangssubsystem des Prozesses.

Eine ausführliche Darstellung der Grundkonzepte von OSKAR findet man in [Dit 80], [OSK 80] und [OSK 82]. Die Implementierung von OSKAR wird auf einer Siemens 7.000 Rechenanlage durchgeführt. Als Implementierungssprache wird die höhere Systemprogrammiersprache LIS verwendet ([Sie 78]).

2 Leistung und Systementwicklung

Intuitiv verstehen wir unter der Leistung (performance) eines Systems, wie gut das System arbeitet. Bei einem Betriebssystem (im folgenden kurz: System) sind Leistungsaspekte in den verschiedenen Entwicklungsphasen zu betrachten. Wir unterscheiden hier grob in
- die (theoretische) Entwurfsphase,
- die (praktische) Implementierungs- und Testphase,
- die (experimentelle) Betriebsphase.

Bei der Festlegung der allgemeinen Ziele und Anforderungen an die Entwicklung von OSKAR wurde Modularitäts- und Schutzaspekten Vorrang gegeben vor Leistungsaspekten. Dennoch wurden in den Entwurf Erfahrungen mit dem Leistungsverhalten anderer Systeme, insbesondere mit bekannten Engpaßsituationen wie Seitenflattern, E/A-Staus, usw. miteinbezogen und bei der Modularisierung berücksichtigt. Ohne ausgefeilte Methoden zu verwenden, wurden anhand grober Schätzungen des Leistungsverhaltens von Entwurfsmoduln Entscheidungen getroffen, da eine exakte Projektion des Leistungsverhaltens des zukünftigen Systems nicht intendiert war.

Die Implementierungs- und Testphase, in der sich OSKAR z.Z. befindet, ist in mehrere Stufen unterteilt. Auf jeder Stufe wird eine OSKAR-Version produziert und getestet, die eine Erweiterung und Verbesserung der Versionen der vorhergegangenen Stufen darstellt. Die Versionen abgeschlossener Stufen werden praktisch zur Unterstützung der Tests folgender unfertiger Versionen in Betrieb genommen. Da OSKAR außerdem als Experimentiersystem konzipiert ist, ergibt sich zwischen Implementierungs-, Test- und Betriebsphase eine fließende Grenze. Trotzdem sind hinsichtlich des Leistungsverhaltens zwei Gesichtspunkte zu unterscheiden ([Svo 81]):

- Während der Implementierung sind Aussagen über das Leistungsverhalten einer Version erforderlich, um Schwachstellen frühzeitig zu erkennen und in dieser oder einer folgenden Version zu beseitigen.
- Während des Betriebs sind Aussagen über das Leistungsverhalten zur Steuerung des Systems erforderlich.

Die Methoden und Techniken, die in OSKAR eingesetzt werden, um Aussagen über das Leistungsverhalten sowohl während der Implementierungs- und Testphase als auch während der Betriebsphase zu erhalten, lassen sich unter dem Begriff Software-Monitor einordnen. Zur Unterscheidung von den in OSKAR auch verwendeten Monitoren zur Synchronisation von Prozessen (hier Synchronisationsmonitore genannt; zwischen beiden Arten von Monitoren gibt es gewisse Analogien) bezeichnen wir Software-Monitore zur Leistungsmessung als <u>Leistungsmonitore</u> (kurz: LMe). Im Gegensatz zu anderen Methoden der Leistungserfassung wie z.B. analytische Modelle, Benchmarks, Simulationstechniken, handelt es sich bei LMen um eine systeminterne Meßtechnik.

Unter einem <u>Leistungsmonitor</u> verstehen wir einen Programmbaustein, der während des Betriebs eines Systems Daten über das Verhalten des Systems (oder eines Systemteils) sammelt und diese Daten selbst analysieren, weiterverarbeiten und an seine Umgebung abgeben kann.

Da mit LMen Aussagen über das Leistungsverhalten des Systems oder Systemteils, über die Betriebszustände und -abläufe, aufgrund praktischer Messungen direkt am System während seines Betriebs gewonnen werden, diese Aussagen also empirisch abgesichert sind, favorisierten wir für OSKAR diese Methode.

3 Grundlegende Aufgaben von Leistungsmonitoren

LMe sind grundsätzlich unter beiden der in 2 genannten Gesichtspunkten einsetzbar. Die folgende Unterscheidung der Aufgabenstellung in temporäre und permanente Messungen ist nützlich vor allem im Hinblick auf die Tragbarkeit des durch die Messungen verursachten Seiteneffekts der Leistungsminderung.

Temporäre Messungen

Während der Implementierungs- und Testphase sollen von LMen gesammelte Daten in Form von Testdaten an die Systemumgebung abgegeben werden. Anhand dieser Daten können Engpaßsituationen und mögliche Fehlerquellen in einer Version entdeckt, oder Vergleiche unterschiedlicher Versionen durchgeführt werden. Derart eingesetzte LMe sind also ein Hilfsmittel zur schrittweisen Verbesserung der System-Software.

Permanente Messungen

Während der Betriebsphase werden die von LMen gesammelten Daten im System selbst gehalten. Diese Daten stellen ein Abbild des Leistungsverhaltens des Systems und ein Profil der Benutzung des Systems dar. Die Daten sollen als Grundlage für strategische Entscheidungen zur Steuerung des Systems während seines Betriebs dienen. Dabei sind zwei Extremfälle zu unterscheiden:

- Manuelle Steuerung des Systems.
  Die LMe liefern das Leistungs- und Benutzungsprofil an die Systemumgebung, d.h. den Operateur. Der Operateur fällt die strategische Entscheidung und teilt sie dem System mit.
- Selbststeuerung des Systems.
  Das System ist fähig, die von den LMen gesammelten Daten selbst zu analysieren und daraufhin strategische Entscheidungen zu treffen. Es ändert so sein Verhalten selbsttätig, um es seiner Benutzung anzupassen.

Derart eingesetzte LMe stellen also ein Hilfsmittel zur Verbesserung des Betriebsablaufs dar. In der Praxis sind beide Fälle zur Steuerung zu berücksichtigen, denn einerseits ist die Selbststeuerung wegen ihres Komforts erstrebenswert, andererseits ist die manuelle Steuerung bei mangelhaft funktionierender Selbststeuerung unabdingbar.

Teilaufgaben

Ein konkreter LM braucht nicht für temporäre und permanente Messungen gleichermaßen geeignet zu sein. Angestrebt wird aber ein Konzept für LMe, das die Konstruktion von LMen für spezielle Zwecke nach einheitlichen Grundsätzen erlaubt. Ungeachtet dessen, ob ein LM für temporäre oder permanente Messungen konzipiert ist, lassen sich innerhalb des LMs zwei unabhängig voneinander zu bearbeitende Teilaufgabenbereiche

unterscheiden:
- Sammeln von Daten,
- Abgeben von Daten an die Umgebung.
Die Bearbeitung jeder Teilaufgabe kann auf verschiedene Weisen
initiiert werden ([Rum 76], [Fer 78]):
- zeitgesteuert,
- anfragegesteuert (aktiv, bei Bedarf von außen),
- ereignisgesteuert (passiv, bei Bedarf von innen).

4 Allgemeine Anforderungen an ein Leistungsmonitorkonzept

Herkömmliche LMe sind oft Programme, die einem fertigen System
nachträglich hinzugefügt werden, und dann in privilegiertem Modus
unter Mißachtung von Schutzanforderungen (z.B. durch Verändern von
Code; siehe etwa [Dru 73]) ablaufen. Im Hinblick auf Struktur-,
Sicherheits- und Schutzaspekte entsprechen solche Produkte offenbar
nicht dem heutigen wissenschaftlichen Standard.

LMe sollten konzeptuell integrierte Bestandteile des Systems sein,
von dem vorausgesetzt wird, daß es nach modernen Auffassungen von
Software-Produktion entworfen und implementiert wird ([Luc 71], [Lyn
72], [Svo 81]). Insbesondere soll das System übersichtlich strukturiert und in Komponenten zerlegt sein, deren Schnittstellen klar
gestaltet und spezifiziert sind. Die folgenden Anforderungen an ein
Konzept für LMe (LMK) ergeben sich aus den grundlegenden Anforderungen
an das System und allgemeinen Entwurfsprinzipien.

(1) Das LMK entspricht den allgemeinen Entwurfsprinzipien des Systems
und den Grundsätzen strukturierten Programmierens.

(2) Das LMK ist integraler Bestandteil des Systementwurfs. D.h.
insbesondere:
- Das LMK widerspiegelt die Strukturierungsprinzipien des Systems.
- Das LMK ist mit den anderen eingesetzten Entwurfskonzepten verträg-
  lich.
LMe für temporäre Messungen kann man als ein Hilfsmittel zum Test des
Systems auffassen. So wie Testhilfsmittel vom System selbst bereitgestellt werden sollten, sollten LMe nicht erst vor einer Meßphase
erstellt werden, sondern parallel zum Entwurf und zur Implementierung
des Systems entworfen und implementiert werden. Bei LMen für permanente Messungen ist die Notwendigkeit der Integration eines Konzepts in
den Systementwurf ebenso offensichtlich wie z.B. bei einem Konzept
zur Prozeßsynchronisation.

(3) Grundschichten des Systems stellen gewisse primitive Werkzeuge
zur Unterstützung des LMKs zur Verfügung (ähnlich wie zur Unterstützung von Synchronisationskonzepten primitive Mechanismen bereitgestellt werden müssen).

(4) Das LMK nimmt Bezug auf die konkrete Zerlegung des Systems in Komponenten. Es soll die Erfassung der Leistung einzelner Komponenten ermöglichen.

(5) Das LMK soll sich zur Erstellung eines umfassenden Systemmodells eignen. Die Leistung der einzelnen Komponenten des Systems gibt noch keinen Aufschluß über die Leistung des Gesamtsystems, da diese auch durch die Abhängigkeiten und Interferenzen zwischen den Komponenten beeinflußt wird. Deshalb sollen Wechselwirkungen zwischen Komponenten mit dem LMK feststellbar sein.

(6) Flexibilität hinsichtlich des Einsatzes: Das LMK soll so allgemein sein, daß es für temporäre und permanente Messungen einsatzfähig ist. Verschiedene Meßversionen sollen leicht erzeugbar sein. LMe sollen verschiedenste Meßgrößen erfassen können.

(7) Anpaßbarkeit an Änderungen innerhalb des Systems: Die nach dem Konzept implementierten LMe sollen leicht änderbar sein, um sie mit wenig Aufwand an Änderungen im System anpassen zu können.

(8) Das LMK soll die Bereitstellung leicht anwendbarer Dienste an der Benutzerschnittstelle unterstützen, so daß auch das Leistungsverhalten von Benutzerprogrammen mit denselben Mitteln untersucht werden kann.

(9) Der Einsatz des LMKs darf keine funktionalen Seiteneffekte innerhalb des Systems hervorrufen. Der Seiteneffekt der Leistungsminderung (overhead) durch Verwendung von LMen ist unvermeidbar. Bei temporären Messungen ist er vernachlässigbar, bei permanenten Messungen soll er so klein wie möglich gehalten werden. Das LMK soll in diesem Sinne implementierbar sein.

5 Das Leistungsmonitorkonzept von OSKAR

Ausgehend von den allgemeinen Anforderungen an ein LMK einerseits und den Entwurfsprinzipien und -konzepten und der Strukturierung von OSKAR in Subsysteme und Prozesse andererseits entwickeln wir das LMK für OSKAR.

5.1 Verhältnis zur statischen Strukturierung

Da Schutzaspekte in OSKAR im Vordergrund stehen, wird das LMK in das gewählte Schutzmodell integriert und denselben Schutzmechanismen wie die anderen Systemteile unterworfen. Die vorgesehenen Schutzmaßnahmen dürfen weder vom LMK noch in der Implementierung von einzelnen LMen durchbrochen oder umgangen werden.

Das LMK muß der Strukturierung des Systems in Subsysteme Rechnung tragen, d.h. es darf dieser grundlegenden Strukturierung nicht widersprechen, sondern es muß in diese eingepaßt werden. Die Subsystemarchitektur wird durch das LMK und die Einfügung von LMen durch zusätzliche Subsysteme und Aufrufbeziehungen zwischen Subsystemen erweitert, aber bereits bestehende Aufrufbeziehungen werden nicht geändert. Zum Verhältnis zwischen LMen und Subsystemen gilt:

- LMe liegen in Subsystemen.
  Ein LM ist kein eigenständiges, dem System nachträglich hinzugefügtes Subsystem, sondern ein Teil eines Subsystems. Ein LM kann sich nicht über mehrere Subsysteme hinweg erstrecken.

Subsysteme bestehen aus (funktionalen) <u>Moduln</u>, die ihrerseits hierarchisch aus einfacheren Moduln aufgebaut sein können. Ein LM ist kein selbständiger Modul, sondern ein Bestandteil eines solchen.

- Jeder LM ist umkehrbar eindeutig einem Modul zugeordnet.

In Analogie zu einem Synchronisationsmonitor, den man als Hülle um einen Modul auffassen kann, die für den gegenseitigen Ausschluß seiner Operatoren sorgt, stellt ein LM eine Hülle um einen Modul dar, die für die Messung spezifizierter Eigenschaften des Moduls sorgt. Damit der LM seine Aufgaben des Sammelns und Abgebens von Daten erfüllen kann, ist eine Erweiterung der Schnittstelle des Moduls erforderlich. Dazu gibt es den OSKAR-Konzepten entsprechend zwei Möglichkeiten:
- Operatoren,
- Ausnahmen.
Auf die Möglichkeit der Verwendung von Ausnahmen und Ausnahmebehandlungen innerhalb des LMKs gehen wir hier nicht weiter ein (vgl. jedoch [Svo 81]). Im ersten Fall kann weiter unterschieden werden:

(1) Der LM stellt an der Schnittstelle seines Moduls weitere, zusätzliche Operatoren zur Verfügung.

(2) Der LM erweitert die Schnittstellen einzelner Operatoren seines Moduls durch zusätzliche Parameter.

Einen mit einem LM versehenen Modul nennen wir <u>beobachtet</u>. Die Schnittstellenerweiterung eines beobachteten Moduls darf keinen Einfluß auf die Funktionalität der Ausgangsschnittstelle ausüben, d.h. die einander entsprechenden Operatoren des beobachteten und des nicht beobachteten Moduls sollen denselben Effekt besitzen.

Innerhalb eines Subsystems entsteht durch die Schachtelung von Moduln eine Hierarchie von Abstraktionsebenen. Ebenso ist das ganze System durch die Aufrufbeziehungen zwischen Subsystemen in verschiedene Abstraktionsebenen gegliedert. Jede Abstraktionsebene besitzt mit der Schnittstellenerweiterung durch die LMe ihrer Moduln eingebaute Werkzeuge zur Leistungsbeobachtung, die in den darüber liegenden Abstraktionsebenen benutzt werden können, wobei die LMe selbst die

von darunter liegenden Abstraktionsebenen bereitgestellten Werkzeuge
verwenden können ([Svo 81]). Der allgemeine Abstraktionsmechanismus
strukturierten Programmierens wird so auch bei LMen angewandt.
Komplexe LMe höherer Ebenen sind methodisch aus den einfacheren
Werkzeugen der LMe tieferer Ebenen aufgebaut. Ein LM kann Operatoren
anderer Subsysteme aufrufen, insbesondere die von den LMen anderer
Subsysteme zur Verfügung gestellten Operatoren.

5.2 Arbeitsweisen von Leistungsmonitoren

Das Betriebssystem wurde oben als System von Moduln aufgefaßt. Anders
betrachtet stellt jeder Modul ein Objekt dar, das sich zu jedem
Zeitpunkt in genau einem seiner verschiedenen möglichen Zustände
befindet. Zustandsänderungen, sog. Ereignisse, werden von den aktiven
Elementen des Systems, den Prozessen, durchgeführt. Der Ereignisbe-
griff hängt bei dieser Definition vom Zustandsbegriff ab. Hinsichtlich
der Festlegung von Zuständen besteht relative Freiheit, man kann
Zustände sehr fein-, aber auch sehr grobkörnig definieren. Analoges
gilt somit für Ereignisse.

Die Teilaufgabe eines LMs, Daten zu sammeln, bezieht sich auf folgende
Arten von Daten:
- relative Zeitanteile in Zuständen,
- absolute Zeiten in Zuständen,
- Häufigkeiten von Ereignissen,
- Zeitdauern zwischen Ereignissen.
Ein LM muß also in der Lage sein, die zu beobachtenden Zustände und
das Eintreten von Ereignissen festzustellen. Für die in 3 genannten
Aufgabenbereiche des Sammelns und des Abgebens von Daten an die
Umgebung kommen jeweils verschiedene Bearbeitungsweisen in Betracht.

Datensammlung

Die vom LM gesammelten Daten über Zustände und Ereignisse seines
Moduls sind ein Teil der Daten des Moduls. Sie sollen jedoch von den
übrigen Daten des Moduls derart separiert werden, daß der Zugriff auf
sie nur über entsprechende lokale Operationen erfolgt.

- Zeitsteuerung.
  Bei dieser Methode wird zu zufälligen (vom Zustand des Moduls
  unabhängigen) Zeitpunkten festgestellt, in welchem Zustand sich der
  Modul befindet, und diese Information wird registriert. Unabhängigkeit wird z.B. erreicht, indem die Zustandsabfrage in konstanten
  Zeitabständen erfolgt (sampling). Da die Funktionalität des Moduls
  nicht durchbrochen werden darf, gibt es den OSKAR-Konzepten gemäß
  für die zeitgesteuerte Durchführung der Datensammlung die Möglichkeit der Schnittstellenerweiterung des Moduls durch Operatoren. Der
  LM stellt an der Schnittstelle seines Moduls einen Operator zur
  Verfügung, der das Sammeln der Daten durchführt. Dieser Operator

wird in festen Zeitabständen aufgerufen, die allerdings nicht zu
klein sein dürfen.

- Anfragesteuerung.
  Das Sammeln der Daten (Zustandsbestimmung) wird nur durchgeführt,
  wenn von außerhalb des Moduls eine Anforderung dazu vorliegt. Wie
  bei der Zeitsteuerung wird die Schnittstelle des Moduls um einen
  Operator erweitert. Der Unterschied zur Zeitsteuerung besteht nicht
  in der Struktur des LMs selbst, sondern außerhalb desselben in der
  Bestimmung der Zeitpunkte, zu denen der LM-Operator aufgerufen wird.

- Ereignissteuerung.
  Daten werden immer dann gesammelt, wenn ein spezifiziertes Ereignis
  innerhalb des Moduls eintritt. Dazu ist keine Schnittstellenerweiterung des Moduls erforderlich, sondern ein Mechanismus zum Erkennen
  und Reagieren auf Ereignisse. Einfacherweise sind dies an den
  entscheidenden Stellen eingefügte Unterprogrammaufrufe (tracing).

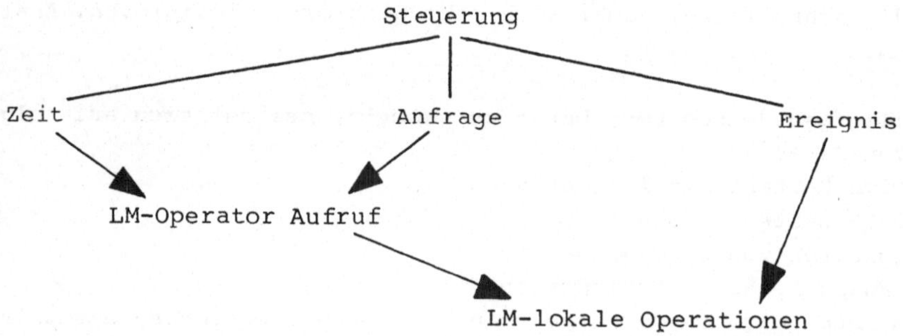

In der OSKAR-Praxis ist das ereignisgesteuerte Sammeln von Daten die
dominierende Bearbeitungsweise.

Datenabgabe

Die Abgabe der gesammelten Daten an die Umgebung des LMs findet
i.d.R. in größeren Zeitabständen als die Datensammlung statt. Sie
kann grundsätzlich auf zwei Arten erfolgen:

(1) Die Daten treten als OUT-Parameter eines vom LM zur Verfügung
gestellten Operators auf. Die Daten werden von dem diesen Operator
aufrufenden Programm weiterverarbeitet.

(2) Die Daten werden vom LM auf ein Ausgabemedium geschrieben, sie
treten dabei als IN-Parameter eines vom LM aufgerufenen Operators
auf. Je nach Art des Ausgabemediums stehen die Daten zur weiteren
Verarbeitung durch das System (z.B. bei Datei-Subsystemen durch
Aufruf von Lese-Operatoren) oder durch den menschlichen Benutzer
(z.B. bei Bildschirm- oder Druckausgabe) zur Verfügung.

- Zeitsteuerung.
  In regelmäßigen Zeitabständen wird ein Operator des LMs aufgerufen, der entweder die gesammelten Daten an den Aufrufer liefert (1), oder deren Ausgabe auf ein Ausgabemedium veranlaßt (2). Die Aufrufe können z.B. durch einen zyklischen Systemprozeß erfolgen, der in konstanten Zeitabständen aktiviert wird (polling).

- Anfragesteuerung.
  Der Unterschied zur Zeitsteuerung besteht - wie bei der Datensammlung - nur in der Bestimmung der Aufrufzeitpunkte des LM-Operators. Der LM-Operator wird nur aufgerufen, wenn ein Bedarf in seiner Umgebung oder vom menschlichen Benutzer vorliegt.

- Ereignissteuerung.
  Die Daten sollen an die Umgebung abgegeben werden, wenn innerhalb des Moduls ein spezifiziertes Ereignis eintritt. Dafür gibt es mehrere Mechanismen:
  - Aufruf eines Operators gemäß (2).
  - Einsatz der Prozeßkommunikation über Condition-Variablen. Bei Eintreten des Ereignisses wird ein an einer Condition-Variablen wartender Prozeß signalisiert, der - analog zum zeit- bzw. anfragegesteuerten Fall - einen LM-Operator aufruft.

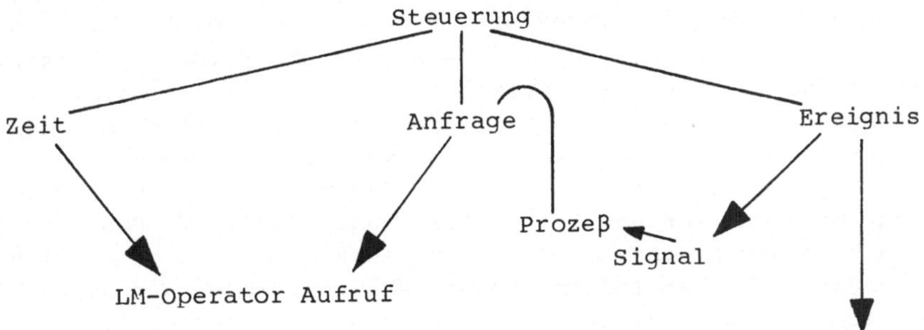

Zusammenfassend stellen wir fest, daß auch unter Außerachtlassung des Ausnahmebehandlungskonzepts mit dem Operatorkonzept befriedigende Arbeitsweisen von LMen erzielt werden.

5.3 Verhältnis zur dynamischen Ablaufstruktur

Wir wollen nun das Verhältnis zwischen Prozessen und LMen klären. Entsprechend dem prozedurorientierten Entwurf der Ablaufstruktur von OSKAR wird für einen LM i.d.R. kein eigener Systemprozeß vorgesehen, vielmehr können die von LMen bereitgestellten Dienstleistungen von allen dazu berechtigten Prozessen in Anspruch genommen werden. Da LMe als Teile von Subsystemen bzw. Erweiterungen von Moduln eingeführt wurden und der Prozeß- auf dem Subsystembegriff aufgebaut ist, ergibt sich eine natürliche Einbettung des LMKs in die Grundkonzepte. Wegen

der substantiellen Bedeutung der Prozesse für das System muß jedoch grundsätzlich davon ausgegangen werden, daß bei der Leistungserfassung auf allen Systemebenen nicht nur modulspezifische, prozeßunabhängige Daten von Interesse sind, sondern auch prozeßspezifische Daten. I.a. sind den Subsystemen aber Prozesse unbekannt, d.h. die von einem Subsystem geleistete Arbeit hängt nur von seinem inneren Zustand und dem aufgerufenen Operator, nicht jedoch von dem aktivierenden Prozeß ab. Beispiele für prozeßspezifische Meßdaten sind:
- die von einem Prozeß verbrauchte Prozessorzeit,
- die von einem Prozeß in einem Subsystem verbrauchte Prozessorzeit,
- der prozentuale Anteil der von einem Prozeß verbrauchten Prozessorzeit bzgl. der gesamten Prozessorzeit,
- die Verteilung der Aufrufhäufigkeiten eines Operators über die Prozesse.

In einer Subsystemaktivierung werden zwei Arten von Daten unterschieden: Subsystem-Daten und Prozeß-Daten. Die Subsystem-Daten sind permanente, über beliebige Aktivierungen des Subsystems existierende, prozeßunabhängige Daten. Die Prozeß-Daten sind nur temporär einer Aktivierung eines Subsystems zugeordnet, aber vom aktivierenden Prozeß abhängig.

Sollen in einem Subsystem prozeßspezifische Messungen über mehrere Aktivierungen hinweg durchgeführt werden, so werden die jeweils anfallenden Daten i.d.R. nicht in dem Subsystem selbst gehalten, da es dort keine permanenten prozeßspezifischen Daten gibt. Die bei einer Subsystemaktivierung anfallenden prozeßspezifischen Meßdaten können jedoch vor ihrem Verlust bewahrt werden, indem sie bei der Deaktivierung des Subsystems als OUT-Parameter an das aufrufende Subsystem gegeben werden (s. 5.1(2) und 5.2(1)). Das aufrufende Subsystem kann die erhaltenen Meßdaten weiterverarbeiten. Sollen sie ihre prozeßspezifischen Informationen behalten, so müssen sie schließlich bis zum Anfangssubsystem des Prozesses zurückgereicht werden. Dort können sie als Teil der Prozeß-Daten aufbewahrt werden, die ja für dieses Subsystem für die Dauer der Existenz des Prozesses vorhanden bleiben.

Zur Erfassung der Verteilung eines bestimmten Meßdatums über die verschiedenen Prozesse müssen diese Meßdaten einerseits prozeßspezifisch gesammelt werden, andererseits schließlich in ein Subsystem als Subsystem-Daten zur Weiterverarbeitung durch einen der Prozesse einfließen. Hier brauchen wir spezielle Subsysteme, die prozeßspezifische Informationen halten. Zweckmäßigerweise sind dies Subsysteme, die sowieso solche Informationen halten, da sie mit der Verwaltung von Prozessen beschäftigt sind. Dazu gehören die Subsysteme Prozeßverwaltung und Auftragsverwaltung, es können aber auch eigens zu diesem Zweck konstruierte Subsysteme eines Dateityps verwendet werden.

Sollen die von einem LM gesammelten Daten permanent gehalten werden, so müssen sie in die Subsystem-Daten gelegt werden. Der Zugriff auf

diese muß synchronisiert werden; in OSKAR werden dazu Synchronisationsmonitore eingesetzt. Bei einem LM genügt es, wenn die während
einer Subsystemaktivierung gesammelten Meßdaten einmal vor dem
Rücksprung aus dem Subsystem in die Subsystem-Daten geschrieben
werden. Dabei benutzt der LM den Monitor-Synchronisationsmechanismus.

5.4 Aufgabenbereiche und elementare Werkzeuge

Wie in 4(6) gefordert, soll das LMK so allgemein angelegt sein, daß
man damit LMe für beide Hauptaufgabenbereiche konstruieren kann.
Während der Implementierungs- und Testphase werden LMe für temporäre
Messungen eingesetzt (temporäre LMe). Während der Betriebsphase
werden LMe für permanente Messungen eingesetzt (permanente LMe),
wobei zwei Aspekte zu unterscheiden sind ([Svo 81]):

- Die LMe sollen das normale Systemverhalten beobachten und dadurch
  ein Bild der Systemleistung liefern.
- Die LMe sollen abnormales Systemverhalten erkennen können, d.h.
  Fehler oder Probleme, die zu Fehlern führen können, und dadurch
  Unterstützung zur Erhöhung des Zuverlässigkeitsgrades bieten.

Da bei permanenten LMen gefordert wird, daß sich der unvermeidbare
Seiteneffekt der Leistungsminderung durch den Meßvorgang in vertretba-
ren Grenzen hält, müssen zur Implementierung permanenter LMe geeignete
"billige" Werkzeuge bereitgestellt werden. Die Möglichkeit, LMe
während des Betriebs an- und abzuschalten, erhöht den Bedienungskomfort. Da dies gerade bei einem Experimentiersystem wie OSKAR wichtig
ist, sehen wir für temporäre LMe die An- und Abschaltbarkeit zur
Laufzeit (und nicht nur zur Übersetzungszeit) vor.

Zur Unterstützung des LMKs werden elementare Werkzeuge bereitgestellt,
die mittels unterer Schichten des Betriebssystems implementiert
werden. Diese Werkzeuge sind im Einklang mit den bisher erhobenen
Forderungen an das LMK und parallel zum Entwurf der unteren Systemebenen entworfen und spezifiziert. Ihre Implementierung erfolgt als
integrierter Teil der Implementierung des Systems, ihr Test unterliegt
denselben Bedingungen wie das restliche System. Mittels elementarer
Werkzeuge müssen Zeitpunkte des Eintretens spezifizierter Ereignisse
festgestellt und dabei interessierende Meßgrößen notiert werden. Die
elementaren Werkzeuge haben dann folgende Aufgaben zu erfüllen:

- Zählen des Eintretens eines spezifizierten Ereignisses (innerhalb
  eines gegebenen Zeitintervalls).
- Messen der Zeitdauer in einem spezifizierten Zustand (d.h. der
  Zeitdauer zwischen den beiden Ereignissen "Eintreten in den spezifi-
  zierten Zustand" und "Verlassen des spezifizierten Zustands").
- Fortschreiben von Pegel- oder Zustandsgrössen.

Zur Zeitmessung braucht man Uhren, darunter die Hardware-Uhr. Da aber auch prozeßspezifische Messungen durchzuführen sind, wird jedem Prozeß genau eine Prozeßuhr zugeordnet. Die Erzeugung der Uhr erfolgt implizit mit der Erzeugung des Prozesses. Die Uhr läuft genau dann, wenn der Prozeß im Zustand 'laufend' ist, d.h. wenn ihm ein Prozessor zugeordnet ist. Die Prozeßuhr wird mittels Hardware-Unterstützung implementiert. Die Verwaltung der Prozeßuhren ist Teil des Subsystems Prozeßverwaltung, das auch den Operator READ_CLOCK zur Verfügung stellt, der auf der Uhr des aufrufenden Prozesses definiert ist. Ein Aufruf dieses Operators ist relativ teuer, da es sich um einen Inter-Subsystem-Aufruf handelt. Der Prozeßuhr-Operator ist deshalb für permanente Zeitmessungen schlecht geeignet. Zähler und Pegel- und Zustandsanzeigen lassen sich dagegen ohne Aufrufe des Kerns und der Prozeßverwaltung implementieren, sie sind also billig.

Standardmäßig gibt es in OSKAR zur Instrumentierung von Subsystemen zwei elementare Werkzeuge, deren Operationen auf sog. Meßpunkten arbeiten:

- Das Werkzeug TEMP für temporäre Messungen benutzt Prozeßuhren und Zähler und stellt die Operationen CREATE_TEMP, START_TEMP, STOP_TEMP und READ_TEMP zur Verfügung.
- Das Werkzeug PERM für permanente Messungen benutzt nur Zähler und Pegelgrössen und stellt die Operationen CREATE_PERM, NOTE_PERM und READ_PERM zur Verfügung.

Die elementaren Werkzeuge werden in jeweils einer einzigen LIS-Übersetzungseinheit (PARTITION) implementiert, die in jedes Subsystemtyp-LIS-Programm, welches LMe enthalten soll, aufgenommen wird. Dem Vorteil der Separierung der elementaren Werkzeuge innerhalb des Subsystems steht der Nachteil der Code-Vervielfachung gegenüber.

Von Benutzern geschriebenen Subsystemen stehen im Prinzip alle Mechanismen der Betriebssystemsubsysteme zur Verfügung. Dazu gehören neben den elementaren Werkzeugen auch Werkzeuge, die durch die LMe des Systems angeboten werden. Das System stellt so seine Möglichkeiten zur Leistungsmessung auch den Benutzern bereit.

Schlußbemerkung

Wir haben unseren Ansatz in OSKAR zur Lösung von Problemen der Leistungsmessung in einem Betriebssystem dargestellt: Ein Konzept für Leistungsmonitore, das in den Entwurf und die Implementierung des Systems integriert und den Strukturierungsprinzipien und der Systemarchitektur von OSKAR angepaßt ist. Dabei behandelten wir vorwiegend den Aspekt der Meßdatenerfassung, während wir auf die Aspekte der Meßdatenreduktion, -analyse und -aufbereitung nicht näher eingingen.

Literatur

[Dit 80] Dittrich K.; Hug K.; Kammerer P.; Lienert D.; Mau H.;
Wachsmuth K., Schutz im OSKAR-Betriebssystem.
GI - 10. Jahrestagung 1980, Informatik-Fachberichte 33,
261-276 (1980)

[Dru 73] Drummond M.E. Jun., Evaluation and Measurement Techniques
for Digital Computer Systems.
Prentice Hall, Englewood Cliffs, N.J. (1973)

[Fer 78] Ferrari D., Computer Systems Performance Evaluation.
Prentice Hall, Englewood Cliffs, N.J. (1978)

[Kee 79] Keedy J.L., A Comparison of Two Process Structuring Models.
Monads Report No. 4. Department of Computer Science, Monash
University, Clayton, Victoria, Australia. (1979)

[Löh 80] Löhr K.-P., Architektur von Betriebssystemen.
Informatik-Spektrum 3, 229-245 (1980)

[Luc 71] Lucas H.C. Jun., Performance Evaluation and Monitoring.
Computing Surveys 3, 79-91 (1971)

[Lyn 72] Lynch W.L., Operating Systems Performance.
Commun. ACM 7, 579-585 (1972)

[OSK 80] Dittrich K.; Hug K.; Kammerer P.; Lienert D.; Mau H.;
Wachsmuth K., Das Betriebssystem OSKAR - Ziele und Struktur.
Interner Bericht Nr. 33/80. Karlsruhe: Fakultät für Informa-
tik, Universität Karlsruhe. 31 p. (1980)

[OSK 82] Hug K.; Kammerer P.; Dittrich K.; Lienert D.; Mau H.;
Wachsmuth K., Parallelität im Betriebssystem OSKAR.
Interner Bericht Nr. 21/82. Karlsruhe: Fakultät für Informa-
tik, Universität Karlsruhe. 58 p. (1982)

[Rum 76] Rumler G., Die Entwicklung eines Monitor-Programms zur
Beobachtung der Auftragsabwicklung im Betriebssystem BSM.
Interner Bericht. Leibniz-Rechenzentrumm München. 76 p.
(1976)

[Sie 78] LIS Reference Manual.
Siemens A.G., München. (1978)

[Svo 81] Svobodova L., Performance Monitoring in Computer Systems: A
Structured Approach.
Operating Systems Reviews 15, 3, 39-49 (1981)

EVENT-TRACE MONITOR FOR MVS SYSTEMS

R. Paans
Delft University of Technology
Department of Electrical Engineering
2600 GA Delft, Netherlands

On most MVS installations the MVS System Trace facility stores continuously useful information about system, application and I/O activities in the MVS Trace Table. A software monitor TRACE has been developed to sample the Trace Table and to copy parts of the MVS control block structure, without influencing the system performance. The information collected is stored in data sets, and can be converted into human friendly data by postprocessing. This paper deals with the method of operation and the internals of the software monitor.

The majority of modern operating systems is highly sophisticated and very complicated. They contain measurement routines and control mechanisms, which can be adjusted by the system manager, system programmers and performance analists. Usually, this adjustment requires the setting of a large number of parameters, which is not easy at all.

The system manager is faced with the problem of determining the impact of parameter value modification. To evaluate this he needs sophisticated measurement tools.

The same problem arises during evaluation of new applications, improving the DASD performance or teleprocessing throughput. A tool is required to obtain insight in the behavior of system and application software, to be able to compare the system before and after changes have been introduced, and to compare different applications.

This paper deals with the software monitor TRACE, designed for the IBM MVS (Multiple Virtual Storage) operating system. TRACE collects information about important events, and can copy associated data from MVS control blocks. It also has capabilities of gathering disk channel programs, disk seek addresses and data related to paging. All information, including a detailed description of the system configuration with all I/O units and currently active users is stored in data sets. A number of postprocessing programs has been developed to report in a human friendly way about the contents of these data sets.

The application of this monitor has been described in some earlier papers [5][6][7]; this paper deals with the method of operation and the internals. The tool has been developed in the framework of Ph.D. research on MVS performance evaluation.

Review of Trace Tools

One of the standard MVS service aids is the measurement tool GTF (Generalized Trace Facility) [3]. This is a powerful monitor to register detailed information about events, like dispatching of a task, issuing a SIO (Start I/O instruction), the occurrence of interrupts etc. It can save this data to disk or tape for postprocessing.

GTF is based on the interception method. In the MVS routines most frequently used, such as interrupt handlers and the dispatcher, the MC (Monitor Call) instruction is included. Usually the associated MC-classes are disabled and the MC acts as a NOP (No Operation) instruction. GTF initialization routines enable one or more MC-classes. During execution of an enabled MC instruction a trap occurs, and via the Program Interrupt Handler GTF routines are activated to collect data. After GTF processing, control is returned to the next instruction after the MC.

This method of operation is the great advantage of GTF; it gathers data on the moment that the observed routine is entered and all associated data is available. GTF finds all information it desires in a relatively easy way.

The interception method has also a disadvantage. If one wants to measure the number of instructions executed in a routine, the path is lengthened with an unknown number of instructions in the interception routine. In some frequently used routines only a few hundred instructions are executed; these small numbers cannot be measured accurately due to interception influence. Other disadvantages are an increase of the time the CPU is disabled which can be up to 30% of the total CPU capacity [5], and the absence of user exits which can be used to obtain additional data.

GTF is very useful for I/O measurements, trouble shooting and SLIP (Serviceability Level Indication Processing), but cannot always be applied to detailed CPU load research.

Some other software tools, like Boole & Babbage's CMF+DSO (Comprehensive Measurement Facility with Data Set Optimizer) obtain information at sampling base. If the sampling rate is high, system throughput degrades; if it is low events are missed. With a 33 milli seconds sampling interval we have measured for DSO a disabled CPU load of 10% to 12% of the total CPU capacity on an IBM/370-158AP, while about 10% to 20% of the I/O activities were still missing.

A more accurate mechanism is implemented in the Quantitative Computer Management monitor, described by Conner [1][2]. It intercepts all I/O interrupts by modification of the I/O interrupt handler, and evaluates the channel program just executed. This method is useful for I/O research, but not for CPU load measurements.

MVS contains a standard facility System Trace which is an integral part of the OS and is mainly executed in micro code. For each event data and a time stamp in micro seconds are stored in the MVS Trace Table, which contains 400 entries (by default) to describe the 400 most recent events. It is organized as a wrap-around table and resides in common storage. The data looks like GTF event descriptions. This facility has been developed for debugging purposes only. After a system crash one can read the last 400 events in a dump.

System Trace is very efficiently implemented in micro code. A complete trace activity to build an entry with 11 to 16 data fields requires usually only 1 machine instruction. For 5000 events/sec it uses less then 0.5% of the CPU capacity of an IBM 3033 machine.

Method of Operation

After evaluation of the available tools we decided to develop a new monitor suitable for I/O and CPU load measurements. The design objectives for this event-trace program were:
- storing all system and application events, or a specified selection of events, into data sets, together with, optionally, the associated disk channel programs, disk seek addresses and paging data.
- ability to follow one user address space or one task during a relatively long time to obtain detailed user- and task-related data.
- minimal influence of the monitor on the host system, it is not allowed to increase the disabled CPU time.

- human friendly layout of the realtime and postprocessor reports: not only unit address X'8E2', but also "disk 3350, volume SPOOL3"; not only SRB routine at address X'00C382', but also "routine IECPOST I/O Supervisor Post Routine"; and in addition to SVC 254 the associated application "IMS level 1.5".
- including a total system description in the data sets, this enables postprocessing independent of configuration changes after data collection, and postprocessing on other MVS systems.

Two convential data collection methods are available:
- interception of interrupts, dispatch activities etc.
- sampling.
GTF and System Trace are based on the first, RMF and CMF+DSO on the second method. The software monitor TRACE uses a combination of these two. The low-overhead facility System Trace is used to collect data via interception, and before each wrap-around TRACE copies the Trace Table into its own data area. This avoids high-overhead interception or loss of data due to sampling.
TRACE is inactive during the registration of about 400 events by MVS System Trace; then it will be activated during a short time to copy the most recent history - the contents of the Trace Table - and it can save this accumulated data into a data set after a number of copy operations. This method is generally applicable in most computer systems to trace OS and application behavior:
1 - use a "System Trace"-like facility or build a simple one by intercepting each interrupt (modification of vector-address), giving control to a short routine which creates one trace table entry and branches back to the interrupt handler.
2 - copy the trace table before a wrap-around to another area or to a data set.
If each operating system would contain this as a standard facility, detailed measurements, tuning and trouble shooting would be much easier. By this mechanism one can observe the activities of CPU and I/O devices.

Trace Table Entries

In systems which do not contain or do not use the /370 XA (Extended Architecture) hardware, System Trace collects data about 9 types of events. A TTE (Trace Table Entry) type is assigned to each event type.

In XA systems additional events are registered, for example, switching from native to extended addressing mode and back.

```
+----------------------+----------------------------------------------+
|     TTE type         |                                              |
|  number |    name    | Event type                                   |
+---------+------------+----------------------------------------------+
|    0    |      SIO   | Start I/O instruction                        |
|    1    |  EXT INT   | External Interrupt (timer interrupt,         |
|         |            | operator intervention etc.)                  |
|    2    |  SVC INT   | Supervisor Call interrupt                    |
|    3    |   PC INT   | Program Check interrupt (arithmetic error,   |
|         |            | page fault etc.)                             |
|    4    |  SRB DSP   | Service Request Block: task dispatch         |
|    5    |  I/O INT   | I/O interrupt (Program Controlled            |
|         |            | Interrupt, I/O ready etc.)                   |
|    6    |  SRB RED   | Service Request Block: task redispatch       |
|    7    |  TCB DSP   | Task Control Block: task dispatch            |
|    8    |  SVC RET   | Supervisor Call Return                       |
+---------+------------+----------------------------------------------+
```

Figure 1. Trace Table Entry types.

Each entry is 32 bytes long and contains data and pointers with addresses of event-associated control blocks [4]. This will be discussed in the following sections.

The TTE types 4, 6 and 7 describe dispatch activities. The MVS dispatcher dispatches two types of tasks. The first type is a user or system task under control of a TCB (Task Control Block) with some dispatching priority. After an interrupt the redispatch of the TCB depends on priority.

The second type is the system task under control of an SRB (Service Request Block) with priority higher than all TCBs. After an interrupt this task will continue without dispatcher intervention.

Software Monitor TRACE

The software monitor runs as a normal batch job or load module called by a TSO user, with the low dispatching priority as is usual for user software.

Two languages are applied for these routines: /370 assembler language for all time-critical and frequently used functions, and PL/1 for I/O and other functions.

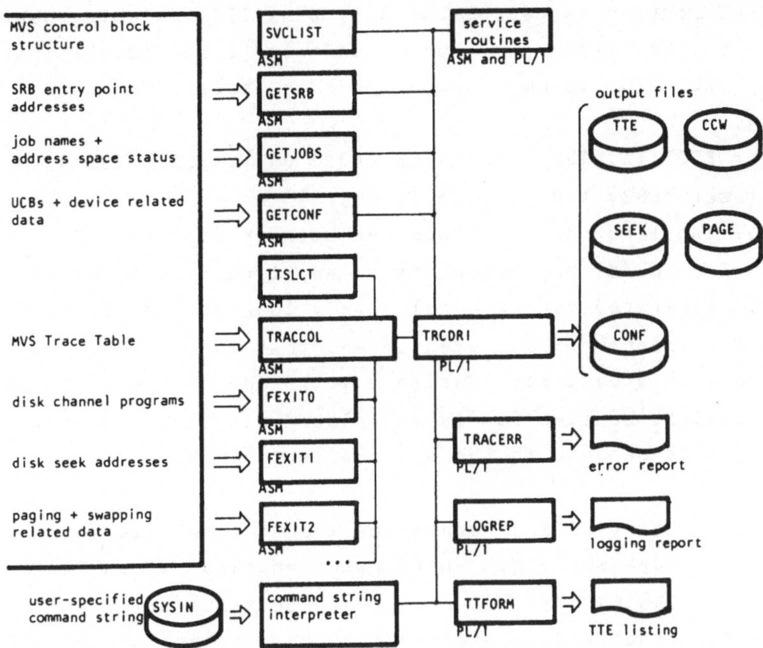

Figure 2.   TRACE data collection routines.

The mainline PL/1 routine TRCDRI fetches and activates all other modules, and is responsible for all I/O (see figure 2). Input is the SYSIN data set with user-supplied trace commands. Output are the files TTE for parameter tables and TTEs, CCW for channel programs, SEEK for disk seek addresses, PAGE for paging related data and CONF for an extended configuration description.

The main assembler module TRACCOL copies several times per second the Trace Table contents to its own data area. Under control of a timer mechanism the copy operation is performed before the table wraps-around. This provides a trace with more events than the 400 of the Trace Table. TRACE can buffer 10,000 successive events before data must be saved into a data set. The measurement can automatically be repeated for at most 100 times, providing a trace of at most 1,000,000 events. These events are generated by the system and applications with an average frequency of 2,000 to 5,000 events/sec in an IBM 3033UP, with tops of 8,000 events/sec.

The TTSLCT routine is capable of selecting TTEs matching user related characteristics like job name, address space identification, TCB address and I/O volume number. For example TTEs can be selected matching:

  [((user ETSTXYZ) AND (task X'6EF8A0')) OR (volume DISK10)]

  OR [(user JES2) AND (volume SPOOL3)]

With this facility one can trace one user or one task. If one wants to measure I/O-bound or interactive applications, a small number of events is generated during a relatively long period. It is impossible to save for example 5,000 events/sec, that is   5,000 * 32 = 160,000 bytes/sec , in a data set during a long time. Moreover, most of this data is useless because it is associated with other users. Therefore reduction must be done in the data collection phase.

The TRACE routine GETSRB scans the MVS control block structure for SRB-related addresses. The entry point address of an SRB routine is stored in an SRB DSP TTE. During postprocessing this data is used to report the correct module name and the associated function in addition to the measured CPU and I/O load of the SRB routine.

The routine GETCONF scans the I/O related control blocks like UCBs (Unit Control Blocks), Logical Channel Queue Headers and Path Tables to find the device descriptions, the primary and secondary I/O path addresses and the associated volume names for all I/O devices.

The routine GETJOBS collects user and address space related data like job names, step names, logon procedures, performance group and domain numbers, dispatching priorities, used TCB time etc. as a description of the current workload.

All data with respect to SVCs, SRBs, currently active and online devices and workload is stored into the file TTE. This enables postprocessing of the data at any time and at any MVS system, because the complete description of the measured system is included in the data set.

The PL/1 routine TTFORM can be used to select, format and print realtime TTEs. If all I/O interrupts with a Unit Check indication in the Channel Status Word are desired, these can be selected and printed in a user-friendly format (see figure 3).

```
     TTE = 1122
I/O INT RCIBMIL  IKJACCNT TSO           TCB=738EB8( 8)   CPU=0     TIME= 8,47,18.577896
   PSWOLD=070C 1000 0001 0DB0           PSW: KEY=0 IEM.. CC=1 PM=0 AS=1E    IV=2.193508
   CSW=0019 3BB8 0D00 11D0
   DEV=344          3350      DISK15  UNIT EXCEPTION
```

Figure 3. I/O interrupt TTE with a Unit Exception Indication in the Channel Status
           Word (job name is for the interrupted task).

Disk Channel Programs

Up to 16 exit routines can be defined for TRACCOL, which are activated
after each copy of at most 400 TTES. At this moment only 4 routines
are installed.

Exit routine FEXITO copies disk channel programs. It searches the
current Trace Table copy for an SIO TTE which indicates that an I/O
operation has been started. If an SIO TTE for a disk is found, FEXITO
searches for the associated I/O ready interrupt. If a combination "SIO
- I/O ready" is found, the associated I/O control blocks have already
been freed by the system and have become invalid. If the combination
is not found, FEXITO uses the IOSB (I/O Supervisor Block) pointer and
the CAW (Channel Address Word) contents in the SIO TTE to find the
appropriate I/O control blocks and the CCWs (Channel Command Words) of
the real channel program (see figure 4). Both are copied to an own
data area and saved in the file CCW.

About 30% of disk channel programs do not fit in this scheme. Some
access methods like VSAM (Virtual Storage Access Method) and some I/O
Supervisor drivers like EXCPVR (Execute Channel Program Virtual Equals
Real) build their channel programs in the private area of a user.
TRACE can address its own private area and the common storage, but not
the private area of another user. For this purpose a routine is being
developed which will reside in the LPA (Link Pack Area) and has
addressability in all address spaces.

Without this LPA module about 70% of the disk channel programs can be
captured, including paging and swapping, CVOL (Secondary Catalog) I/O,
directory access in partitioned data sets and EXCP I/O. The output for
a paging channel program is printed in figure 5 [6].

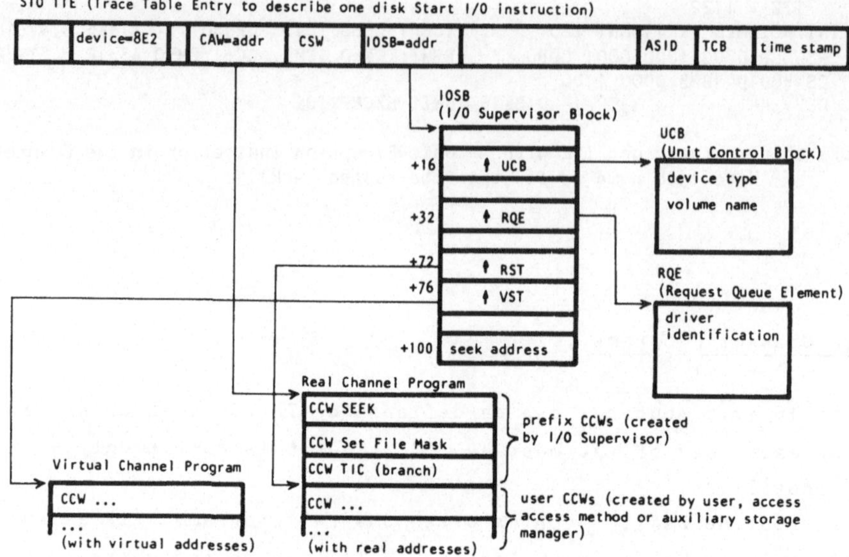

Figure 4.   Pointer structure for channel program gathering.


```
DEVICE 343     REAL CAW    00008BA8    VIRT CAW    00008BA8
DISK24         REAL START 00098378    VIRT START 00098378
SEEK           CC=15    HH=26    R=4
ASID=01        *MASTER* STARTED       RQETYPE=01    RELATED REQUEST TYPE1
IOSDVRID=01  ASM OR MASTER SCHEDULER

REAL AD  OPCODE                 REAL DATA AD    FLAGS      COUNT      OPERAND
008BA8 SEEK                         BDD41D      CC SLI       6        CYL=15 HEAD=26
008BB0 SET FILE MASK                BDD410      CC SLI       1        MASK 88
008BB8 TIC                          098378                   0        VIRT DATA 098378
098378 SET SECTOR                   098359      CC           1        MASK 43
098380 SEARCH IDENTIFIER EQUAL      09836B      CC           5        CYL=15 HEAD=26 R=4
098388 TIC *-8                      098380      CC           0        VIRT DATA 098380
098390 READ DATA                    B19000      CC        4096        VIRT DATA 4FC000
098398 NOP (NO-OPERATION)           098528         SLI       1        VIRT DATA 098528
```

Figure 5.   Channel program for page-in I/O.

Disk Seek Addresses

One of the most important aspects of disk I/O performance evaluation
is the seek distance or seek time. The exit routine FEXIT1 is
installed to obtain the seek addresses referred to during disk I/O.
This routine uses a part of the same pointer structure as FEXIT0 (see
figure 4). The seek address is stored in the IOSB by I/O Supervisor.
For disk I/O it is located in the common data area SQA (System Queue
Area). TRACE has addressability in this area and all seek addresses
can be captured, even for VSAM, EXCPVR etc. The output for the seek
addresses of one disk is printed in figure 6.

TRACE also has capabilities of reporting the distribution function of arm movement distances and the movements between data sets. The reports contain cylinder-track-record addresses and can be used to evaluate the data access behavior of system and applications.

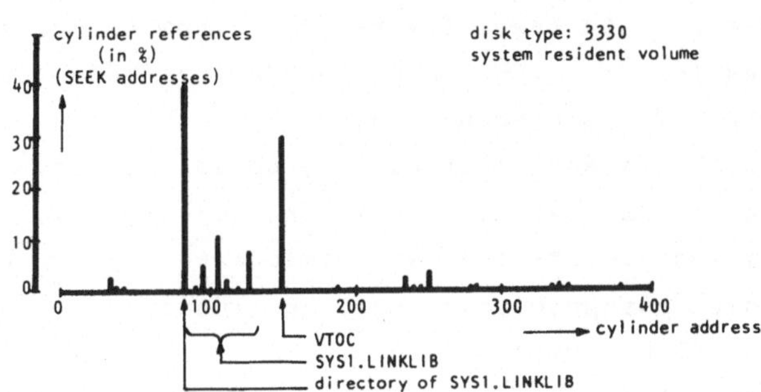

Figure 6.   SEEK pattern for the system resident volume.

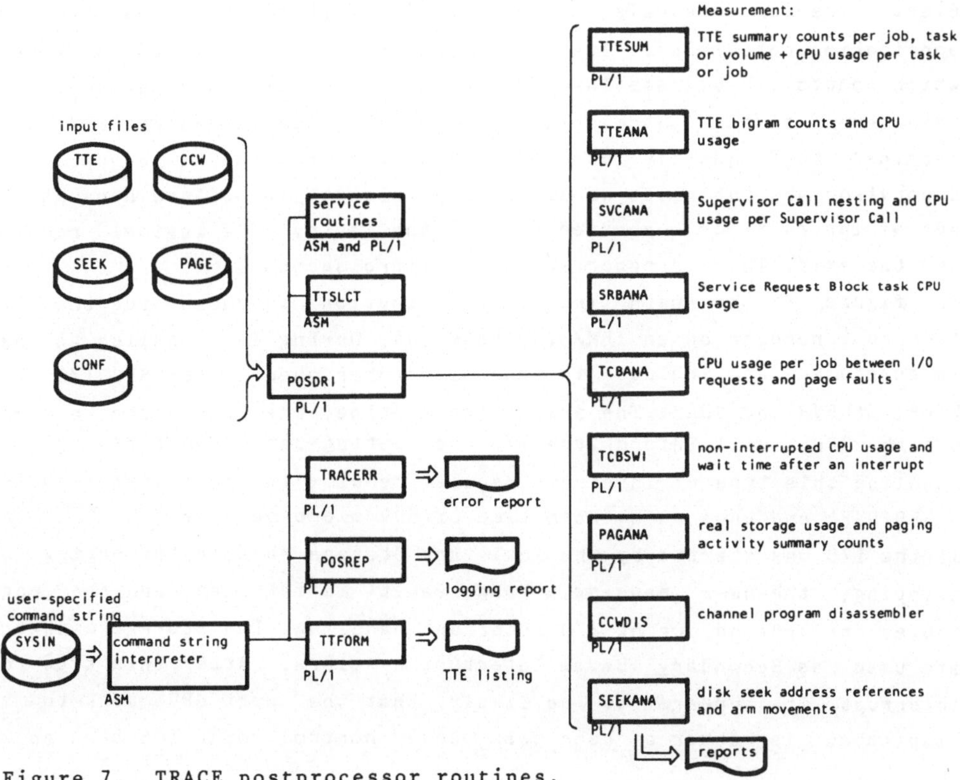

Figure 7.   TRACE postprocessor routines.

Postprocessing Facilities

The data, gathered with the TRACE data collection routines and stored in data set(s), can be postprocessed for a number of different investigations. A mainline PL/1 module POSDRI has been developed to read one or more files, to handle data set concatenation and to log the processed data (see figure 7). A number of data sets can be concatenated in order to obtain human friendly reports, summarized over a number of measurement runs.

All PL/1 postprocessor routines are coded as fetchable load modules and reside in a task-, step- or job-library. They are loaded dynamically and workareas are allocated by POSDRI. The user can specify which postprocessor must be loaded and selects the report types via a SYSIN command string.

During interactive execution TRACE prompts at the terminal for the command string, or a data set with the string can be allocated.

Trace Table Entry Analysis

Event tracing reveals a lot of information about system and application activities. The first postprocessor developed is TTEANA which counts TTE bigrams (two TTEs adjacent in time) and measures the inter-event time distance. The reports are used to assign "CPU path lengths" to frequently used MVS routines like the dispatcher, I/O Supervisor and interrupt handlers. A pathlength is defined here as the set of instructions executed between the entry of a logical routine and the exit. This is reported in CPU micro seconds.

In figure 8 the path length distribution is shown for the I/O interrupt handler on an IBM/370-158AP [5]. During I/O handling an SRB is scheduled and included in the dispatcher queues for SVC I/O via EXCP, EXCPVR and VSAM. The associated routine, executed under control of the SRB, will inform the I/O requesting task about I/O ready. Handling this type of interrupt usually results in the bigram "I/O INT - SRB DSP" and uses an average time of 500 micro seconds.

If the I/O was started by the Auxiliary Storage Manager for paging or swapping, the user causing a page fault is informed and the page tables are updated during I/O interrupt handling. The storage managers are used as Secondary Level Interrupt Handlers. After this type of interrupt it appears to be likely that the next CPU work to be dispatched is rather a user task under control of a TCB than an OS

task under control of an SRB. Handling of paging and swapping I/O
interrupts uses an average time of 1,500 micro seconds.
In this way other MVS routines can be observed as well.

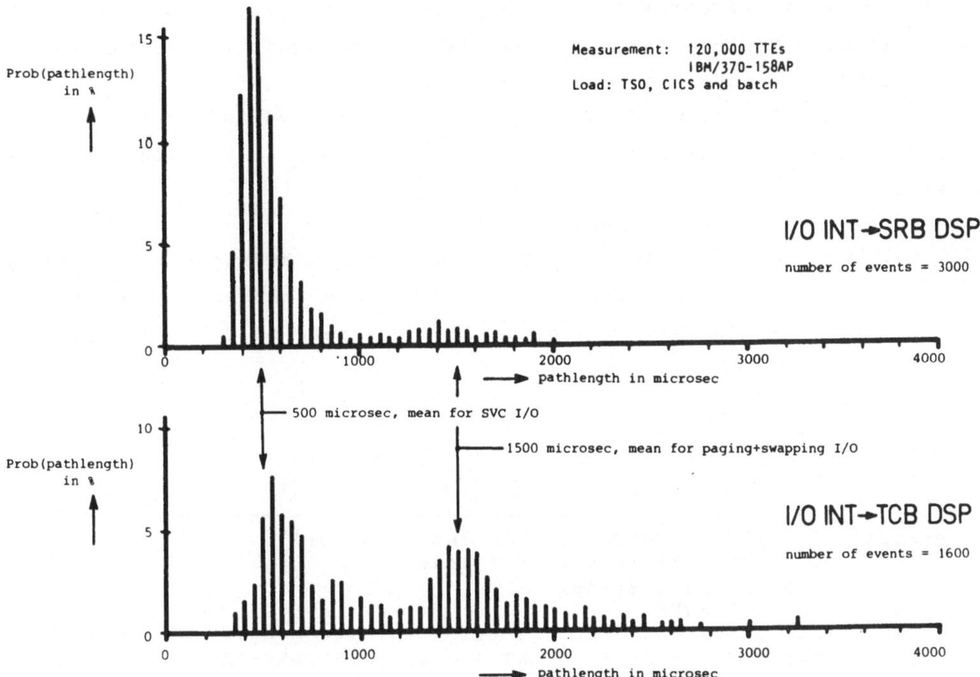

Figure 8.   Path length distribution after an I/O interrupt.

CPU Load of Tasks

Sometimes performance analists must evaluate different applications
and report performance aspects to the computing center management
which has to decide about the installation of these applications.
It is very difficult to compare the exact resource usage of software
with the conventional tools. A postprocessor TTESUM was developed to
report about CPU load for the observed tasks, including or excluding
"system overhead" like swapping, paging, disk I/O routines, terminal
I/O routines etc. [8]. Figure 9 shows the comparison of TSO edit
sessions using a line-oriented editor with the full screen editor of
SPF (System Productivity Facility) [7]. It was revealed that editing
with SPF requires less than half the CPU time of the line-oriented

editor, and that both use the same number of I/O activities. This does not mean that an SPF user consumes less CPU than a non-SPF user, because he will certainly change his behavior when he gets a powerful and user-friendly tool like SPF.

In figure 9 the resource load is reported for the following tasks:

- RCT (Region Control Task) is responsible for swapping and is usually considered as indirect work or overhead.
- TMP (Terminal Monitor Program) is the TSO command interpreter.
- CP (Command Processor) which in this case is the line-oriented editor;
- SPF is used as a full screen editor.

The greater value for the line-oriented editor's RCT time is caused by the high number of transactions: each line is a transaction and forces a swap-in and a swap-out, while in SPF one screen of 20 to 32 lines is considered to be one transaction.

```
session : 1 * QED ... NEW (line-oriented editor)
         30 * implicit insert of 1 line
          3 * change 1 string
          1 * END SAVE
```

task	number SIO TTE	number PC INT TTE	number SRB DSP TTE	SRB+TCB CPU time (msec)
RCT	–	3	350	420
TMP	–	3	2	9
CP	31	104	104	291
total	31	110	456	720

```
session : 1 * SPF : select new member in partitioned data set
          2 * insert screen with 20 and 10 lines
          3 * change 1 string
          1 * <EXIT> key to save data and terminate the edit session
```

task	number SIO TTE	number PC INT TTE	number SRB DSP TTE	SRB+TCB CPU time (msec)
RCT	–	–	70	96
SPF	32	53	53	209
total	32	53	123	305

Figure 9. Resource load of line-oriented editor QED (Quick Editor) and the full screen editor of SPF.

Conclusions

A software monitor has been developed using the already available MVS System Trace mechanism. The measurement method described is generally applicable in other systems. Designers of other operating systems are encouraged to implement a "System Trace"-like facility to simplify monitoring. Event tracing and storing of the collected data into data sets for postprocessing is a low-overhead method and supplies highly accurate reports about system and user behavior.

The monitor TRACE can be applied to measure the CPU load of MVS functions, like interrupt handling and dispatching, but also to measure the CPU load of tasks and jobs related to certain functions. Different data management, data base access, transaction processing and batch applications can be compared in the area of I/O and CPU load, both for direct work (as reported by RMF and SMF[8]) and indirect work, which is often regarded as system overhead (usually about 30% to 40% of the available CPU capacity).

After evaluation of an MVS system with TRACE the term overhead fades away and most of the executed work can be related to user-requested functions.

Event-tracing has been proven to be very useful in obtaining insight in the activities of system and application routines, and has revealed some non-discovered errors in the observed systems. The test runs with TRACE have resulted in the installation of a number of PTFs (Program Temporary Fixes).

Acknowledgements

The author wishes to express his gratitude to the staff of Delft University of Technology Computing Center and Amro Computing Center at Amsterdam for their encouragement, and for placing computing time at his disposal.

References

[1] W.M. Conner, A more accurate software technique for counting numbers of bytes transferred, First International Conference on Computing Capacity Management, ICCCM Conference Records, pp. 160-198, Washington, Apr 30 - May 2, 1979

[2] W.M. Conner, An analysis of I/O operation counts in MVS, Third International Conference on Computing Capacity Management, ICCCM Conference Records, pp. 251-254, Chicago, Apr 7-9, 1981

[3] IBM; OS/VS2 MVS System Programming Library: Service Aids, manual GC28-0674

[4] IBM; IBM System/370 Extended Facility, manual GA22-7072

[5] R. Paans; Measuring disk performance with MVS System Trace, ECOMA-9 Conference Proceedings, pp. 115-134, Copenhagen, Oct. 6-9 1981

[6] R. Paans; What are the disks doing ?, ECOMA Newsletter, Vol. 6, pp. 145-160, March 1982

[7] R. Paans; CPU load of MVS system and application routines, ECOMA-10 Conference Proceedings, pp. 94-103, Munich, Oct 12-15, 1982

[8] T. Prabhaker, Measurement of direct and indirect CPU work, First International Conference on Computing Capacity Management, ICCCM Conference Records, pp. 160-198, Washington, Apr 30 - May 2, 1979

BETRIEBSSYSTEMMESSUNGEN MIT EINEM FIRMWARE-MONITOR*
W.Graetsch und H. Kästner
Universität Dortmund, Informatik III
Postfach 50 05 00, 4600 Dortmund 50

Zusammenfassung

Die vorliegende Arbeit stellt Meßergebnisse vor, die mit Hilfe eines
Firmware-Monitors für den UNIX-Betriebssystemkern unter realen Einsatzbedingungen ermittelt wurden. Die Messungen dienen zur Auffindung von
Funktionen für die vertikale Verlagerung aus der Software in die Firmware. Weitere Einsatzmöglichkeiten des Monitors hinsichtlich allgemeiner Betriebssystem-Untersuchungen werden anschließend diskutiert.

1 Einleitung

Als klassische Werkzeuge zur Durchführung von Messungen an Betriebssystemen werden Software- und Hardware-Monitore eingesetzt /Fer 78/.
Letztere bieten den Vorteil, daß sie ohne Beeinträchtigung des zu
messenden Systems arbeiten, während Software-Monitore in Abhängigkeit
von der Anzahl der Meßobjekte oder Meßereignisse zu einer erheblichen
Leistungsminderung führen können.

Modelliert man ein Rechnersystem als eine Hierarchie von Software-,
Firmware- und Hardwareschichten, so ergibt sich damit eine klare Zuordnung zwischen Werkzeug (Monitortyp) und zu messender Schicht. Für
den mittleren Bereich der Firmware ist daher der Firmware-Monitor das
adäquate Werkzeug /Gra 81/. Sein Einsatzgebiet beschränkt sich in aller
Regel auf die Messung der Schnittstelle zur Software (Maschineninstruk-
tionen) oder zur Hardware (Mikrodiagnose). Im Rahmen dieser Arbeit soll
gezeigt werden, daß ein Firmware-Monitor auch zur Messung von Software-
schichten (hier: Betriebssystem) verwendet werden kann. Gegenüber einem
Software-Monitor hat er bei gleichem Auflösungsvermögen den Vorteil
geringerer Systembeeinträchtigung. Dieser Vorteil muß allerdings mit
erhöhtem Implementierungsaufwand erkauft werden.

---

* Diese Arbeit wurde teilweise von der Deutschen Forschungsgemeinschaft unter Aktenzeichen Ri 367/1 gefördert.

Die Messungen mit dem Firmware-Monitor, über die hier berichtet werden soll, wurden im Rahmen eines Forschungsprojektes über vertikale Migration durchgeführt. Hierbei soll ein Rechnersystem an eine konkrete Problemstellung angepaßt werden, indem wichtige Funktionen aus der Software in die Firmware verlagert werden. Das oben genannte Projekt beschäftigt sich speziell mit der Verlagerung von Betriebssystemfunktionen zum Zwecke der Leistungsverbesserung.

Die praktischen Arbeiten beziehen sich auf das UNIX*-Betriebssystem Version 6 /Rit 74/, das auf einer mikroprogrammierbaren PDP-11/60 implementiert ist. Zur Unterstützung der Migrationsentscheidungen wurde ein Firmware-Monitor entwickelt, der auf einem hierarchischen Modell von UNIX basiert /Blo 82/. Hierarchische Strukturen sind für große Programmsysteme, wie z.B. Betriebssysteme, ein nützliches Konstruktionsprinzip. Mit dem eingesetzten Monitor wird der Versuch unternommen, eine hierarchische Systemstruktur quantitativ zu bewerten, was für die Funktionsfindung bei der vertikalen Verlagerung unumgänglich ist.

Dieses Modell und die Struktur des Monitors werden im folgenden Kapitel beschrieben. Ferner werden dort Meßobjekte und Meßtechniken erläutert. In Kapitel 3 werden die Auswertungsmöglichkeiten für die vom Monitor ermittelten Daten dargestellt und konkrete Meßergebnisse präsentiert, wobei sich die Messungen am Ziel der vertikalen Verlagerung orientieren. In Kapitel 4 wird zunächst diskutiert, wie die Meßergebnisse unabhängig von dieser Zielsetzung ausgewertet werden können. Anschließend werden weitere Einsatzmöglichkeiten aufgezeigt, die es für diesen Firmware-Monitor im Bereich der Messungen zum Tuning und zur Modellierung von Rechensystemen gibt.

2 Grundlagen der Arbeit

2.1 Das UNIX-Systemmodell

Als Grundlage für die dynamischen Untersuchungen des UNIX-Betriebssystems mit Hilfe des Firmware-Monitors dient ein hierarchisches Systemmodell. Traditionelle "von Neumann"-Rechnersysteme können als eine mehrstufige Hierarchie von Interpretern klassifiziert werden /Sta 81/, die für das UNIX-System in Abb. 2.1 wiedergegeben ist.

---

* UNIX ist ein eingetragenes Warenzeichen der Bell Laboratorien, USA

Schicht	Schnittstelle
Interaktive Benutzer, Kommandosprache	
	Kommandos
Utilities,Kommandointerpreter, Anwendungsprogramme	
	Systemaufrufe
UNIX-Kern	
	Maschineninstruktionen
Firmware	
	Mikroinstruktionen
Hardware	

Abbildung 2.1: Hierarchie von Interpretern im UNIX-System

Gegenstand unserer Migrationsuntersuchungen ist der UNIX-Kern, der eigentlich das UNIX-Betriebssystem ausmacht und für den das Modell weiter verfeinert wurde.

Allgemein wird bei der Architektur von Betriebssystemen zwischen auftrags- und prozedurorientierten Ansätzen unterschieden /Löh 81/. Im ersten Fall sind die nebenläufigen Aktivitäten des Systems in Form von Prozessen organisiert, die untereinander Aufträge übermitteln und ausführen. Im zweiten Fall liegt eine Aufrufbeziehung zwischen den Objekten des Systems vor.

Der UNIX-Kern besteht aus einer Menge von Funktionen, die zu 90% in der Systemimplementierungssprache C geschrieben sind. Da C jedoch kein Prozeßkonzept aufweist, liegt eine prozedurorientierte Struktur vor. Als Folge von Systemaufrufen oder externen Unterbrechungen werden die entsprechenden Funktionen des Kerns angestoßen.

Ausgehend von der vorliegenden Aufrufstruktur werden Funktionen zu sogenannten Ebenen zusammengefaßt. Eine Ebene besteht aus einer Menge von Funktionen, die logisch zusammengehörige Operationen ausführen und etwa gleiche Komplexität haben, die zueinander duale Operationen ausführen (Prozeß erzeugen und zerstören, Puffer lesen und schreiben) und auf gleichen Datenstrukturen arbeiten.

Daraus resultiert eine Aufteilung der 276 Funktionen des UNIX-Kerns in 24 hierarchisch angeordnete Ebenen (levels). Mehrere Ebenen bilden ein sogenanntes Teilsystem (subsystem), das im wesentlichen virtuelle in reale Betriebsmittel transformiert. Ebenso wie die Ebenen bilden die Teilsysteme eine Hierarchie. Damit benutzen höher liegende Teilsysteme in der Hierarchie nur noch die virtuellen Betriebsmittel. Es werden die Teilsysteme Prozeß-Management, Dateisystem, erweiterte Speicherverwaltung, Ein/Ausgabesystem, Prozessor-Verwaltung, Hauptspeicherverwaltung und PDP-11/60 Basiskode unterschieden.

2.2 Struktur des Firmware-Monitors

In diesem Abschnitt sollen die wesentlichen Eigenschaften des Firmware-Monitors kurz skizziert werden. Eine ausführliche Darstellung ist in /Hol 82a, Hol 82b/ zu finden.

Die Struktur des Firmware-Monitors orientiert sich an einem allgemeinen Monitormodell /Svo 76/ mit den Komponenten Sensor, Selektor, Verarbeitung, Aufzeichnung und Endauswertung. In unserem Fall wird der letzte Schritt nicht durch Mikroprogramme, sondern off-line durch Software implementiert.

2.2.1 Meßobjekte

Die Objekte, die vom Firmware-Monitor gemessen werden, sind die Funktionen (Prozeduren) des UNIX-Kerns gemäß des im vorigen Abschnitt vorgestellten Hierarchiemodells. Darüberhinaus erlaubt der Monitor die Messung des dynamischen Zugriffsverhaltens dieser Funktionen zu den verwendeten Datenstrukturen (siehe Kapitel 4).

2.2.2 Meßgrößen

Der Firmware-Monitor bestimmt zum einen die Aufrufhäufigkeit der UNIX-Funktionen und zum anderen deren durchschnittliche Ausführungszeit mit zugehöriger Standardabweichung. Bei geschachtelten Prozeduraufrufen besteht sowohl die Möglichkeit, die Ausführungszeit der inneren Prozeduren mit zu messen (Variante 1) als auch diese außer acht zu lassen (Variante 2).

Die durch Prozeduraufrufe und -rücksprünge bedingte extrem hohe Datenrate für das Firmware-Meßsystem zeigt, daß eine derartige Messung mit einem Software-Monitor zu einer Leistungseinbuße führen würde, die die Stabilität des Rechnersystems erheblich stören würde.

2.2.3 Meßtechniken

Zur Ermittlung der Aufrufhäufigkeiten wird die Tracing-Technik angewendet, d.h. sämtliche Prozeduraufrufe werden erfaßt. Allerdings findet im

Monitor sofort die Verarbeitung statt, wobei ein Teil des Kontrollspeichers der PDP-11/60 als Datenspeicher benutzt wird. Jeder UNIX-Prozedur ist dort ein Zähler (Tabelleneintrag) zugeordnet, der bei ihrem Aufruf inkrementiert wird. Sämtliche Zähler können (ebenso wie die übrigen Meßgrößen) mit Hilfe von Softwareprogrammen zu beliebigen Zeitpunkten ausgelesen werden.

Für das Berechnen der Ausführungszeit ist die Tracing-Technik nur bedingt geeignet. Da die Abarbeitung von Systemaufrufen synchron oder asynchron unterbrochen werden kann, wäre eine variierende Zahl von Uhrenständen entsprechend der Anzahl der im System existierenden Prozesse zu verwalten. Eine Zwischenspeicherung im Kontrollspeicher wäre damit nicht mehr möglich. Aus diesem Grunde werden die Messungen jeweils auf die vollständige Abarbeitung eines einzigen Systemaufrufes beschränkt (Sampling). Lediglich die durch eine asynchrone Unterbrechung angestoßenen Prozeduren werden mitverfolgt.

Als Sensoren werden neu entwickelte Meßbefehle benutzt, die für in der Sprache C geschriebene Prozeduren automatisch und für Assemblerprozeduren manuell in den Programmtext eingesetzt werden. Im Falle der C-Prozeduren beinhalten diese Meßbefehle die ansonsten softwaremäßig realisierte Rettung und Restaurierung der Aufrufumgebung. Dadurch wird ein Teil des Monitoraufwands kompensiert.

Die in /Hol 82a, Hol 82b/ angestellten genaueren Betrachtungen hinsichtlich des Meßaufwands weisen ein sehr günstiges Verhalten für den Monitor aus. Diverse Vergleichsexperimente mit verschiedenen synthetischen Arbeitslasten zeigen eine Verlängerung der Laufzeit von 1 % bei nicht-eingeschaltetem und 2,7 % bei eingeschaltetem Monitor, bezogen auf eine 25-Minuten-Ausführungszeit einer synthetischen Last. Damit ist es möglich, den Firmware-Monitor auch im Normalbetrieb mitlaufen zu lassen.

3 Betriebssystem-Messungen zur Unterstützung vertikaler Verlagerungsentscheidungen

3.1 Auswertungsprogramme

Aufbauend auf den vom Firmware-Monitor im Kontrollspeicher abgelegten Daten werden softwaremäßig Auswertungen erstellt, die sich an dem in

Abschnitt 2.1 beschriebenen Hierarchiemodell orientieren.

In der Übersichtsauswertung werden die verschiedenen Ebenen des UNIX-Kerns mit den übergeordneten Teilsystemen in Beziehung gesetzt. Für jede Ebene werden die akkumulierten Aufrufhäufigkeiten und Ausführungszeiten aller Funktionen sowie ein darauf bezogener prozentualer Wert relativ zum gesamten Kern ausgegeben.

Nachdem alle Ebenen eines Teilsystems aufgelistet worden sind, erfolgt eine Summenbildung über Aufrufhäufigkeiten und Ausführungszeiten, die alle Funktionen eines Teilsystems berücksichtigt. Im Anhang 1 ist eine Übersichtsauswertung für eine 10-tägige Meßserie aufgeführt.

Neben der Übersichtsauswertung erfolgt eine Detailauswertung der einzelnen Ebenen. Dabei werden für jede Funktion folgende Werte ausgegeben:
- Aufrufhäufigkeit (absolut und prozentual)
  Hier werden zwei Prozentwerte angegeben, die sich auf die jeweilige Ebene und den gesamten Kern beziehen.
- Summe der Ausführungszeiten (absolut und prozentual)
  Wie bei den Aufrufhäufigkeiten werden zwei Prozentwerte berechnet.
- mittlere Ausführungszeit
- Standardabweichung
- Konfidenzintervall

Die Behandlung einer Ebene schließt mit einer Summenbildung über die Aufrufhäufigkeiten und Ausführungszeiten aller enthaltenen Funktionen. Der Anhang 2 zeigt einen Ausschnitt aus dieser Auswertung.

Neben dieser strukturbezogenen Analyse kann auch eine Liste sämtlicher Funktionen des UNIX-Kerns ausgegeben werden, wobei eine alphabetische Anordnung oder eine Anordnung nach fallendem CPU-Bedarf möglich ist. Im Anhang 3 sind die Ergebnisse für die zuvor gezeigte Meßserie in dieser Form aufgeführt.

3.2 Meßergebnisse

Nachdem aufgezeigt wurde, in welcher Form die Auswertung der vom Firmware-Monitor ermittelten Daten geschieht, sollen nun die gewonnenen Meßergebnisse analysiert und im Hinblick auf Migrationsentscheidungen diskutiert werden.

Empirische Untersuchungen /Knu 71/ haben gezeigt, daß bei der Ausführung von Programmen ein Lokalitätsprinzip gilt. Dabei werden 80% der Ausführungszeit von 20% des Programmkodes verbraucht (sog. 80-20 Regel). Die Ergebnisse des Firmware-Monitors zeigen, daß auch der UNIX-Kern eine derartige Lokalitätseigenschaft besitzt. Mit Hilfe der strukturbezogenen Auswertung erhält man genauen Aufschluß darüber, auf welchen Funktionen, Ebenen und Teilsystemen der Schwerpunkt liegt. In den folgenden Tabellen werden Auszüge aus den ermittelten Meßdaten dargestellt. Danach entfallen 75-80% der Ausführungszeit (gemessen nach Variante 2) auf nur 6 der 24 Ebenen, die im Anhang 1 dargestellt sind (siehe Abb. 3.1).

Ebene	Ausführungszeitanteil relativ zum Kern
Trap-Monitor, Scheduler :	10.02 %
Basis-Dateisystem :	5.01 %
Pufferverwaltung :	5.81 %
Gerätetreiber :	18.44 %
Puffer-Hilfsfunktionen :	18.38 %
Assembler-Hilfsfunktionen:	22.31 %
Summe :	79.97 %

Abbildung 3.1: Häufig benutzte Ebenen des UNIX-Kerns

Bei der Auswahl von Verlagerungskandidaten können durch Analyse der Übersichtsauswertung zunächst Ausführungsschwerpunkte im System ermittelt werden (Abb. 3.1). Die Analyse wird dann bei den einzelnen Ebenen, die sehr viel Zeit akkumulieren, fortgesetzt. Die Tabelle in Abb. 3.2, die einen Ausschnitt aus Anhang 2 wiedergibt, zeigt die Hilfsfunktionen der Pufferverwaltung für das Ein/Ausgabesystem.

UNIX Funktion:	Zeitanteil innerhalb der Ebene
get character (getc)	23.21 %
put character (putc)	22.51 %
delete character (zapc)	0.00 %
pass input character (passc)	3.91 %
pass output character (cpass)	14.07 %
fetch character from system space (schar)	0.00 %
fetch character from user space (uchar)	0.36 %
copy input blocks (copyin)	7.02 %
copy output blocks (copyout)	23.66 %
finish i/o operation (iodone)	0.27 %
release block buffer (brelse)	4.67 %
perform large physical i/o transfer (physio)	0.01 %
test error flag (geterro)	0.30 %
Summe	100.00 %

Abbildung 3.2: Ausschnitt aus der Detailauswertung

Nach Analyse dieser Tabellen können die am häufigsten benutzten Funktionen in die Firmware verlagert werden (z.B. die Zeichenpufferoperationen 'getc' und 'putc' sowie 'copyout'). Unterstützt die zugrundeliegende Rechnerarchitektur Unterprogramme auf Mikrokodeebene, können logisch zusammengehörige Funktionen verlagert werden (z.B. mit 'copyout' auch 'copyin'). Diese Funktionen können dann auf gemeinsame Mikro-Unterprogramme zurückgreifen, wobei neben dem erzielbaren Leistungsgewinn auch die Struktur des Systems verbessert werden kann.

Eine weitergehende Analyse zum Auffinden von Verlagerungskandidaten geht über das oben angegebene Auswertungsprinzip hinaus. Hier werden auch globalere Systemaspekte mit berücksichtigt.

Für den Entwurf schichtenförmig strukturierter Betriebssysteme hat Dijkstra /Dij 68/ die Regel aufgestellt, daß die untersten Schichten, die die schnellsten Betriebsmittel verwalten und am häufigsten aufgerufen werden, besonders effizient sein sollten. Indirekt gibt der Ausführungszeitanteil Aufschluß über die Effizienz von Teilsystemen und Ebenen. Da diese jedoch unterschiedlich viele Funktionen aufweisen, wird der Ausführungszeitanteil durch die akkumulierten Aufrufhäufigkeiten der Funktionen eines Teilsystems bzw. Ebene dividiert.

In einem ideal strukturierten System kann man erwarten, daß bei einer top-down Auflistung der Teilsysteme die zugehörige Folge der Quotienten monoton fallend ist, da die in der Hierarchie tiefer liegenden Teilsysteme schnellere Betriebsmittel verwalten. Eine derartige Analyse für den UNIX-Kern (Abb. 3.3) zeigt jedoch eine Unausgewogenheit bei der Hauptspeicherverwaltung und Teilen der erweiterten Speicherverwaltung. Eine Prüfung für die Ursachen mit Hilfe der Detailauswertung zeigt, daß nur wenige Funktionen den Hauptanteil an der Ausführungszeit dieser Teilsysteme haben. Diese kopieren Daten von einem priviligierten Adreßraum in einen anderen oder setzen Register der hardwaremäßig realisierten 'Memory Management Unit'. Derartige Funktionen sind auf der zugrundeliegenden Rechnerarchitektur sehr ineffizient, wenn sie in der Software implementiert sind und bieten eine gute Möglichkeit zur Leistungssteigerung des Systems bei einer vertikalen Verlagerung in die Firmware.

Die Tabelle in Abb. 3.3 zeigt die Ergebnisse der im letzten Punkt angesprochenen Analyse. Zu jedem Teilsystem sind die verwalteten Betriebsmittel und der oben beschriebene Quotient aufgeführt (Verhältnis von Zeitanteil des Teilsystems zu seiner Aufrufhäufigkeit).

Teilsystem		verwaltete Betriebsmittel	Zeitanteil : Aufrufhäufigkeit
Prozeßverwaltung	:	Prozesse	1.29
Dateisystem	:	Dateien	1.22
Erweiterte Speicherverwaltung	:	Hintergrundspeicher für das Ein- und Auslagern	8.00
Ein/Ausgabesystem	:	E/A Geräte	1.23
Prozessorverwaltung	:	Prozessor	0.88
Hauptspeicher-verwaltung	:	Hauptspeicher	5.61
PDP-11/60 Basiskode	:		0.55

Abbildung 3.3: Zeitanteile in Relation zu Aufrufhäufigkeiten
für die Teilsysteme

Eine andere Form der Auswahl von Verlagerungskandidaten ermöglicht die Tabelle in Anhang 3. Dieser Ansatz ist jedoch nicht strukturbezogen, sondern geht direkt von den Funktionen des UNIX-Kerns aus. Die Funktionen mit sehr hoher Standardabweichung sind datenabhängig (Anzahl zu übertragende Zeichen, Anzahl zu kopierende Segmente).

Die kumulierte Statistik bestätigt ebenfalls das Lokalitätsprinzip. Anhand dieser Liste können dann Schritt für Schritt Kandidaten für die vertikale Verlagerung ausgewählt werden. Dabei muß die Nebenbedingung beachtet werden, daß kein Funktionsaufruf aus der Firmware in die Software erfolgen darf (Hardwarebeschränkung).

4 Allgemeine Betriebssystemmessungen

Die im vorigen Kapitel vorgestellten und diskutierten Messungen dienen zur Entscheidungsfindung bei der vertikalen Migration. Im folgenden soll nun aufgezeigt werden, wie der Firmware-Monitor auch für allgemeine Betriebssystemmessungen benutzt werden kann. Die dazu notwendigen Modifikationen sind nur minimal und ändern nichts an den grundsätzlichen Vorteilen, die diese Art des Monitoring gegenüber einem Software-Monitoring hat.

4.1 Auffinden kritischer Systemteile

Die Messungen für die vertikale Verlagerung können auch dahingehend ausgewertet werden, daß die häufig benutzten Betriebssystemfunktionen hinsichtlich der Effizienz ihrer Implementierung überprüft werden. Damit bleibt es dahingestellt, ob die Systemverbesserung durch vertikale Verlagerung oder durch Tuning der Software (Modifikation von Algorithmen) erfolgt. Eine derartige manuelle Systemverbesserung wird also direkt durch den Firmware-Monitor unterstützt.

4.2 Betriebsmittelauslastung

Das Leistungsverhalten des UNIX-Kerns kann entscheidend durch Bereitstellung einer großen Zahl sog. 'Block Buffer' verbessert werden. Diese haben die Funktion eines Cachespeichers für Dateizugriffe. Die Zahl dieser Puffer hängt davon ab, wieviel Hauptspeicherplatz zur Verwaltung anderer Betriebsmittel (Prozeß- und Datei-Kontrollblöcke u.ä.) benötigt wird. Durch leichte Modifikationen des Firmware-Monitors kann dieser dazu benutzt werden, den Belegungszustand der einzelnen Betriebsmittel zu bestimmen.

An den Stellen, an denen im UNIX-Kern Betriebsmittel angefordert bzw. freigegeben werden, können Meßbefehle eingefügt werden. Diese steuern den Firmware-Monitor so an, daß die mittlere Belegung eines Betriebsmittels, die Standardabweichung und die maximale Belegung bestimmt werden können. Die entsprechenden Zähler für ein Betriebsmittel könnten wieder im Kontrollspeicher gehalten werden.

Eine andere Variante zur Ermittlung der Betriebsmittelbelegung könnte so aussehen, daß der Firmware-Monitor lediglich den aktuellen Belegungszustand registriert. Ein periodisch zu aktivierendes Auswertungsprogramm könnte dann ein Histogramm erstellen, das auch dynamisch auf einem Bildschirm ausgegeben werden kann.

4.3 Bestimmung von Parametern zur Modellierung

Der Firmware-Monitor kann auch dazu benutzt werden, Parameter für die Modellierung von Rechensystemen (Betriebssystemen) zu ermitteln:

1. Durch entsprechende Plazierung der Meßbefehle oder eine andere Interpretation der bisherigen Meßergebnisse können direkt Übergangsraten zwischen Bedienstationen und deren Bedienzeiten berechnet werden.
2. Durch eine Beschränkung der bisherigen Messungen auf einen (zufällig oder gezielt ausgewählten) Prozeß kann man Daten für ein Lastmodell erhalten.

5 Zusammenfassung und Wertung

In dieser Arbeit wurden Einsatzmöglichkeiten eines Firmware-Monitors im Zusammenhang mit dem Betriebssystem UNIX gezeigt. Der Schwerpunkt der durchgeführten Messungen lag auf der funktionalen Beobachtung des UNIX-Kerns. Die dabei gewonnenen Ergebnisse dienen zur Entscheidungsfindung bei der vertikalen Verlagerung von Softwarefunktionen in die Firmware. Die hier präsentierten Ergebnisse machen deutlich, daß der Firmware-Monitor ein hohes Auflösungsvermögen besitzt, das ein weites Spektrum an Auswertungen ermöglicht.

Neben der Unterstützung bei der vertikalen Migration kann der Monitor (z.T. mit geringfügigen Modifikationen) auch für allgemeinere Messungen am UNIX-Betriebssystem eingesetzt werden. Der hier vorgestellte Firmware-Monitor erweist sich damit insgesamt als ein sehr flexibles Werkzeug zur Betriebssystemmessung. Er bietet ferner den Vorteil, daß er gegenüber einem Software-Monitor nur eine geringfügige Beeinträchtigung des zu messenden Systems mit sich bringt. Demgegenüber steht ein erhöhter Implementierungsaufwand und ein eingeschränkter Einsatzbereich. Letzterer ergibt sich dadurch, daß natürlich der zugrundeliegende Rechner mikroprogrammierbar sein muß und daß zusätzlich ein schreibbarer Kontrollspeicher benötigt wird, der auch als Datenspeicher organisierbar ist. Bei Nichterfüllung der letzten Randbedingung müßten alle vom Monitor ermittelten Daten im Hauptspeicher abgelegt werden, was eine Verfälschung des zu messenden Systems mit sich bringt.

Gegenüber Hardware-Monitoren hat das hier vorgestellte Meßwerkzeug nur einen geringfügig höheren Overhead, der auch den Einsatz bei Kunden in kommerziell genutzten Rechenzentren erlauben würde. Andererseits dürften die hier erfaßten Daten mit einem Hardware-Monitor nur mit einem erheblichen Mehraufwand zu ermitteln sein, der insbesondere die Datenreduktion betreffen würde.

6 Literatur

Blo 82   Block, H., Graetsch, W. and Kaestner, H.
         Documentation of the UNIX Operating System
         Technical Report No. 4, Research Project 'Vertical Migration',
         University of Dortmund, April 1982

Dij 68   Dijkstra, E.W.
         The Structure of the 'THE-Multiprogramming System'
         Communications of the ACM 11(1968), 341-346

Fer 78   Ferrari, D.
         Computer Systems Performance Evaluation
         Prentice-Hall, Englewood Cliffs, 1978

Gra 81   Graetsch, W., Kaestner, H.
         Firmware Monitoring - History and Perspective
         Microprocessing and Microprogramming, vol 8, nrs 3,4,5, Oct-Dec
         1981, pp 237-246

Hol 82a Holtkamp, B.
         Ein Firmware Monitor zur Unterstützung vertikaler Migration-
         sentscheidungen in UNIX
         Diplomarbeit, Universität Dortmund, Abt. Informatik, Mai 1982

Hol 82b Holtkamp, B., Kaestner, H.
         A Firmware Monitor to Support Vertical Migration Decisions in
         the UNIX Operating System
         15-th Annual Workshop on Microprogramming (Micro-15), Palo Al-
         to, 4.-7.10. 1982

Knu 71   Knuth, D.E.
         An empirical study of Fortran programs
         Software - Practice and Experience, Vol.1, pp. 105-133, 1971

Löh 81   Löhr, K.-P.
         Architektur von Betriebssystemen, Teil 1 und 2, Informatik-
         Spektrum 3,229-245(1980) und 4,40-48(1981)

Rit 74   Ritchie, D.M. and Thompson, K.T.
         The UNIX time-sharing system
         Comm. ACM 17 (7), July 1974, pp 365-375

Sta 81   Stankovic, J.A.
         The Types and Interactions of Vertical Migration of Functions
         in a Multi-Level Interpretive System
         IEEE Transactions on Computers, C-30(7), July 1981

Svo 76   Svobodova, L.
         Computer performance measurement and   evaluation   methods:
         Analysis and application,
         Computer Design and Architecture Series 2, Elsevier, New York,
         1976

Anhang 1: Übersichtsauswertung

```
start: 24. 8.1982 at  9:10:30              stop:  2. 9.1982 at 16: 0: 0
************************** System Evaluation **************************
Subsystem
   Level                            accumulated          accumulated
                                    execution count      execution time
```

Process Management		accumulated execution count		accumulated execution time	
Trap Monitor, Scheduler	:	4126745	5.86%	5.4e+08	10.02%
System Call Interface	:	2259840	3.21%	2.0e+08	3.78%
Signal Handling	:	1567187	2.23%	3.6e+07	0.68%
Process Creation/Deletion	:	2727	0.00%	2.5e+06	0.05%
Manage Shared Text Files	:	4482	0.01%	3.1e+05	0.01%
	sum:	7960981	11.30%	7.8e+08	14.54%
File System					
Logical File System	:	20639	0.03%	3.5e+07	0.66%
Basic File System	:	3385441	4.81%	2.7e+08	5.01%
File Organization Strategy:		378606	0.54%	4.6e+07	0.85%
File Allocation Strategy	:	222781	0.32%	1.6e+07	0.30%
Buffer Manipulation Module:		3271673	4.65%	3.1e+08	5.81%
	sum:	7279140	10.34%	6.8e+08	12.63%
Extended Memory Management					
Scheduling Decision	:	3377	0.00%	1.8e+06	0.03%
Expand Main Memory	:	5494	0.01%	5.1e+06	0.09%
Manage Text Segments	:	4862	0.01%	4.3e+05	0.01%
Swapping Mechanism	:	3807	0.01%	1.1e+06	0.02%
	sum:	17540	0.02%	8.3e+06	0.16%
I/O System					
Device Strategy	:	256020	0.36%	4.2e+07	0.78%
Interrupt Monitor	:	1720349	2.44%	1.1e+08	2.05%
Device Drivers	:	9031773	12.82%	9.9e+08	18.44%
Buffer Primitives	:	11678944	16.58%	9.9e+08	18.38%
	sum:	22687086	32.21%	2.1e+09	39.64%
Processor Management					
Process Synchronization	:	530419	0.75%	7.3e+07	1.35%
Simple Dispatcher	:	376980	0.54%	2.9e+07	0.55%
Environment Change	:	1971202	2.80%	9.2e+07	1.70%
	sum:	2878601	4.09%	1.9e+08	3.60%
Simple Main Memory Management					
Establish Address Space	:	415461	0.59%	1.5e+08	2.84%
Main Memory Management	:	482125	0.68%	2.3e+08	4.28%
	sum:	897586	1.27%	3.8e+08	7.12%
PDP-11/60 Machine Assist					
Assembly Auxillary Proc.	:	28710780	40.76%	1.2e+09	22.31%
PDP-11/60 Hardware Assist	:	110	0.00%	3.2e+04	0.00%
	sum:	28710890	40.76%	1.2e+09	22.31%

```
start :  24. 8.1982 at   9:10:30                                    stop  :   2. 9.1982 at 16: 0: 0
****************************************************  Level Evaluation  ****************************************************
```

procedure	execution count	%-level/kernel execution count		accumulated time	%-level/kernel execution time		average time	standard deviation	confidence interval
Buffer Primitives									
_getc :	3272716	28.02%	4.65%	2.3e+08	23.21%	4.27%	70.00	11.51	0.02
_putc :	2890649	24.75%	4.10%	2.2e+08	22.51%	4.14%	76.85	12.94	0.03
_zapc :	113	0.00%	0.00%	1.3e+04	0.00%	0.00%	111.12	20.89	7.70
_passc :	770970	6.60%	1.09%	3.9e+07	3.91%	0.72%	50.02	15.70	0.07
_cpass :	3530715	30.23%	5.01%	1.4e+08	14.07%	2.59%	39.33	14.15	0.03
_schar :	265	0.00%	0.00%	5.2e+03	0.00%	0.00%	19.64	6.03	1.45
_uchar :	124686	1.07%	0.18%	3.6e+06	0.36%	0.07%	28.68	7.16	0.08
_copyin :	27873	0.24%	0.04%	6.9e+07	7.02%	1.29%	2484.96	911.44	21.40
_copyout :	207105	1.77%	0.29%	2.3e+08	23.66%	4.35%	1127.44	1337.79	11.52
_iodone :	62580	0.54%	0.09%	2.7e+06	0.27%	0.05%	43.02	4.92	0.08
_brelse :	623457	5.34%	0.89%	4.6e+07	4.67%	0.86%	73.84	15.86	0.08
_physio :	159	0.00%	0.00%	6.7e+04	0.01%	0.00%	420.23	28.28	8.79
_geterro :	167656	1.44%	0.24%	3.0e+06	0.30%	0.06%	17.88	3.76	0.04
sum :	11678944	100.00%	16.58%	9.9e+08	100.00%	18.38%			
Process Synchronization									
_psignal :	856	0.16%	0.00%	4.3e+04	0.06%	0.00%	49.96	14.90	2.00
_wakeup :	74122	13.97%	0.11%	2.5e+07	34.15%	0.46%	334.67	28.86	0.42
_setrun :	44723	8.43%	0.06%	2.1e+06	2.94%	0.04%	47.69	11.12	0.21
_sleep :	376369	70.96%	0.53%	4.1e+07	56.28%	0.76%	108.62	24.60	0.16
_timeout :	34349	6.48%	0.05%	4.8e+06	6.57%	0.09%	138.89	12.08	0.26
sum :	530419	100.00%	0.75%	7.3e+07	100.00%	1.35%			

```
start : 24. 8. 1982 at  9:10:30        stop:  2. 9.1982 at 16: 0: 0
******************************************************************
            Sorted Function Output (Time Measurement)
```

Function	percentage (kernel)	accumulated percentage	average time (usec)	standard deviation
fuiword	6.20 %	6.20 %	59.57	8.63
ttyoutp	5.82 %	12.02 %	130.28	32.12
trap	5.68 %	17.70 %	252.54	48.77
copyout	4.34 %	22.04 %	1127.44	1337.79
getc	4.26 %	23.30 %	70.00	11.51
fubyte	4.24 %	30.54 %	64.72	9.71
putc	4.13 %	34.67 %	76.85	12.94
spl5	3.98 %	38.65 %	31.50	3.71
sureg	2.77 %	41.42 %	386.16	31.53
rdwr	2.73 %	44.15 %	141.79	15.25
ttwrite	2.60 %	46.75 %	287.73	832.77
cpass	2.58 %	49.33 %	39.33	14.15
copseg	2.51 %	51.84 %	586.37	25.86
dhstart	2.51 %	54.35 %	162.10	109.35
clock	2.05 %	56.40 %	219.60	130.75
call	2.04 %	58.44 %	63.99	8.18
subyte	1.93 %	60.37 %	130.52	21.57
readi	1.83 %	62.20 %	209.17	283.45
clearseg	1.73 %	63.93 %	398.83	16.44
getblk	1.67 %	65.60 %	135.41	60.11
spl0	1.59 %	67.19 %	17.68	6.82
savfp	1.58 %	68.77 %	70.52	10.78
spl6	1.57 %	70.34 %	32.38	4.09
copyin	1.28 %	71.62 %	2484.96	911.44
savu	1.28 %	72.90 %	43.27	5.29
setpri	1.17 %	74.07 %	52.40	12.70
writei	1.15 %	75.22 %	108.81	87.98
trap1	1.10 %	76.32 %	49.27	15.82
brelse	0.85 %	77.17 %	73.84	15.86
bmap	0.84 %	78.01 %	120.37	54.93
dzint	0.81 %	78.82 %	95.76	20.46
notavai	0.81 %	79.63 %	64.95	10.79
dhxint	0.76 %	80.39 %	98.67	18.74
sleep	0.76 %	81.15 %	108.62	24.60
passc	0.71 %	81.86 %	50.02	15.70
iomove	0.69 %	82.55 %	106.63	213.23
issig	0.67 %	83.22 %	23.22	5.12
ttstart	0.66 %	83.88 %	66.82	23.46
namei	0.63 %	84.51 %	2529.45	1547.97
clrbuf	0.61 %	85.12 %	1440.85	77.20
mmread	0.57 %	85.69 %	27972.80	22392.26
getf	0.55 %	86.24 %	26.79	7.31
bread	0.54 %	86.78 %	53.52	19.09
swtch	0.54 %	87.32 %	77.76	11.33
bcopy	0.54 %	87.86 %	66.17	85.61
ttread	0.53 %	88.39 %	179.01	47.19
iget	0.52 %	88.91 %	821.24	641.30
rmstrat	0.52 %	89.43 %	203.86	44.22
rfstart	0.48 %	89.91 %	210.81	140.83
lpcanon	0.46 %	90.37 %	54.55	47.79
wakeup	0.46 %	90.83 %	334.67	28.86

LEISTUNGSANALYSE VON SPEICHERHIERARCHIEN DURCH HYBRIDE UND
HIERARCHISCHE MODELLIERUNG

Axel Lehmann
Institut für Informatik IV
Universität Karlsruhe

Zusammenfassung

Rasche technologische Fortschritte, kürzere Innovationszyklen und steigende System-
komplexität bestimmen die Entwicklung künftiger digitaler Verarbeitungssysteme. Für
Leistungsbewertungen dieser Systeme sind daher zunehmend flexible Analysemethoden
und -werkzeuge erforderlich, die möglichst systemunabhängig für Leistungsbewertungen
des Entwurfs, der Auswahl und von Modifikationen verwendbar sein sollten.

Der vorliegende Beitrag stellt solch ein flexibles Bewertungskonzept vor. Es basiert
auf hierarchischen Modellierungen des Ablaufs von Anwender- und Systemprozessen in
Rechensystemen auf unterschiedlichen Detaillierungsebenen. Ausgehend von der Vereinbarung eines künstlichen Last-Modells zur Erzeugung synthetischer Programme lassen
sich die Leistungsmodelle auch unter dem Aspekt eines wirtschaftlichen Einsatzes unter Verwendung analytischer, simulativer und hybrider Modellierungstechniken realisieren. Die vorgeschlagene Definition synthetischer Programme, die Implementierung
maschinenunabhängiger Lastaufzeichnungs- und Lastanalysewerkzeuge sowie die Trennung
zwischen Last- und System-Modellen gestatten es außerdem, neben stochastischen auch
aufzeichnungsgesteuerte Leistungsmodellierungen vozunehmen.

Als eine konkrete Anwendung des vorgeschlagenen Bewertungskonzepts werden Leistungsanalysen mehrstufiger Speicherhierarchien in Mehrprozessorsystemen vorgenommen.

1. Einleitung

Die gegenwärtige Entwicklung digitaler Verarbeitungssysteme läßt sich wesentlich
kennzeichnen durch vermehrte Anwendungsbereiche, steigende Komplexität von Hardware
und Software, Verbesserungen des Preis-/Leistungsverhältnisses und verkürzte Innovationszyklen in der Entwicklung neuer Architekturen und Verarbeitungssysteme. Gefördert werden diese Tendenzen durch Innovationen im Bereich der Software, wie beispielsweise durch den Einsatz komfortabler Betriebssysteme und ein ständig verbessertes und wachsendes Angebot an Applikations-Software. Die Ursachen dieser Entwicklung sind jedoch im Hardware-Bereich festzustellen. Sie betreffen hauptsächlich
kostengünstige Fertigungstechniken infolge verbesserter Entwurfs- und Herstellungs-
verfahren für hochintegrierte Schaltkreise sowie den Einsatz neuer Speichertechnolo-
gien /SCS 77/, /SCO 78/, /PAS 80/.

Vor diesem Hintergrund gewinnen Leistungsbewertungen neben Fragen der Korrektheit
und der Zuverlässigkeit der Funktion der Systeme zunehmend an Bedeutung. Mit wachsender Komplexität der Verarbeitungssysteme sind allgemein gehaltene, relative Leistungsabschätzungen nicht mehr aussagekräftig genug, um als Entscheidungshilfe zu
dienen. Vor allem für Entwurfsentscheidungen werden künftig neben relativ allgemeinen, qualitativen Leistungsanalysen auch konkrete, quantitative Leistungsdaten benötigt. Zur Zeit entfallen etwa 60 - 80 % der Systemkosten auf die Software-Erstel-
lung und -Wartung. Im Zeichen gegenwärtig noch sinkender Hardware- und etwa stabiler
Software-Kosten ist davon auszugehen, daß dieser Kostenanteil noch etwas ansteigen

wird /LEC 77/, /BEL 81/. Deshalb stellt sich immer dringlicher die Aufgabe, neben der Systemstruktur auch System- und Anwender-Software quantitativ in Leistungsbewertungen einzubeziehen.

Eine wesentliche Rolle spielt bei Leistungsanalysen das methodische Vorgehen, das eng auf das Untersuchungsziel ausgerichtet sein sollte. So lassen sich System- und Architekturbewertungen nach folgenden Anwendungsbereichen klassifizieren, bei denen teilweise von unterschiedlichen Randbedingungen, Meßwerkzeugen und Leistungskenngrößen auszugehen ist:

● <u>Entwurfs-Studien</u>, hauptsächlich für Hersteller als Entscheidungshilfe für den <u>Entwurf und die</u> Implementierung neuer Systeme oder Teilsysteme nach vorgegebenen Spezifikationen;

● <u>Modifikations-Studien</u>, für Verbesserungen an Hardware oder Software eines vorhandenen <u>Systems durch</u> Hersteller wie auch durch Anwender;

● <u>Auswahl-Studien</u>, mit relativen Leistungsdaten und Kriterien für Anwender und Hersteller zur Auswahl zwischen verschiedenen existierenden Systemen.

Es sind nun flexible Bewertungsmethoden und -werkzeuge erforderlich, mit denen diese Anwendungsbereiche gleichermaßen untersucht werden können. Diese Forderung erscheint besonders notwendig im Hinblick auf die sich ständig verkürzenden Innovationszyklen, den Aufwand zur Entwicklung spezieller Verfahren und Modelle sowie für die Durchführung der Untersuchungen. Hinzu kommt, daß Hersteller wie Anwender aus Gründen der Leistungsfähigkeit der Produkte in immer wiederkehrenden Zyklen Leistungsbewertungen eines Systems unter sich ändernden Gesichtspunkten durchführen müssen.

Angesichts dieser Situation lassen sich die Ziele der Arbeiten, über die hier berichtet wird, folgendermaßen zusammenfassen:

1. Entwicklung eines flexiblen Konzepts zur Leistungsbewertung von Entwurf, Auswahl und Modifikationen digitaler Verarbeitungssysteme.

2. Realisierung vielseitig verwendbarer Meß- und Modellierungswerkzeuge.

3. Kosten-Nutzen-Analyse des vorgeschlagenen Bewertungskonzepts.

Die Ausführungen im zweiten Kapitel stellen eine Methodik dar und zeigen Wege auf, wie diese Ziele erreicht werden können. Als eine konkrete Anwendung des vorgeschlagenen Konzepts wird im dritten Kapitel die Leistungsfähigkeit mehrstufiger Speicherhierarchien bewertet, die aufgrund gegenwärtiger technologischer Entwicklungen für Mehrprozessorsysteme der künftigen Generation in Betracht zu ziehen sind. Das abschließende vierte Kapitel umfaßt neben einer zusammenfassenden Bewertung des vorgeschlagenen Konzepts einen Ausblick auf weitere geplante Anwendungen und Erweiterungen.

2. Hybrides und hierarchisches Bewertungskonzept

2.1 Methodisches Vorgehen

Das vorgeschlagene Bewertungskonzept basiert nach Bild 2.1 auf einer Modellierung des Last- und Systemverhaltens, um die zu realisierenden Analysewerkzeuge gleicher-

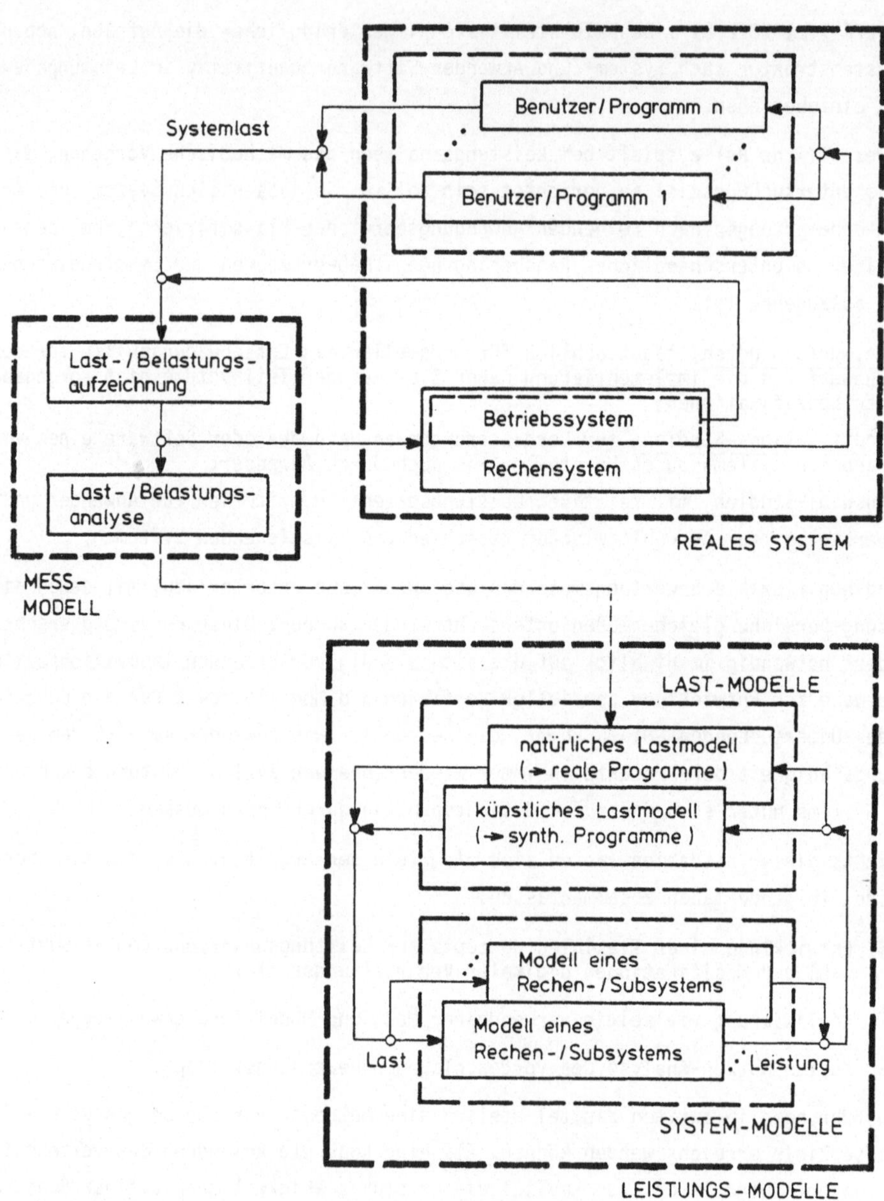

<u>Bild 2.1</u>: Allgemeine Struktur eines Bewertungskonzepts

maßen zur Unterstützung von Entwurfs-, Auswahl- und Modifikationsentscheidungen nutzen zu können. Charakteristisch für dieses Konzept ist die strikte Trennung zwischen Last- und Systemmodellen durch definierte Schnittstellen. Dieses Vorgehen ermöglicht es, sowohl den Ablauf realer, aufzeichnungsgesteuerter Systemlasten wie auch den künstlich erzeugter, synthetischer Programme in einem Systemmodell nachzubilden.

Aufgrund des hohen Komplexitätsgrades der zu bewertenden Systeme ist es für die meisten Anwendungen nicht praktikabel das gesamte Rechensystem mit dem gewünschten Detaillierungsgrad in einem Systemmodell zu modellieren. Statt dessen empfiehlt sich eine Nachbildung der Auftrags- und Organisationsabläufe in mehreren, hierarchisch aufeinander abgestimmten Subsystem- und Systemmodellen auf unterschiedlichen Abstraktionsebenen /KUD 80/. Eine unterschiedliche Detaillierung seitens der Systemmodelle erfordert jedoch auch Möglichkeiten zur Anpassung der Darstellung einer Systemlast. Dies betrifft künstliche Last-Modelle ebenso wie natürliche Reallast-Modelle.

Vielfach erweisen sich Modellierungen im Hinblick auf Erstellungsaufwand und Betriebskosten beim Einsatz als problematisch. So weisen beispielsweise mathematische Behandlungen von Warteschlangenmodellen - sogenannte analytische Modelle - gegenüber Simulationen die Vorzüge geringerer Rechenzeitkosten und höherer Flexibilität bei begrenzter Parametrisierung auf. Demgegenüber gestatten Simulationsmodelle einen erheblich höheren Detaillierungsgrad und eine Repräsentation realer Lastprofile bei aufzeichnungsgesteuerter Simulation. Um die Leistungsmodelle auch wirtschaftlich einsetzen zu können, empfiehlt sich deshalb eine Realisierung von System- und Last-Modellen unter kombinierter Anwendung analytischer und simulativer Verfahren, beispielsweise in Form sogenannter hybrider Simulations- oder Zwei-Phasen-Modelle /SCW 78/, /BEI 81/. Die kombinierte Anwendung dieser Techniken setzt jedoch kompakte Darstellungs- und Beschreibungsmöglichkeiten der Lastprofile und des dynamischen Verhaltens der ablaufenden Prozesse auf unterschiedlichen Abstraktionsebenen voraus.

Um zu repräsentativen Eingabedaten für die Last-Modelle zu gelangen, sieht das vorgeschlagene Konzept auch eine Implementierung weitestgehend systemunabhängiger Meßwerkzeuge vor. Mit Hilfe dieser Werkzeuge sollte eine Basis geschaffen werden, typische Kennwerte für das Benutzer-, Programm- und Systemverhalten in Abhängigkeit von der jeweiligen Umgebung ermitteln zu können.

Unter Berücksichtigung dieser Randbedingungen zeichnet sich die Struktur eines flexiblen Bewertungskonzepts für die genannten Anwendungsbereiche nach Bild 2.1 ab /LEH 82B/. Im Mittelpunkt dieses Konzepts steht ein künstliches, stochastisches Last-Modell zur Erzeugung synthetischer Programme. Definition, Einsatz- und Variationsmöglichkeiten synthetischer Programme seien nachfolgend anhand der konkreten Anwendung der Nachbildung des Speicherzugriffsverhaltens realer Prozesse erläutert. Die Auswahl dieser Anwendung war bestimmt durch das Ziel, strukturelle, organisatorische und technologische Maßnahmen zur Verbesserung der Effizienz von Speicherhierarchien zu analysieren, da auf diese ungefähr 50 % - 80 % der Hardware-Kosten eines Rechensystems entfallen /SCS 77/, /ART 81/.

2.2 Definition synthetischer Programme

Nachbildungen des Speicherzugriffsverhaltens erfordern detaillierte Angaben über die Befehlsstruktur, die Befehlszusammensetzung der Programme sowie das Adressierungs-profil aufeinanderfolgender Befehle und Operanden. Entsprechende Parametrisierungen sind vor allem für Modellierungen des Prozessor-Arbeitsspeicher-Zugriffsverhaltens unverzichtbar. Für Untersuchungen über Strukturierung und Organisation von Sekundär- und Tertiärspeichern ist eine globalere Spezifikation des dynamischen Adressierungs-verhaltens der ablaufenden Prozesse ausreichend, etwa durch Angaben über das Seiten-referenz- oder Lokalitätsverhalten /DEK 72/, /SPD 72/.

▶ Befehlsstruktur und Befehlszusammensetzung:

Struktur, Funktion und Ablauf eines Maschinenbefehls $r_i(M)$ kann anhand eines 8-Tupels von Eigenschaftsparametern charakterisiert werden, beispielsweise nach /LEH 82B/ durch:

$$r_i(M) = (n_i^{BEF}, a_i^{DAT}, n_i^{DAT}, h_i^L, f_i, t_i^E, t_i^V, t_i^A), \; r_i \in R(M),$$

$n_i^{BEF} \in N^{BEF}, N^{BEF}:$ Menge der Speicherzugriffe zum Lesen des Befehlscodes,

$a_i^{DAT} \in A^{DAT}, A^{DAT}:$ Menge der Operandenanzahl zur Ausführung eines Befehls,

$n_i^{DAT} \in N^{DAT}, N^{DAT}:$ Menge der Speicherzugriffe zum Lesen/Schreiben der Operanden,

$h_i^L \in H^L, H^L$:   Menge der Häufigkeiten lesender Operandenzugriffe,

$f_i \in F, F$:   Menge unterschiedlicher Befehlsfunktionen,

T^E, T^V, T^A :   Mengen der Entschlüsselungs-, Operandenverarbeitungs- und Ausführungszeitintervalle einer Verarbeitungsein-heit,

$$t_i^E \in T^E, \; t_i^V \in T^V, \; t_i^A \in T^A.$$

Eine Reduktion des Umfangs der realen Befehlsliste R(M) einer Maschine M wie auch der Zahl der Eigenschaftsparameter für die Lastmodellierung ist durch Befehlsklassifikation zu erreichen. Bei Speichersystemanalysen empfiehlt sich dabei als Klassifikationskriterium Art und Anzahl der Speicherzugriffe zur Be-fehlsausführung: $(n_i^{BEF}, a_i^{DAT}, n_i^{DAT})$. Sämtliche Befehle einer Befehlsklasse $c_k \in C(M)$ werden dann durch einen Befehlstyp $b_j \in B(M)$ repräsentiert, wobei die Menge der Befehlstypen die "reduzierte" Befehlsliste B(M) zur Erzeugung synthe-tischer Programme bildet /WOJ 74/.

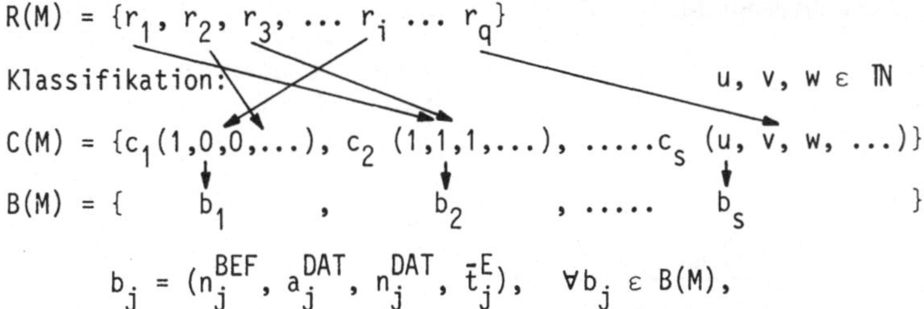

$$b_j = (n_j^{BEF}, a_j^{DAT}, n_j^{DAT}, \bar{t}_j^{E}), \quad \forall b_j \in B(M),$$

Die Befehlszusammensetzung eines synthetischen Programms P_i wird durch ein s-Tupel bef(i) festgelegt, wobei $s \ll q$ ist /LES 77/, /LEH 82B/.

▶ Adressierungsverhalten:

Die Parametrisierung des Adressierungsverhaltens synthetischer Programme geht von einer Trennung der Adreßbereiche von Programmcode (BEF) und -daten (DAT) aus. Dabei sei nach Bild 2.2 angenommen, daß sich der Programmadreßraum unterteile in Befehlsbereiche, den sogenannten Haupt- (HP) und Unterprogrammbereich (UP) sowie in die Datenbereiche für lokale Operanden (OP) und globale Daten (GD). Dynamische Adressierungsfolgen lassen sich makroskopisch beschreiben durch Bereichsübergänge (Unterprogrammsprünge UPA, Unterprogrammrücksprünge UPE, Sprünge in den globalen Datenbereich GDA) sowie mikroskopisch, innerhalb eines Adreßbereichs $x \in \{HP, UP, OP, GD\}$, durch Adreßübergänge (sequentielle Adreßfolgen SEQ^X, Vorwärts- und Rückwärtssprünge VSP^X / RSP^X mit Adreßabstand w). Das Adressierungsverhalten eines synthetischen Programms P_i ist damit festgelegt durch ein 9-Tupel adv(i), d.h. durch Vereinbarung der Auftrittswahrscheinlichkeiten obengenannter Adressierungsmöglichkeiten.

▶ Einsatz- und Variationsmöglichkeiten:

Das dynamische Speicherreferenzverhalten synthetischer Programme kann nun auf unterschiedlichen Abstraktionsebenen beschrieben und erzeugt werden /LEH 82B/:

● auf der Maschinenbefehlsebene: Mit P_i : (bef(i), adv(i)) lassen sich Aufträge in Form von Befehlstyp, Befehls- und Operandenanfangsadressen stochastisch erzeugen;

● auf der Wortadreßebene: Durch Umrechnung der befehlsbezogen definierten Programmparameter auf adreßbezogene Parameter kann das Wortadreßreferenzverhalten makroskopisch durch Angabe einer Bereichsübergangsmatrix $M^B(i)$ und mikroskopisch durch vier Adreßübergangsmatrizen M_A^X, $x \in \{HP, UP, OP, GB\}$, beschrieben und erzeugt werden:

$$P_i: (M^B(i), M_A^{HP}(i), M_A^{UP}(i), M_A^{OP}(i), M_A^{GD}(i));$$

● auf der Seitenreferenzebene: Durch Summation und Normierung benachbarter Übergangswahrscheinlichkeiten der Adreßübergangsmatrizen M_A^X entsprechend der Zuordnung von Wortadressen zu Programmseiten kann das Lokalitätsverhalten in Form von Seitenübergangsmatrizen $M_S^X(i)$ ermittelt werden, wobei gilt:

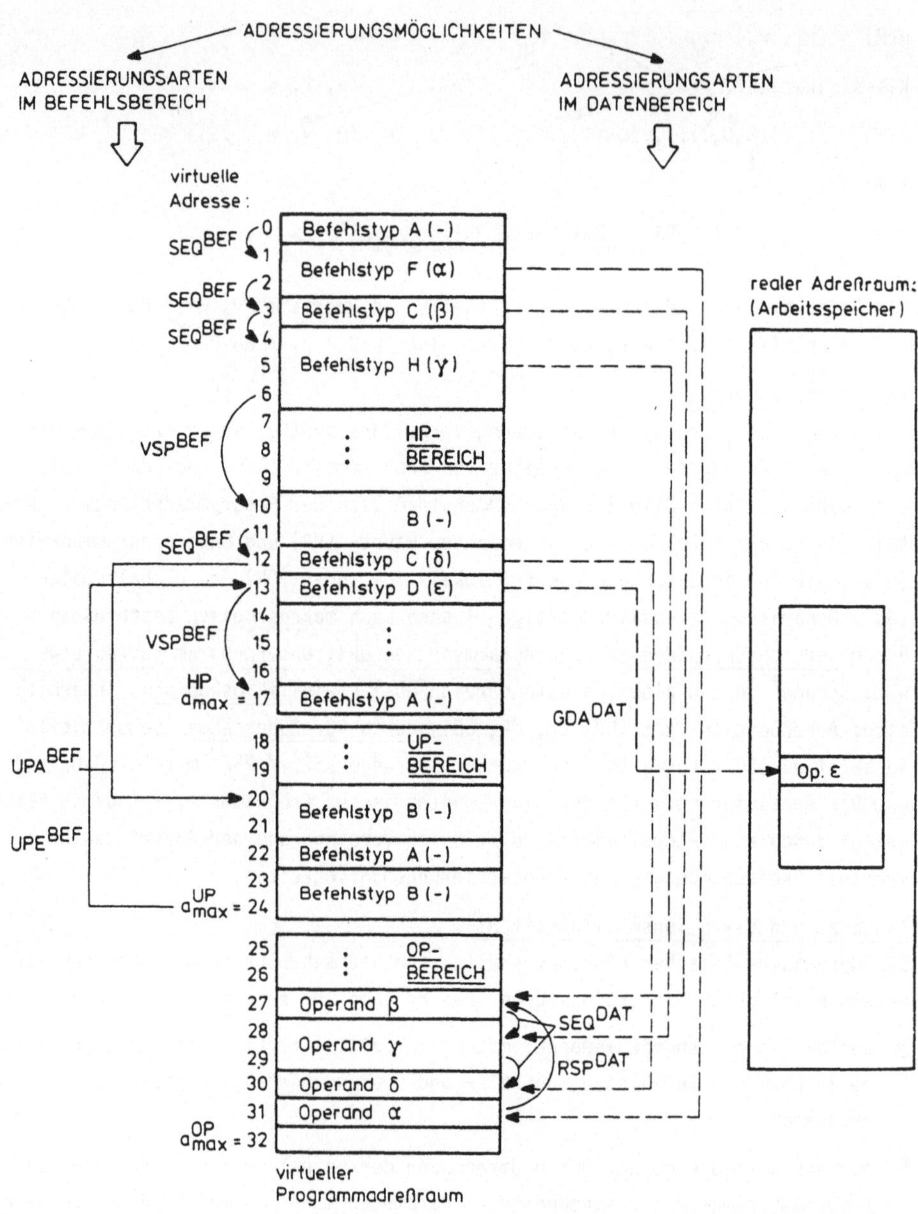

Bild 2.2: Adressierungsverhalten synthetischer Programme |LES 77|,|LEH 80|

$$P_i: (M^B(i), M_S^{HP}(i), M_S^{UP}(i), M_S^{OP}(i), M_S^{GD}(i));$$

● durch <u>Adreßdistanzverteilungen</u>: Aus den Wortadreß- bzw. Seitenübergangsmatrizen M_Q^X, mit $Q \in \{A, S\}$, lassen sich die Wahrscheinlichkeitsverteilungen d_n^X auftretender Adreßdistanzen n zwischen aufeinanderfolgenden Speicherzugriffen durch Summation und Normierung der Elemente der Haupt- und Nebendiagonalen der M_Q^X, $x \in \{HP, UP, OP, GD\}$, ermitteln:

$$P_i: (M^B(i), \vec{D}_Q^{HP}(i), \vec{D}_Q^{UP}(i), \vec{D}_Q^{OP}(i), \vec{D}_Q^{GD}(i)),$$

$$\text{mit: } \vec{D}_Q^X(i) = (d_0^X, d_1^X, d_2^X, \ldots d_m^X)$$

Diese Adreßdistanzvektoren $\vec{D}_Q^X(i)$ können als Eingabe für Kellermodelle zur Erzeugung von Adreßfolgen verwendet werden /SPI 77/, /FER 81/, /BAB 81/.

Bei Analysen mit stochastischen Simulationen auf der Maschinenbefehlsebene zeigten die synthetischen Programme das charakteristische Lokalitäts- und Seitenfehlerverhalten realer Programme /BEK 69/, /DEK 75/, /LEH 82A/, /LEH 82B/.

2.3 Meß- und Leistungsmodelle

Eine konkrete Realisierung dieses hybriden und hierarchischen Konzepts wurde zur Leistungsanalyse mehrstufiger Speicherhierarchien nach Bild 2.3 vorgenommen. Es geht aus von einer systemunabhängigen Aufzeichnung des dynamischen Programmablaufs durch Operationscode, Befehls- und Operandenadressen in einem vorgegebenen Format. Diese Programm-'traces' können nun einerseits so angepaßt werden, daß sie direkt als Eingabe für aufzeichnungsgesteuerte Simulationsmodelle auf der Maschinenbefehls- (Modell ARBEITSSPEICHER) oder auf der Seitenreferenzebene (Modell SEITENSPEICHER) verwendbar sind. Außerdem erfolgt eine Auswertung hinsichtlich Befehlszusammensetzung und Adressierungsverhalten sowie eine Ermittlung der Parameterwerte und der Übergangsmatrizen nach Kap. 2.2 zur Erzeugung ähnlicher synthetischer Programme.

Die Leistungsmodelle sind durch ihre hierarchische Anordnung und Anwendung gekennzeichnet, die es gestattet, eine Bewertung von Mehrprozessorsystemen auf unterschiedlichen Detaillierungsebenen und mit unterschiedlichen Modellierungstechniken vorzunehmen, so durch:

● <u>Eigengesteuerte, stochastische Simulation synthetischer Programme</u>:
Die Parameter zur Beschreibung synthetischer Programme auf der Maschinenbefehls-, Wortadreß- oder Seitenreferenzebene werden als Eingabe für Zufallszahlengeneratoren zur Erzeugung künstlicher Lastprofile verwendet /LES 77/, /LEH 80/.

● <u>Aufzeichnungsgesteuerte, deterministische Simulation realer Programme</u>:
Reale Programm-'traces' bestehend aus Maschinenbefehls- oder Seitenreferenzfolgen bilden das Lastprofil.

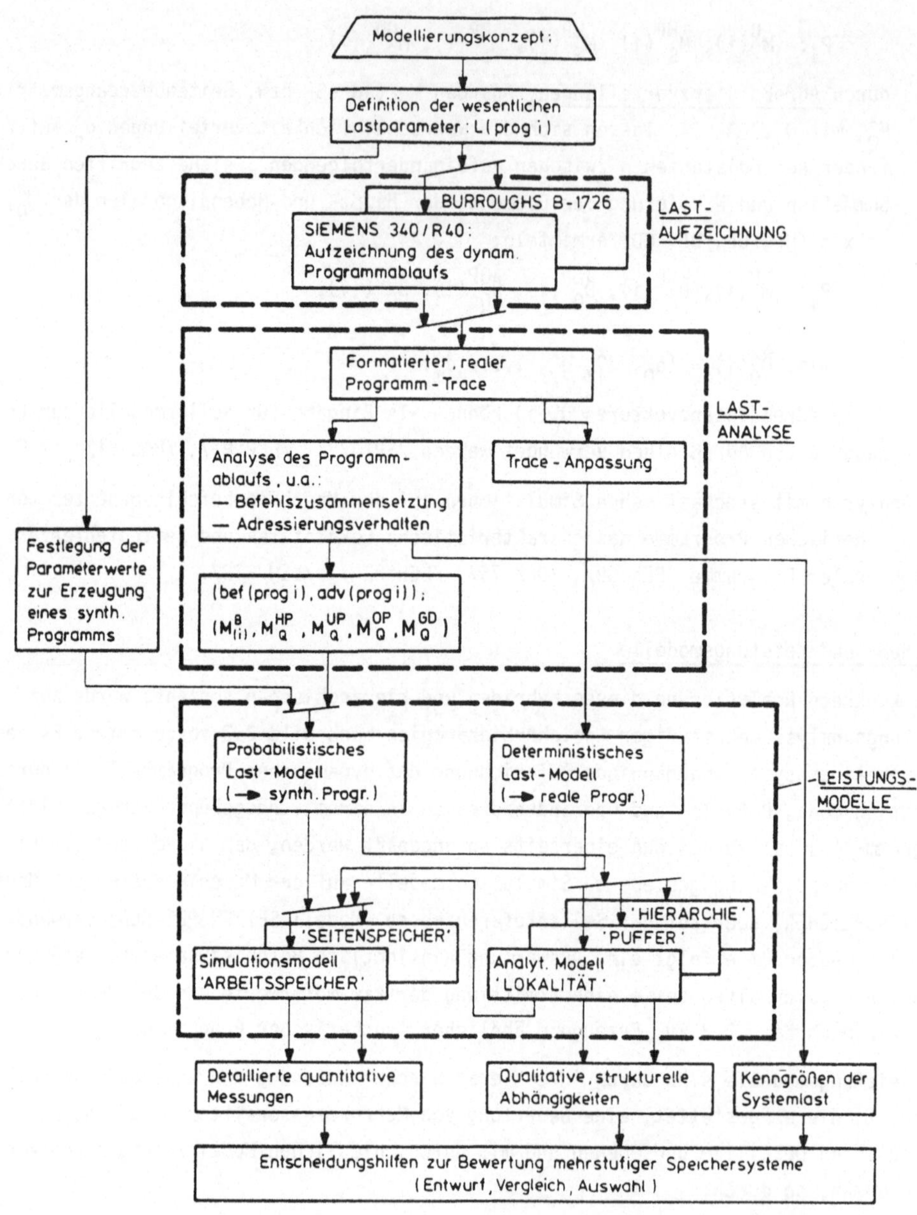

__Bild 2.3:__ Hybrides und hierarchisches Modellierungskonzept zur Leistungsbewertung von Speicherhierarchien

● Analytische Modellierung des dynamischen Verhaltens synthetischer Programme:
Die Erzeugungsprozesse synthetischer Programme für eigengesteuerte Simulationen
bilden homogene Semi-Markov-Ketten, so daß sich das Adressierungs- und Lokalitätsverhalten nach y Ausführungsschritten in jedem Adreßbereich x berechnen läßt
nach:

$$\vec{d}^X(y) = \vec{d}^X(y = 0) \cdot [M_Q^X]^y \ , \quad x \in \{HP, UP, OP, GD\} \ , \ Q \in \{A, S\}$$

Dabei bezeichnen die Elemente der Vektoren $\vec{d}^X(y)$ und $\vec{d}^X(y = 0)$ die Aufenthalts-
wahrscheinlichkeiten der Programmlokalität im Adreßbereich x (LEH 80/, /LEH 82B/.

● Hybride Simulation synthetischer oder realer Programmabläufe:
Die mikroskopisch zu erwartenden Verkehrsabläufe - beispielsweise zwischen Prozessor und Primärspeichern - werden analytisch, die Sekundär- und Tertiärspei-
cherauftragsabwicklungen durch eigen- oder aufzeichnungsgesteuerte Simulation
nachgebildet /SCW 78/, /CHC 78/, /BEI 81/.

Das vorliegende Konzept gestattet es somit,Entwurfs-, Auswahl- oder Modifikationsentscheidungen vorzunehmen aufgrund:

Analysen repräsentativer Systemlasten,
relativ machinenunabhängiger, qualitativer analytischer Modellierungen,
systemspezifischer, quantitativer Simulationen,
hybrider Leistungsmodellierungen.

3. Leistungsbewertung mehrstufiger Speicherhierarchien

Für den Aufbau mehrstufiger Speicherhierarchien in Mehrprozessorsystemen nach Bild
3.1 zeichnen sich zwei Innovationsschwerpunkte ab:

● Realisierung des Arbeitsspeichers künftiger 'Single-Chip-Computer', wobei Bewertungen der Dimensionierung und Organisation lokaler Verarbeitungspuffer ('Cache
memories') im Vordergrund stehen /PAS 80/.

● Verringerung gegenwärtiger Seitenspeicherzugriffszeiten durch technologische,
strukturelle und organisatorische Maßnahmen /ART 81/, /SCS 77/, /SCÜ 78/.

Anhand der nachfolgend ausgewählten Modellierungsbeispiele sei einerseits auf Innovationen künftiger Speicherhierarchien hingewiesen. Andererseits seien Flexibilität
und Anwendungsvielfalt des vorgeschlagenen hierarchischen Bewertungskonzepts bei Anwendung synthetischer Programme demonstriert /LES 77/, /LEH 82A/, /LEH 82B/.

3.1 Arbeitsspeicher

Eine Integration der prozessornahen Puffer- und Hauptspeicher einschließlich Verarbeitungseinheit auf einem Chip wirft Fragen nach der Effizienz in Abhängigkeit von
Dimensionierung und Strukturierung dieser Speicherebenen auf. Die Simulationsergebnisse A(i) in Bild 3.2 zeigen, in welchem Maß der Systemdurchsatz in Mehrprozessor-

systemen _ohne_ lokale Befehls- und Datenpuffer mikroskopisch gesehen durch eine zu geringe Zahl von Hauptspeichermoduln und -zugriffswege begrenzt werden kann. Detaillierte Nachbildungen des Arbeitsspeicherzugriffsverhaltens derselben Prozesse ergaben, daß bereits durch Einführung lokaler Prozessorpuffer mit Kapazitäten im Bereich von 64 Speicherwörtern eine Verdopplung des Systemdurchsatzes gegenüber einer einstufigen, globalen Arbeitsspeicherrealisierung möglich wird (Ergebnisse C(i) in Bild 3.2). Bei Pufferkapazitäten dieser Größenordnung können in Abhängigkeit vom Sprungverhalten der ablaufenden Prozesse bereits 60 bis 80 Prozent der Speicheraufträge konfliktfrei in den Prozessorpuffern ausgeführt werden.

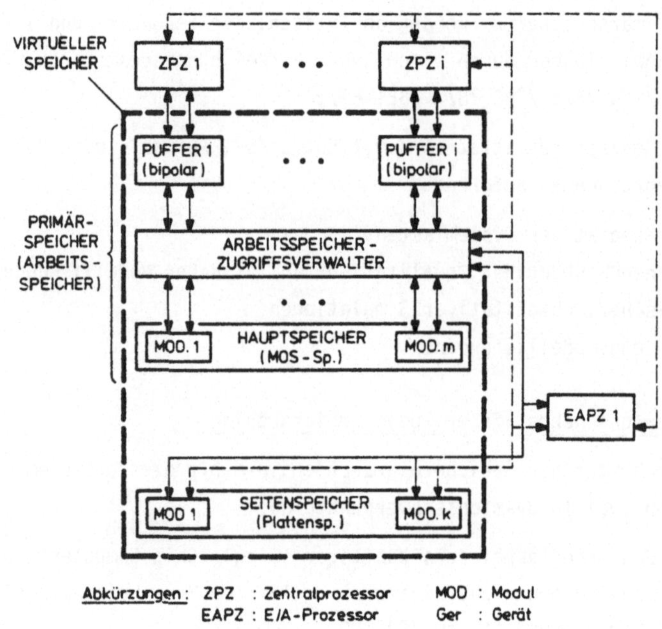

Bild 3.1 : Mehrprozessorsystem mit Speicherhierarchie

3.2 Seitenspeicher

Bei mikroskopischer Betrachtungsweise des Speicherzugriffsverhaltens wird deutlich, daß insbesondere die effektiven Zugriffszeiten auf heutige Seitenspeicher (> 5 ms) die Systemleistung beeinträchtigen /ART 81/, /SCS 77/. Dies trifft nach den Modellierungsergebnissen in Bild 3.3 insbesondere für heutige Plattenspeichersysteme zu, in denen der Nutzdurchsatz weitgehend unabhängig vom Trefferverhalten in der prozessornächsten Pufferebene begrenzt bleibt. Ursache ist die technologisch bedingte "Zugriffslücke" zwischen Arbeitsspeicher- und Seitenspeichertechnologien /SCÜ 78/.

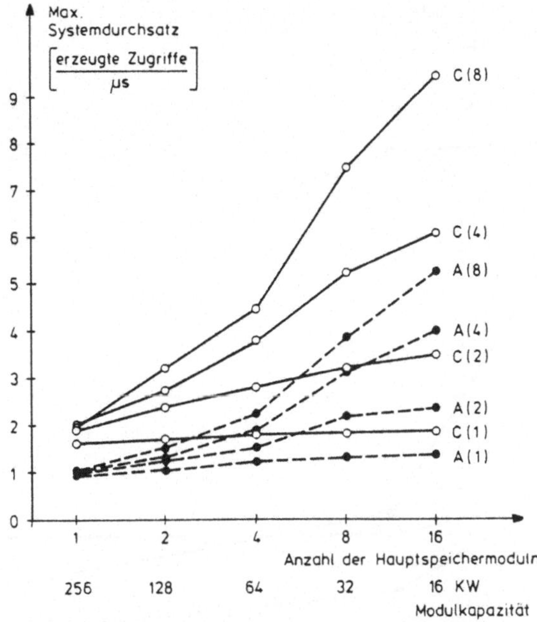

Erläuterungen :

● Modellierungsmethode : eigengesteuerte Simulation (Modell 'ARBEITSSPEICHER')

● Parameter :

	Anzahl der Zentralprozessoren:	Pufferspeicher: Zykluszeit:	Kapazität:	Hauptspeicher: Zykluszeit:	Verschränkung:
A (i)	i	–	–	1 μs	–
C (i)	i	50 ns	16 × 4 W	1 μs	–

Bild 3.2 : Hauptspeichermodularisierung

Leistungsverbesserungen, die bei einer Verkürzung gegenwärtiger Seitenspeicherzugriffszeiten durch zusätzliche organisatorische Maßnahmen möglich erscheinen, seien
anhand der Simulationsergebnisse der Bilder 3.3a, b analysiert. Die Modellierungser-
gebnisse $A_{PW}(1)$ und $A_{PW}(4)$ zeigen, daß weder in einem Mono- noch in einem Mehrprozessorsystem bei Seitenfehlerbehandlung und Prozeßumschaltung durch ein zentrales
Betriebssystem Durchsatzsteigerungen aufgrund verringerter Seitenspeicherzugriffs=
zeiten erzielt werden können. Zur Verbesserung der Systemeffektivität seien diesem
Organisationsprinzip zwei Alternativen gegenüber gestellt:

● Hardware-Realisierung der Seitenfehlerbehandlung durch einen Spezialprozessor,
einen Arbeitsspeicherzugriffsverwalter (ZVA):
Die Integration der eigentlichen Seitenfehlerbehandlung in einen Arbeitsspeicherzugriffsverwalter kann zu Steigerungen des Nutzdurchsatzes um einige Größenord-
nungen führen, wie ein Vergleich der Meßergebnisse $A_{PW}(1)$ und $C_{PW}(1)$ in Bild
3.3a verdeutlicht. Als durchsatzbegrenzend erweisen sich hier mit zunehmend kür-

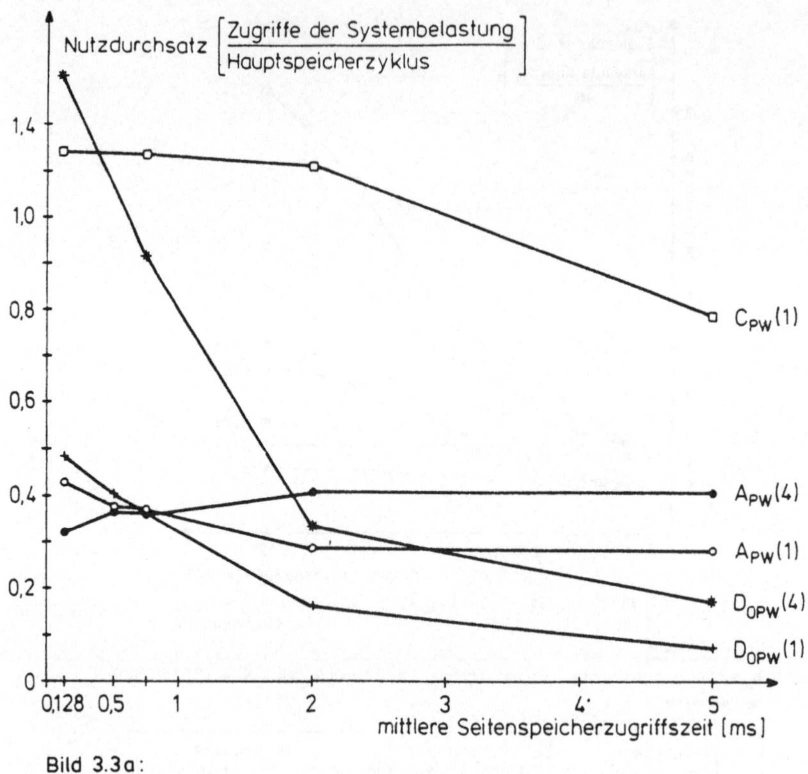

Bild 3.3a:

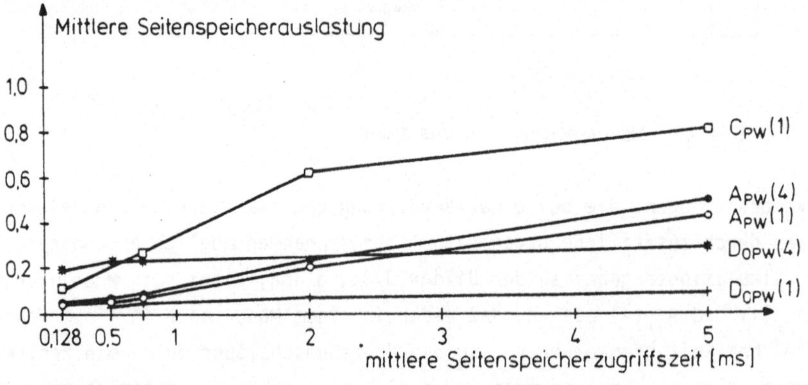

Bild 3.3b:

Ergebnisse (x = Prozessorzahl)	Betriebssystemaktivitäten zur Seitenfehlerbehandlung
$A_{PW}(x)$	6000 Zugriffe, Prozeßwechsel
$C_{PW}(x)$	200 Zugriffe, Prozeßwechsel
$D_{OPW}(x)$	200 Zugriffe, kein Prozeßwechsel

Bilder 3.3: Effektivität von Seitenfehlerbehandlungsstrategien

zeren Seitenspeicherzugriffszeiten mit der Mehrprogrammfaktor bzw. die damit
ansteigende mittlere Seitenspeicherauslastung nach Bild 3.3b.

- Verzicht auf Prozeßumschaltungen bei Seitenfehlern:
  Gelingt es effektive Sekundärspeicherzugriffszeiten im Millisekundenbereich
  zu gewährleisten, so kann die Effektivität eines Rechensystems durch Verzicht
  auf Prozeßumschaltungen bei Seitenfehlern insgesamt verbessert werden. Ein derartiger Verzicht kann nach den Ergebnissen $D_{OPW}(1)$ und $D_{OPW}(4)$ in Bild 3.3a zu
  deutlichen Steigerungen des Nutzdurchsatzes führen. Mit zunehmender Prozessorzahl:
  - steigt der zu erwartende Zuwachs des Nutzdurchsatzes gegenüber dem des Mehr-
    programmbetriebs,
  - verschiebt sich der Schnittpunkt der Durchsatzmessungen zwischen einer System-
    organisation mit Prozeßwechseln (Index PW) und einer Systemorganisation ohne
    Prozeßwechsel (Index OPW) in Bereiche längerer Seitenspeicherzugriffszeiten.

  Außerdem sinkt die mittlere Seitenspeicherauslastung bei Verzicht auf Prozeß-
  wechsel, wodurch sich Möglichkeiten des Anschlusses weiterer Prozessoren oder
  der Überlagerung mit zusätzlichem Ein-/Ausgabeverkehr ergeben.

4. Ausblick

Dieser Vortrag berichtet über Voraussetzungen und Vorzüge des Einsatzes hybrider und
hierarchischer Modellierungskonzepte. Als Kern dieses Konzepts ist die strikte Trennung zwischen Last- und Systemmodellen sowie die Definition spezieller synthetischer
Programme zu bezeichnen. Unter diesen Voraussetzungen war es möglich, ein flexibles
Instrumentarium zu entwickeln, welches qualitative und quantitative Entscheidungshil-
fen bietet, sowohl was den Entwurf neuer Verarbeitungssysteme betrifft, als auch Auswahl und Modifikationen existierender Verarbeitungssysteme. Zur Bewertung mehrstufiger Speicherhierarchien hat sich der wirtschaftliche Einsatz dieses Konzepts und der
zugehörigen Werkzeuge auch in der industriellen Praxis bewährt /LES 77/, /LEH 80/.

Künftige Leistungsanalysen nach diesem Konzept betreffen hauptsächlich:

- alternative Maßnahmen zur Reduktion effektiver Seitenspeicherzugriffszeiten,

- die Architektur von Verbindungsnetzwerken in Mehrprozessor- und Mehrrechner-
  systemen,

- zeit- und ereignisgesteuerte Meßverfahren und -werkzeuge.

Literatur:

/ART 81/ Artis, H.P.   "Predicting the behaviour of secondary storage
                                management systems for IBM Computer Systems",
                                Proceedings of PERFORMANCE '81,
                                North Holland Publishing Comp., 1981.

/BAB 81/   Babaoglu, Ö.   "Efficient generation of memory reference strings
                                      based on the LRU stack model of program behaviour",
                                      Proceedings of PERFORMANCE '81,
                                      North Holland Publishing Comp., 1981.

/BAS 74/   Baer, J.L.   "Measurement and Improvement of Program Behaviour
            Sager, G.R.   under Paging Systems", Statistical Computer Per-
                                      formance Evaluation, Academic Press Inc.,
                                      New York - London, 1972.

/BEI 81/   Beilner, H.   "Hybride (heterogene) Modellierung", Informatik-
                                      Spektrum Band 4, Heft 1, Februar 1981.

/BEK 69/   Belady, L.A.   "Dynamic Space-Sharing in Computer Systems",
            Kuehner, C.J.   CACM, Vol. 12, No. 5, 1969.

/CHC 78/   Chiu, W.W.   "A Hybrid Hierarchical Model of a Multiple Virtual
            Chow, W.   Storage (MVS) Operating System",
                                      IBM RC 6947, 1978.

/DEK 75/   Denning, P.J.   "A study of program locality and lifetime func-
            Kahn, K.C.   tions", Proc. 5th ACM SIGOPS Symp.,
                                      Austin/Texas, 1975.

/FER 81/   Ferrari, D.   "Characterization and reproduction of the referen-
                                      cing dynamics of programs", Proceedings of
                                      PERFORMANCE '81, North Holland Pub.Comp., 1981.

/LEH 80/   Lehmann, A.   "Performance Evaluation and Prediction of Storage
                                      Hierarchies", Performance Evaluation Review,
                                      ACM-SIGMETRICS, 1980.

/LEH 82A/   Lehmann, A.   "Performance Predictions for Prospective Memory
                                      Architectures in a Multiprocessor Environment",
                                      Proc. of the 4th Intern. Conference on Computer
                                      Capacity Management, San Francisco, 1982.

/LEH 82B/   Lehmann, A.   "Leistungsanalyse mehrstufiger Speicherhierarchien
                                      in Mehrprozessorsystemen durch hybride, hierarchi-
                                      sche Modellierung", Dissertation, Fortschritt-
                                      Berichte der VDI-Zeitschriften, Reihe 10, Nr. 20,
                                      VDI-Verlag Düsseldorf, 1982.

/LES 77/   Lehmann, A.   "Die Wirkung von Pufferspeichern auf die Leistung
            Schmid, D.   kleiner Systeme mit mehreren Prozessoren",
                                      NTG-Fachberichte, Band 58: Digitale Speicher,
                                      VDE-Verlag, 1977.

/PAS 80/   Patterson, D.A.   "Design Considerations for Single-Chip Computers
            Sequin, C.H.   of the Future", IEEE Transactions on Computers,
                                      Vol. C-29, No. 2, Februar 1980.

/SCS 77/   Schünemann, C.   "Technologie und Organisation der Speicher-
            Spruth, W.G.   hierarchie", NTG-Fachberichte, Band 58:
                                      Digitale Speicher, VDE-Verlag, 1977.

/SCÜ 78/   Schünemann, C.   "Speicherhierarchie - Aufbau und Betriebsweise",
                                      Informatik-Spektrum, Band 1, Heft 1, August 1978.

/SCW 78/   Schwetman, H.D.   "Hybrid Simulation Models of Computer Systems"
                                      Communications of the ACM, 21, 1978.

/SPD 72/   Spirn, J.R.   "Experiments with program locality", Proceedings
                                      of Fall Joint Computer Conference, 1972.

/WOJ 74/   Wojtkowiak, H.   "Synthetische Programme zur Speichersimulation",
                                      Elektronische Rechenanlagen, Heft 1, 1974.

<u>MODELLING OF LOAD PATTERNS AND BENCHMARKS FOR PERFORMANCE
EVALUATION OF LOCAL AREA NETWORKS</u>

D. Heger and K. Watson
Fraunhofer-Institut für Informa-
tions- und Datenverarbeitung (IITB)
Karlsruhe

0. Abstract

We propose a collection of universal benchmarks for the comparison and
description of the performance characteristics of local area networks
(LANs). For this purpose we discuss typical load patterns in LANs, especially chosen to reveal differences in their performance behaviour.
We consider four types of general transactions in LANs - single messages,
single messages with acknowledgement, demand messages with reply and
broadcast messages. By assigning message priorities the transaction types
are further subdivided into classes. The transaction classes are then
given attributes according to the length of their messages (short, medium, long average length, exponentially distributed or constant length)
and their generation process (Poisson or periodical). Typical load patterns are then defined by suitably dividing the total load between the
various transaction classes. Finally, we suggest benchmarks, which, together with performance measures such as throughputs and bit times, are
valuable aids in LAN evaluation and comparison.

1. Introduction

The increasing variety of local area networks (LANs) necessitates a uniform method of describing and comparing them. Due, however, to the widely different areas of application, this is rarely an easy task. Nevertheless, we will attempt in this paper to establish a collection of universal benchmarks and load patterns for LANs, with which a general comparison of performance features is possible. By system performance we
mean real time behaviour measured in terms of transmission times, throughputs etc. We emphasize that we aim to model only the <u>load</u> pattern placed
on the LAN and <u>not</u> to give a full system description, which would require modelling the media access control mechanism as well. Our benchmarks and load patterns have been found to be very suitable for recogni-
zing and explaining the strengths and weaknesses of particular LANs.

A classification of LANs according to the nature of their channel assignment, message transmission and message absorption was carried out in /3/. The description and classification of LANs developed there form the foundation of the present work.

2. Load patterns in LANs

A LAN may have complicated sequences of message transmissions, which arise from special dependencies between the (e.g. technical) application processes. These are mapped in a dual manner onto the processes running on a distributed control system _and_ onto the communication between them. Hence, in order to find "typical" load patterns it is necessary to define a set of transaction types, consisting of simple messages and sequences of them, which can be universally applied to adequately describe the load pattern of a given LAN. By "adequately" we mean so that one can make reliable statements about the performance characteristics of the LAN.

Based on our experience we could single out four simple transaction types:

       (1) single messages
       (2) single messages with acknowledgement
       (3) demand messages with reply
       (4) broadcast messages.

Single messages are data messages sent from one station to another in a LAN. The message is received by the destination station and the transmission is terminated.

Single messages with acknowledgement are also data messages sent from one station to another, but with the difference that the destination station sends an acknowledgement message back to the source station upon receipt of the message. The acknowledgement is counted as system overhead.

Demand messages with reply are data messages sent from a source station to a destination station, which upon receipt has to send a reply message back to the source station. Both demand and reply contribute to the data load.

A broadcast message is a message sent from a source station to all other stations. A broadcast message counts as data load.

The set of _messages_ consists of all single message (of transaction types

(1) and (2)), acknowledgement messages, demand messages, reply messages
and broadcast messages, i. e. of all messages belonging to a transaction.

The following diagram shows the path and nature of the messages in relation to the bottom two layers of the ISO Reference Model.

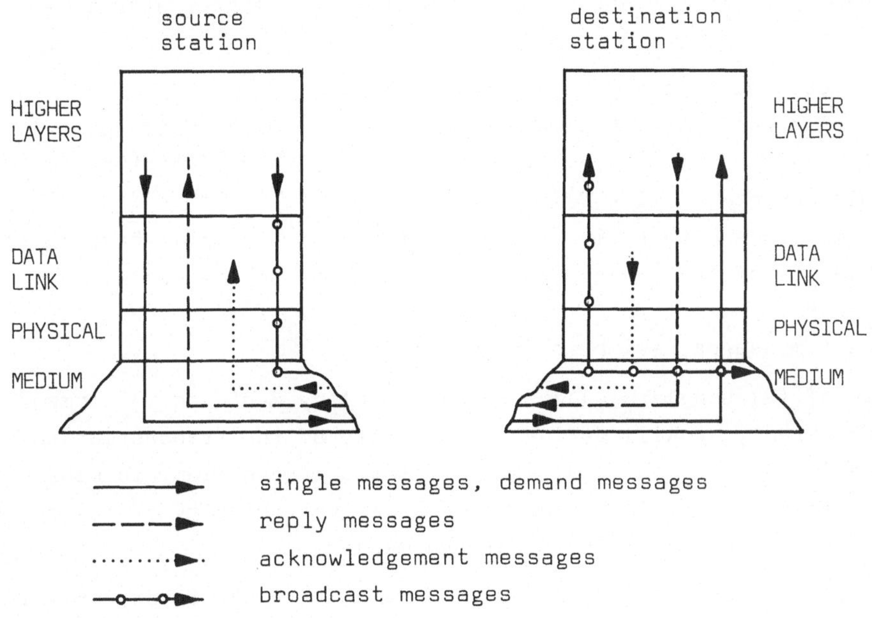

Messages entering the data link layer from above are prepared by the
data link layer for the physical layer. In doing so the data link layer
adds a certain number Δ of bits to each message (e.g. for the message
header and for error detection). A suggested value for Δ is 48 bits. Another possibility is that the message is subdivided into small frames,
each having its own overhead. When we refer to the length of a message
coming from the higher layers into the data link layer, we will always
mean the length <u>before</u> the overhead bits are added by the data link layer. This does not apply to acknowledgement messages which do not enter
the data link layer from above.

A LAN will usually have a much finer classification of transaction types
than that given above. For example, transactions are often further subdivided into priority classes. The network communication is then handled
according to a priority scheme which can result in substantially different performance characteristics. In general, transactions are given attributes (e.g. priorities), or have natural attributes associated with
the function they perform. Thus one distinguishes between transactions
(e.g. in importance) and is interested in system behaviour with respect

to individual transaction classes (e.g. delay of an alarm message).

To describe possible subdivisions of the transaction types into further classes or groups, we first introduce the set P of attributes of a message, and then proceed to define transaction classes. We will call the attributes in P priorities, although 'discriminators' would perhaps be a better name. The four transaction types are now assigned attributes as below.

(1) single messages have a priority $p \in P$

(2) single messages with acknowledgement have a priority pair (p_1,p_2) where p_1 is the priority of the single message and p_2 that of the acknowledgement $(p_1,p_2 \in P)$

(3) demand messages with reply have a priority pair (p_1,p_2) where p_1 is the priority of the demand message and p_2 that of the reply $(p_1,p_2 \in P)$

(4) broadcast messages have a priority $p \in P$.

In the case of (2) single messages with acknowledgement and (3) demand messages with reply we will define the priority of the transaction to be the priority pair of the two messages of the transaction. In case of (1) single messages and (4) broadcast messages the priority of the transaction is taken to be the priority of the message.

The class of a transaction is now defined to be the pair (type, priority) of the transaction. We will write

$$c = (t,q)$$

where c, t and q are the class, type and priority respectively of a transaction. The set of all classes is denoted by ζ and is the union of

$$\{(1,p) : p \in P\} \qquad \text{(type 1 transactions)}$$

$$\{(2,(p_1,p_2)) : p_1,p_2 \in P\} \quad \text{(type 2 transactions)}$$

$$\{(3,(p_1,p_2)) : p_1,p_2 \in P\} \quad \text{(type 3 transactions)}$$

$$\{(4,p) : p \in P\} \qquad \text{(type 4 transactions)}$$

or more concisely $\quad \zeta = (\{1,4\} \times P) \vee (\{2,3\} \times P^2)$

When $c = (t,q)$, we say that the type of class c is t and the priority of class c is q. We write $type(c) = t$ and $priority(c) = q$.

We consider two different types of transaction generation. The transactions of a fixed class to be sent from a source station form an arrival process with interarrival times either exponentially distributed or constant. The first is a Poisson process and is assigned the attribute M (for Markov) /1,4/, while the second is a periodical process and is as-

signed the attribute D (for <u>d</u>iscrete). The arrival process types M and
D are designed to cover randomly occurring messages (type M), as well as
messages planned to be sent at fixed time intervals (type D). Types M
and D have been chosen as typical arrival processes due to the fact that
one can often successfully model and evaluate a LAN by assuming that
the actual arrival processes are of type M or D (or mixed).

Experience has shown that two LANs should be compared by considering
their performance with short, medium and long messages. This can reveal
dramatically different performance characteristics depending on message
lengths. We define, therefore, three attributes of average message length:

$$\begin{aligned} &\text{(i)} \quad L_1 = \text{short} \\ &\text{(ii)} \quad L_2 = \text{medium} \\ &\text{(iii)} \quad L_3 = \text{long} \end{aligned}$$

How long L_1, L_2, L_3 actually are, depends largely on the application
area. In the field of automatic process control, for example, we can
take the following typical values:

$$L_1 = 32 \text{ bits}, \quad L_2 = 208 \text{ bits}, \quad L_3 = 1024 \text{ bits} \qquad (2.1)$$

The length of messages in a fixed class is assumed to be either exponentially distributed or constant, and in both cases the average length is
L_1, L_2 or L_3. As above, we define attributes M and D for exponentially
distributed and constant respectively. Our reasons for choosing M and
D as typical length distribution types are similar to those given for
the choice of arrival process types. Further, we also use the attributes
M, D, L_1, L_2, L_3 to describe the length of the acknowledgement messages
of transaction type 2 and of the reply messages of transaction type 3.

The next step is to describe how the total load in a LAN is composed
from the individual loads due to each station. For each transaction class
$c \in \zeta$ we define a communication matrix $\underline{\underline{K}}_c$ by

$$\underline{\underline{K}}_c = (K_{ij}^c)_{0 \leq i,j \leq N} , \quad \text{(Station addresses: } 0,1,2...,N)$$

where K_{ij}^c is the proportion of transactions of class c from source station i which have the destination station j.

There are obviously numerous communication matrices which could be
called typical for a class of LANs. In accordance with our aim of esta-
blishing general benchmarks, we choose two important, frequently encountered types of communication matrices which allow a meaningful evaluation
and comparison of LANs. We call the communication in transaction class c
<u>u</u>niform (denoted by U), if $\underline{\underline{K}}_c$ takes the form

$$\underline{\underline{K}}_c = \begin{pmatrix} 0 & \frac{1}{N} & . & . & \frac{1}{N} \\ \frac{1}{N} & 0 & \frac{1}{N} & . & \frac{1}{N} \\ . & . & . & . & . \\ . & . & . & 0 & \frac{1}{N} \\ \frac{1}{N} & . & . & \frac{1}{N} & 0 \end{pmatrix} \qquad (2.2)$$

when type(c) ε {1,2,3}, and

$$\underline{\underline{K}}_c = \begin{pmatrix} 0 & 1 & . & . & 1 \\ 1 & 0 & . & . & . \\ . & . & . & . & . \\ . & . & . & 0 & 1 \\ 1 & . & . & 1 & 0 \end{pmatrix} \qquad (2.3)$$

when type(c) = 4.

We call the communication in transaction class c central (denoted by C), if $\underline{\underline{K}}_c$ takes the form

$$\underline{\underline{K}}_c = \begin{pmatrix} 0 & \frac{1}{N} & . & . & \frac{1}{N} \\ 1 & 0 & . & . & 0 \\ . & . & . & . & . \\ . & . & . & . & . \\ 1 & 0 & . & . & 0 \end{pmatrix} \qquad (2.4)$$

when type (c) ε {1,2,3}, and

$$\underline{\underline{K}}_c = \begin{pmatrix} 0 & 1 & . & . & 1 \\ 0 & 0 & . & . & 0 \\ . & . & . & . & . \\ . & . & . & . & . \\ 0 & 0 & . & . & 0 \end{pmatrix} \qquad (2.5)$$

when type(c) = 4.

In this case the station 0 is central - it takes part in all communication in transaction class c.

There are LANs with $K_{ii}^c > 0$, i.e. the network is used for communication within the station itself. In this case (2.2) - (2.5) have destination addresses distributed evenly over $0,1,...,N$ instead of $1,...,N$.

We have chosen not to pursue such communication matrices any further in this paper.

To describe the generation process of transactions we need to introduce the arrival rate vectors $\underline{\lambda}_c$, c ε ζ. We set

$$\underline{\lambda}_c = (\lambda_i^c)_{0 \leq i \leq N}$$

where λ_i^c is the arrival rate of class c transactions generated at station i. We do not exclude $\lambda_i^c = 0$, i.e. no transactions of class c generated at station i. Recalling the definition of the communication matrix $\underline{\underline{K}}_c$, we can now recognize

$$R_{ij}^c = \lambda_i^c K_{ij}^c$$

as being the arrival rate of class c transactions generated at station i which have station j as destination. We call this the communication rate in class c transactions from source station i to destination station j.

The matrix

$$\underline{\underline{R}}_c = (\lambda_i^c K_{ij}^c)_{0 \leq i,j \leq N}$$

is called the communication rate matrix in class c transactions. We call the 3 dimensional matrix

$$\underline{\underline{R}} = (\lambda_i^c K_{ij}^c)_{0 \leq i,j \leq N, \, c \, \epsilon \, \zeta}$$

the communication rate matrix.
We will also need

$$\lambda^c := \sum_{i=0}^{N} \lambda_i^c \quad ,$$

the total arrival rate of class c transactions.

The next step is to introduce notation for the message length. We define matrices

$$\underline{\underline{L}}_c = (L_{ij}^c)_{0 \leq i,j \leq N} \quad , \, c \, \epsilon \, \zeta,$$

and

$$\underline{\underline{L}}_c^* = (L_{ij}^{*c})_{0 \leq i,j \leq N} \quad \text{when type(c)} \, \epsilon \, \{2,3\},$$

where L_{ij}^c is the average length of single messages (demand messages, broadcast messages) belonging to transactions of class c from source station i with destination station j when type(c) ϵ {1,2} (type(c)=3, type(c)=4), and where L_{ij}^{*c} is the average length of acknowledgement messages (reply messages) belonging to transactions of class c from source station i with destination station j when type(c)=2 (type(c)=3). In the case of type(c)=4 (broadcast messages) we find it convenient to define L_i^c to be the average length of broadcast messages from source station i. We agree to set L_{ij}^c (L_{ij}^{*c}, L_i^c) to 0 if there is no communication with the corresponding messages.

The data bit rate due to class c transactions is defined to be the rate at which bits belonging to messages of class c transactions enter the data link layer from above; we denote it by δ_c. For type(c)=1,2 we have

$$\delta_c = \sum_{i,j=0}^{N} R^c_{ij} \, L^c_{ij} \qquad \text{bits/time,}$$

for type(c)=3 (demand with reply) we have

$$\delta_c = \sum_{i,j=0}^{N} R^c_{ij} \, (L^c_{ij} + L^{*c}_{ij}) \qquad \text{bits/time,}$$

and for type(c)=4 (broadcast) we have

$$\delta_c = \sum_{i=0}^{N} \lambda^c_i \, L^c_i \qquad \text{bits/time.}$$

The total data bit rate is

$$\delta = \sum_{c \in \zeta} \delta_c \qquad \text{bits/time.}$$

The data load due to class c transactions is

$$\rho_c = \frac{\delta_c}{\text{channel capacity}}$$

and the total data load is

$$\rho = \sum_{c \in \zeta} \rho_c$$

The physical bit rate, i.e. the rate at which bits enter the physical layer from the data link layer, is composed of the data bit rate together with the overhead bit rate. The physical bit rate due to class c transactions is

$$\sum_{i,j=0}^{N} R^c_{ij} (L^c_{ij} + \Delta^c_{ij}) \qquad \text{bits/time} \quad \text{if type(c) = 1,}$$

$$\sum_{i,j=0}^{N} R^c_{ij} (L^c_{ij} + \Delta^c_{ij} + L^{*c}_{ij}) \qquad \text{bits/time} \quad \text{if type(c) = 2,}$$

$$\sum_{i,j=0}^{N} R^c_{ij} (L^c_{ij} + \Delta^c_{ij} + L^{*c}_{ij} + \Delta^{*c}_{ij}) \qquad \text{bits/time} \quad \text{if type(c) = 3,}$$

$$\sum_{i=0}^{N} \lambda_i^c (L_i^c + \Delta_{ij}^c) \qquad \text{bits/time} \quad \text{if type}(c) = 4,$$

where Δ_{ij}^c (Δ_{ij}^{*c}) is the average number of overhead bits added to the respective message.

The general load pattern in a LAN, without reference to the proportion
of the load due to each transaction class, can be classified according
to the following scheme:

type	arrival process	message length	communication
single	A_1	B_1, X_1	Y_1
single/ack	A_2	B_2, X_2 B_2', X_2'	Y_2
demand/reply	A_3	B_3, X_3 B_3', X_3'	Y_3
broadcast	A_4	B_4, X_4	Y_4

where:
$$A_t = M \text{ or } D \qquad (t = 1,2,3,4)$$
$$B_t = M \text{ or } D \qquad (t = 1,2,3,4)$$
$$B_t' = M \text{ or } D \qquad (t = 2,3)$$
$$X_t = L_1, L_2 \text{ or } L_3 \qquad (t = 1,2,3,4)$$
$$X_t' = L_1, L_2 \text{ or } L_3 \qquad (t = 2,3)$$
$$Y_t = U \text{ or } C \qquad (t = 1,2,3,4)$$

(B_2', X_2') is the attribute pair of the length of the acknowledgement
message, and (B_3', X_3') is that of the reply message. The attribute pairs
(B_t, X_t), $t = 1,2,3,4$, describe the lengths of the basic messages from
the source station. Moreover, all of these attributes are in general
functions of the message priority.

3. Suggested benchmarks for LANs

The large number of possible load patterns described above forces us to
select a small number of them as universal benchmarks for LAN comparison. We have chosen those load patterns for which LANs are most likely
to reveal their characteristic performance features. One can always con-

sider further load patterns if one wants to do a more detailed comparison of LANs, or if one has a particular application area in mind. Our choices were taken from the fields of real time industrial applications and office automation. The first two benchmarks are simple enough to give at least a slight chance that analytic as well as simulation methods may be applied in the performance evaluation.

For each of the benchmarks BM1 - BM11 we have given the proportion of the total data load due to each transaction class. The benchmarks BM1 - BM7 do not involve priorities, whereas BM8 - BM11 do. Benchmarks BM1, BM2 should serve to give a valuable first overview of system behaviour, whereas benchmarks BM3 - BM7 provide deeper insight. Benchmarks BM8 - BM11 should be considered as examples of benchmarks with priorities, and are in no way representative of all application areas. In each case one would conduct a performance evaluation/comparison for various total data loads. A useful performance measure is the average data bit time defined to be

$$a = \frac{\text{average completion time of transaction}}{\text{average number of data bits per transaction}} \qquad (3.1)$$

where the completion time of a transaction is the time from arrival of the transaction till the end of the transaction (including receipt of acknowledgement or reply message). The average data bit time can be computed over all transactions as well as over all transactions of a particular class or type.

The average completion time of a transaction may not be a good measure of the completion time distribution. Such distributions may well have large variances and long 'tails' resulting in a significant proportion of completion times being much higher than the mean. To deal with this we introduce another set of performance measures:

the time τ_x within which x % of the completion times lie.

Suggested values for x are 95 and 99. As above one can consider τ_{95} and τ_{99} for individual transaction classes or types. It may, for example, be important to have a low value of τ_{99} for a particular transaction class (e.g. high priority broadcast messages).

Also important is the average effective throughput relative to channel capacity defined to be

$$S = \frac{\min\{\delta, \delta_{max}\}}{\text{channel capacity}} \qquad (3.2)$$

where δ_{max} is the data bit rate at which the LAN reaches saturation.

Bit times and average effective throughputs relative to channel capacity can both be examined as functions of the parameters message length, number of stations, station address and class of transaction. A performance comparison of three different LANs (RDC-Ring, Ethernet, PDV-Bus) using BM1 and BM2 was carried out in /3/. These two benchmarks were sufficient to reveal large differences in performance.

BM	type	arrival process	message length	communi-cation	proportion of the total information load
BM 1	single	M	M, L_2	U	100 %
BM 2	single	M	M, L_3	U	100 %
BM 3	single	M	M, L_2	U	50 %
	demand/ reply	D	D, L_1 M, L_2	C	50 %
BM 4	single	M	M, L_2	U	P_1
	single/ ack	M	M, L_2 D, L_1	U	P_2
	demand/ reply	D	D, L_1 M, L_2	C	P_3
	broadcast*	D	D, L_1	U	P_4

* All stations send broadcast messages at a rate of 1/sec. Assuming a channel capacity of 10^6 bits/sec, for example, this determines the data load due to broadcast messages. The proportion of the data load due to the other transaction types is then given by

$$P_1 : P_2 : P_3 = 1 : 1 : 2$$

BM	type	arrival process	message length	communi-cation	proportion of the total information load	priority[†]
BM 5	single	M	M, L_2	U	25 %	
	single/ ack	M	M, L_2 D, L_1	U	25 %	
	demand/ reply	M	D, L_1 M, L_2	U	25 %	
	broadcast	M	M, L_2	U	25 %	
BM 6	single	M	D, L_2	U	100 %	
BM 7	single	M	D, L_3	U	100 %	
BM 8	single	M	M, L_1	C	10 %	0
		M	M, L_2	U	90 %	1
BM 9	single	M	M, L_1	C	50 %	0
		M	M, L_2	U	50 %	1
BM 10	single	M	M, L_1	C	80 %	0
		M	M, L_2	U	20 %	1
BM 11	single	M	D, L_1	U	10 %	0
		M	M, L_2	U	20 %	1
		M	M, L_2	U	30 %	2
		M	M, L_3	U	40 %	3

[†] The priority classes 0, 1, 2, 3 are in _decreasing_ order of superiority or importance.

4. Future Work

There are clearly many unexplored areas in the field of benchmarks. We mention just a few possibilities of extending the work in this paper. It should, however, always be kept in mind that benchmarks are designed to help pinpoint only the main features of system behaviour and to be as universally applicable as possible. Hence the use of complicated benchmarks can be justified only when a special class of LANs is being considered where some functions of the LAN are of extraordinary importance.

Our suggestions for future work are:

(1) We have described the arrival process and message length distribution as either of type M or of type D. This means that the coefficient of variation of interarrival times and of message lengths is either 0 or 1. Would distributions of interarrival times and message lengths with higher coefficients of variation yield interesting benchmarks?

(2) It may be reasonable to allow for a "thinking time" at the destination station for demand with reply transactions. For example, the destination station, upon receipt of the demand message, could 'think' for a certain time (e.g. exponentially distributed with mean 10 ms) before sending the reply message back to the source station. In this connection one should consider when a demand with reply transaction can be adequately modelled by replacing it with two single (logically independent) messages.

(3) An important aspect of LAN performance analysis not covered here is behaviour under bursty loads. One approach here is to consider generalized Poisson arrival processes where the rate parameter is a function of time ($\lambda = \lambda(t)$). The rate could then be an impulse function, e.g. as used in control theory /2, p. 375/.

(4) A fifth transaction type occurring in many LANs is the file transfer, which can be considered as a sequence of demand-reply transactions with the same source and destination station. How should benchmarks including file transfers be defined? Do they provide new results which couldn't have been predicted by using benchmarks based only on the first four transaction types?

5. Literature

/1/ Feller, W.: An Introduction to Probability Theory and its
Applications. 3rd Edition, Vol. I, Wiley (New York), 1968.

/2/ Föllinger, O.: Regelungstechnik. AEG-Telefunken (Berlin, Frankfurt), 1980.

/3/ Heger, D.: Klassifizierung und Leistungsbewertung von Bus-
systemen. NTG/GI-Fachtagung "Struktur und Betrieb von Rechensystemen", Ulm, 22.-24.3.1982. NTG-Fachberichte, Bd. 80,
S. 165-180.

/4/ Kleinrock, L.: Queueing Systems. Vol. I and II, Wiley (New York),
1975/76.

<u>ON QUEUEING THEORY AND TWO-DIMENSIONAL</u>

<u>QUEUEING MODELS</u>.

J.W. Cohen
Math. Inst. Univ. Utrecht
Utrecht, The Netherlands
Nov. '82.

Abstract.

Queueing Theory is very briefly reviewed in its aspect as a discipline applied in engineering design. The second part of the lecture is on recent developments in the mathematical analysis of basic queueing models with a two-dimensional state space.

Lecture, 2nd GI/NTG Conference on Measurement, Modelling and Evaluation of Computer Systems, Stuttgart (W-Germany), Febr. 21-23, 1983.

I. Introduction

Queueing theory is a discipline with a character analogous to that of
mathematical physics, for instance the theory of elasticity, of aero- and hydro-
dynamics or of electro magnetic field theory. In all
those disciplines the basic studied models stem from outside the discipline;
they do come from physics. In Queueing Theory the basic models come from performance studies of "Telematic" systems and from management structures.

The role of Queueing Theory in the "Performance Analysis" of "Telematic"
systems is completely similar to that of the above mentioned "mathematical
physics" disciplines in the design, maintenance and performance analysis of
complicated engineering structures like bridges, aeroplanes, ships, powerplants.

Performance Analysis in its broadest sense is an engineering discipline.
By this is meant that the results of a performance study are usually obtained
by a sophisticated application of theoretical and experimental results.

The recent rapid developments in "Performance Analysis" of "Telematic"
Structures show all the characteristic aspects which are typical for the more
classical engineering disciplines.

These aspects may be categorized according to the main types of techniques
used in their development, viz.

i.   "theoretical" techniques,

ii.   "approximative" techniques,

iii. "experimental" techniques,

iv.   "optimisation" techniques.

We shall very briefly review these various techniques and their recent
developments.

ad i. The whole of "theoretical" techniques is generally known as "Queueing
Theory". It is a branch of Applied Probability Theory. The older techniques
are those known by the names of: Imbedded Markov Chains and Regeneration Points,
the Birth- and Death processes, Supplementary Variables, for details see Cohen
[1]. More recent techniques are based on "up- and downcrossings" properties of
sample functions, see Cohen [2], and on a very refined use of the properties of
phase type distributions, see Schassberger [3] and Neuts [4]. Important developments are also obtained from the approach of "Point Processes" studies,
see Franken e.a. [5].

A landmark in the development of "Queueing Theory" are the results concerning computer networks. Important techniques and results are here already

obtained, but there are still many open questions, and theoretical research is here at present intensive, see Kleinrock [6], Kobayashi [7].

A long standing open problem has been the mathematical analysis of queueing models with an n-dimensional state space. Hardly any tangible theoretical results were here available, the most far reaching results available were those obtained by Pollaczek. Recently, Fayolle and Iasnogorodski [8] have made in this area an important step forward. For several queueing models with a two-dimensional state space and negative exponentially distributed service- and interarrival times they have shown that the inherent mathematical problem can be formulated as a Riemann-Hilbert boundary value problem, a classical topic in the area of boundary value problems.

In a forthcoming monograph, see Cohen and Boxma [9], a large variety of two-dimensional queueing models is analyzed for arbitrary distributions of service- and interarrival characteristics. Here, next to the techniques of Fayolle and Iasnogorodski, a new and more powerful approach is developed to transform the two-dimensional queueing problem into a boundary value problem. This approach parallels the development in the disciplines of mathematical physics.

In the second part of this lecture we shall sketch the approach developed in the monograph by Cohen and Boxma.

An important open problem is the characterisation of the speed with which a queueing network approaches its stationary situation, assuming that a stationary distribution exists; probably in the near future tangible results will be here obtained, by using results from the analysis of two-dimensional models.

ad.ii. Approximative techniques have been used since the need for performance analysis became apparent. Real good approximative methods can be only developed from a deep insight in the theoretical results concerning the basic models. One of the most outstanding results in this area is the "equivalent random" method for the analysis of graded trunk groups. In the field of teletraffic many effective approximative techniques have been developed. However, in the performance analysis of more complicated models encountered in computer modelling there are at present hardly any tangible results available. We mention here the results obtained by Boxma and Donk [10] for cyclic queueing systems and the work of Lam [11] on networks. But the field is hardly explored and it is the author's feeling that at present the available theoretical knowledge concerning the basic models is so extensive that with some effort good approximative techniques can be developed for a large variety of more complicated models.

ad iii. By "experimental" techniques are meant design methods directly based on real time measurements and on "simulation" results.

The real time measurements available in literature are of a rather ad hoc nature. It merits consideration whether this area does not need much more attention and systemization. The applicability of Queueing Theory undoubtedly would greatly benefit from it.

Simulation techniques have been used by now for more then forty years. Palm and Kosten may be regarded here as the pioneers. There is an extensive literature on the subject, see Rubinstein [12], and particularly here at Lotze's institute much experience and skillfulness is available. The combined effort of theoretical and simulation results is an extremely powerful tool in the engineering of telematic systems, but it requires well-trained people to reach reliable results.

There is here still a large field where important research can be done.

ad iv. Numerical techniques need to be mentioned separately. The subject is a rather underdeveloped field, but a change can be sensed in present-day literature. The basic idea is to proceed so far with the mathematical analysis of the queueing model until a set of equations has been obtained which has a structure apt for rapid numerical evaluation on a computer.

This approach is at present thoroughly investigated by Tijms and Van Hoorn [13], and the results obtained so far by them are very apt for direct engineering application. In this respect we should also mention the technique proposed by Neuts [4].

ad v. The application of optimisation and control techniques in performance analysis is still in its early childhood. Although there is some literature available and although theoretical control theory has shown rapid developments in the past decade the application to for instance the performance control of modern telephone systems and computer networks has not yet provided the designer with an effective tool. Brémaud's book [14] contains some theoretical models which may perhaps serve as a start for further research.

II. Analysis of a two-dimensional random walk

In the following sections we shall "sketch" the basic points of the mathematical analysis of a two-dimensional random walk of a type as occurs in Queueing Theory. The theory has been developed by Cohen and Boxma at the Math. Inst. of the University of Utrecht. In a monograph [9] to appear soon by North-Holland the developed theory is exposed at length, and the interested reader is referred to this monograph. Next to the mathematical analysis much attention is also paid in [9] to the numerical evaluation of analytic results, and it is shown that the inherent numerical effort is extremely reasonable; it may be stated that a new and powerful technique has become available for the analysis of a large class of important queueing models.

Warning: Many details in the derivations of the next sections have been left out because of sheer necessity, for their motivation the reader is referred to the monograph [9], see also [15].

1. *Introduction*

Consider the sequence of stochastic variables $\{\underline{x}_n, \underline{y}_n, n = 0,1,2,\ldots\}$ recursively defined by: for $n = 0,1,2,\ldots$,

$$(1) \qquad \underline{x}_{n+1} = [\underline{x}_n - 1]^+ + \underline{\xi}_n \, ,$$

$$\underline{y}_{n+1} = [\underline{y}_n - 1]^+ + \underline{\eta}_n \, ,$$

with $\underline{x}_0 = x$, $\underline{y}_0 = y$, (x and y nonnegative integers) and with $\{\underline{\xi}_n, \underline{\eta}_n, n = 0,1,2,\ldots\}$ a sequence of independent, identically distributed stochastic vectors with state space the lattice $\{0,1,2,\ldots\} \times \{0,1,2,\ldots\}$ in the first quadrant of R_2. Define

$$(2) \qquad \Psi(p_1,p_2) := E\{p_1^{\underline{\xi}_n} p_2^{\underline{\eta}_n}\}, \quad |p_1| \leqslant 1, \quad |p_2| \leqslant 1,$$

so that $\Psi(p_1,p_2)$ represents the generating function of the joint distribution of $\underline{\xi}_n$ and $\underline{\eta}_n$ (which is independent of n).

Put for $|p_1| \leqslant 1$, $|p_2| \leqslant 1$, $|r| < 1$,

$$(3) \qquad \Phi_{xy}(r,p_1,p_2) := \sum_{n=0}^{\infty} r^n E\{p_1^{\underline{x}_n} p_2^{\underline{y}_n} | \underline{x}_0 = x, \underline{y}_0 = y\}.$$

It then follows readily from (1), (2) and (3) that for $|p_1| \leqslant 1$, $|p_2| \leqslant 1$, $|r| < 1$:

$$(4) \qquad \{p_1 p_2 - r\Psi(p_1,p_2)\}\Phi_{xy}(r,p_1,p_2) =$$

$$(1-p_1)(1-p_2)\left[\frac{p_1^{x+1} p_2^{y+1}}{(1-p_1)(1-p_2)} + \right.$$

$$\left. + r\Psi(p_1,p_2)\{-\frac{\Phi_{xy}(r,p_1,0)}{1-p_1} - \frac{\Phi_{xy}(r,0,p_2)}{1-p_2} + \Phi_{xy}(r,0,0)\}\right].$$

The basic problem in the analysis of the random walk $\{\underline{x}_n,\underline{y}_n, n= 0,1,2,\ldots\}$ is the determination of the function $\Phi_{xy}(r,p_1,p_2)$ such that

(5) i.   it satisfies the functional equation (4);

           ii.   for fixed r with $|r| < 1$, it is in each of its variables p_i a regular function in $|p_i| < 1$, continuous in $|p_i| \leqslant 1$;

           iii. for fixed p_i with $|p_i| \leqslant 1$, $i= 1,2$, it is a regular function in r with $|r| < 1$.

In the next section we shall sketch the solution of this problem. Here we shall consider shortly the component random walk $\{\underline{x}_n, n= 0,1,2,\ldots\}$, i.e.

$$(6) \qquad \underline{x}_{n+1} = [\underline{x}_n - 1]^+ + \underline{\xi}_n, \quad n= 0,1,2,\ldots,$$

with $\underline{x}_0 = x \in \{0,1,2,\ldots\}$.

Note that if

$$(7) \qquad \Psi(p_1,1) = \beta\{(1-p_1)/\alpha_1\},$$

and

$$\beta(\rho) := \int_0^\infty e^{-\rho t}d\, B(t), \quad \mathrm{Re}\ \rho \geqslant 0,$$

with $B(.)$ a probability distribution with support $(0,\infty)$, then $\{\underline{x}_n, n= 0,1,2,\ldots\}$ may be interpreted as the queue length of an M/G/1 queueing model at the successive departure epochs.

From (4) it follows by taking $p_2 = 1$ that

$$(8) \qquad \{p_1 - r\Psi(p_1,1)\}\Phi_{xy}(r,p_1,1) =$$

$$(1-p_1)\left[\frac{p_1^{x+1}}{1-p_1} - r\Psi(p_1,1)\Phi_{xy}(r,0,1)\right], \quad |p_1| \leqslant 1,\ |r| < 1.$$

It is readily verified by applying Rouché's theorem that for fixed $|r| < 1$ the function (assuming $\Psi(p_1,1) = 1 \leftrightarrow p_1 = 1$),

$$(9) \qquad p_1 - r\Psi(p_1,1)$$

has exactly one zero, say $\mu_1(r)$, in $|p_1| \leq 1$. Because $\Phi_{xy}(r,p_1,1)$ should be for fixed $|r| < 1$ a regular function in p_1 with $|p_1| < 1$ it follows from (8) that

$$(10) \qquad \Phi_{xy}(r,0,1) = \frac{\{\mu_1(r)\}^x}{1 - \mu_1(r)} \, , \quad |r| < 1.$$

Consequently, for $|r| < 1$, $|p_1| \leq 1$:

$$(11) \qquad \Phi_{xy}(r,p_1,1) = \frac{1 - p_1}{p_1 - r\Psi(p_1,1)} \left\{ \frac{p_1^{x+1}}{1 - p_1} - r\Psi(p_1,1) \frac{\mu_1^x(r)}{1 - \mu_1(r)} \right\}.$$

Note that for the component random walk $\{\underline{x}_n, n = 0,1,2,\ldots\}$ with $\underline{x}_0 = 0$, $\mu_1(r)$ is the generating function of the return time distribution of the "zero" state, i.e. denoting this return time by $\underline{n}_1$ then:

$$(12) \qquad E\{r^{\underline{n}_1}\} = \mu_1(r), \quad |r| \leq 1.$$

If

$$(13) \qquad a_1 := E\{\underline{\xi}_n\} < 1$$

then

$$(14) \qquad \Pr\{\underline{n}_1 < \infty\} = 1, \quad E\{\underline{n}_1\} = \frac{1}{1 - a_1} \, .$$

The condition (13) guarantees that the component random walk $\{\underline{x}_n, n = 0,1,2,\ldots\}$ is positive recurrent. Hence it possesses a unique stationary distribution. Its generating funciton $\Phi(p_1,1)$ is given by

$$(15) \qquad \Phi(p_1,1) = \lim_{r \uparrow 1} (1 - r) \, \Phi_{xy}(r,p_1,1), \quad |p_1| \leq 1.$$

It follows

$$(16) \qquad \Phi(p_1,1) = (1 - a_1) \frac{(1 - p_1)\Psi(p_1,1)}{\Psi(p_1,1) - p_1} \, , \quad |p_1| \leq 1.$$

2. *The kernel*

The kernel $Z(r,p_1,p_2)$ is defined by, cf. (1.4), for $|r| < 1$:

$$(1) \qquad Z(r,p_1,p_2) := p_1 p_2 - r\Psi(p_1,p_2), \quad |p_1| \leq 1, \quad |p_2| \leq 1.$$

It will always be assumed that

$$(2) \qquad |\Psi(p_1,p_2)| = 1 \leftrightarrow p_1 = 1, p_2 = 1 \, ; \qquad \Psi(0,0) > 0.$$

114

From (1.5) it follows that if (p_1, p_2) with $|p_i| < 1$ is a "zero" of the kernel $Z(r, p_1, p_2)$ then

$$(3) \qquad \frac{\Phi_{xy}(r, p_1, 0)}{1 - p_1} + \frac{\Phi'_{xy}(r, 0, p_2)}{1 - p_2} - \Phi_{xy}(r, 0, 0) = \frac{p_1^x p_2^y}{(1 - p_1)(1 - p_2)}.$$

To investigate the zeros of the kernel put

$$(4) \qquad \begin{aligned} p_1 &= gs, \\ p_2 &= gs^{-1}, \end{aligned}$$

with

$$(5) \qquad |g| \leqslant 1, \quad |s| = 1.$$

Then

$$(6) \qquad \begin{aligned} Z(r, gs, gs^{-1}) &= g^2 - r\Psi(gs, gs^{-1}) \\ &= g^2 - r\, E\{g^{\frac{\xi + \eta}{}}\, s^{\frac{\xi - \eta}{}}\}, \end{aligned}$$

where $(\underline{\xi}, \underline{\eta})$ is a stochastic vector with the same distribution as $(\underline{\xi}_n, \underline{\eta}_n)$.

By applying Rouché's theorem it is easily verified that for $|r| < 1$ the function $Z(r, gs, gs^{-1})$, $|s| = 1$ has in $|g| < 1$ exactly two zeros, which for $s = 1$ are both real if $0 < r < 1$, then one is positive, the other negative.

From now on we take

$$(7) \qquad 0 < r < 1,$$

and denote by $g(r, s)$ that zero of (6) in $|g| < 1$ which is positive for $s = 1$.

Put for $|s| = 1$,

$$(8) \qquad \begin{aligned} p_1 &= g(r, s)s, \\ p_2 &= g(r, s)s^{-1}, \end{aligned}$$

and

$$(9) \qquad \begin{aligned} S_1(r) &:= \{p_1 : p_1 = g(r, s)s, \ |s| = 1\}, \\ S_2(r) &:= \{p_2 : p_2 = g(r, s)s^{-1}, \ |s| = 1\}. \end{aligned}$$

The stochastic variables $\underline{\xi}$ and $\underline{\eta}$ are called "exchangeable" variables if

$$(10) \qquad E\{p_1^{\underline{\xi}} p_2^{\underline{\eta}}\} = E\{p_1^{\underline{\eta}} p_2^{\underline{\xi}}\} \quad \text{for all } |p_1| \leqslant 1, \ |p_2| \leqslant 1.$$

If $\underline{\xi}$ and $\underline{\eta}$ are exchangeable then $g(r, s)$ is real for every $|s| = 1$, and $S_1(r)$ and $S_2(r)$ are then simply connected smooth contours with the point $p_i = 0$ belonging to $S_i^+(r)$, the interior of the contour $S_i(r)$, $i = 1, 2$.

From now on it will be assumed that for every r with $0 < r < 1$ the curves $S_i(r)$, $i = 1,2$ are both simply connected smooth contours with $p_i = 0 \in S_i^+(r)$. We shall here not state conditions which imply that $S_i(r)$, $i = 1,2$ have these properties.

With the assumptions introduced above the following statements may now be proved.

(11)   i. There exist in the complex z-plane a smooth contour $L(r)$,

$$L(r) = \{z : z = \rho(\phi)e^{i\phi}, \ 0 \leqslant \phi \leqslant 2\pi, \ \rho(\phi) \geqslant 0\},$$
$$z = 1 \in L(r), \ z = 0 \in L^+(r), \ \text{interior of } L(r),$$

and a real function $\lambda(r,z)$, $\quad z \in L(r)$, with

$$\lambda(r,z) = 0 \text{ for } z = 1 = \rho(0),$$

which is for $z = \rho(\phi)e^{i\phi}$ increasing on $\{\phi : 0 \leqslant \phi < 2\pi\}$, which satisfy: for $z \in L(r)$,

$$(12) \qquad \exp[i\lambda(r,z)] = z \exp[\frac{1}{2\pi i} \int\limits_{\zeta \in L(r)} \{\log g(r,e^{i\lambda(r,\zeta)})\}\{\frac{\zeta + z}{\zeta - z} - \frac{\zeta + 1}{\zeta - 1}\}\frac{d\zeta}{\zeta}];$$

actually (12) is a system of two integral equations for $\lambda(r,z)$ and $\rho(\phi)$, and $\lambda(r,z)$, $L(r)$ with the stated properties is the unique solution of (12); the positive direction in (12) along $L(r)$ is counter clockwise.

ii. The functions

$$(13) \qquad P_1(r,z) = z \exp[\frac{1}{2\pi i} \int\limits_{\zeta \in L(r)} \{\log g(r,e^{i\lambda(r,\zeta)})\}\{\frac{\zeta + z}{\zeta - z} - \frac{\zeta + 1}{\zeta - 1}\}\frac{d\zeta}{\zeta}]$$
$$\text{for } z \in L^+(r),$$

$$P_2(r,z) = z^{-1} \exp[\frac{-1}{2\pi i} \int\limits_{\zeta \in L(r)} \{\log g(r,e^{i\lambda(r,\zeta)})\}\{\frac{\zeta + z}{\zeta - z} - \frac{\zeta + 1}{\zeta - 1}\}\frac{d\zeta}{\zeta}]$$
$$\text{for } z \in L^-(r),$$

are well defined, here $L^+(r)$ is the interior of $L(r)$, $L^-(r)$ is the exterior of $L(r)$, further

$$(14) \qquad P_1 = P_1(r,z) \text{ is the conformal mapping of } L^+(r) \text{ onto } S_1^+(r), \text{ with}$$

$$P_1(r,0) = 0, \quad \infty > \lim_{z \to 0} \frac{1}{z} P_1(r,z) > 0;$$

$$P_2 = P_2(r,z) \text{ is the conformal mapping of } L^-(r) \text{ onto } S_2^+(r), \text{ with}$$

$$p_2(r,\infty) = 0, \quad \infty > \left|\lim_{|z|\to\infty} zp_2(r,z)\right| > 0;$$

for $z \in L(r)$:

(15)
$$p_1^+(r,z) = \lim_{\substack{\zeta\to z \\ \zeta\in L^+(r)}} p_1(r,\zeta) = g(r,e^{i\lambda(r,z)})e^{i\lambda(r,z)},$$

$$p_2^-(r,z) = \lim_{\substack{\zeta\to z \\ \zeta\in L^-(r)}} p_2(r,\zeta) = g(r,e^{i\lambda(r,z)})e^{-i\lambda(r,z)},$$

(16)   the pair (p_1,p_2) with $p_1 = p_1^+(r,z)$, $p_2 = p_2^-(r,z)$, $z \in L(r)$, is a zero of the kernel $Z(r,p_1,p_2)$.

The statement (16) is a direct result from (8), (12) and (13) as it may be seen by applying the Plemelj-Sokhotski formula to (13).

It is noted that if $\underline{\xi}$ and $\underline{\eta}$ are exchangeable stochastic variables then $L(r)$ is the unit circle, i.e. $L(r) = \{z: |z| = 1\}$.

3. *Solution of the functional equation*

Put

(1)
$$K_{xy}(r,z) := \frac{\{p_1^+(r,z)\}^x \{p_2^-(r,z)\}^y}{\{1 - p_1^+(r,z)\}\{1 - p_2^-(r,z)\}}$$

then the functional equation (2.3) may be rewritten as: for $z \in L(r)$,

(2)
$$\frac{\Phi_{xy}(r,p_1^+(r,z),0)}{1 - p_1^+(r,z)} + \frac{\Phi_{xy}(r,0,p_2^-(r,z))}{1 - p_2^-(r,z)} - \Phi_{xy}(r,0,0) = K_{xy}(r,z).$$

Next note that:

    i.   by definition $\Phi_{xy}(r,p_1,0)$ is regular for $|p_1| < 1$, similarly $\Phi_{xy}(r,0,p_2)$ for $|p_2| < 1$;

    ii. $p_1(r,z)$ is regular for $z \in L^+(r)$, continuous for $z \in L(r) \cup L^+(r)$, similarly $p_2(r,z)$ is regular for $z \in L^-(r)$, continuous for $z \in L(r) \cup L^-(r)$;

    iii. $|p_1^+(r,z)| < 1$, $|p_2^-(r,z)| < 1$ for $z \in L(r)$, so that by the maximum modulus theorem

(3) $|p_1(r,z)| < 1$ for $z \in L^+(r)$, $|p_2(r,z)| < 1$ for $z \in L^-(r)$;

consequently

(4) i. $\dfrac{\Phi_{xy}(r,p_1(r,z),0)}{1-p_1(r,z)}$ is regular for $z \in L^+(r)$, continuous for

$z \in L(r) \cup L^+(r)$;

ii. $\dfrac{\Phi_{xy}(r,0,p_2(r,z))}{1-p_2(r,z)}$ is regular for $z \in L^-(r)$, continuous for

$z \in L(r) \cup L^-(r)$.

From (2) it follows for every $z \notin L(r)$:

$$(5) \qquad \frac{1}{2\pi i} \int_{\zeta \in L(r)} \frac{d\zeta}{\zeta - z} \frac{\Phi_{xy}(r,p_1^+(r,\zeta),0)}{1-p_1^+(r,\zeta)} +$$

$$+ \frac{1}{2\pi i} \int_{\zeta \in L(r)} \frac{d\zeta}{\zeta - z} [\frac{\Phi_{xy}(r,0,p_2^-(r,\zeta))}{1-p_2^-(r,\zeta)} - \Phi_{xy}(r,0,0)] =$$

$$= \frac{1}{2\pi i} \int_{\zeta \in L(r)} \frac{d\zeta}{\zeta - z} K_{xy}(r,\zeta).$$

For $z \in L^+(r)$ the second integral is zero, whereas for $z \in L^-(r)$ the first integral in (5) is zero, apply Cauchy's theorem.

By taking $z \in L^+(r)$ it follows from (2) and (4) by applying Cauchy's theorem that

$$(6) \qquad \frac{\Phi_{xy}(r,p_1(r,z),0)}{1-p_1(r,z)} = \frac{1}{2\pi i} \int_{\zeta \in L(r)} \frac{d\zeta}{\zeta - z} K_{xy}(r,\zeta), \qquad z \in L^+(r).$$

By taking $z \in L^-(r)$ it follows from (2) and (4) by applying Cauchy's theorem and by noting that the integrand of the second integral in (5) tends to zero for $|\zeta| \to \infty$ that

$$(7) \qquad \frac{\Phi_{xy}(r,0,p_2(r,z))}{1-p_2(r,z)} - \Phi_{xy}(r,0,0) = \frac{-1}{2\pi i} \int_{\zeta \in L(r)} \frac{d\zeta}{\zeta - z} K_{xy}(r,\zeta), \; z \in L^-(r).$$

By taking $z = 0$ in (6) it is seen that

$$(8) \qquad \Phi_{xy}(r,0,0) = \frac{1}{2\pi i} \int_{\zeta \in L(r)} \frac{d\zeta}{\zeta} K_{xy}(r,\zeta),$$

hence

$$(9) \qquad \frac{\Phi_{xy}(r,0,p_2(r,z))}{1-p_2(r,z)} = \frac{1}{2\pi i} \int_{\zeta \in L(r)} (\frac{1}{\zeta} - \frac{1}{\zeta - z}) K_{xy}(r,\zeta) d\zeta, \qquad z \in L^-(r).$$

The relations (6), (8) and (9) represent the solution of the functional equation (2).

Denote by

$$(10) \qquad z = p_{10}(r,p_1), \quad p_1 \in S_1^+(r) \text{ the inverse of } p_1 = p_1(r,z) \text{ for } z \in L^+(r),$$

$$z = p_{20}(r,p_2), \quad p_2 \in S_2^+(r) \text{ the inverse of } p_2 = p_2(r,z) \text{ for } z \in L^-(r).$$

Then

$$(11) \qquad \frac{\Phi_{xy}(r,p_1,0)}{1-p_1} = \frac{1}{2\pi i} \int\limits_{\zeta \in L(r)} \frac{d\zeta}{\zeta - p_{10}(r,p_1)} \, K_{xy}(r,\zeta), \quad p_1 \in S_1^+(r),$$

$$\frac{\Phi_{xy}(r,0,p_2)}{1-p_2} = \frac{1}{2\pi i} \int\limits_{\zeta \in L(r)} \left\{ \frac{1}{\zeta} - \frac{1}{\zeta - p_{20}(r,p_2)} \right\} \dot{K}_{xy}(r,\zeta)\,d\zeta, \quad p_2 \in S_2^+(r).$$

Inserting the relations (8) and (11) into (1.4) yields for $p_1 \in S_1^+(r)$, $p_2 \in S_2^+(r)$:

$$(12) \qquad \Phi_{xy}(r,p_1,p_2) = \frac{(1-p_1)(1-p_2)}{p_1 p_2 - r\Psi(p_1,p_2)} \left[\frac{p_1^{x+1} p_2^{y+1}}{(1-p_1)(1-p_2)} - \right.$$

$$\left. - \frac{r\Psi(p_1,p_2)}{2\pi i} \int\limits_{\zeta \in L(r)} \left\{ \frac{1}{\zeta - p_{10}(r,p_1)} - \frac{1}{\zeta - p_{20}(r,p_2)} \right\} K_{xy}(r,\zeta)\,d\zeta \right].$$

By analytic continuation in p_1 and also in p_2 the expression for $\Phi_{xy}(r,p_1,p_2)$, $|p_1| \leqslant 1$, $|p_2| \leqslant 1$ can be obtained from (12); we shall omit here that analytic continuation.

4. *The stationary distribution*

It may be shown that if

$$E\{\underline{\xi}\} < 1, \quad E\{\underline{\eta}\} < 1,$$

then the random walk $\{\underline{x}_n, \underline{y}_n, n = 0,1,2,\dots\}$ possesses a unique stationary distribution. Its generating function is then given by

$$(1) \qquad \Phi(p_1,p_2) = \lim_{r \uparrow 1} (1-r)\Phi_{xy}(r,p_1,p_2), \quad |p_1| \leqslant 1, \quad |p_2| \leqslant 1.$$

The derivation of the expression for $\Phi(p_1,p_2)$ from (3.12) is lengthy and difficult, we shall restrict ourself by giving the resulting expression, viz. for $|p_1| \leqslant 1$, $|p_2| \leqslant 1$ but (p_1,p_2) not a zero of $p_1 p_2 - \Psi(p_1,p_2)$:

$$(2) \qquad \Phi(p_1,p_2) = \frac{(1-p_1)(1-p_2)\Psi(p_1,p_2)}{\Psi(p_1,p_2) - p_1 p_2} \left\{ \frac{1}{1 - p_{10}(1,p_1)} - \frac{1}{1 - p_{20}(1,p_2)} \right\} \times$$

$$\times \; c E\{1 - \frac{\xi + \eta}{2}\},$$

where

$$(3) \qquad c^{-1} = i \{\frac{\partial}{\partial z} \lambda(1,z)\}_{z=1},$$

$p_{10}(1,p_1)$ is the conformal mapping of $S_1^+(1)$ onto $L^+(1)$, $p_{20}(1,p_2)$ that of $S_2^+(1)$ onto $L^-(1)$ and $\lambda(1,z)$, $z \in L(1)$ and $L(1)$ are the unique solution of: for $z \in L(1)$,

$$\exp[i\lambda(1,z)] = z \, \exp[\frac{1}{2\pi i} \int\limits_{\zeta \in L(1)} \{\log g(1, e^{i\lambda(1,\zeta)})\}\{\frac{\zeta + z}{\zeta - z} - \frac{\zeta + 1}{\zeta - 1}\}\frac{d\zeta}{\zeta}],$$

with $\lambda(1,z)$ real for $z \in L(1)$, $z = 1 \in L(1)$, $\lambda(1,1) = 0$.

A direct derivation of the expression for $\Phi(p_1,p_2)$ proceeds as follows.

From (1) and (1.4) it is seen that $\Phi(p_1,p_2)$ should satisfy for $|p_1| \leq 1$, $|p_2| \leq 1$:

$$(4) \qquad \Phi(p_1,p_2) = \frac{(1 - p_1)(1 - p_2)\Psi(p_1,p_2)}{p_1 p_2 - \Psi(p_1,p_2)} \left[\Phi(0,0) - \frac{\Phi(p_1,0)}{1 - p_1} - \frac{\Phi(0,p_2)}{1 - p_2}\right].$$

Because

$$p_1^+(1,1) = p_2^-(1,1) = 1,$$

and

$$(5) \qquad \lim_{\substack{z \to 1_+ \\ z \in L^+(1)}} \frac{d}{dz} p_1(1,z) = \frac{1}{c} \frac{E\{1 - \underline{\eta}\}}{E\{1 - \frac{1}{2}(\underline{\xi} + \underline{\eta})\}} \; , \quad \lim_{\substack{z \to 1_- \\ z \in L^-(1)}} \frac{d}{dz} p_2(1,z) = \frac{1}{c} \frac{-E\{1 - \underline{\xi}\}}{E\{1 - \frac{1}{2}(\underline{\xi} + \underline{\eta})\}},$$

the condition to be satisfied by $\Phi(0,0)$, $\Phi(p_1,0)$ and $\Phi(0,p_2)$ reads: for $z \in L(1)$,

$$\frac{1 - z}{1 - p_1^+(1,z)} \Phi(p_1^+(1,z),0) + \frac{1 - z}{1 - p_2^-(1,z)} \Phi(0,p_2^-(1,z)) - (1 - z)\Phi(0,0) = 0,$$

or

$$(6) \qquad \frac{1 - z}{1 - p_1^+(1,z)} \Phi(p_1^+(1,z),0) - (1,z)\Phi(0,0) = - \frac{1 - z}{1 - p_2^-(1,z)} \Phi(0,p_2^-(1,z)).$$

The lefthand side of (6) is the limit of a function regular in $L^+(1)$, the right-hand side is the limit of a function regular in $L^-(1)$, moreover this righthand side behaves for $|z| \to \infty$ as $O(z)$, because $p_2(1,z) \to 0$ for $|z| \to \infty$. Consequently application of Liouville's theorem shows that there exist two constants C_1 and C_2 such that

$$(7) \qquad \frac{1 - z}{1 - p_1(1,z)} \Phi(p_1(1,z),0) - (1-z)\Phi(0,0) = (1 - z)C_1 + C_2, \qquad z \in L^+(1),$$

$$(8) \qquad -\frac{1-z}{1-p_2(1,z)}\, \Phi(0,p_2(1,z)) = (1-z)C_1 + C_2, \qquad z \in L^-(1).$$

Taking $z = 0$ in (7) leads to (note $p_1(1,0) = 0$)

$$(9) \qquad C_1 + C_2 = 0.$$

Letting $z \to 1$, $z \in L^-(1)$ in (8) leads to

$$-\{\frac{d}{dz}\, p_2(1,z)\}^{-1}_{z=1}\, \Phi(0,1) = C_2 .$$

So that by using (1.16) and (5)

$$(10) \qquad -C_1 = C_2 = cE\{1 - \tfrac{1}{2}(\underline{\xi} + \underline{\eta})\}.$$

Dividing (8) by $1-z$ and then $|z| \to \infty$ yields

$$(11) \qquad -\Phi(0,0) = C_1$$

Inserting $(7),\ldots,(11)$ in (4) yields for $z_1 \in L^+(1)$, $z_2 \in L^-(1)$:

$$\Phi(p_1(1,z_1),\, p_2(1,z_2)) =$$

$$\frac{\{1 - p_1(1,z_1)\}\{1 - p_2(1,z_2)\}\Psi(p_1(1,z_1),p_2(1,z_2))}{\Psi(p_1(1,z_1),p_2(1,z_2)) - p_1(1,z_1)p_2(1,z_2)} \{\frac{1}{1-z_1} - \frac{1}{1-z_2}\}\, cE\{1 - \frac{\xi + \eta}{2}\} ,$$

and it results for $|p_1| \leqslant 1$, $|p_2| \leqslant 1$:

$$(12) \qquad \Phi(p_1,p_2) =$$

$$\frac{(1-p_1)(1-p_2)\Psi(p_1,p_2)}{\Psi(p_1,p_2) - p_1 p_2} \{\frac{1}{1 - p_{10}(1,p_1)} - \frac{1}{1 - p_{20}(1,p_2)}\}cE\{1 - \frac{\xi + \eta}{2}\}.$$

From this expression the characteristic quantities, like moments and so on, can be easily obtained. For their numerical evaluation the integral equation (2.12) with $r = 1$ has to be solved numerically. For many practical situations such a numerical solution can be readily obtained by using standard techniques of numerical analysis.

References

1. Cohen, J.W. The Single Server Queue, North-Holland Publ. Co., Amsterdam, 1982, revised edition.

2. Cohen, J.W. On up-and-down crossings, J. Appl. Prob. $\underline{14}$ (1977) 405-410.

3. Schassberger, R. Warteschlangen, Springer Verlag, New York, 1973.

4. Neuts, M.F. Matrix-Geometric Solutions in Stochastic Models: An Algorithmic Approach, Johns Hopkins Univ. Press, Baltimore, 1981.

5. Franken, P., König, D., Arndt, U., Schmidt, V. Queues and Point Processes, Akademie Verlag, Berlin, 1981.

6. Kleinrock, L. Queueing Systems, I, II, Wiley, New York, 1975, 1976.

7. Kobayashi, H. Modeling & Analysis, Addison-Wesley, Reading, MA, 1978.

8. Fayolle, G. & Iasnogorodski, R. Two coupled processors: the reduction to a Riemann-Hilbert Problem, Z.Wahrsch. Verw. Gebiete $\underline{47}$ (1979) 325-351.

9. Cohen, J.W. & Boxma, O.J. Boundary Value Problems in Queueing System Analysis, to appear North-Holland Publ. Co., Amsterdam, 1983.

10. Boxma, O.J. & Donk, P. On response time and cycle time distributions in a two-stage cyclic queue, Performance Evaluation 2 (1982) 181-194.

11. Lam, S.S. Dynamic scaling and growth behaviour of queueing networks normalisation constants, Journ. ACM $\underline{29}$ (1982) 492-513.

12. Rubinstein, R.Y. Simulation and the Monte Carlo Method, Wiley, New York, 1981.

13. Tijms, H.C. & van Hoorn, M.H. Computational methods for Single Server and Multi-Server Queues with random and quasi random input, Report Vrije Univ. Dept. Econ. Amsterdam, to appear in Proc. TIMS ed. Disney, Birkhäuser, Boston.

14. Brémaud, P. Point Processes and Queues, Martingale Dynamics, Springer Verlag, New York, 1981.

15. Blanc, J.P.C. Application of the theory of boundary value problems in the analysis of a queueing model with paired services. Doctor's thesis, Math. Inst., Univ. of Utrecht, Netherlands.

A discrete-time technique
for solving closed queueing network models
of computer systems

R. Schassberger   H. Daduna

Technische Universität Berlin
Fachbereich Mathematik
Strasse des 17. Juni 135
1000 Berlin 12, BRD

Summary: We give a discrete-time model for a central server computer
system, and show that the equilibrium distribution is of product-form.
Given the requests for workload at the different stations of a cycle,
we compute the conditional cycle time distribution, which is linear
in that requests.

Zusammenfassung: Wir stellen ein zeit-diskretes Modell für Rechensysteme vor. Es wird gezeigt, daß die Gleichgewichtsverteilung des Systems eine Produktform besitzt. Für gegebene Bedienungszeitforderun-
gen an den einzelnen Stationen eines Zyklus wird die bedingte Zyklus-
verteilung berechnet; diese ist linear in den Anforderungen.

Key words: Networks of queues, time-shared systems, steady-state, conditional cycle time, discrete-time Markov chains.

1. Introduction:

We present a discrete-time model for a multiprogrammed interactive
computer system consisting of a central processor (CPU), I/O devices,
and external terminals. (For an extensive discussion of such systems
see e.g. [5],[8].) Usually the CPU in such systems is represented by
a queueing system with processor-sharing (PS) discipline: a scheduling algorithm invented by KLEINROCK [6] to approximate the time sharing algorithm implemented in real systems. This PS-approximation
showed a property which could not be proved for time-shared systems
with positive time slice: even for general service times (and Poisson
input) the queue length process can be easily computed by some "insensitivity arguments" because the system is "locally balanced" - resulting in simple "product-form" steady states. (See e.g. [1],[3].)

In addition under such assumptions the expected sojourn time of a job conditioned on his request for service time was proved to be a linear function of the request. (See [3],[7],[1].)

However there remained a gap between the simple results of the smooth PS models (which were confirmed by testing real systems working with positive time slice!) and the fact that e.g. the insensitivity results shown by real systems could not be proved in discrete systems. Only recently some of the desired results were found:
a Round-robin system with discrete time slice showing insensitivity and local balance [11]; a generalized time-sharing discipline called doubly stochastic (DS) [9], showing the same features; open networks of DS-queues with geometrical input streams which were easy to solve [12].

We continue that program by showing how to deal with closed networks by computing a product-form steady state distribution and conditional expected cycle times in the central server system.

The advantages of our method-compared with classical continuous-time methods - are the following:
- Simplicity of the discrete-time Markov chain methods: this becomes very clear if one compares our simple proof of the fact, that the expected conditional cycle times are multilinear functions of the requested workload, with the proof of the continuous-time analogon.

- We expect to prove by our methods properties of networks which up to now can not be proved in continuous time systems; a first result was found only recently: In [10] the steady-state residence time in an M/G/1-PS system was derived via the discrete-time $(\cdot)$/G/1-RR-LCFS system — which we shall use for modelling a CPU in our note.

We want to point out, that all the results contained in this note hold for any closed, open (see [12]), or mixed network topology, and for any such network built up of doubly stochastic nodes (see [9]) with general service times and geometrical multiserver nodes.

This note is organized as follows:
In chapt. 2 we give an extensive description of the central server model we shall deal with. Chapt. 3 states the result on the steady-state distribution of the system, which is of product form. In chapt. 4 we compute the conditional expected cycle times in the system, given the requests of workload at the stations of that cycle.

2. Description of the model:

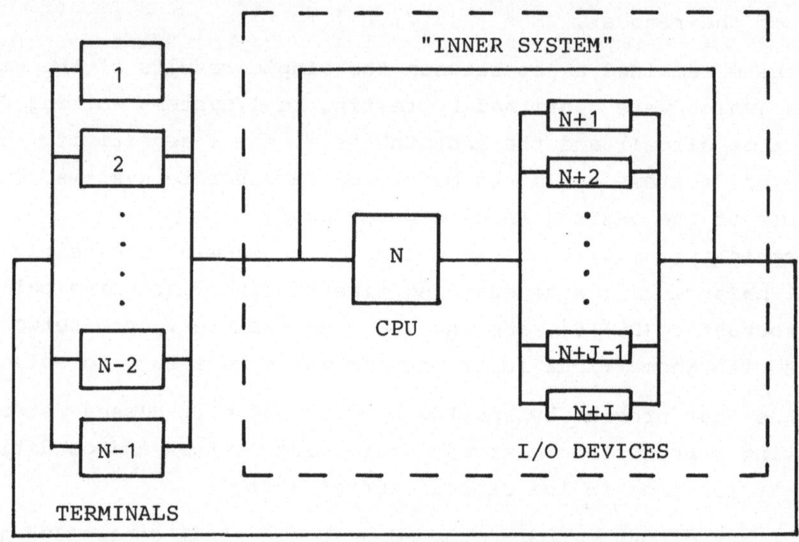

FIGURE 1

We consider a network of queues developing in time over time scale $\mathbb{R}^+$, but we shall observe our system only at times tq, t = 0,1,2,..., where q > 0 is a quantity fixed throughout and referred to as the time quantum.

Our network of queues represents an interactive multiprogrammed computer system consisting of N-1 > 0 external terminals and a central processor unit (CPU) with J > 0 I/O devices. (See Fig. 1). The nodes of the network are numbered as

```
1,...,N-1     : terminals
N             : CPU
N+1,...,N+J   : I/O devices.
```

Nodes N,N+1,...,N+J are referred to as the "inner system".

There are N-1 jobs cycling in the system, each job will be associated with exactly one terminal. A walk between the arrival of a job at its terminal and the next arrival there will be called a cycle; a walk through the CPU and an I/O device will be called an "inner cycle". Each job is of a certain type $r \in R$, where R is a countable set not containing any integer. With any type r of a job there is associated a "describing sequence of r":

$$(i(r),t(r),(K_{L(r)}(r),j_{L(r)}(r)),...,(K_1(r),j_1(r))),$$

where

- $i(r) \in \{1,\ldots,N-1\}$ is the number of the terminal where a type-r job
  starts its cycle;
- $t(r) \in \mathbb{N} = \{0,1,\ldots\}$ is such that tq > 0 is the"thinking time" of
  that job at its associated terminal;
- $L(r) \geq 1$ is the number of inner cycles a type-r job will run through
  during a cycle;
- $K_1(r) \geq 1$ is a positive integer such that $K_1(r) \cdot q$ is the amount of
  CPU time a type-r job will request for in its (L+1-l)-th inner cycle
  of an actual cycle;
- $j_1(r)$ indicates that during the (L+1-l)-th inner cycle this job will
  be performed at I/O device $N+j_1(r) \in \{N+1,\ldots,N+J\}$.

The type of a job may change if it enters a terminal: with probability
$b(r',r)$ a type-r' job becomes a type-r job, i.e. changing of job types
depend on the history of the system only through r'. We assume $b(r',r)$
> 0 only if $i(r') = i(r)$. So R is partitioned by $b(.,.)$ into nonover-
lapping subsets $R_1,R_2,\ldots,R_{N-1}$. We assume $R_i \neq \emptyset$, $i = 1,\ldots,N-1$, and
$UR_i = R$.
The service times at the I/O devices are (device-specific) geometri-
cally distributed and independent of the systems history and present
state:
with probability $p_j(1-p_j)^{m-1}$, $p_j \in (0,1)$, the service time at I/O device
$N+j$, $j \in \{1,\ldots,J\}$ will equal $m \cdot q$, $m \geq 1$.
The I/O devices are multiple servers with first-come-first-serve (FCFS)
queueing discipline: if there are n_{N+j} jobs in the queue at node $N+j$,
then $c(n_{N+j},j) \leq n_{N+j}$ servers are working. The scheduling algorithm for
the CPU is round-robin with a LCFS-modification at arrival instants
(RR-LCFS) as invented in [11]:

There is a single queue at the CPU, the first job in the queue obtains
one quantum of service time; if its service is finished the job leaves
the CPU, but if it requests for more CPU-time and if there is another
job in the queue, the first one joins the tail of the queue and the
one now at the head obtains one quantum of CPU time, etc. The modification of this RR-algorithm by a LCFS rule is the following: each job
obtains one quantum of service time immediately upon its arrival, placing it only thereafter at the tail of the queue.
We shall describe the time evaluation of our system by a discrete time Markov process $X = (X_{tq}, t = 0,1,\ldots)$. The state space Z of X is defined via the local states of the nodes as follows:

    i) Node $i \in \{1,\ldots,N+J\}$ is in state "e_i" if no job is present there;

ii) For each terminal $i \in \{1,\ldots,N-1\}$ set

$$Z_i = \{e_i\} \cup \{(r(i),k(i)) : r(i) \in R_i,\ 1 \le k(i) \le t(r(i))\}$$

where terminal i is in state $(r(i),k(i))$ if a job of type $r(i)$ is present there with an amount of $k(i) \cdot q$ residual workload (rw) (residual thinking time).

iii) If there are $n_N > 0$ jobs at the CPU, and if the n-th one in the queue is of type $r(N,n)$ having an amount of $k(N,n) \cdot q$ rw at the CPU, and if this job must run through $l(N,n)$ further inner cycles (included its actual one) before entering its terminal again, $1 \le n \le n_N$, then the CPU is in state $(r(N,n_N), l(N,n_N), k(N,n_N),\ldots \ldots r(N,1), l(N,1), k(N,1))$.

Set $Z_N =$

$$= \{e_N\} \cup \Big\{ (r(N,n), l(N,n), k(N,n) : 1 \le n \le n_N) \ :\ 1 \le n_N \le N-1,$$
$$r(N,n) \in R, 1 \le k(N,n) \le K(r(N,n), l(N,n))-1,\ \text{for } n = 2,\ldots,n_N,$$
$$1 \le k(N,1) \le K(r(N,1), l(N,1)) \quad \text{and}$$
$$1 \le l(N,n) \le L(r(N,n)),\ n = 1,\ldots,n_N \Big\} .$$

iv) For every I/O device $N+j$, $j = 1,\ldots,J$ set

$$Z_{N+j} =$$
$$= \{e_{N+j}\} \cup \Big\{ ((r(N+j,n), l(N+j,n)):\ 1 \le n \le n_{N+j}):\ 1 \le n_{N+j} \le N-1\ ,$$
$$r(N+j,n) \in R,\ 1 \le l(N+j,n) \le L(r(j,n)), j_{l(N+j,n)}(r(N+j,n)) = j,$$
$$n = 1,\ldots,n_{N+j} \Big\} .$$

The I/O device $N+j$ is in state
$(r(N+j,n_{N+j}), l(N+j,n_{N+j}),\ldots,r(N+j,1), l(N+j,1))$, if there are n_{N+j} jobs in the queue, the n-th one is of type $r(N+j,n)$ and must run through $l(N+j,n)$ further inner cycles (included the actual one) before it enters its terminal again, $1 \le n \le n_{N+j}$.

v) The state space Z is given by

$$Z = \Big\{ (z_1,\ldots,z_N,\ldots z_{N+J}): z_i \in Z_i,\ i = 1,\ldots,N+J,\ \text{and}$$
$$\sum_{j=1}^{N-1} \delta_{i,i(r(j))} + \sum_{n=1}^{n_N} \delta_{i,i(r(N,n))} +$$
$$+ \sum_{j=1}^{J} \sum_{n=1}^{n_{N+j}} \delta_{i,i(r(N+j,n))} = 1 \text{ for all } i = 1,\ldots,N-1 \Big\} ,$$

where $\delta_{.,.}$ is the Kronecker-Delta, and for $z_j = e_j$ $i(r(j))=0$, if $j \le N-1$, $i(r(N+j,n))=0$, if $j \ge N+1$.

We assume the paths of X, considered as functions from $\mathbb{R}_+$ into Z (where Z carries the discrete topology) to be right-continuous.

The transition law $r(.,.)$ of $(X_{tq}: t=0,1,...)$ is determined by

a) the transition probabilities $b(r,r'),r,r'\in R$, which govern the change of job-types;

b) the scheduling rules of the processors;

c) independent sequences of 0-1-experiments which decide whether jobs in service at I/O devices should stay or leave the node;

d) the routing behaviour: A job leaving its terminal immediately joins the queue of the CPU; leaving the CPU it jumps to one of the I/O devices (determined by the describing sequence of the job's type) in a FCFS mode. Thereafter the job will enter its terminal again or run through some other inner cycles - again determined by the same describing sequence as before;

e) the following rules for job transitions which superimpose the scheduling rules of the processors and which are essential for the simplicity of our results:

   We shall say a request (for transitions) occurs at tq- if a job is ready to attain its next stage of its journey through the network, i.e. a request will occur if the rw at a terminal or the rw of the job just in service at the CPU at time tq- is q, or if a job in service at I/O device N+j at time tq- will leave that device (with probability p_j) at tq. The rule is:

   If there is more than one request at tq- none will be granted; jobs initiating a request will be retained in their positions and will be treated from time tq onwards as if their service had just begun. Only if there is precisely one request, it will be granted.

3. Stationary state:

Throughout this chapter $z = (z_1,...,z_{N+J})$ is a generic element of Z as described in chapter 2. Let

$$C(n,j) = \prod_{m=1}^{n} c(m,j)^{-1}, j = 1,...,J \text{ (compare chapt. 2) and}$$

$(\alpha(r):r\in R)) = \alpha$ be a positive solution of $\alpha = \alpha\cdot B$,

where $B = (b(r,r'):r,r'\in R)$. α is not determined uniquely but will be fixed throughout the rest of the paper.

Let $p_i(e_i) = 1$, $i = 1,...,N+J$

$\quad p_i(r(i),k(i)) = \alpha(r(i))$, $i = 1,...,N-1$

$$P_N\left(r(N,n_N),1(N,n_N),k(N,n_N),\ldots,r(N,1),1(N,1),k(N,1)\right) =$$

$$= \prod_{n=1}^{n_N} \alpha(r(N,n)) \text{ , and}$$

$$P_{N+j}\left(r(N+j,n_{N+j}),1(N+j,n_{N+j}),\ldots,r(N+j,1),1(N+j,1)\right) =$$

$$= \prod_{n=1}^{n_{N+j}} \alpha(r(N+j,n)) \, C(n_{N+j},j) p_j^{-n_{N+j}} (1-p_j)^{n_{N+j}-c(n_{N+j},j)}$$

for $1 \le j \le J$ and

$$\left(r(N+j,n_{N+j}),1(N+j,n_{N+j}),\ldots,r(N+j,1),1(N+j,1)\right)\in Z_j .$$

Our first result is

<u>Theorem 1:</u> The Markov chain X as described in chapter 2 has a stationary product form distribution $(p(z):z\in Z)$ given by

$$p(z) = \left(\prod_{j=1}^{N+J} p_j(z_j)\right) \cdot B_{N-1}^{-1} ,$$

where B_{N-1}^{-1} is the norming constant,

if $\qquad T_i = \sum_{r\in R_i} \alpha(r)t(r) < \infty, \quad i = 1,\ldots,N-1,$

and

$$M_i = \sum_{r\in R_i} \alpha(r) \sum_{l=1}^{L_r} K_l(r) < \infty, \quad i = 1,\ldots,N-1.$$

(The proof is done by direct inspection).

Remarks:

i) The Markov chain X need not be irreducible. Suppose $t(r_1) = t(r_2)$ for $i(r_1) \ne i(r_2)$. If the process X is started in $\tilde{z}\in Z$ with $z_{i(r_1)} = (r_1,1), z_{i(r_2)} = (r_2,1)$, then no job associated to $i(r_1)$ or $i(r_2)$ will ever leave the terminal.

But in all special examples we dealt with, the closed subclass of Z including such $\tilde{z}$ supports a share of the product-form distribution given in theorem 1 which becomes negligible if we use our model as an approximation for continuous time systems. (See chapter 6).

ii) The norming constant B_{N-1} may be computed by an iterative scheme like the algorithm of BUZEN [2].

iii) The most important property of the model is the existence of product form steady-state probabilities, which files it into the class of queueing models having explicit solutions. The rule e) for transitions (which states a repitition of service for a job in some situations) is responsible for the simplicity of the mo-

del. That rule looks somewhat artificial at a first glance. But
one should notice that such a rule is well-known in network theory: dealing with continuous-time blocking systems one enforces
product form steady-states by the rule: any job which is to be
blocked returns with probability 1 to the node where he obtained his last service to be served anew. But in our opinion the
justification of the use of rule e) is given

    a) by the fact, that for small time quantum the probability
       of "multiple events" at transition times is almost neglecti-
       ble;

    b) by the existence of product-form solutions!

iv) Any choice of α leads to the same $p(.)$, due to the multiplica-
tion with a suitable constant.

v) The scheduling algorithm RR-LCFS for the CPU is a special case
of the so-called doubly stochastic (DS) service discipline [9].
The class of DS servers is a very versatile class for describing
different processor sharing disciplines - as do KELLY's symme-
tric servers in continuous time [4].

Theorem 1 holds, if we represent the CPU by any DS server - using
a modified probability $p_N(\cdot)$.

4. Conditional expected cycle times:

We assume in the following that the Markov chain X, described in chapter 2, is stationary with onedimensional distributions $p(X_{tq}=z) = p(z)$,
$z \in Z$, $t = 0,1,2,\ldots$. The aim of this chapter is to compute the expected cycle time of a job, conditioned on the request for thinking time,
the number of inner cycles ,and the sequence of request for CPU time during the inner cycles. Although our model allows any dependencies between the conditioning events the result is surprisingly simple: the expected conditional cycle time is a simple rational function of the subsequent requests for CPU time and the request for thinking time. The
computation is done via three lemmas:

<u>Lemma 1:</u> The expected number $L_{r_o}^{i_o}$ of jobs of type r_o at terminal i_o is
given by

$$L_{r_o}^{i_o} = \alpha(r_o)\, t(r_o)\, B_{N-2}^{(-i_o)} \cdot B_{N-1}^{-1} \;, \text{ if } i(r_o) = i_o, \text{ where } B_{N-2}^{(-i_o)} \text{ is the}$$

norming constant for the steady-state probabilities as given in theorem 1 for a system which is identical with ours with one exception:

Terminal i_0 and its associated job are deleted.

<u>Lemma 2</u>: The expected number $L^C_{r_0 l_0}$ of jobs of type r_0 in the CPU which must run through l_0 further inner cycles (including the actual one) before entering its terminal again, is given by

$$L^C_{r_0 l_0} = \alpha(r_0) \left[K_{l_0}(r_0) A(i(r_0)) + B(i(r_0)) \right] \text{, where } A(.), B(.) \text{ are constants as defined in the proof.}$$

Proof: Since there can occur at most one job of type r_0 with l_0 residual inner cycles at the CPU, we have only to sum up the probabilities of such states.

Let

- $K(r) = K_1(r) + K_2(r) + \ldots + K_{L(r)}(r)$

  be the requested number of CPU-time quanta of a type-r job during a cycle,

- M_i (as defined in theorem 1) be the expected number of CPU-time quanta during a cycle of a job associated to terminal $i \in \{1, \ldots, N-1\}$,

- $I_i = \sum_{r \in R_i} \alpha(r) L(r)$ be the expected number of inner cycles during a

  cycle a job associated with terminal $i \in \{1, \ldots, N-1\}$ will run through.

For any set $\phi \neq B \subseteq \{1, \ldots, N-1\}$ of terminals define ($B^C = \{1, \ldots, N-1\} - B$)

$$Z^B_{N+j} = \{e_{N+j}\} \cup \{z_{N+j} \in Z_{N+j} : i(r(N+j,n)) \in B^C\}, \quad j = 1, \ldots, J$$

and

$$Z^B = \{((z_i : i \in B^C), (z_{N+1}, \ldots, z_{N+J})) : z_j \in Z^B_j, \quad j \in \{1, \ldots, J\},$$

$$\sum_{j \in B^C} \delta_{i, i(r(j))} + \sum_{j=1}^{J} \sum_{n=1}^{n_{N+j}} \delta_{i, i(r(N+j,n))} = 1, i \in B^C\}$$

and

$$R(B) = \sum_{(z_1, \ldots, z_{N+J}) \in Z^B} \left(\prod_{i \in BC} p_i(z_i) \prod_{j=1}^{J} p_{N+j}(z_{N+j}) \right) B^{-1}_{N-1} \; .$$

Using this expressions we obtain by summation:

$$L_{r_0 l_0} = \alpha(r_0) K_{l_0}(r_0) \left\{ R(\{i_0\}) + \right.$$

$$+ \sum_{h=1}^{N-2} \left[(h+1) \sum_{\substack{i_1=1 \\ i_1 \neq i_0}}^{N-1} (M_{i_1} - I_{i_1}) \sum_{\substack{i_2=1 \\ i_2 \neq i_0, i_1}}^{N-1} (M_{i_2} - I_{i_2}) \ldots \right.$$

$$\ldots \sum_{\substack{i_h=1 \\ i_h \neq i_0, i_1, \ldots, i_{h-1}}}^{N-1} (M_{i_h} - I_{i_h}) R(\{i_0, i_1, \ldots, i_h\}) -$$

$$- h \sum_{\substack{i_1=1 \\ i_1 \neq i_o}}^{N-1} I_{i_1} \sum_{\substack{i_2=1 \\ i_2 \neq i_o, i_1}}^{N-1} (M_{i_2} - I_{i_2}) \cdots$$

$$\cdots \sum_{\substack{i_h=1 \\ i_h \neq i_o, i_1, \ldots, i_{h-1}}}^{N-1} (M_{i_h} - I_{i_h}) R(\{i_o, i_1, \ldots, i_h\}) \Big] \Big\} -$$

$$- \alpha(r_o) \Big\{ \sum_{h=1}^{N-2} h \sum_{\substack{i_1=1 \\ i_1 \neq i_o}}^{N-1} M_{i_1} \sum_{\substack{i_2=1 \\ i_2 \neq i_o, i_1}}^{N-1} (M_{i_2} - I_{i_2}) \cdots$$

$$\cdots \sum_{\substack{i_h=1 \\ i_h \neq i_o, i_1, \ldots, i_{h-1}}}^{N-1} (M_{i_h} - I_{i_h}) R(\{i_o, i_1, \ldots, i_h\}) \Big\} \ .$$

This determines the constants $A(.), B(.)$ which depend only on the terminal the job is associated to.

Lemma 3: The expected number $L_{r_o l_o}^{j_o}$ of jobs of type r_o at I/O device $N+j_o$ which must run through l_o further inner cycles (included the actual one) before entering its terminal again is given by

$$L_{r_o l_o}^{j_o} = \alpha(r_o) C(i(r_o), j_o) \quad \text{if } j_{l_o}(r_o) = j_o \ ,$$

where $C(i(r_o), j_o)$ is a constant which will be given in the proof.

Proof: Let

$$J_i = \sum_{r \in R_i} \sum_{l=1}^{L(r)} (1 - \delta_{j_o, j_l(r)}) \alpha(r)$$

be the expected number of visits at I/O device $N+j_o$ of a job associated to terminal $i \in \{1, \ldots, N-1\}$ during one cycle.

For $B \subseteq \{1, \ldots, N-1\}$ define

$$Z_N^B = \{z_N \in Z_N : i(r(N,n)) \in B^C, \ n = 1, \ldots, n_N\}$$

and

$$Z^{B, j_o} = \Big\{ ((z_i : i \in B^C), z_N, z_{N+1}, \ldots, z_{N+j_o-1}, z_{N+j_o+1}, \ldots, z_{N+J}):$$
$$z_{N+k} \in Z_{N+k}^B, k = 0, \ldots, J \quad \text{and}$$

$$\sum_{j \in B_C} \delta_{i, i(r(j))} + \sum_{n=1}^{n_N} \delta_{i, i(r(N,n))} +$$

$$+ \sum_{\substack{j=1 \\ j \neq j_0}}^{J} \sum_{n=1}^{n_{N+J}} \delta_{i,i(r(N+j,n))} = 1, \ i \in B^c \Big\} \ ,$$

and

$$P(B) = \sum_{(z_1,\ldots,z_{N+J}) \in Z^{B,j_0}} \left(\prod_{i \in B^c} p_i(z_i) \right) p_N(z_N) \left(\prod_{\substack{j=1 \\ j \neq j_0}}^{J} p_j(z_j) \right) B_{N-1}^{-1} \ .$$

By summation we obtain for $j_0 = j_{1_0}(r_0)$:

$$L_{r_0 1_0}^{j_0} = \alpha(r_0) \Big\{ p_{j_0}^{-1} P(\{i\}) +$$

$$+ \sum_{h=1}^{N-2} (h+1) \sum_{\substack{i_1=1 \\ i_1 \neq i_0}}^{N-1} J_{i_1} \sum_{\substack{i_2=1 \\ i_2 \neq i_0,i_1}}^{N-1} J_{i_2} \cdots \sum_{\substack{i_h=1 \\ i_h \neq i_0,i_1,\ldots,i_{h-1}}}^{N-1} J_{i_h} \ \cdot$$

$$\cdot \ C(h+1,j_0) p_{j_0}^{-(h+1)} (1-p_{j_0})^{h+1-c(h+1,j_0)} P(\{i_0,i_1,\ldots,i_h\}) \Big\} \ ,$$

which determines $C(i(r_0),j_0)$.

A direct consequence of the lemmas is our second result; we assume for simplicity that X is irreducible.

<u>Theorem 2</u>: The expected cycle time of a type-r_0 job (in equilibrium) is given by

$$T_{r_0} = t(r_0) \cdot B_{N-2}^{(-io)} \cdot B_{N-1}^{-1} \cdot D(i(r_0)) +$$

$$+ \sum_{1_0=1}^{L(r_0)} \Big[K_{1_0}(r_0) A(i(r_0)) D(i(r_0)) +$$

$$+ \Big(B(i(r_0)) + C(i(r_0),j_{1_0}(r_0)) \Big) D(i(r_0)) \Big] \ ,$$

where $D(i(r_0))$ is given in the proof.

Proof: The proof is a repeated application of LITTLE's formula. Therefore we have to compute the arrival rates $\lambda_{r_0}, \lambda_{r_0,1_0}^{c}, \lambda_{r_0,1_0}^{j_0}$ of type-r_0 jobs at its terminal, type-r_0 jobs having 1_0 further inner cycles at the CPU, I/O device j_0, resp. . Due to the deterministic routing these rates are identical.

a) Approximative solution: We can look at the system in the following way: If an r_0-job in its terminal has rw 1, then branching probabilities depending on the systems state decide whether the job jumps to the CPU or returns immediately to its terminal. Let λ_{r_0}' be the arrival rate of r_0-jobs at its terminal in this new system. From the ergodic theorem it follows: $\lambda'_{r_o} = \lambda_{r_o} \cdot \rho_{r_o}$, where ρ_{r_o} is the expected number of visits at the terminal during a cycle. Assuming q very small and $t(r_o)$ very large we have $\rho_{r_o} \sim 1$. (See chapter 6.) But in the new system the expected sojourn time in the terminal is $t(r_o)$. This yields:

$$\lambda_{r_o} = \alpha(r_o) \; B_{N-2}^{(-i(r_o))} \cdot B_{N-1}^{-1} \; , \text{ and}$$

$$D(i(r_o)) = \left(B_{N-2}^{(-i(r_o))} \cdot B_{N-1}^{-1} \right)^{-1} , \text{ applying LITTLE's theorem again.}$$

b) Exact solution: We shall determine $\lambda_{r_o, L(r_o)}^c$.

Set $(Y(n) = (X(n), X(n+1)), n = 0, 1, \ldots)$.

$(Y(n))$ is stationary and ergodic with

$P(Y(n) = (z, z')) = p(z) r(z, z')$. Let

$$T(z, z') = \begin{cases} 1 & \text{if } z_{i(r_o)} = (r_o, 1) \text{ and } z' = (z'_1, \ldots, z'_{N+J}), \\ & z'_N = ((r(N, n_N), 1(N, n_N), k(N, n_N)), \ldots, \\ & \ldots, (r_o, L(r_o), K_{L(r_o)}(r_o))) \\ 0 & \text{otherwise} \end{cases}$$

Then $\sum\limits_{n=0}^{t} T(Y(n))$ counts the number of transitions of type-r_o jobs from its terminal to the CPU in $[0, tq]$. From the ergodic theorem it follows

$$t^{-1} \sum\limits_{n=0}^{t} T(Y(n)) \to E(T) = \lambda_{r_o, L(r_o)}^c \; .$$

So we only have to sum probabilities:

Let $Z_i^- = Z_i - \{(r, 1): r \in R_i\}$,

$$Z^{B-} = \left\{ ((z_i : i \in B^c), (z_{N+j} : j = 1, \ldots, J)) \in Z^B, z^i \in Z_i^- , i \in B^c \right\}$$

and $R^-(B) =$

$$= \sum\limits_{((z^i : i \in B^c), z_{N+1}, \ldots, z_{N+J}) \in Z^{B-}} \prod\limits_{i \in B^c} p_i(z_i) \; \cdot$$

$$\cdot \; \prod\limits_{j=1}^{J} p_{N+j}(z_{N+j}) (1-p_j)^{(1-\delta_{e_{N+j}, z_j}) \cdot c(n_{N+j}, j)} \; .$$

For $i_o = i(r_o)$ we then have

$$E(T) = \sum\limits_{\substack{(z, z') \in Z \times Z \\ T(z, z') = 1}} p(z) r(z, z') =$$

$$= \alpha(r_o) \left[R^-(\{i_o\}) \; + \right.$$

$$+ \sum_{\substack{h=1}}^{N-2} \sum_{\substack{i_1=1 \\ i_1 \neq i_o}}^{N-1} (M_{i_1}-I_{i_1}) \cdots \cdot \sum_{\substack{i_h=1 \\ i_h \neq i_o,\ldots,i_{h-1}}}^{N-1} (M_{i_h}-I_{i_h}) R^-(\{i_o,\ldots,i_h\}) \Big]$$

$$\text{and } D(i(r_o)) = \left(\frac{E(T)}{\alpha(r_o)}\right)^{-1} .$$

Remarks:

i) The irreducibility assumption of the theorem can be weakened in an obvious way.

ii) All the constants appearing in the theorem are easily calculated by iterative algorithms.

iii) Prescribing a distribution for the number of inner cycles in a cycle and at any station of the cycle the request (which may be different at the same station in different inner cycles), we compute via theorem 2 the expected cycle time allowing any dependencies between the requested workloads and the number of inner cycles.

References

[1] BARBOUR,A.D.; SCHASSBERGER.R.: Insensitive Average Residence Times in Generalized Semi-Markov-Processes, Adv.Appl.Prob. 13, 720-735, 1981

[2] BUZEN,J.P.: Computational Algorithms for Closed Queueing Networks with Exponential Servers, Comm. ACM (16), 527-531, 1973

[3] COHEN,J.W.: The Multiple Phase Service Network with Generalized Processor Sharing, Acta Informatica, 12,245-284, 1979

[4] KELLY,F.P.: Reversibility and Stochastic Networks, Wiley, 1979

[5] KLEINROCK,L.: Queueing Systems, Vol.II, Wiley, 1976

[6] KLEINROCK,L.: Time-shared Systems:A Theoretical Treatment, J.A.C.M. 14,242-261, 1967

[7] SAKATA,M.; NOGUCHI,S.; OIZUMI,J.: An Analysis of the M/G/1 Queue Under Round-Robin Scheduling, Oper.Res.19,371-385, 1971

[8] SALZA,S.;LAVENBERG,S.S.: Approximating Response Time Distributions in Closed Queueing Network Models of Computer Performance, Proc.Performance 81, 133-145, 1981

[9] SCHASSBERGER,R.: The Doubly Stochastic Server: A Time-sharing Model, ZOR 25, 179-189, 1981

[10] SCHASSBERGER,R.: Residence Time in the M/G/1 Processor Sharing Queue, Preprint 1982

[11] SCHASSBERGER,R.; DADUNA,H.: A Discrete Time Round-Robin Queue with Bernoulli Input and General Arithmetic Sercice Time Distribution, Acta Informatica, 15, 251-263, 1981

[12] SCHASSBERGER,R.; DADUNA,H.: Networks of Queues in Discrete Time, Preprint 1982

ANALYSIS OF BUSY PERIOD AND RESPONSE TIME DISTRIBUTIONS IN QUEUING NETWORKS

P.J. Kuehn
Institute of Switching and Data Technics, University of Stuttgart
7000 Stuttgart, W. Germany

Abstract

Queuing networks are widely used for modeling computer and communications systems.
In recent years, efficient algorithms have been developed for the stationary state
analysis from which the performance can be evaluated in terms of throughput and
average delays. In this paper, the method of first passage times is used to analyze
time-dependent processes within Markovian queuing networks as busy periods and response (cycle) times. Closed-form expressions are derived for the cyclic queuing
system with two service stations. Generalizations to more complex networks are finally discussed. The analysis of life-time processes leads to a much deeper insight
in the behavior of queuing networks compared to the stationary state analysis allowing for individual customer delay distributions or distributions of periods of continuous or simultaneous service. The method of first passage times is of particular
advantage for cases with higher degrees of dependence as, e.g., networks with state-
dependent service rates, queue disciplines other than FIFO, or cycle paths with overtaking.

1. Introduction and Summary of Results

1.1 Introduction

Queuing networks form a powerful means for performance evaluation of computer and

communications systems. For the class of product-form networks, efficient algorithms

for the stationary state probabilities are known from which performance values as

throughput, average queue size, and average delay can be derived, c.f. $[1-5]$. In some

applications, we are interested in the particular delay or response time of an indi-

vidual customer, or we may ask for the distributions of time periods during which a

station is operating continuously (the busy period), or during which several stat-

ions are operating simultaneously. Such characteristics cannot be obtained from the

stationary state analysis and require a time-dependent analysis of processes of

finite lengths.

For single queuing stations waiting times and busy periods have been analyzed inten-

sively (see, e.g., standard literature $[6-9]$). The method of first passage times par-

ticularly has been used as a powerful means to study waiting time problems for

queues with different service disciplines, see $[9-12]$. More recently, the problem

of flow time distributions for serial (tandem) queues or serial paths within queu-

ing networks has been addressed, see $[13-16]$ and references there. For a special

type of a closed queuing system, the cyclic chain of two or more queuing stations,

the response (cycle) time is of particular interest, see $[17-21]$. More general types

of networks with meshed structures were studied approximately $[22]$. Such networks are

fundamental for questions like I/O-cycle times and turn-around times in interactive computer systems with multi-level storage hierarchies, acknowledgement delays in flow-controlled packet-switched data networks, or load-level control mechanisms in communications switching systems.

Another question which has - to the best knowledge of the author - not been addressed so far, is that of busy period analyses in queuing networks. Busy periods describe processes of continuous service within a queuing station, or simultaneous service of several queuing stations. Such characteristics may be important for the analysis of times between successive "idle" periods during which lower priority jobs (maintenance, deferrable work) can be started or for the analysis of queuing networks with several classes of priority customers.

In all of these applications, the real-time behavior can be expressed by the distribution function of some particular "life-time" process. In this paper we like to show that the method of first-passage times is an adequate means to solve such life-time processes in Markovian queuing networks.

1.2 <u>Summary of Results</u>

In chapter 2, the general concept of first passage times is shortly introduced stating the differential and moments equations. Using Laplace-transforms, the exact solution results in an eigenvalue problem.

In chapter 3, the first passage time concept is applied to several life-time processes in cyclic queues with two service stations, namely busy periods, simultaneous busy periods, and response times. Besides the exact problem formulation, the first and second moments of the busy periods are given explicitly. From these results, an alternative way of throughput calculation is shown and the relationship between busy period variance and population N is worked out. For simultaneous busy periods the complete distribution is given explicitly; it is also shown that the global behavior of the cyclic queue can be expressed by simultaneous busy periods and idle periods only. Finally, the explicit cycle time result of CHOW [12] can be verified by a simpler derivation by recursion.

Chapter 4 addresses extensions of the method to more general types of network structures as cyclic queuing systems with many service stations, central server models, or networks with state-dependent service rates. In principle, the method of first passage times can be applied straightforwardly; however, closed-form solutions or numerical evaluation of the life-time distributions become more difficult due to the rapidly increasing complexity. Nevertheless, higher moments can still be obtained by solving linear systems of equations. The increasing amount of computing gives rise to powerful approximation techniques.

2. First Passage Times

2.1 General Concept

We consider a class of Markovian queuing models which can be described by a Markov chain with an enumerable set of states and a continuous time parameter. The behavior of the Markov chain can be described by the well-known Chapman-Kolmogorov relation from which two sets of differential equations for the transition probabilities can be derived, the Kolmogorov forward equations and backward equations $[9, 10]$.

The waiting time or the response time of a customer and the busy period of a service station can be considered as "life-times" T of one or several tagged (test) customers within a properly defined set S of states. The life-time terminates when the test customer leaves S for the first time entering a "taboo" set $H = \bar{S}$; his life-time is equal to the "first passage time" to H. The life-time process can be considered as a special system-state process with "absorbing" states in H from which a test customer, once having entered, does not return. This modified process can be constructed from the system state transition probabilities under the condition that states in H are excluded. The state of the modified process must be specified such that all effects which may influence the life-time T of the test customer directly or indirectly are reflected properly.

2.2 Distribution of Conditional Life-Times

Let $\{\zeta(t), t \geq 0\}$ be the life-time process where ζ defines the modified state vector with states from the set S according to the underlying life-time problem. Let further

$$_H P(t;j|i) = P\{\zeta(t) = j | \zeta(0) = i\} \quad , \quad i,j \in S,$$

define the transition probabilities for the life-time process. Then, the conditional complementary life-time distribution function (df) is defined by

$$w(t|i) = P\{T > t | \zeta(0) = i\} = \sum_{j \in S} {}_H P(t;j|i) \, , \quad i \in S. \tag{1}$$

Let q_{ij} be the instantaneous transition rate for the transition of the $\zeta(t)$-process from i to j, q_i the transition rate for leaving i to any other state in S or H, and ε_i the transition rate for leaving i into H, where

$$q_i = \sum_{j \neq i} q_{ij} + \varepsilon_i \, , \tag{2a}$$

$$\varepsilon_i = \lim_{t \to 0} - \frac{d}{dt} w(t|i) \, , \qquad i,j \in S. \tag{2b}$$

The state-transition structure of the life-time process is illustrated in Fig. 1. Note that the life-time can be started and terminated from any of the states in S. In most applications, however, it starts or terminates only from special subsets of S.

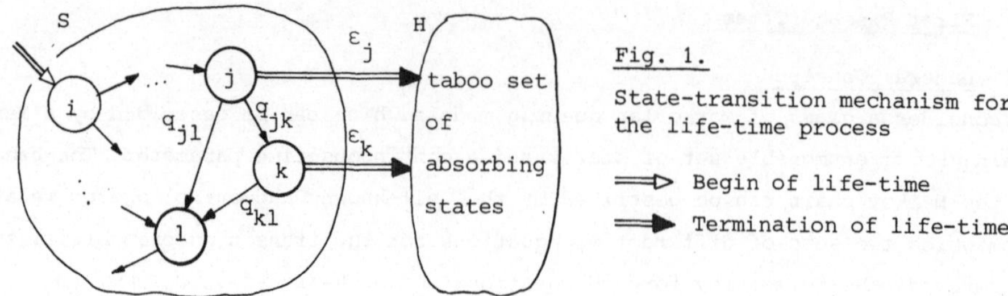

Fig. 1.

State-transition mechanism for
the life-time process

⟹▷ Begin of life-time
⟹▶ Termination of life-time

The conditional complementary life-time df's are governed by the set of backward-type
Kolmogorov equations [9-12]:

$$\frac{d}{dt}\,w(t|i) = -q_i w(t|i) + \sum_{j \neq i} q_{ij} w(t|j)\ ,\quad i,j \in S. \tag{3}$$

With $W(s|i)$ being the Laplace-transform (LT) of $w(t|i)$ and observing $w(0|i) = 1$
we find from (3)

$$(q_i + s)W(s|i) - \sum_{j \neq i} q_{ij} W(s|j) = 1\ ,\quad i,j \in S. \tag{4}$$

Finally, let $d(t|i)$ and $D(s|i)$ be the probability density function (pdf) of T and
its Laplace-transform, respectively. Then we find from eqs. (1) - (4)

$$(q_i + s)D(s|i) - \sum_{j \neq i} q_{ij} D(s|j) = \varepsilon_i\ ,\quad i,j \in S. \tag{5}$$

The set of eqs. (3), (4) or (5) uniquely define the life-time process. The process
is completely determined by the underlying eigenvalue problem

$$\det(\underline{A} + s\,\underline{I}) = 0\ , \tag{6}$$

where $\underline{A} = (-q_{ij})$, $-q_{ii} = q_i$, and $\underline{I}$ being the unity matrix.

When the eigenvalue solution is not feasible, efficient numerical methods can be
applied directly in the time domain [12]. Instead of the full df's, the corresponding moments, viz.

$$m_i^{(k)} = \int_{t=0}^{\infty} t^k d(t|i)dt = \lim_{s \to 0} (-1)^k \frac{d^k}{ds^k} D(s|i)\ , \tag{7}$$

can be obtained from the linear equations

$$q_i m_i^{(k)} - \sum_{j \neq i} q_{ij} m_j^{(k)} = k \cdot m_i^{(k-1)}\ ,\quad i,j \in S,\ k = 0,1,2,\ldots, \tag{8}$$

where $m_i^{(0)} = w(0|i) = 1$. Eq. (8) is found from eq. (5) by successive differentiation
with respect to s. Note, that eq. (8) is recursive with respect to the order k.

Once having defined the modified states and their transitions, the method of first
passage times can be applied straightforwardly; it remains to solve the corresponding
sets of linear equations for the LT's or the moments.

3. Life-Time Processes in Cyclic Queues

3.1 Problem

We consider the elementary cyclic queuing network of Fig.2 consisting of two Markovian servers (stations) with average service times $h_1 = 1/\mu_1$ and $h_2 = 1/\mu_2$ and a total population of N customers.

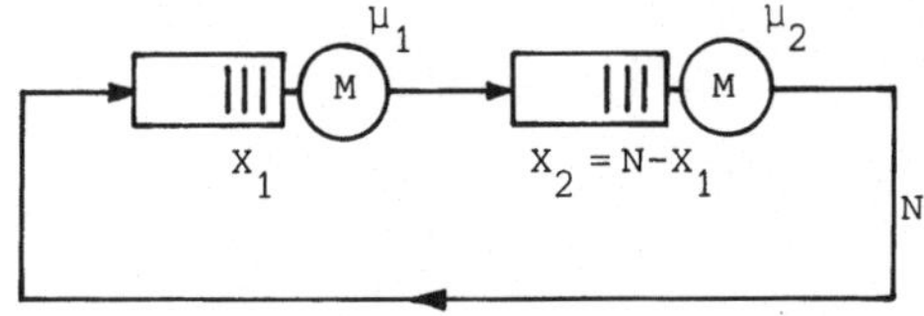

Fig. 2.

Cyclic queuing network

We consider the following random variables:

X_1 Number of customers in station 1, $X_1 = 0,1, \ldots N$

$T_{B\nu}$ Busy Period (BP) of station ν, $\nu = 1,2$

$T_{BS\nu}$ Simultaneous busy period (SBP) of both stations initiated by a busy period of station ν, $\nu = 1,2$

T_C Cycle or response time of a test customer between two successive arrivals at either station, e.g. station 1.

The stationary state probabilities $p_x = P\{X_1 = x, X_2 = N - x\}$, $x = 0,1, \ldots, N$, are known from the forward equations as

$$p_x = \frac{1 - \rho}{1 - \rho^{N+1}} \cdot \rho^x \ , \tag{9}$$

where $\rho = \mu_2/\mu_1$. We are interested in the df's of the variables T_B, T_{BS}, and T_C which will be derived by means of first passage times.

3.2 Busy Period Analysis

Let $\zeta(t) = i$ be the state of the BP life-time process in station 1, where i denotes the number of customers in station 1, $S = \{i, i = 1,2, \ldots N\}$, and $H = \{i, i = 0\}$. The BP-process is started with the transition of the first customer from station 2 into the idle station 1 and terminates when the last customer leaves station 1, i.e. when i transits from 1 to 0.

During the life-time of busy period 1, each customer in server 1 may act as test customer; he transfers his tag when leaving server 1 to the succeeding customer getting service from server 1. The last customer being served during busy period 1 takes his tag away after service termination, i.e. the busy period finishes. The BP-process of station 1 is concisely represented by the state transition diagram of Fig. 3. The BP starts with initial state 1; from there either the busy period terminates next or the process changes into state 2 by another arrival from station 2. Further arrivals may change the state up to N; the BP, however, can only terminate from state 1.

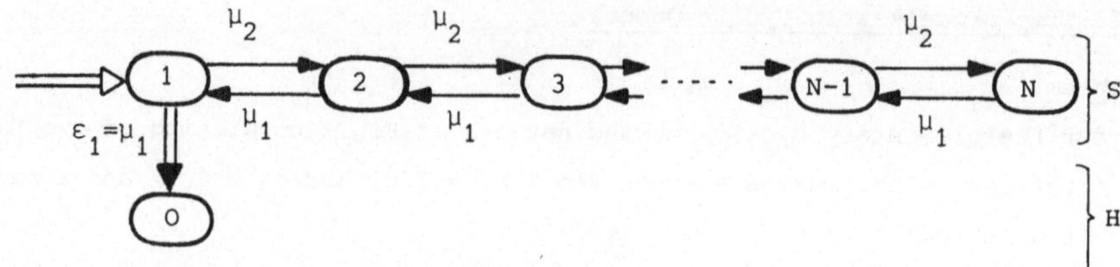

Fig. 3. Busy period state transition diagram for BP_1

The process is completely described by eq.(5) which results in

$$
\begin{bmatrix}
s+\mu_1+\mu_2 & -\mu_2 & & & & \\
-\mu_1 & s+\mu_1+\mu_2 & -\mu_2 & & & \\
& -\mu_1 & s+\mu_1+\mu_2 & -\mu_2 & & \\
& & \ddots & \ddots & \ddots & \\
& & & -\mu_1 & s+\mu_1+\mu_2 & -\mu_2 \\
& & & & -\mu_1 & s+\mu_1
\end{bmatrix}
\cdot
\begin{bmatrix}
D(s|1) \\
D(s|2) \\
D(s|3) \\
\vdots \\
D(s|N-1) \\
D(s|N)
\end{bmatrix}
=
\begin{bmatrix}
\mu_1 \\
0 \\
0 \\
\vdots \\
0 \\
0
\end{bmatrix}
. \quad (10)
$$

We note that the BP T_{B1} is related to the waiting time for a M/M/1/(N+1) queue with arrival rate μ_2, service rate μ_1, finite capacity of (N+1) customers in system and last-in, first-out (LIFO) queue discipline <u>without</u> push-out priority [11, 12]. From this analysis we know that the eigenvalues of eq.(10) are negative-real, distinct, and bounded by the interval $\left[-2 \cdot (\mu_1 + \mu_2), 0\right)$. Eq.(10) may be solved by standard methods. The corresponding moments equations can be solved recursively. Especially, for the first and second moments of the busy period T_{B1} we find:

$$
E\left[T_{B1}\right] = m_1^{(1)} = \frac{1}{\mu_1} \cdot \frac{1-\rho^N}{1-\rho} = \frac{1}{\mu_1} \cdot \sum_{\nu=0}^{N-1} \rho^\nu \, , \tag{11a}
$$

$$
E\left[T_{B1}^2\right] = m_1^{(2)} = \frac{2}{\mu_1^2} \cdot \frac{1}{(1-\rho)^3} \cdot \{1-\rho^{2N+1} - (2N+1) \cdot (1-\rho) \cdot \rho^N\}. \tag{11b}
$$

From eqs.(11a, b) two more results can be derived. At first, the throughput rate λ, i.e. the average number of customers cycling around per time unit, can be calculated alternatively to the usual way. Let T_{I1} denote the idle period of station 1, where $P\{T_{I1} \le t\} = 1 - e^{-\mu_2 t}$. Then, λ can simply be expressed by

$$
\lambda = \frac{E\left[T_{B1}\right]}{E\left[T_{B1}\right] + E\left[T_{I1}\right]} \cdot \mu_1 = \frac{1 - \rho^N}{1 - \rho^{N+1}} \cdot \mu_2 \, . \tag{12}
$$

This result coincides with the result of the weighted transition rates

$$
\lambda = \sum_{x=1}^{N} P_x \mu_1 \, ,
$$

based on the stationary probabilities of state acc. to eq.(9).

Secondly, eqs.(11a, b) can be used to analyze the coefficient of variation c_{B1} of the busy period T_{B1}:

$$c_{B1}^2 = \frac{E\left[T_{B1}^2\right]}{E\left[T_{B1}\right]^2} - 1 = \frac{2\{1-\rho^{2N+1} - (2N+1)\cdot(1-\rho)\rho^N\}}{\rho^2\cdot(1-\rho)\cdot(1-\rho^N)^2} - 1 . \tag{13a}$$

For $\mu_1 = \mu_2$, i.e. $\rho = 1$, this result degenerates to

$$c_{B1}^2 = \frac{2}{3} N + \frac{1}{3N} . \tag{13b}$$

From (13b) we see that the BP owns a high coefficient of variation which grows approximately by $\sqrt{\frac{2}{3}} \cdot N$ with increasing population N. Results on T_{B2} may be obtained by likewise interchanging of indices.

3.3 Simultaneous Busy Periods

Now,we consider those periods of time during which both servers are operating simultaneously. Generally, we must distinguish between two types of SBP's depending on by which of the BP's a SBP is initiated.

Let $\zeta(t) = i$ be the state of the SBP life-time process initiated by a BP of station 1. Herein, i denotes again the number of customers in station 1, $S = \{i, i = 1,2, \ldots N-1\}$, and $H = \{i, i = 0, N\}$. Now, the SBP can be terminated by two different events dependent on which of the stations becomes idle first. The corresponding state transition diagram is shown in Fig.4

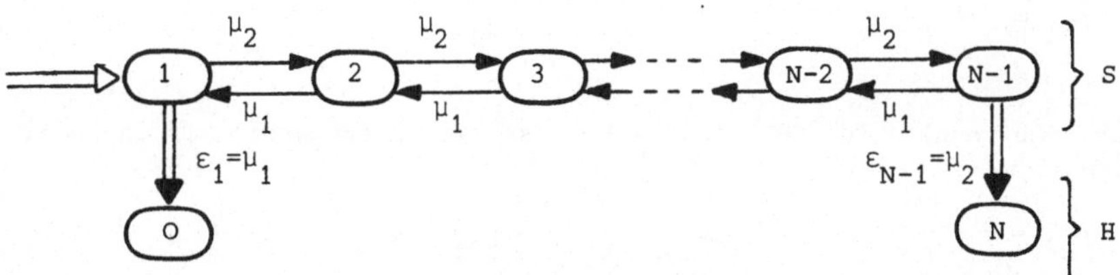

<u>Fig. 4.</u> Simultaneous busy period state transition diagram for SBP_1

The process of Fig. 4 is completely described by

$$\begin{bmatrix} s+\mu_1+\mu_2 & -\mu_2 & & & & \\ -\mu_1 & s+\mu_1+\mu_2 & -\mu_2 & & & \\ & -\mu_1 & s+\mu_1+\mu_2 & -\mu_2 & & \\ & & \ddots & \ddots & \ddots & \\ & & & -\mu_1 & s+\mu_1+\mu_2 & -\mu_2 \\ & & & & -\mu_1 & s+\mu_1+\mu_2 \end{bmatrix} \cdot \begin{bmatrix} D(s|1) \\ D(s|2) \\ D(s|3) \\ \vdots \\ D(s|N-2) \\ D(s|N-1) \end{bmatrix} = \begin{bmatrix} \mu_1 \\ 0 \\ 0 \\ \vdots \\ 0 \\ \mu_2 \end{bmatrix} . \tag{14}$$

Similarly, as in the previous case, this process is identical with a waiting time process for a M/M/1/N queue with arrival rate μ_2, service rate μ_1, finite capacity of N customers in system and LIFO queue discipline <u>with</u> push-out priority [11, 12] . From this analysis we know the eigenvalues explicitly

$$e_\nu = 2\sqrt{\mu_1\mu_2} \cdot \cos(\frac{\nu\pi}{N}) - (\mu_1+\mu_2) , \quad \nu = 1,2,\ldots,N-1. \tag{15}$$

After some algebra, the complementary distribution function for T_{BS1} is found explicitly:

$$P\{T_{BS1} > t\} = w(t|1) = \sum_{\nu=1}^{N-1} \frac{\displaystyle\sum_{i=1}^{N-1} \mu_2^{i-1} \cdot D_{N-1-i}(e_\nu)}{\displaystyle\prod_{i\neq\nu} (e_\nu-e_i)} \cdot e^{e_\nu t} , \tag{16}$$

where

$$D_k(e_\nu) = \sqrt{(\mu_1\mu_2)}^k \cdot \frac{\sin(\{k+1\}\frac{\nu\pi}{N})}{\sin(\frac{\nu\pi}{N})} , \qquad \begin{matrix} \nu = 1,2,\ldots,N-1, \\ k = 0,1,\ldots,N-2. \end{matrix}$$

From this result, or directly from the moments equations, the ordinary moments of the SBP1 may readily be obtained. After initiation of a SBP1, we may ask for its "fate" in terms of the probabilities of exit from state 1, p_{11}, and from state N-1, $p_{1,N-1}$. These probabilities can be found from a random walk consideration conditioned on the state 1 or N-1 from which the SBP1 is terminated. The solution follows from eqs.(2b) and (3) for $t \to 0$:

$$p_{11} = \frac{1-\rho^{N-1}}{1-\rho^N} , \qquad p_{1,N-1} = 1 - p_{11} . \tag{17a,b}$$

Similarly, the results for SBP2 follow by likewise interchanging of indices, especially

$$p_{21} = \frac{1-\xi^{N-1}}{1-\xi^N} , \qquad p_{2,N-1} = 1 - p_{21}, \quad \text{where} \quad \rho = \frac{1}{\xi} . \tag{17c,d}$$

Note that the SBP's are mutually exclusive and independent of each other with complementary distribution according to eq.(16). Successive SBP's are interleaved by idle periods IP1 or IP2. Together with the fate probabilities of eqs.(17a-d) we are able to describe the whole behavior of the cyclic queuing system in terms of SBP's and IP's, see Fig.5.

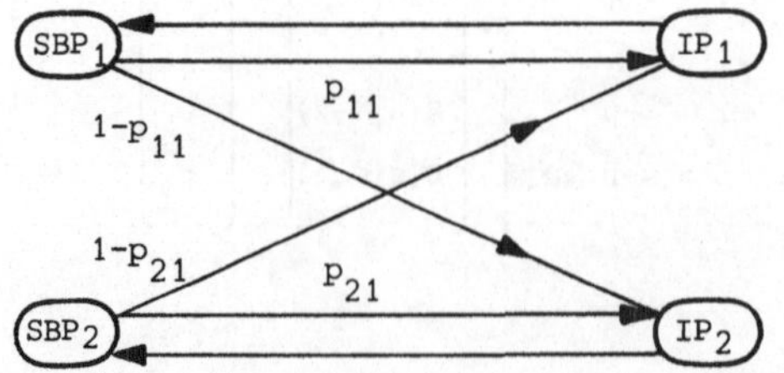

<u>Fig. 5.</u>

Global state transition diagram of the cyclic queuing system

3.4 Cycle Time Analysis

The concept of first passage times can easily be applied to the cycle time analysis. The cycle time T_C may be defined as time between two successive arrivals of a test customer at station 1. The queue discipline in either station be first-in, first-out (FIFO).

Let $\zeta(t) = (i,j)$ define the state of the cycle time process, where

  i   number of customers in station 1 consisting of the test customer and all his predecessors in line, $i = 1,2, \ldots N$; the case $i = 0$ indicates that the test customer has proceeded to the second station

  j   number of customers in station 2 ($i > 0$), or number of customers in station 2 consisting of the test customer and all his predecessors in line ($i = 0$), $j = 0,1, \ldots, N-i$.

Note that all those customers who terminate at server 2 during the cycle time of the test customer do not further influence his cycle time process.

Fig.6 shows the state transition diagram of the cycle time process. The cycle time process is initiated by the arrival of the test customer in either one of the initial states $\zeta(0) = (N,0)$, $(N-1, 1)$, $\ldots,(1, N-1)$. From there, the test customer performs a random walk through the diagram until the state $(0,1)$. The cycle time process terminates with rate $\varepsilon_{0,1} = \mu_2$ into the absorbing state $(0,0)$.

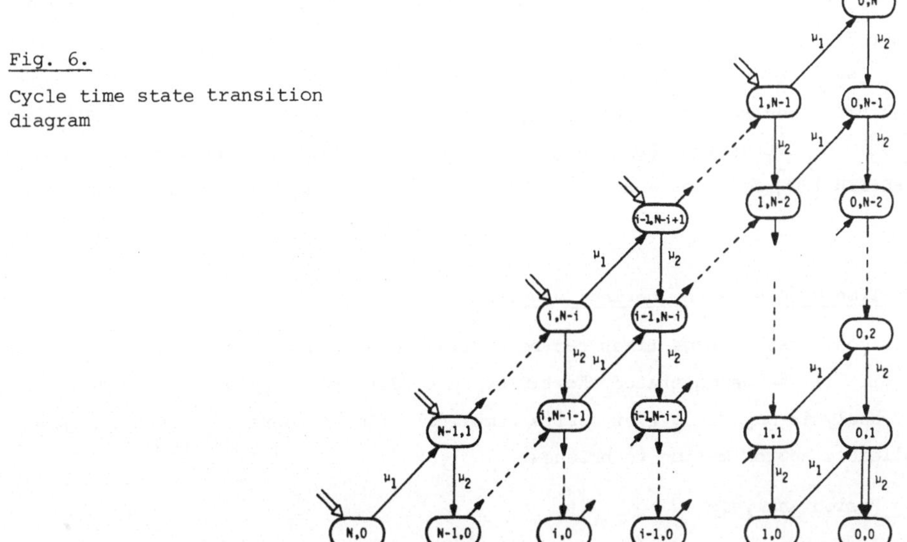

Fig. 6.

Cycle time state transition
diagram

Thus, the set S comprises all states of Fig.6 but $(0,0)$ which is the only state in the taboo set H. The transition structure is such that from a specified initial state, say $(i, N-i)$, always the same number of events must occur to reach the absorbing state $(0,0)$ _independent_ of the sample path through the diagram, namely i terminations of server 1 and N terminations of server 2.

The probability density function of the cycle time T_C,

$$d(t) = \frac{d}{dt} P\{T_C \leq t\} ,$$

is a weighted sum of two Erlangian densities of order N with parameters μ_1 and μ_2:

$$d(t) = -\frac{\rho^N}{1-\rho^N} \cdot \mu_1 \cdot \frac{(\mu_1 t)^{N-1}}{(N-1)!} \cdot e^{-\mu_1 t} + \frac{1}{1-\rho^N} \cdot \mu_2 \cdot \frac{(\mu_2 t)^{N-1}}{(N-1)!} \cdot e^{-\mu_2 t} , \quad t \geq 0. \tag{18}$$

From eq.(18) the k-th ordinary moment follows directly:

$$E\left[T_C^k\right] = \frac{(N+k-1)!}{(N-1)!} \cdot \frac{1}{1-\rho^N} \cdot \left\{ -\frac{\rho^N}{\mu_1^k} + \frac{1}{\mu_2^k} \right\} . \tag{19a}$$

For $\rho \rightarrow 1$, this result degenerates to

$$E\left[T_C^k\right] = \frac{(N+k-1)!}{(N-1)!} \cdot \frac{N+k}{N} \cdot \frac{1}{\mu_2^k} . \tag{19b}$$

In the special case of $\rho = 1$, the average cycle time is $(N+1)/\mu_2$ and its coefficient of variation $1/\sqrt{N+1}$. These results teach us that the cycle time approaches a deterministic behavior with growing population N.

The result of eq.(18) has been proved first by CHOW [17]. A simpler proof can be given on the basis of the state-transition diagram of Fig. 6. Note, that the corresponding equations for the LT's of the conditional life-time pdf's can be solved completely by recursion; the problem is also recursive with respect to the population N. Different approaches have been reported recently by BOXMA and DONK [21] and by SCHASSBERGER and DADUNA [19], the latter for the more general case of an arbitrary number of cyclic queues. REISER [20] develops a recursive numerical algorithm for the cycle time moments.

4. Life-Time Processes in Queuing Networks

The concept of first passage times can be applied to more geneneral cases straightforwardly. This will be demonstrated shortly by three different application cases. Since the exact analysis may require extensive numerical efforts there is a need for generally applicable approximation techniques.

4.1 Busy Period Analysis

As an example we consider a cyclic queuing system of three stations, see Fig. 7.

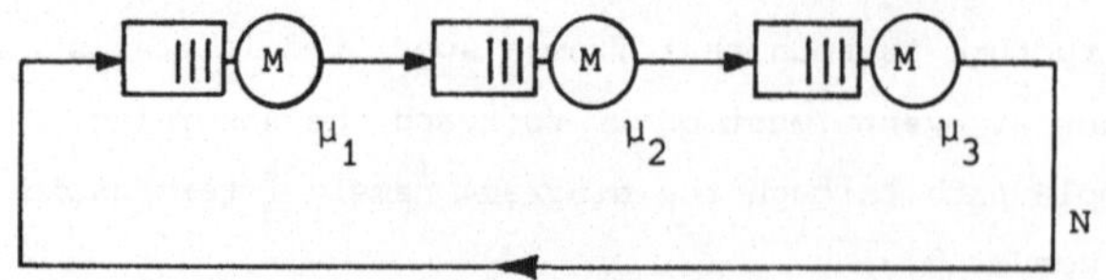

Fig. 7.

Cyclic queuing network with three stations

We are interested in the busy period of station $1, T_{B1}$. Let $\zeta(t) = (i_1, i_2)$ be the state of the BP life-time process in station 1, where i_ν denotes the number of customers in station $\nu, \nu = 1,2$; then, in station 3 there are $N-i_1-i_2$ customers present. Fig.8 shows the busy period state transition diagram for T_{B1}.

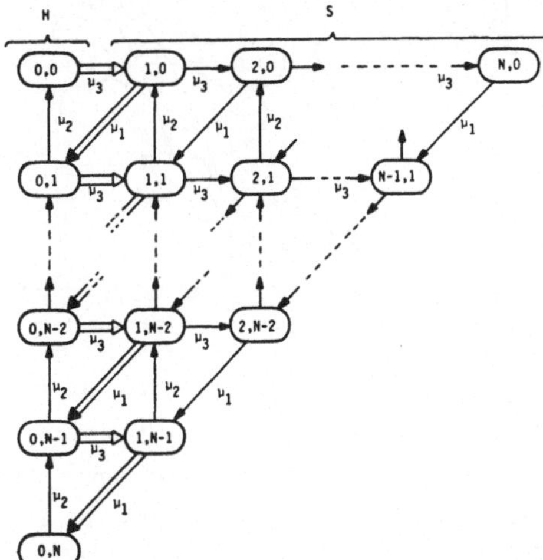

Fig. 8.

Busy period state transition diagram for BP_1 of a cyclic queuing network with three stations

Note that BP1 can be started or terminated only from states $(1,i_2)$, $i_2 = 0,1,\ldots,N-1$, in S. Hence, the total density of T_{B1} is found by a weighted summation of all conditional busy period densities $d(t|1,i_2)$, where the weight factors are the probabilities for the initialization of BP1 from the state $\zeta(0) = (1,i_2)$, $i_2 = 0,1,\ldots,N-1$; the latter ones are found by conditioning from the stationary state probabilities. The transition structure does not allow for a closed-form solution. The linear equations for the moments are of rank $N \cdot (N+1)/2$ and can easily be solved numerically up to a large population. Extension of the exact busy period analysis to any other network structure is straightforward.

4.2 Cycle Time Analysis for Networks with Overtaking

Consider the example of a central server model of Fig.9. There are N customers (jobs) cycling between the CPU-station 1 and two I/O-stations 2 and 3, with routing probabilities $q_{12} = q$, $q_{13} = 1-q$. In all stations, the service discipline is FIFO. This example is the simplest case where jobs may overtake each other.

We study the cycle time T_C of a job, i.e. the time between two successive arrivals in station 1. The state of the cycle time process be $\zeta(t) = (i,j,k)$ where

i	number of jobs in station 1, consisting of the test job and all its predecessors in line, $i = 1,2,\ldots N$. In case $i = 0$ the test job is in either of the two I/O-stations
j(k)	number of jobs in station 2(3) when $i > 0$; j(k) denotes the test job and its predecessors in line in stations 2 or 3 when $i = 0$.

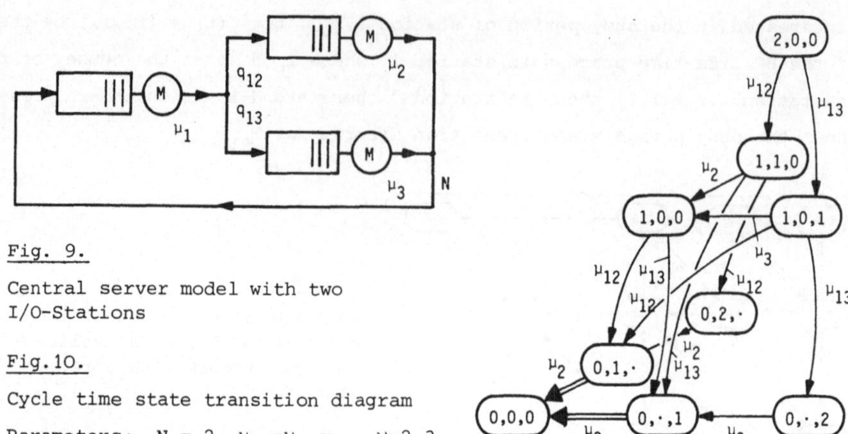

Fig. 9.

Central server model with two
I/O-Stations

Fig.10.

Cycle time state transition diagram

Parameters: $N = 2$, $\mu_{1\nu}=\mu_1 \cdot q_{1\nu}$, $\nu=2,3$

Once the test job has entered an I/O station $(i = 0)$, the number of jobs in the other
I/O-station is irrelevant for its cycle time. Fig.10 shows the state transition diagram for the cycle time process in case of $N = 2$ jobs. The cycle time can be started
from any of the states with $i > 0$; it terminates after reaching the absorbing state
$(0,0,0)$.

From the state transition diagram, the equations for the conditional cycle time den-
sities $d(t|i,j,k)$, their transforms $D(s|i,j,k)$ or moments $m_{ijk}^{(k)}$ are obtained in the
usual way. Note, that these quantities are obtained recursively starting with the
states $(0,1,\cdot)$ or $(0,\cdot,1)$ and proceeding level by level bottom up. The total cycle
time or its moments follow by a weighted summation over the conditional quantities
and probabilities of initial states.

4.3 Cycle Time Analysis for Networks with State-Dependent Service Rates

Now we consider the case where the instantaneous service rate of a server may depend
on the actual number of customers in that station. Such models occur in computer
system modeling very often. Combinatorial methods for the cycle time analysis are not
adequate since in this case succeeding customers in a queue behind the test customer
may influence his cycle time even if overtaking is not possible (e.g. for FIFO queue
discipline).

We show the application of the first passage time method in the simple case of a cyclic
queuing model with state-dependent service rates, see Fig.11.

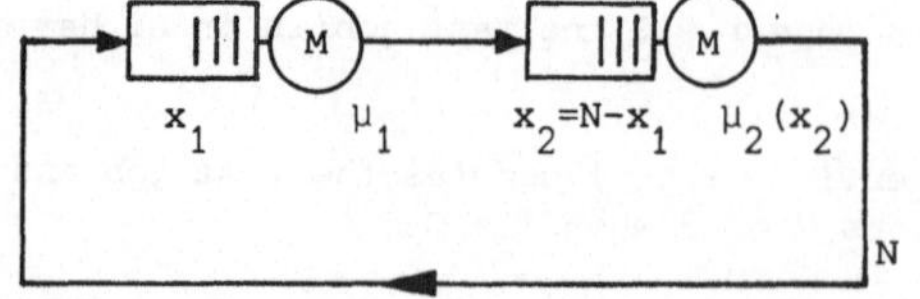

Fig. 11.

Cyclic queuing system with state-
dependent service rate in station 2

This model is basic when the method of parametric queue analysis is applied ("Norton's theorem" for queuing networks with local balance).

For the cycle time analysis the state description of Section 3.4 has to be augmented. Let $\zeta(t) = (i,j,k)$ define the state of the cycle time process, where

   k   indicates the station where the test customer is currently located in

   i   number of customers in station 1 consisting of the test customer and all
       his predecessors in line (k = 1)
       or
       total number of customers in station 1 (k = 2)

   j   total number of customers in station 2 (k = 1)
       or
       number of customers in station 2 consisting of the test customer and all
       his predecessors in line (k = 2).

The new state transition diagram is shown in Fig.12 for the special case of N = 3 (extension to general N is straightforward).

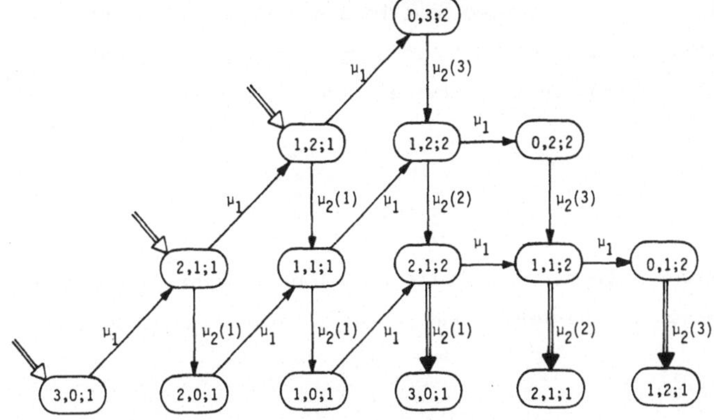

Fig. 12.

Cycle time state transition diagram for a cyclic queuing system with two stations and state-dependent service rates

The cycle time state transition diagram again reveals a recursive nature: starting with the right-hand side column all quantities as pdf's, LT's of pdf's or higher moments can be obtained proceeding recursively bottom-up and column by column. This is especially interesting for the moments from which the conditional cycle time df's can be well approximated fitting in their first, second (and third) conditional moments; this method has been successfully applied for approximations of waiting time df's in finite queues with different queue disciplines [12].

4.4 Approximate Analyses

Due to the rapidly increasing complexity for arbitrary network structures, there is a need for accurate and easy applicable approximation methods. A first approach has been reported by SALZA and LAVENBERG [22] . Another approach is currently under study [25] . This approach is based on the equivalence theorem by CHANDY, HERZOG and WOO [23] and the arriving customer state distribution by SEVCIK and MITRANI [24] . This equivalence theorem transforms arbitrarily structured local balance networks to cyclic models of the type shown in Fig.11. The equivalence applies, however, only to the stationary state probability distribution and is approximately extended also to life-time processes. First results on the cycle time moments have been in good agreement with simulation results. The approximation is invariant with respect to the exact average value of the cycle time. The method together with results on the validation will be included in a forthcoming paper [25].

Conclusion

A general method for the exact analysis of life-time processes in Markovian queuing networks has been reported which is based on the method of first passage times. Closed-form expressions for busy periods and cycle times have been derived in case of the cyclic queuing network with two stations and constant service rates. It has been shown that the busy period processes are related to waiting time processes for finite-capacity queues with last-in, first-out service disciplines, and that the global behavior of the cyclic queuing system can be represented by its simultaneous busy periods and its idle periods only. Finally, some examples have been addressed which show how the method of first passage times can be applied to more complex cases as queuing networks with overtake-paths or state-dependent service rates, i.e. cases where other methods might fail.

Acknowledgements

The author appreciates discussions with Mr. W. Schmitt from the University of Siegen. Comments of Prof. Dr. Schassberger on the method and recent literature have been very helpful.

References

[1]   J.R. Jackson, Jobshop-like queuing systems. Management Science 10 (1963), pp.131-142

[2]   F. Baskett, K.M. Chandy, R.R. Muntz, F.G. Palacios, Open, closed and mixed networks of queues with different classes of customers. J ACM 22 (1975), pp.248-260

[3]   J.P. Buzen, Computational algorithms for closed queuing networks with exponential servers. C ACM 16 (1973), pp.527-531

[4]   M. Reiser, H. Kobayashi, Queuing networks with multiple closed chains: Theory and computational algorithms. IBM J. Res. and Develop.19 (1975), pp.283-294

[5]   M. Reiser, S.S. Lavenberg, Mean value analysis of closed multichain queuing networks. J ACM 22 (1980), pp.313-322

[6]   R.B. Cooper, Introduction to queuing theory. MacMillan Publ.Co., New York, 1972

[7]   L. Kleinrock, Queuing Systems, Vol.I and II. J. Wiley, New York, 1975 and 1976

[8]   D. Gross, C.M. Harris, Fundamentals of queuing theory. J. Wiley, New York, 1974

[9] J.W. Cohen, The single server queue. North Holland Publ.Comp., Amsterdam/ London, 1969

[10] R. Syski, Markovian queues. Symposium on Congestion Theory. (Eds. W.L. Smith, W.E. Wilkinson). The University of North Carolina Press, Chapel Hill (1964), pp.170-227

[11] P. Kuehn, On a combined delay and loss system with different queue disciplines. Transaction of the Sixth Prague Conf. on Information Theory, Statistical Decision Functions and Random Processes. Academia Publ. House of the Czech.Academy of Sciences, Prague (1973), pp.501-528

[12] P. Kuehn, On the calculation of waiting times in switching and computer systems. 15th Report on Studies in Congestion Theory, Univ. of Stuttgart, 1972

[13] E. Reich, Waiting times when queues are in tandem. Ann. Math. Statist.28 (1957) pp.768-773

[14] W. Kraemer, Investigations of systems with queues in series. 22nd Report on Studies in Congestion Theory, Univ. of Stuttgart, 1975

[15] J. W. Wong, Distribution of end-to-end delay in message switched networks. Computer Networks 3 (1978), pp.44-49

[16] H. Daduna, Passage times for overtake-free paths in Gordon-Newell networks. Adv. Appl. Prob. 14 (1982), pp.672-686

[17] We-Min Chow, The cycle time distribution of exponential cyclic queues. J ACM 27 (1980), pp.281-286

[18] D. L. Iglehart, G. S. Shedler, Regenerative simulation of response times in networks of queues. J ACM 25 (1978), pp.449-460

[19] R. Schassberger, H. Daduna, The time for a round trip in a cycle of exponential queues. Proc. ORSA-TIMS Conf. Appl. Prob.-Computer Science. The Interface, Florida-Atlantic Univ., Boca Raton (1981)

[20] M. Reiser, Calculation of response-time distributions in cyclic exponential queues. Performance Evaluation 1 (1981), pp.331-333

[21] O.J. Boxma, P. Donk, On response time and cycle time distributions in a two-stage cyclic queue . Univ. of Utrecht, Preprint No.203 (1981)

[22] S. Salza, S.S. Lavenberg, Approximating response time distributions in closed queuing network models of computer performance. Proc. Performance '81 (Ed. F.J. Kylstra). North-Holland Publ.Co. (1981), pp.133-145

[23] K.M. Chandy, U. Herzog, L. Woo, Parametric analysis of queuing networks. IBM J. Res. and Develop. 19 (1975), pp.36-42

[24] K.C. Sevcik, I. Mitrani, The distribution of queuing network states at input and output instants. J ACM 28 (1981), pp.358-371

[25] P.J. Kuehn, Approximate analysis of busy period and response time distributions in queuing networks (forthcoming paper).

WARTESYSTEME M/G/1 BESCHRÄNKTER KAPAZITÄT MIT SPERRPHASEN UND RELATIVEN PRIORITÄTEN

Manfred Kramer

Konstanz

Zusammenfassung: Für das Wartesystem M/G/1 mit beschränkter Kapazität des Warteraums und einer zusätzlichen Sperrphase nach jedem Bedienungsvorgang werden die instationären Verteilungen des Warteschlangenprozesses und deren Grenzverteilung durch ihre L-Transformierten und erzeugenden Funktionen bestimmt. Dieses Basismodell läßt sich zu einem Vorrangbedienungssystem mit K≥1 beschränkten Warteräumen für ebensoviele relative Prioritätsstufen erweitern. Die Verteilungen des Warteschlangenprozesses in einer beliebigen Prioritätsklasse sind in gleicher Weise durch Reihenentwicklungen entsprechender erzeugender Funktionen darstellbar.

0. EINLEITUNG

In der vorliegenden Arbeit wird das Wartesystem M/G/1 mit beschränkter Kapazität des Warteraums und einer zusätzlichen Sperrphase nach jedem Bedienungsvorgang betrachtet. Mit der Methode der projizierten erzeugenden Funktionen (Projektionsmethode /6/) können die L-transformierten zeitabhängigen Verteilungen des Warteschlangenprozesses im Basismodell durch Reihenentwicklungskoeffizienten analytischer Funktionen in geschlossener Form dargestellt werden. Auch die Grenzverteilung der Warteschlangenlänge wird untersucht.
Dieses Basismodell wird zu einem Vorrangbedienungssystem mit K≥1 beschränkten Warteräumen für ebensoviele relative Prioritäten erweitert. Der durch den Warteschlangenverlauf in einer beliebigen Prioritätsklasse gebildete stochastische Prozeß besitzt mehrstufig eingebettete Regenerationsperioden, weswegen seine Charakteristiken auf diejenigen des Basismodells zurückführbar sind. Es werden explizite analytische Lösungen für die L-transformierten erzeugenden Funktionen der Warteschlangenlänge jeder Prioritätsstufe im zeitabhängigen und stationären Fall in Form von Reihenentwicklungskoeffizienten erzeugender Funktionen angegeben.
Gibt man die Kapazitätsbeschränkungen auf, so sind beide Bedienungsmodelle in geschlossener Form analytisch lösbar /1,S.41-45/,/2/,/4/. Zur numerischen Berechnung ihrer Grenzverteilungen wird man jedoch stets auf die entsprechenden Varianten mit endlichem Zustandsraum zurückgreifen.
M/G/1-Systeme mit Sperrphasen sind als Verhaltensmodelle von Rotationsspeichern gebräuchlich, bei denen Latenzzeiten durch Positionierungs-

vorgänge auf magnetischen Speichermedien entstehen /1,S.56-60/. Abarten
des Basismodells werden in /8/ auch zur Dimensionierung eines als gepuf-
fertes Schieberegister aufgebauten FIFO-Speichers verwendet. Andere bekannte Anwendungen betreffen Multiplexkanäle in Kommunikationssystemen
/1,S.65-69/, speziell für integrierte Sprach- und Datenübertragung /5/.
Das M/G/1-System mit K relativen (oder absoluten /6/) Prioritäten und
endlichen Warteräumen ist einem geschlossenen Modell mit einem Prozessor
und K prioritätsklassenspezifischen E/A-Datenpfaden (Peripheriegeräten)
äquivalent. Ein darauf beruhender Modellansatz zur Leistungsbewertung
eines Prozeßrechensystems mit virtuellem Speicher wird in /3/ vorgestellt
und gezeigt, wie sich die stationären Zustandsverteilungen bei der relativen Prioritätsdisziplin aus den Gleichgewichtsverteilungen eingebet-
teter MARKOV-Ketten herleiten. In /7,S.67-71/ finden sich für den Fall
zweier Prioritätsklassen und exponentialverteilter Bedienungszeiten Algorithmen zur rekursiven Auflösung der Zustandsgleichungen selbst.

I. BASISMODELL

I.0 Problemformulierung

Das Bedienungssystem M/G/1 mit beschränktem Warteraum und Sperrphasen
ist durch folgende Annahmen gekennzeichnet:
(i) Einheiten treffen gemäß einem unabhängigen POISSON-Strom mit der
Intensität λ ein; sie werden abgewiesen, wenn alle $N \geq 1$ Warteplätze belegt sind.
(ii) Ihre Bedienungszeiten sind unabhängig und identisch nach der Verteilungsdichte h(t) (Verteilungsfunktion H(t)) verteilt.
(iii) Nach Abschluß der Bedienung, die gemäß der natürlichen Reihenfolge erfolgt, wird der Platz der bedienten Einheit frei und die Bedienungseinrichtung bleibt für eine von der Dauer der vorausgegangenen Bedie-
nungsphase abhängige zufällige Sperrzeit blockiert. Sei $r(t|u)$ $(R(t|u))$
deren bedingte Verteilungsdichte (Verteilungsfunktion).

I.1 Bedienungszyklus und Betriebsperiode

Für dieses Bedienungsmodell soll die zeitabhängige Verteilung der Warteschlangenlänge bestimmt werden. Der unterliegende stochastische Prozeß
ist offensichtlich regenerativ bzgl. der Anfangszeitpunkte von Betriebs-
perioden. Deshalb wird sein zeitlicher Verlauf zunächst innerhalb einer
im Zeitnullpunkt mit i Einheiten $(0 \leq i \leq N)$ beginnenden Restbetriebsperiode
untersucht.
Die Zufallsvariable N_t bezeichne die Länge der Warteschlange zur Zeit

$t \geq 0$. Sei M_t die Zählvariable des POISSONschen Ankunftsstroms und C die Dauer einer (Rest-)Betriebsperiode. Bedienungs- und Sperrphase bilden zusammen einen Bedienungszyklus. Sei U_r bzw. V_r die Länge der r-ten Bedienungszeit bzw. des r-ten Bedienungszyklus.

Es ist offensichtlich, daß der Warteschlangenprozeß (N_t) in den Zeitpunkten $T_0 := 0, T_1, T_2, \ldots$ mit $T_r = T_{r-1} + V_r$, $r = 1, 2, \ldots$, in denen ein Bedienungszyklus beginnt, eine Folge von Regenerationspunkten, also einen eingebetteten MARKOV-Erneuerungsprozeß besitzt. Falls die Restbetriebsperiode noch nicht abgeschlossen ist, entwickelt sich der Prozeß (N_t) in der r-ten Bedienungsphase (wegen der Warteraumbegrenzung) gemäß

$$N_t = \min\{N_{T_{r-1}} + M_{t-T_{r-1}}, N\}, \qquad\qquad T_{r-1} < t \leq T_{r-1} + U_r \qquad (1.1)$$

und in der darauffolgenden Sperrphase (nach Abgang der bedienten Einheit) gemäß

$$N_t = \min\{\min\{N_{T_{r-1}} + M_{U_r}, N\} - 1 + M_{t-(T_{r-1}+U_r)}, N\}, \quad T_{r-1} + U_r < t \leq T_r \qquad (1.2)$$

Aus letzterer Beziehung entnimmt man für $t = T_r$ die Konstruktionsvorschrift

$$N_{T_r} = \min\{\min\{N_{T_{r-1}} + M_{U_r}, N\} - 1 + M_{V_r - U_r}, N\} \qquad (1.3)$$

für die Einschränkung des MARKOV-Erneuerungsprozesses (N_{T_r}, T_r) auf die Restbetriebsperiode.

Die erzeugende Funktion der Warteschlangenlänge in der Restbetriebsperiode sei

(i) $\quad p^i(\alpha, t) dt := \sum_{r=0}^{\infty} \sum_{n=0}^{N} P_i\{N_{T_r} = n, t - dt < T_r \leq t, T_r < C\} \alpha^n \qquad (1.4)$

unmittelbar nach einem Bedienungsbeginn,

(ii) $\quad P^i(\alpha, t) := \sum_{n=0}^{N} P_i\{N_t = n, t < C\} \alpha^n \qquad (1.5)$

zu einem beliebigen Zeitpunkt $t > 0$. Sei ferner $c^i(t)$ die Verteilungsdichte der Restbetriebsperiodendauer.

Unter Einführung des Projektionsoperators zur Aufschreibung von erzeugenden Funktionen beschränkter Zufallsvariablen (s. Definition A.1 und Lemma A.1 im Anhang) und mit $E\alpha^{M_t} = e^{-(\lambda - \lambda\alpha)t}$ erhält man bei Übergang zu erzeugenden Funktionen in (1.1),(1.2)

$$P^i(\alpha, t) = |\int_{u=0}^{t} p^i(\alpha, t-u) e^{-(\lambda - \lambda\alpha)u}(1 - H(u)) du \qquad (1.6)$$

$$+ \int_{u=0}^{t} \frac{1}{\alpha} \int_{v=0}^{t-u} |p^i(\alpha, t-u-v) e^{-(\lambda - \lambda\alpha)u}|_N \, e^{-(\lambda - \lambda\alpha)v}(1 - R(v|u)) h(u) \, dv \, du|_N$$

und in (1.3)

$$p^i(\alpha, t) = \alpha^i \delta_i(t) - c^i(t) + \qquad (1.7)$$

$$+\left|\frac{1}{\alpha}\int\limits_{u=0}^{t}\int\limits_{v=0}^{t-u}\left|p^i(\alpha,t-u-v)e^{-(\lambda-\lambda\alpha)u}\right|_N\,e^{-(\lambda-\lambda\alpha)v}r(v|u)h(u)\,dvdu\right|_N$$

($\delta(t)$ ist die DIRACsche δ-Distribution) Die Integralgleichung (1.7) ist als Zusammenfassung eines Systems von MARKOV-Erneuerungsgleichungen durch eine (projizierte) erzeugende Funktion anzusehen. Ihre beiden ersten Terme entstehen deswegen, weil der Beginn des ersten Bedienungszyklus in t=0, nicht aber das Ende des letzten in der Restbetriebsperiode gezählt wird.

Sei $\phi(s)$ ($\rho(s|u)$) die L-Transformierte der (bedingten) Verteilungsdichte $h(t)$ ($r(t|u)$). Des weiteren werden die Erwartungswerte $\Phi(s) := Ee^{-sV}$ ($P(\alpha,s) := E\{e^{-sV}\alpha^{M_U}(M_{V-U}=0)\}$) benötigt, d.h. die L-Transformierte der Bedienungszyklusdauer (zusammen mit der erzeugenden Funktion der Ankünfte, wenn diese ausschließlich in der Bedienungsphase eintreffen). (Der Index r kann bei U und V entfallen, ($M_{V-U}=0$) bezeichnet die Indikatorfunktion des Ereignisses $\{M_{V-U}=0\}$). Für diese beiden Bedienungscharakteristiken weist man die Darstellungen

$$\Phi(s) = \int\limits_0^\infty e^{-su}\rho(s|u)h(u)\,du \tag{1.8}$$

$$P(\alpha,s) = \int\limits_0^\infty e^{-(s+\lambda-\lambda\alpha)u}\rho(s+\lambda|u)h(u)\,du \tag{1.9}$$

leicht nach.

Mit $\gamma^i(s) := E_i e^{-sC}$ erhält man aus der Integralgleichung (1.7) für die L-Transformierte von $p^i(\alpha,t)$ die Beziehung

$$\pi^i(\alpha,s) = \alpha^i-\gamma^i(s)+\left|\int\limits_0^\infty\frac{1}{\alpha}\left|\pi^i(\alpha,s)e^{-(s+\lambda-\lambda\alpha)u}\right|_N\rho(s+\lambda-\lambda\alpha|u)h(u)\,du\right|_N$$

$$\tag{1.10}$$

Im folgenden soll unter Anwendung der Rechenregeln des Projektionskalküls (s. Lemma A.2) verifiziert werden, daß (1.10) die (einzige) Lösung

$$\gamma^i(s) = \frac{P(s)+(1-\Phi(s))\sum\limits_{n=0}^{N-1-i}b_n(s)}{P(s)+(1-\Phi(s))\sum\limits_{n=0}^{N-1}b_n(s)} \tag{1.11}$$

$$\pi^i(\alpha,s) = \left|\alpha\frac{\alpha^i-\gamma^i(s)}{\alpha-\Phi(s+\lambda-\lambda\alpha)}\right|_N \tag{1.12}$$

besitzt. Hierin wurden die Potenzreihenentwicklungskoeffizienten aus

$$\sum\limits_{n=0}^\infty b_n(s)\alpha^n := \frac{P(\alpha,s)}{\Phi(s+\lambda-\lambda\alpha)-\alpha} \tag{1.13}$$

verwendet. $P(s)$ bezeichnet den Wert der Funktion $P(\alpha,s)$ für $\alpha=1$. Eintragen der Lösung (1.12) in die rechte Seite von (1.10) und Kürzen nach

(A.7) ergibt nun zunächst

$$\pi^i(\alpha,s) = \alpha^i - \gamma^i(s) + \tag{1.14}$$

$$+ |\int_0^\infty |\frac{\alpha^i - \gamma^i(s)}{\alpha - \Phi(s+\lambda-\lambda\alpha)} e^{-(s+\lambda-\lambda\alpha)u}|_{N-1} \rho(s+\lambda-\lambda\alpha|u) h(u) du|_N$$

Zerlegung von $\rho(s+\lambda-\lambda\alpha|u)$ in $\rho(s+\lambda|u)$ und den verbleibenden Rest, Anwendung von (A.7),(A.8) auf letzteren sowie Integration liefert dann

$$\pi^i(\alpha,s) = \alpha^i - \gamma^i(s) + |\frac{\alpha^i - \gamma^i(s)}{\alpha - \Phi(s+\lambda-\lambda\alpha)} (\Phi(s+\lambda-\lambda\alpha) - P(\alpha,s))|_N \tag{1.15}$$

$$+ |\frac{\alpha^i - \gamma^i(s)}{\alpha - \Phi(s+\lambda-\lambda\alpha)} P(\alpha,s)|_{N-1}$$

(1.1) läßt sich auf folgende Form bringen

$$\frac{1-\gamma^i(s)}{1-\Phi(s)} P(s) = \sum_{n=0}^{N-1} (\gamma^i(s) b_n(s) - b_{n-i}(s)) \, , \tag{1.16}$$

aus der nach Definition A.1 ersichtlich ist, daß sich in (1.15) diejenigen Summanden heben, in denen $P(\alpha,s)$ auftritt. Man erhält somit (1.12) als Identität zurück.

Die entsprechende L-Transformierte der erzeugenden Funktion $P^i(\alpha,t)$ entsteht aus (1.6)

$$\Pi^i(\alpha,s) = |\pi^i(\alpha,s) \frac{1-\phi(s+\lambda-\lambda\alpha)}{s+\lambda-\lambda\alpha}$$

$$+ \frac{1}{\alpha} \int_0^\infty |\pi^i(\alpha,s) e^{-(s+\lambda-\lambda\alpha)u}|_N \frac{1-\rho(s+\lambda-\lambda\alpha|u)}{s+\lambda-\lambda\alpha} h(u) du|_N \tag{1.17}$$

Vereinfachung des Integralausdrucks mit (1.14) und Einsetzen der Lösung (1.12) ergibt schließlich

$$\Pi^i(\alpha,s) = |\alpha \frac{\alpha^i - \gamma^i(s)}{\alpha - \Phi(s+\lambda-\lambda\alpha)} \cdot \frac{1-\phi(s+\lambda-\lambda\alpha)}{s+\lambda-\lambda\alpha} \tag{1.18}$$

$$+ \{|\frac{\alpha^i - \gamma^i(s)}{\alpha - \Phi(s+\lambda-\lambda\alpha)} \phi(s+\lambda-\lambda\alpha)|_{N-1} - \frac{\alpha^i - \gamma^i(s)}{\alpha - \Phi(s+\lambda-\lambda\alpha)} \phi(s+\lambda-\lambda\alpha)\} \frac{1}{s+\lambda-\lambda\alpha}|_N$$

I.2 <u>Anfangsbetriebsperiode</u>

Dasselbe Wartesystem wird nun unter der Voraussetzung betrachtet, daß im Zeitnullpunkt die Warteschlange leer ist und die Bedienung eintreffender Einheiten frühestens nach einer zufälligen Verzögerungszeit ω beginnen kann. Die Zeitspanne, die dann vom Anfangszeitpunkt t=0 bis zum erstmaligen Freiwerden des Systems reicht, heißt Anfangsbetriebsperiode. Gesucht werden die analog zum vorigen Abschnitt definierten L-transformierten Charakteristiken $\gamma^\omega(s), \pi^\omega(\alpha,s), \Pi^\omega(\alpha,s)$, die den Verlauf des Warteschlangenprozesses bei diesen Anfangsbedingungen bestimmen. Da die diesbezügliche Herleitung in /2,S.11-12/ auf das vorliegende

Modell übertragbar ist, genügt es, Endresultate anzugeben.

Sei $\omega(s) := \mathsf{E}e^{-s\mathcal{W}}$ und

$$\sum_{i=0}^{\infty} \omega_i(s)\alpha^i := \omega(s+\lambda-\lambda\alpha) \qquad (2.1)$$

Dann folgen aus (1.11),(1.12) und (1.18) nacheinander die Formeln

$$\gamma^{\omega}(s) = \sum_{i=0}^{N-1} \omega_i(s)\gamma^i(s) + \left(\omega(s)-\sum_{i=0}^{N-1} \omega_i(s)\right)\gamma^N(s) \qquad (2.2)$$

$$\pi^{\omega}(\alpha,s) = \left| \alpha\frac{\omega(s+\lambda-\lambda\alpha)-\gamma^{\omega}(s)}{\alpha-\Phi(s+\lambda-\lambda\alpha)}\right|_N \qquad (2.3)$$

$$\Pi^{\omega}(\alpha,s) = \left| \frac{1-\omega(s+\lambda-\lambda\alpha)}{s+\lambda-\lambda\alpha} + \alpha\frac{\omega(s+\lambda-\lambda\alpha)-\gamma^{\omega}(s)}{\alpha-\Phi(s+\lambda-\lambda\alpha)}\cdot\frac{1-\phi(s+\lambda-\lambda\alpha)}{s+\lambda-\lambda\alpha}\right. \qquad (2.4)$$

$$+\left\{ \left|\frac{\omega(s+\lambda-\lambda\alpha)-\gamma^{\omega}(s)}{\alpha-\Phi(s+\lambda-\lambda\alpha)}\phi(s+\lambda-\lambda\alpha)\right|_{N-1}\right.$$

$$\left.- \frac{\omega(s+\lambda-\lambda\alpha)-\gamma^{\omega}(s)}{\alpha-\Phi(s+\lambda-\lambda\alpha)}\phi(s+\lambda-\lambda\alpha)\right\}\frac{1}{s+\lambda-\lambda\alpha}\Big|_N$$

I.3 Warteschlangenlänge

Es verbleibt noch die Aufgabe, die zeitabhängigen absoluten Verteilungen des Warteschlangenprozesses (N_t) zu bestimmen, wobei $N_0=0$ vorausgesetzt wird.

Der Prozeß erneuert sich offensichtlich in den Zeitpunkten, in denen eine ankommende Einheit ein freies System vorfindet. Wie in /2,S.13-14/ zeigt man mit einem geläufigen Erneuerungsargument für die L-transformierte erzeugende Funktion der Warteschlangenlänge

$$\hat{\Pi}(\alpha,s) := \int_0^{\infty} e^{-st}\mathsf{E}\alpha^{N_t}dt \qquad (3.1)$$

die untenstehende Formel, wobei

$$\hat{\varepsilon}(s) := \frac{1}{s+\lambda-\lambda\gamma(s)} \qquad (3.2)$$

gilt und der Index i im Fall der gewöhnlichen Betriebsperiode (i=1) nicht geschrieben wird.

Satz 1:

$$\hat{\Pi}(\alpha,s) = \hat{\varepsilon}(s)\{1+\lambda\Pi(\alpha,s)\} \qquad (3.3)$$

I.4 Grenzverteilung der Warteschlangenlänge

Im folgenden wird die (nach einem Satz über regenerative Prozesse /4/ existierende) Grenzverteilung $\hat{\Pi} := (\hat{\Pi}_n)$ mit $\hat{\Pi}_n := \lim_{t\to\infty} P\{N_t=n\}$ bestimmt.

Dabei werden Grenzwerte erzeugender Funktionen für $\alpha\uparrow 1$ (L-Transformierter für s↓0) durch Weglassen des Arguments α (s) bezeichnet.

Sei c die erwartete Anzahl in der Betriebsperiode bedienter Einheiten und C die erwartete Länge einer solchen. Mit (1.4),(1.5) zeigt man leicht folgende Gleichungsketten

$$c := E\{ \sum_{r=0}^{\infty} (7_r < C)\} = \sum_{r=0}^{\infty} P\{7_r < C\} = \int_0^{\infty} p(t)dt = \lim_{s \downarrow 0} \pi(s) \qquad (4.1)$$

$$C := E\{C\} = \int_0^{\infty} P\{C > t\}dt = \int_0^{\infty} P(t)dt = \lim_{s \downarrow 0} \Pi(s) \qquad (4.2)$$

Wendet man die Grenzwertregel (A.6) auf (1.12),(1.18) an und wertet die anfallenden unbestimmten Ausdrücke mit der L'HOSPITALschen Regel unter Benutzung von (1.16) aus, so erhält man

$$c = b_{N-1} \qquad (4.3)$$

$$C = cV \qquad (4.4)$$

mit $V := E\{V\}$ und

$$\sum_{n=0}^{\infty} b_n \alpha^n := \frac{1}{P} \cdot \frac{P(\alpha)}{\Phi(\lambda - \lambda\alpha) - \alpha} \qquad (4.5)$$

Die gesuchten Grenzwahrscheinlichkeiten ergeben sich (aufgrund eines ABELschen Satzes) durch Grenzübergang s↓0 in (3.3). Bei Einführung der Potenzreihenentwicklung

$$\sum_{n=0}^{\infty} \beta_n \alpha^n := \frac{\phi(\lambda - \lambda\alpha)}{\Phi(\lambda - \lambda\alpha) - \alpha} \qquad (4.6)$$

und der Abkürzung

$$\hat{e} := \frac{1/\lambda}{1/\lambda + C} \qquad (4.7)$$

erhält man mit einigen Rechnungen

<u>Satz</u> 2:

(i) $\hat{\Pi}_n = \hat{e}(\beta_n - \beta_{n-1})$, $n = 0, \ldots, N-2$ $\qquad (4.8)$

(ii) $\hat{\Pi}_{N-1} = \hat{e}(b_{N-1} - \beta_{N-2})$ $\qquad (4.9)$

(iii) $\hat{\Pi}_N = 1 - \hat{e}b_{N-1}$ $\qquad (4.10)$

II. PRIORITÄTENMODELL

I.0 <u>Problemformulierung</u>

Denkt man sich die Sperrphasen im Basismodell infolge vorgezogener Bedienungen von Einheiten höherer Dringlichkeit entstanden, so gelangt man zu dem wie folgt charakterisierten Vorrangbedienungssystem mit relativen Prioritäten:

(i) Es sind $K \geq 1$ verschiedene Prioritätsstufen festgelegt. Einheiten der Priorität k (k-Einheiten) treffen gemäß einem unabhängigen POISSONschen

Strom mit der Intensität λ_k ein; sie werden abgewiesen, wenn alle $N_k \geq 1$
Warteplätze belegt sind. ($1 \leq k \leq K$)
(ii) Die Bedienungszeiten der k-Einheiten sind unabhängig und identisch
nach der Verteilungsdichte $h_k(t)$ (Erwartungswert U_k) verteilt.
(iii) Die Bedienungseinrichtung bevorzugt k-Einheiten vor j-Einheiten,
falls k<j ist. Eine laufende Bedienung wird jedoch nicht unterbrochen.
(relative Prioritätsdisziplin)

II.1 Bedienungszyklen und Betriebsperioden

Der Prozeß der Warteschlangenlänge einer fixierten Prioritätsstufe ist
regenerativ und zerlegbar, denn er kann in seinem Regenerationsintervall
selbst wieder als regenerativer Prozeß aufgefaßt werden /4/. Diese Einbettung ist solange zu iterieren, bis ein dem Basismodell entsprechender
äquivalenter Prozeß gefunden wird.
Hierzu dienen folgende Begriffsbildungen: Sei U_j die Länge der j-Bedienungsphase. ($1 \leq j \leq K$) Die Zeitspanne C_{jk} von Beginn einer j-Bedienungsphase bis zum erstmaligen Freiwerden des Systems von Einheiten der Priorität k ($<j$) und höher heißt j,k-Betriebsperiode. Nach Ablauf einer
(j,j-1)-Betriebsperiode ist ein j-Bedienungszyklus V_j abgeschlossen.
Eine Zeitspanne C_j, während der ausschließlich Einheiten der Prioritäten
j und höher bedient werden, heißt j-Betriebsperiode (und zwar ohne weiteren Zusatz, wenn sie auf eine Untätigkeitszeit folgt, sonst wie beim
Basismodell entsprechend j-Rest-, j-Anfangsbetriebsperiode).
Weil die während und nach jeder j-Bedienungsphase eintreffenden Einheiten
(k-1)-ter und höherer Priorität zuerst bedient werden, ist jede j,k-Be-
triebsperiode als k-Anfangsbetriebsperiode mit einer (j,k-1)-Betriebs-
periode als Verzögerungszeit aufzufassen. Aus dieser Zerlegung folgt für
$\gamma_{jk}(s) := E e^{-sC_{jk}}$ aus (I.2.2)

$$\gamma_{jk}(s) = \sum_{i=0}^{N_k-1} \gamma_i^{(j,k-1)}(s) \Gamma_k^i(s) \tag{1.1}$$

$$+ \left(\gamma_{j,k-1}(s) - \sum_{i=0}^{N_k-1} \gamma_i^{(j,k-1)}(s)\right) \Gamma_k^{N_k}(s)$$

$$\sum_{i=0}^{\infty} \gamma_i^{(j,k-1)}(s) \alpha_k^i := \gamma_{j,k-1}(s+\lambda_k-\lambda_k\alpha_k) \tag{1.2}$$

wobei $\Gamma_k^i(s) := E_i e^{-sC_k}$ unten angegeben wird, und für den (zur rekursiven
Berechnung der j-Bedienungszykluslänge benötigten) Erwartungswert
$$g_{jk}(\alpha_j,s) := E\{e^{-sC_{jk}} \alpha^{mu_j}(m_{C_{jk}-U_j}=0)\} \text{ ebenso}$$

$$g_{jk}(\alpha_j, s) := \sum_{i=0}^{N_k-1} g_i^{(j,k-1)}(\alpha_j, s)\Gamma_k^i(s+\lambda_j) \tag{1.3}$$

$$+ (g_{j,k-1}(\alpha_j, s) - \sum_{i=0}^{N_k-1} g_i^{(j,k-1)}(\alpha_j, s))\Gamma_k^{N_k}(s+\lambda_j)$$

$$\sum_{i=0}^{\infty} g_i^{(j,k-1)}(\alpha_j, s)\alpha_k^i := g_{j,k-1}(\alpha_j, s+\lambda_k-\lambda_k\alpha_k) \tag{1.4}$$

Dabei gilt in (1.2) und (1.4) für $k=1$ jeweils $\gamma_{j0}(s) = \phi_j(s)$ und $g_{j0}(\alpha_j, s) = \phi_j(s+\lambda_j-\lambda_j\alpha_j)$. Für $k=j-1$ erhält man dann die dem Basismodell entsprechenden Charakteristiken $\Phi_j(s) := Ee^{-sV_j}$ und

$$P_j(\alpha_j, s) := E\{e^{-sV_j}\alpha^{m_{u_j}}(m_{V_j-u_j}=0)\} \text{ für den j-Bedienungszyklus als}$$

$$\Phi_j(s) = \gamma_{j,j-1}(s) \tag{1.5}$$

$$P_j(\alpha_j, s) = g_{j,j-1}(\alpha_j, s) \tag{1.6}$$

und damit auch

$$\Gamma_j^i(s) = \frac{P_j(s)+(1-\Phi_j(s))\sum\limits_{n=0}^{N_j-1-i} B_n^{(j)}(s)}{P_j(s)+(1-\Phi_j(s))\sum\limits_{n=0}^{N_j-1} B_n^{(j)}(s)} \tag{1.7}$$

$$\sum_{n=0}^{\infty} B_n^{(j)}(s)\alpha_j^n := \frac{P_j(\alpha_j, s)}{\Phi_j(s+\lambda_j-\lambda_j\alpha_j)-\alpha_j} \tag{1.8}$$

In ähnlicher Weise ist auch die j-Betriebsperiode zerlegbar, und zwar nach dem auslösenden Ankunftsereignis, denn

(i) entweder wird sie durch eine Einheit der Priorität $j-1$ und höher eingeleitet und ist dann als j-Anfangsbetriebsperiode mit einer $(j-1)$-Betriebsperiode als Verzögerungszeit aufzufassen

(ii) oder durch eine j-Einheit selbst, worauf eine j-Restbetriebsperiode (mit $i=1$) abläuft.

Aus (I.2.2) gewinnt man damit für $\gamma_j(s) := Ee^{-sC_j}$ den folgenden Ausdruck

$$\gamma_j(s) = \frac{\lambda_j}{\Lambda_j}\Gamma_j(s) + \frac{\Lambda_{j-1}}{\Lambda_j}\{\sum_{i=0}^{N_j-1} \gamma_i^{(j-1)}(s)\Gamma_j^i(s) \tag{1.9}$$

$$+ (\gamma_{j-1}(s) - \sum_{i=0}^{N_j-1} \gamma_i^{(j-1)}(s))\Gamma_j^{N_j}(s)\}$$

$$\sum_{i=0}^{\infty} \gamma_i^{(j-1)}(s)\alpha_j^i := \gamma_{j-1}(s+\lambda_j-\lambda_j\alpha_j) \tag{1.10}$$

in dem $\gamma_0(s) = 1$ und $\Lambda_j := \sum_{i=1}^{j} \lambda_i$ gilt.

II.2 Warteschlangenlängen

Sei $7_0^k := 0, 7_1^k, 7_2^k, \ldots$ die Folge der Zeitpunkte, in denen eine k-Bedienung beginnt und N_t^k die Länge der k-Warteschlange zur Zeit $t \geq 0$.

Die erzeugende Funktion der k-Warteschlangenlänge in der j,k-Betriebsperiode sei

$$\text{(i)} \quad p_k^{(j,k)}(\alpha_k,t)\,dt := \sum_{r=0}^{\infty} \sum_{n=0}^{N_k} P\{N_{7_r^k}^k = n, t-dt < 7_r^k \leq t, 7_r^k < C_{jk}\}\,\alpha_k^n \qquad (2.1)$$

unmittelbar nach einem k-Bedienungsbeginn,

$$\text{(ii)} \quad P^{(j,k)}(\alpha_k,t) := \sum_{n=0}^{N_k} P\{N_t^k = n, t < C_{jk}\}\,\alpha_k^n \qquad (2.2)$$

zu einem beliebigen Zeitpunkt $t>0$. Für denselben auf die j-Betriebsperiode (den j-Bedienungszyklus) eingeschränkten Prozeß seien gleichartige erzeugende Funktionen $p_k^{(j)}(\alpha_k,t)\,dt := \ldots,\ P^{(j)}(\alpha_k,t) := \ldots$ $(q_k^{(j)}(\alpha_k,t)\,dt := \ldots,\ Q^{(j)}(\alpha_k,t) := \ldots)$ definiert.

Mit den schon im vorigen Abschnitt ausgenutzten Zerlegungsargumenten kann man die L-Transformierten der gesuchten erzeugenden Funktionen $p_k^{(j,k)}(\alpha_k,t)$, $P^{(j,k)}(\alpha_k,t)$ nach (I.2.3),(I.2.4) als

$$\pi_k^{(j,k)}(\alpha_k,s) = \left| \alpha_k \frac{\gamma_{j,k-1}(s+\lambda_k-\lambda_k\alpha_k)-\gamma_{jk}(s)}{\alpha_k-\Phi_k(s+\lambda_k-\lambda_k\alpha_k)} \right|_{N_k} \qquad (2.3)$$

$$\Pi^{(j,k)}(\alpha_k,s) = \left| \frac{1-\gamma_{j,k-1}(s+\lambda_k-\lambda_k\alpha_k)}{s+\lambda_k-\lambda_k\alpha_k} + \alpha_k\frac{\gamma_{j,k-1}(s+\lambda_k-\lambda_k\alpha_k)-\gamma_{jk}(s)}{\alpha_k-\Phi_k(s+\lambda_k-\lambda_k\alpha_k)} \right. \times$$

$$\frac{1-\Phi_k(s+\lambda_k-\lambda_k\alpha_k)}{s+\lambda_k-\lambda_k\alpha_k} + \left\{ \left| \frac{\gamma_{j,k-1}(s+\lambda_k-\lambda_k\alpha_k)-\gamma_{jk}(s)}{\alpha_k-\Phi_k(s+\lambda_k-\lambda_k\alpha_k)}\Phi_k(s+\lambda_k-\lambda_k\alpha_k) \right|_{N_k-1} \right.$$

$$\left. - \frac{\gamma_{j,k-1}(s+\lambda_k-\lambda_k\alpha_k)-\gamma_{jk}(s)}{\alpha_k-\Phi_k(s+\lambda_k-\lambda_k\alpha_k)}\Phi_k(s+\lambda_k-\lambda_k\alpha_k) \right\}\frac{1}{s+\lambda_k-\lambda_k\alpha_k}\left. \right|_{N_k} \qquad (2.4)$$

ansetzen. Die L-Transformierten von $p_k^{(j)}(\alpha_k,t)$, $P^{(j)}(\alpha_k,t)$ sind für $j=k$ zusätzlich nach (I.1.12),(I.1.18) als

$$\pi_k^{(k)}(\alpha_k,s) = \left| \alpha_k \frac{\frac{\lambda_k}{\Lambda_k}\alpha_k+\frac{\Lambda_{k-1}}{\Lambda_k}\gamma_{k-1}(s+\lambda_k-\lambda_k\alpha_k)-\gamma_k(s)}{\alpha_k-\Phi_k(s+\lambda_k-\lambda_k\alpha_k)} \right|_{N_k} \qquad (2.5)$$

$$\Pi^{(k)}(\alpha_k,s) = \left| \frac{\Lambda_{k-1}}{\Lambda_k}\cdot\frac{1-\gamma_{k-1}(s+\lambda_k-\lambda_k\alpha_k)}{s+\lambda_k-\lambda_k\alpha_k} + \right. \qquad (2.6)$$

$$\alpha_k \frac{\frac{\lambda_k}{\Lambda_k}\alpha_k + \frac{\Lambda_{k-1}}{\Lambda_k}\gamma_{k-1}(s+\lambda_k-\lambda_k\alpha_k)-\gamma_k(s)}{\alpha_k-\Phi_k(s+\lambda_k-\lambda_k\alpha_k)} \cdot \frac{1-\phi_k(s+\lambda_k-\lambda_k\alpha_k)}{s+\lambda_k-\lambda_k\alpha_k}$$

$$+ \left\{ \left| \frac{\frac{\lambda_k}{\Lambda_k}\alpha_k + \frac{\Lambda_{k-1}}{\Lambda_k}\gamma_{k-1}(s+\lambda_k-\lambda_k\alpha_k)-\gamma_k(s)}{\alpha_k-\Phi_k(s+\lambda_k-\lambda_k\alpha_k)} \phi_k(s+\lambda_k-\lambda_k\alpha_k) \right|_{N_k-1} \right.$$

$$\left. - \frac{\frac{\lambda_k}{\Lambda_k}\alpha_k + \frac{\Lambda_{k-1}}{\Lambda_k}\gamma_{k-1}(s+\lambda_k-\lambda_k\alpha_k)-\gamma_k(s)}{\alpha_k-\Phi_k(s+\lambda_k-\lambda_k\alpha_k)} \Phi_k(s+\lambda_k-\lambda_k\alpha_k) \right\} \frac{1}{s+\lambda_k-\lambda_k\alpha_k} \Big|_{N_k}$$

gegeben.

Um die erzeugende Funktion der Zustandswahrscheinlichkeiten des Prozesses
(N_t^k) im j-Bedienungszyklus zu erhalten, benutzt man eine Zerlegung desselben nach eingebetteten i,k-Betriebsperioden ($k<i\leq j$) (die zu einer
i-Bedienungsphase entarten, wenn darin keine Einheit der Priorität k
und höher eintrifft). Mit der Erneuerungsdichte der i-Bedienungen im
j-Bedienungszyklus $q_i^{(j)}(t)$ folgen daraus

$$q_k^{(j)}(\alpha_k,t) = p_k^{(j,k)}(\alpha_k,t) + \sum_{i=k+1}^{j-1} \int_{u=0}^{t} q_i^{(j)}(u) p_k^{(i,k)}(\alpha_k,t-u)\,du \qquad (2.7)$$

$$Q^{(j)}(\alpha_k,t) = P^{(j,k)}(\alpha_k,t) + \sum_{i=k+1}^{j-1} \int_{u=0}^{t} q_i^{(j)}(u) P^{(i,k)}(\alpha_k,t-u)\,du \qquad (2.8)$$

Für den Verlauf des Prozesses (N_t^k) in der j-Betriebsperiode ($k<j$) sind
folgende Situationen kennzeichnend:

(i) Entweder konnte mit der Bedienung von j-Einheiten noch nicht begonnen
werden, denn die erste ankommende Einheit besaß Priorität j-1 oder höher
und die durch sie angestoßene (j-1)-Betriebsperiode ist noch nicht zu
Ende,

(ii) oder zur Zeit u<t wurde der gegenwärtige j-Bedienungszyklus angefangen.

Dies begründet die Zustandsgleichung

$$P^{(j)}(\alpha_k,t) = \frac{\Lambda_{j-1}}{\Lambda_j} P^{(j-1)}(\alpha_k,t) + \int_{u=0}^{t} p_j^{(j)}(u) Q^{(j)}(\alpha_k,t-u)\,du \qquad (2.9)$$

denn $p_j^{(j)}(t)$ ist die Erneuerungsdichte der j-Bedienungszyklen in der
j-Betriebsperiode.

L-Transformation von (2.7) liefert

$$\psi_k^{(j)}(\alpha_k,s) = \pi_k^{(j,k)}(\alpha_k,s) + \sum_{i=k+1}^{j-1} \psi_i^{(j)}(s) \pi_k^{(i,k)}(\alpha_k,s) \qquad (2.10)$$

In gleicher Weise führt (2.9) nach Einsetzen von (2.8) auf die (hier nur
für eine gewöhnliche (K-)Betriebsperiode aufgeschriebene) Beziehung

$$\Pi(\alpha_k,s) = \frac{\Lambda_k}{\Lambda}\Pi^{(k)}(\alpha_k,s) + \sum_{j=k+1}^{K} \frac{\Lambda_j}{\Lambda}\pi_j^{(j)}(s) \sum_{i=k+1}^{j} \psi_i^{(j)}(s)\Pi^{(i,k)}(\alpha_k,s) \qquad (2.11)$$

in der abkürzend $\psi_j^{(j)}(s) = 1$ gesetzt und (wie fortan immer) der auf die Prioritätsklassenzahl weisende Index K in der Notation unterdrückt wurde.

Für die durch

$$\hat{\Pi}(\alpha_k,s) := \int_0^\infty e^{-st} E\alpha_k^{N_t^k} dt \qquad (2.12)$$

bestimmte absolute Verteilung des k-Warteschlangenprozesses ergibt sich schließlich aufgrund des üblichen Erneuerungsarguments und mit der Abkürzung

$$\hat{\varepsilon}(s) := \frac{1}{s+\Lambda-\Lambda\gamma(s)} \qquad (2.13)$$

<u>Satz</u> 3:

$$\hat{\Pi}(\alpha_k,s) = \hat{\varepsilon}(s)\{1+\Lambda\Pi(\alpha_k,s)\} \qquad (2.14)$$

II.3 <u>Grenzverteilung der Warteschlangenlängen</u>

Die Grenzverteilung der k-Warteschlangenlänge $\hat{\Pi}_k := (\hat{\Pi}_n^{(k)})$ mit $\hat{\Pi}_n^{(k)} := \lim_{t\to\infty} P\{N_t^k=n\}$ wird prinzipiell nach demselben Schema wie beim Basismodell hergeleitet, sodaß sich eine genaue Begründung erübrigt. Sei $c_k^{(j,k)}$ $(c_k^{(j)},v_k^{(j)})$ die erwartete Anzahl der in der j,k-Betriebsperiode (j-Betriebsperiode, im j-Bedienungszyklus) bedienten k-Einheiten. Sei ferner C_j die erwartete Dauer der j-Betriebsperiode. Wieder kann man Gleichungsketten

$$c_k^{(j,k)} := E\{\sum_{r=0}^\infty (7_r^k<C_{jk})\} = \sum_{r=0}^\infty P\{7_r^k<C_{jk}\} = \int_0^\infty p_k^{(j,k)}(t)dt \qquad (3.1)$$
$$= \lim_{s\downarrow 0} \pi_k^{(j,k)}(s)$$

$$C_j := E\{C_j\} = \int_0^\infty P\{C_j>t\}dt = \int_0^\infty P^{(j)}(t)dt = \lim_{s\downarrow 0} \Pi^{(j)}(s) \qquad (3.2)$$

aufstellen und entsprechende für $c_k^{(j)}$ und $v_k^{(j)}$.
Bei Anwendung der Grenzwertregel (A.6) auf (2.3),(2.5) und mit einiger Rechnung erhält man

$$c_k^{(j,k)} = \sum_{n=0}^{N_k-1} (B_n^{(k)} - \sum_{m=0}^{n} \gamma_m^{(j,k-1)} B_{n-m}^{(k)}) \qquad (3.3)$$

$$c_k^{(k)} = \frac{\lambda_k}{\Lambda_k} B_{N_k-1}^{(k)} + \frac{\Lambda_{k-1}}{\Lambda_k} \sum_{n=0}^{N_k-1} (B_n^{(k)} - \sum_{m=0}^{n} \gamma_m^{(k-1)} B_{n-m}^{(k)}) \qquad (3.4)$$

mit

$$\sum_{n=0}^{\infty} B_n^{(k)} \alpha_k^n := \frac{1}{P_k} \cdot \frac{P_k(\alpha_k)}{\Phi_k(\lambda_k - \lambda_k \alpha_k) - \alpha_k} \qquad (3.5)$$

Ähnlich folgt aus (2.10) mit $v_j^{(j)} := 1$ die rekurrente Beziehung

$$v_k^{(j)} = \sum_{i=k+1}^{j} v_i^{(j)} c_k^{(i,k)} \qquad (3.6)$$

und aus (2.11)

$$C = \sum_{j=1}^{K} \frac{\Lambda_j}{\Lambda} c_j^{(j)} \sum_{i=1}^{j} v_i^{(j)} U_i \qquad (3.7)$$

Die stationäre Verteilung der k-Warteschlangenlänge erhält man aus
(2.14) durch Grenzübergang $s \downarrow 0$. Nach Eintragen der Zwischenresultate
(2.4),(2.6) und (2.11) erkennt man, daß die Grenzwahrscheinlichkeiten
durch die Potenzreihenkoeffizienten aus

$$\sum_{n=0}^{\infty} \beta_n^{(k)} \alpha_k^n := \{ \frac{\lambda_k}{\Lambda} + \frac{\Lambda_{k-1}}{\Lambda} \cdot \frac{1 - \gamma_{k-1}(\lambda_k - \lambda_k \alpha_k)}{1 - \alpha_k}$$

$$+ \sum_{j=k+1}^{K} \frac{\Lambda_j}{\Lambda} c_j^{(j)} \sum_{i=k+1}^{j} v_i^{(j)} \frac{1 - \gamma_{i,k-1}(\lambda_k - \lambda_k \alpha_k)}{1 - \alpha_k} \} \frac{\Phi_k(\lambda_k - \lambda_k \alpha_k)}{\Phi_k(\lambda_k - \lambda_k \alpha_k) - \alpha_k} \qquad (3.8)$$

in einer dem Basismodell analogen Form dargestellt werden können. Die
(I.4.5) entsprechende Potenzreihe ist

$$\sum_{n=0}^{\infty} b_n^{(k)} \alpha_k^n := \{ \frac{\lambda_k}{\Lambda} + \frac{\Lambda_{k-1}}{\Lambda} \cdot \frac{1 - \gamma_{k-1}(\lambda_k - \lambda_k \alpha_k)}{1 - \alpha_k}$$

$$+ \sum_{j=k+1}^{K} \frac{\Lambda_j}{\Lambda} c_j^{(j)} \sum_{i=k+1}^{j} v_i^{(j)} \frac{1 - \gamma_{i,k-1}(\lambda_k - \lambda_k \alpha_k)}{1 - \alpha_k} \} \frac{1}{P_k} \cdot \frac{P_k(\alpha_k)}{\Phi_k(\lambda_k - \lambda_k \alpha_k) - \alpha_k} \qquad (3.9)$$

Zusammenfassend erhält man schließlich mit

$$\hat{e}_k := \frac{1/\lambda_k}{1/\Lambda + C} \qquad (3.10)$$

das Hauptergebnis

<u>Satz</u> 4:

(i) $\qquad \hat{\Pi}_n^{(k)} = \hat{e}_k (\beta_n^{(k)} - \beta_{n-1}^{(k)}), \quad n = 0, \dots, N_k - 2 \qquad (3.11)$

(ii) $\qquad \hat{\Pi}_{N_k-1}^{(k)} = \hat{e}_k (b_{N_k-1}^{(k)} - \beta_{N_k-2}^{(k)}) \qquad (3.12)$

(iii) $\qquad \hat{\Pi}_{N_k}^{(k)} = 1 - \hat{e}_k b_{N_k-1}^{(k)} \qquad (3.13)$

III. SCHLUSSBEMERKUNGEN

Die vorliegende Analyse führt die stationären Charakteristiken der beiden
untersuchten Bedienungssysteme mit endlichen Warteräumen rekursiv auf
formale Potenzreihenentwicklungen gewisser erzeugender Funktionen zurück.

Wenn Bedienungs- und Sperrzeitverteilungsdichten eine rationale L-Transformierte besitzen, so sind diese erzeugenden Funktionen ebenfalls rational und ihre Entwicklungen durch elementare algebraische Potenzreihenoperationen berechenbar.

Literatur

/1/ GELENBE,E.,   Analysis and synthesis of computer systems,
    MITRANI,I.,   *Academic Press, New York 1980*
/2/ JAISWAL,N.K.,   Priority queues,
                    Academic Press, New York 1968
/3/ JOHNSON,P.A.,   Approximate open priority queue model for determining
                    total delay including overhead in a real-time virtual
                    memory system,
                    International Computing Symposium 1973,173-178
/4/ JOLKOV,S.,   Generalized regenerative processes with embedded
    RYKOV,V.,   regeneration periods and their application,
                    Math. Operationsforschung u. Statistik 12(1981)575-591
/5/ KEKRE,H.B.,   Finite buffer behavior with Poisson arrival and
    SAXENA,C.L.,   random server interruptions,
                    IEEE Trans. Comm. 26(1978),470-474
/6/ KRAMER,M.,   Das Wartesystem M/G/1 mit endlicher Schlange und
                    unterbrechenden Prioritäten,
                    Informatik-Berichte d. Inst. f. Informatik,
                    Univ. Bonn, Nr.29,1979
/7/ SAUER,C.H.,   Configuration of computer systems: An approach using
                    queuing models,
                    Ph.D.diss. University of Texas at Austin 1975
/8/ VIKAS,O.,   Analysis of a periodically inspected buffer,
                    Information Processing Letters 8(1979),124-130

ANHANG

Projektionsmethode

Die Projektionsmethode ist ein algebraisches Kalkül zur Manipulation
von Potenzreihenentwicklungen, speziell (wahrscheinlichkeits-)erzeugen-
der Funktionen beschränkter Zufallsvariablen/6/. Im folgenden werden
die grundlegenden Definitionen und Rechenregeln zusammengestellt.

Definition A.1: *Sei $R(\alpha)$ die Menge der Potenzreihenentwicklungen*

$$\pi(\alpha) := \sum_{n=0}^{\infty} \pi_n \alpha^n \tag{A.1}$$

*für die $\lim_{\alpha \uparrow 1} \pi(\alpha)$ $(=:\pi)$ existiert. Der Projektionsoperator $|\;|_N$ bildet
$\pi(\alpha)$ auf das Polynom*

$$|\pi(\alpha)|_N := \sum_{n=0}^{N-1} \pi_n \alpha^n + (\pi - \sum_{n=0}^{N-1} \pi_n)\alpha^N \tag{A.2}$$

ab, indem er den Endteil der Reihe zusammenfaßt.

Die Tragweite dieser Definition wird klar durch

Lemma A.1: *Ist X eine Zufallsvariable mit Werten aus $\{0,1,\dots\}$, so gilt*

$$E\alpha^{\min\{X,N\}} = |E\alpha^X|_N \tag{A.3}$$

Für das Rechnen mit beschränkten Potenzreihen sind folgende Kalkülregeln
nützlich

Lemma A.2: *Für $\pi(\alpha),\eta(\alpha) \in R(\alpha)$ gelten*

(i) $\quad |\pi(\alpha)|_N + |\eta(\alpha)|_N = |\pi(\alpha)+\eta(\alpha)|_N$ $\tag{A.4}$

(ii) $\quad c|\pi(\alpha)|_N = |c\pi(\alpha)|_N \;,\; c\in R$ $\tag{A.5}$

(iii) $\lim_{\alpha \uparrow 1} |\pi(\alpha)|_N = \pi$ $\tag{A.6}$

(iv) $\quad \alpha|\pi(\alpha)|_{N-1} = |\alpha\pi(\alpha)|_N$ $\tag{A.7}$

(v) $\quad ||\pi(\alpha)|_N\eta(\alpha)|_N = |\pi(\alpha)\eta(\alpha)|_N$ $\tag{A.8}$

Nur die Beziehung (A.8), die der Faltungsregel für die Summe zweier
Zufallsvariablen X und Y entspricht, ist nichttrivial und folgt aus
der Identität

$$\min\{\min\{X,N\}+Y,N\} = \min\{X+Y,N\} \tag{A.9}$$

ANALYTISCHE UND SIMULATIVE UNTERSUCHUNG
EINES MULTIPLEXORS MIT TIME-OUT

Kurt Geihs

Fachbereich Informatik
Universität Frankfurt

I. Einleitung und Problemstellung

Ein Multiplexor als Bestandteil moderner Rechen- und Datenkommunikationssysteme dient dazu, unregelmäßig eintreffende Nachrichten zu bündeln und dadurch eine bessere Auslastung von Systemkomponenten zu erreichen. In dieser Arbeit wird das Modell eines neuartigen Multiplexors untersucht, in dem ein Time-Out die Zusammenfassung von Zeichen zu Datenpaketen steuert. Ein Prototyp dieses Gerätes wurde an der UC Los Angeles gebaut und langwierigen Tests unterzogen. Eine genaue Beschreibung des Aufbaus und der Wirkungsweise wird man einer sich in Vorbereitung befindenden Arbeit entnehmen können.

Hier soll anhand formaler Modelle gezeigt werden, welche quantitativen Aussagen man über das Systemverhalten machen kann. Darüber hinaus ist das betrachtete Warteschlangenmodell auch für andere Anwendungen von großem Interesse, da einerseits Time-Outs in Kommunikationssystemen sehr oft verwendet werden, es andererseits aber nur wenige theoretische Untersuchungen dieser Mechanismen gibt.

Das System arbeitet wie folgt. Ankommende Zeichen (Kunden) werden nach Möglichkeit immer zu mehreren zusammengefaßt und als Paket weiterverarbeitet, d.h. gesendet. (Abb.1) Ein an einer leeren Sammelstation ankommendes Zeichen löst den Ablauf eines Timers aus und wird zum ersten Zeichen eines neuen Paketes. Alle Kunden, die nun vor Ablauf der T Zeiteinheiten eintreffen, werden in das gleiche Paket an der Sendestation abgeliefert, wo es auf seine Übertragung wartet. Das nächste am System eintreffende Zeichen löst wieder einen neuen Timer-Ablauf aus.

Falls jedoch vor dem Verstreichen von T Zeiteinheiten so viele Kunden ankommen, daß die maximale Paketgröße R (Zeichen) überschritten wird, wird das Paket sofort abgeliefert und der nächste Kunde initiiert ein neues Paket. Somit trifft höchstens T Zeiteinheiten nach der Ankunft eines Zeichens ein Paket beim Sender ein.

Dieser arbeitet die Pakete nach FCFS ab, wobei es gelegentlich - bei hoher Ankunftsrate - zu einem Rückstau von Paketen, d.h. zu einer erneuten Verzögerung des Paketes kommen kann.

In dieser Arbeit soll die durchschnittliche Verzögerung eines Paketes in Abhängigkeit von den Systemparametern bestimmt werden. Sie setzt sich aus zwei Teilen zusammen.

Erstens die Zeit, die nach Eintreffen des ersten Zeichens gewartet wird, um weitere Zeichen in das gleiche Paket zu sammeln. Zweitens die Zeit, die in der Warteschlange vor dem Sender verbracht wird.

Als Hilfsmittel für diese Untersuchungen werden sowohl ein mathematisches als auch ein Simulationsmodell verwendet werden. Basierend auf den daraus gewonnenen Einsichten kann man dann die regelbaren Systemgrößen (z.B. T und R) derart wählen, daß der Multiplexor bestimmte Leistungskriterien (z.B. kurze Verzögerung, hohe Paketauslastung) erreicht.

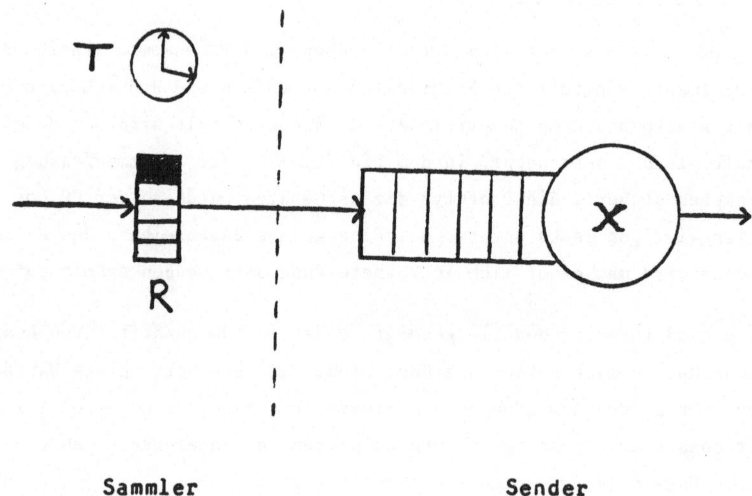

Abbildung 1: Das Modell

II. Analytische Betrachtung der Paketverzögerung

II.1 Die mathematischen Modelle zur Beschreibung komplexer Systeme erfordern oft eine Idealisierung und Vereinfachung der Annahmen über bestimmte Systemcharakteristika. Trotzdem zeigt sich immer wieder, daß man mit diesen Modellannahmen Ergebnisse erzielen kann, die das reale Systemverhalten sehr betreffend beschreiben und somit zum besseren Verständnis der Zusammenhänge führen.

Für das in Kapitel I beschriebene Warteschlangensystem machen wir folgende Annahmen:

1) Die Zeichen treffen in Gruppen (Bursts) ein. Dieser Ankunftsprozeß ist ein Poisson Prozeß mit mittlerer Ankunftsrate λ, d.h.:

$$\Pr(\ n\ \text{bursts pro ZE}\ ) = \frac{\lambda^{n}}{n!}\ e^{-\lambda}\ ,$$

$n = 0,1,2,\ldots\ .$

2) Die Größe der Bursts ist geometrisch verteilt mit Mittelwert $1/\theta$, d.h.

$$\Pr(\text{ Burst Größe } = i\ ) = \theta\ (1-\theta)^{i-1}\ ,$$

$i = 1,2,3,\ldots$.

3) Die Übertragungszeit x für ein Paket ist konstant.

Die Voraussetzungen eins und zwei werden häufig bei der Leistungsanalyse von realen Datenkommunikationssystemen getroffen. Sie sind Ausdruck der Tatsache, daß reale Nachrichtenströme in Rechensystemen (z. B. Terminal – Computer) näherungsweise durch einen Poisson-Prozeß beschrieben werden können (/4/). Weiterhin werden die Nachrichten in ihrer Länge variieren, was in Voraussetzung zwei zum Ausdruck kommt.

Voraussetzung drei bedeutet, daß die Sendezeit pro Paket unabhängig von dessen Länge (die in Folge des Timers variiert) ist, d.h. der Verwaltungsaufwand, der für jedes Paket gleich ist (Protokollprozeduren, etc.), dominiert im Vergleich zur reinen Übertragungszeit, die durch die Leitungskapazität bestimmt ist.

Für die analytische Betrachtung des Multiplexor-Verhaltens sehr nützlich ist die vierte Voraussetzung:

4) Der Ankunftsprozeß am Sender ist (näherungsweise) ein Poisson Prozeß
   mit Rate $\lambda' \leq \lambda$.

Diese Annahme erlaubt   eine unkomplizierte Beschreibung des generellen Systemverhaltens. Da diese Voraussetzung jedoch zu gewissen Verzerrungen der Ergebnisse speziell im Hochlastbereich führt, wird diese Annahme in Kapitel III dieser Arbeit durch eine präzisere, wenn auch ungleich schwerer zu behandelnde Beschreibung ersetzt.

Wie schon in Kapitel I erwähnt, besteht die gesamte Paketverzögerung aus zwei Teilen: Warten auf mehr Zeichen und Warten in der Warteschlange des Senders. Beide Teile des Systems hängen bei gegebenen λ, θ und x von der Time-Out Länge und der maximalen Paketgröße R ab.
Aufgrund der Voraussetzungen drei und vier stellt der Sender des betrachteten Multiplexors ein Warteschlangensystem vom Typ M/D/1 dar, dessen durchschnittliche Wartezeit durch

$$W_{M/D/1} = \frac{x}{2} \cdot \frac{\rho}{1 - \rho} \qquad\qquad (II.1)$$

gegeben ist (/1/), wobei $\rho = \lambda\, x$ und $\lambda < 1$.

Vor der Herleitung einer Gleichung für die mittlere Paketverzögerung ist es ratsam, Überlegungen zu den Eigenschaften einer eventuellen Lösung anzustellen. Die Paketverzögerung $W(R,T)$ muß die folgenden Randbedingungen erfüllen:

168

$$\lim_{T\to\infty} W(R,T) = W(R), \qquad\qquad\qquad (II.2)$$

$$\lim_{R\to\infty} W(R,T) = W(T), \qquad\qquad\qquad (II.3)$$

$$W(1,T) = W_{M_B/D/1}, \qquad\qquad\qquad (II.4)$$

$$W(R,0) = W_{M_B/D/1}.$$

Bedingung (II.2) bedeutet, daß im Falle eines sehr langen Time-Outs das System immer wartet bis ein Paket voll ist, wohingegen in (II.3.) ein Paket nie vor dem Ablauf von T aufgefüllt sein wird. Bedingungen (II.4) und (II.5) sind Ausdruck der Tatsache, daß, wenn wir nach der Ankunft eines Zeichens nicht auf weitere Zeichen warten, das System sich wie ein reguläres Warteschlangensystem mit Poisson verteilten Burst-Ankünften und konstanter Servicezeit verhält, d.h. jedes Zeichen wird zu genau einem Paket.

II.2 Um Aufschluß über die durchschnittliche Wartezeit eines Paketes zu erhalten, soll zuerst die Ankunftsrate am Sender bestimmt werden. Dazu untersuchen wir die mittlere Paketbelegung, d.h. wie viele Zeichen im Mittel in einem Paket enthalten sind. Diese Größe G hängt natürlich direkt von der Ankunftsstatistik, dem Time-Out T und der maximalen Paketgröße R ab.

Der Erwatungswert der Paketlänge G ist gegeben durch

$$G = 1 + \sum_{i=1}^{R-1} i \cdot P_i \quad, \qquad\qquad\qquad (II.6)$$

mit

$$P_i = Pr(\text{ genau } i \text{ Zeichen kommen in T an }).$$

Nach Voraussetzung eins und zwei sind die Ankünfte der Zeichen-Bursts Poisson mit Parameter λ und die Burstgröße geometrisch mit Mittelwert $1/\theta$ verteilt. Deswegen besitzen die Wahrscheinlichkeiten P_i ($0 \leq i \leq R-2$) eine 'Compound Poisson' Verteilung (/2/):

$$P_i = \begin{cases} \displaystyle\sum_{k=1}^{i} \binom{i-1}{k-1} (\lambda T\theta)^k (1-\theta)^{i-k} \, \frac{e^{-\lambda T}}{k!} & i = 1,2,3,\ldots, R-2 \qquad (II.7)\\[3em] e^{-\lambda T} & i = 0 \end{cases} \quad.$$

Da ein Paket nur eine maximale Größe von R Zeichen haben kann, ergibt sich für P_{R-1}

$$P_{R-1} = 1 - \sum_{i=0}^{R-2} P_i \quad .$$ (II.8)

Mit der so berechneten durchschnittlichen Paketgröße G erhält man für die Ankunfts-rate am Sender

$$\lambda' = \frac{\lambda/\theta}{G} \quad .$$ (II.9)

Nach Voraussetzung vier soll diese Ankunftsprozeß zum Zwecke einer ersten Näherung ebenfalls als Poisson Prozeß angesehen werden.

Die durchschnittliche Paketverzögerung W erhält dann folgendes Aussehen:

$$W = \frac{G-1}{\lambda/\theta} + \frac{x}{2} \; \frac{\lambda'\cdot x}{1-\lambda'.x} \quad .$$ (II.10)

W ist also die Summe aus der Wartezeit, die für das Einsammeln von weiteren G-1 Zeichen benötigt wird, und der "M/D/1"-Wartezeit in der Warteschlange des Senders.

Wie in (II.2) - (II.5) gefordert, muß W verschiedenen Randbedingungen genügen für den Fall, daß R und T bestimmte Werte annehmen. Da die mittlere Paketgröße G den entscheidenden Faktor in (II.10) darstellt, reicht es, die Auswirkungen der Parameter R und T auf G zu untersuchen.

Es ergibt sich:

$$\lim_{T\to o} G = \lim_{T\to o} \; 1+ \sum_{i=1}^{R-1} iP_i = 1 \quad ,$$

da

$$\lim_{T\to o} P_o = 1 \quad .$$

Weiterhin

$$\lim_{T\to\infty} G = \lim_{T\to\infty} \; 1 + \sum_{i=1}^{R-1} iP_i$$

$$= \lim_{T\to\infty} \; 1 + \sum_{i=1}^{R-2} iP_i + (R-1)\, P_{R-1}$$

$$= \qquad 1 + 0 \qquad + (R-1)\, 1 = R \quad ,$$

und

$$G_{R=1} = 1 \quad ,$$

und

$$\lim_{R\to\infty} G = \lim_{R\to\infty} 1 + \sum_{i=1}^{R-1} iP_i = \lim_{R\to\infty} 1 + \sum_{i=0}^{R-1} iP_i$$

$$= 1 + E\left[\text{Anzahl der in T ankomm. Zeichen}\right].$$

$$= 1 + \frac{\lambda}{\theta} T \quad .$$

Setzt man die ermittelten Werte für G in Gleichung (II.10) ein, so ergibt sich unmittelbar die Gültigkeit der Aussagen (II.2) - (II.5).

III. Ergebnisse und Simulation

III.1 Zur Überprüfung der analytischen Ergebnisse wurde für das Multiplexor-Warteschlangensystem ein Simulationsmodell aufgestellt und in SIMULA 67 codiert. Für eine Vielzahl von verschiedenen Kombinationen der Eingangsparameter λ, θ, T, R wurden die durchschnittliche Gruppengröße G, die prozentuale Senderauslastung ρ und die mittlere Paketverzögerung W berechnet.

Das erste Ergebnis der Untersuchungen war, daß die Wartezeit praktisch unabhängig von der Burst-Größe ist, solange die durchschnittliche Burst-Größe $1/\theta$ deutlich kleiner als die maximale Paketgröße R ist, was für reale Umgebungen immer angenommen werden muß. Abbildung 2.A zeigt den Verlauf der Kurve von W, wie er durch (II.10) beschrieben wird, für verschiedene Burst-Parameter θ.

Ab einem bestimmten Wert der Senderauslastung ($\rho > 0.4$) ergibt sich für alle Konfigurationen der gleiche Verzögerungswert, da die Paketgröße R zum dominierenden Faktor wird und den Time-Out T überlagert.

Abbildung 2.B enthält die entsprechenden Simulationsergebnisse. Auch hier verliert der Time-Out T ab einem bestimmten Wert der Ankunftsrate seinen Einfluß, weswegen auch ab diesem Punkt nur eine gemeinsame Kurve für unterschiedliche T gezeichnet wurde.

Sowohl in Abb. 2.B als auch in allen folgenden Darstellungen von Simulationsergebnissen wurde immer dann ein 95 % Vertrauensintervall für einen Meßwert angegeben, wenn es die zeichnerische Genauigkeit sinnvoll erscheinen ließ. Das heißt, bei Werten ohne eingezeichnetes Vertrauensintervall ist dieses verschwindend klein (<.oo5).

Die Übereinstimmung der Werte trotz unterschiedlicher Ankunftscharakteristik ist keine Überraschung. Durch den Sammlerteil des Multiplexors werden die Unregelmäßigkeiten der Zeichenankünfte weitgehend 'geglättet', und somit spielt es keine Rolle mehr, wie die Zeichen eintreffen, sondern nur wie viele ankommen.

Aus diesem Grunde wurde für die folgenden Berechnungen nur noch eine feste Burst-Größe ($\theta=1$) angenommen. Dies hilft zahlreich auftretende Unter- bzw. Überläufe des auf dem Rechner darstellbaren Zahlenbereichs weitgehend zu unterdrücken.

Abbildung 3 zeigt den Verlauf der durchschnittlichen Paketgröße G bei steigender Ankunftsrate λ.

Abbildung 4 verdeutlicht die Auswirkung eines zu kurzen Time-Outs T. Für kleine T werden die Pakete so schnell abgeschickt, daß sie auch bei höheren Ankunftsraten nicht voll werden. In diesem Fall bleibt die Verarbeitungskapazität (Durchsatz) unter der maximalen Rate von R/x, da der Sender die Zahl der eintreffenden Pakete nicht alle verarbeiten kann.

Für T=.o25 verläßt das System seinen stabilen Zustand im Bereich von λ = 13, während für große T der Sender erst ab λ = 30 überlastet ist.

III.2 Vergleicht man die Ergebnisse der analytischen Berechnungen und die der Simulation, so kann man feststellen, daß das in Kapitel II aufgestellte Modell den Einfluß der Eingangsparameter auf die Paketverzögerung treffend beschreibt. Dennoch zeigt sich vor allem für hohe Senderauslastungen eine mitunter recht deutliche Diskrepanz zwischen den Beträgen der errechneten und der simulierten Paketverzögerung.

Der Grund hierfür liegt im wesentlichen in der Voraussetzung vier, nach der der Ankunftsstrom am Sender (=Ausgangsstrom des Sammlers) ebenfalls Poisson verteilt sein soll. Diese Annahme ermöglichte eine einfache Berechnung der Wartezeit in der Warteschlange des Senders, entspricht aber nicht ganz dem realen Verhalten des Systems. Solange die Ankunftsrate λ nicht so hoch ist, daß die Pakete in der Zeit T aufgefüllt werden, spielt die Wartezeit am Sender keine Rolle, da sich wegen T > x keine nennenswerte Warteschlange am Sender bilden wird. Werden aber mehr und mehr Pakete vor Ablauf des Time-Out fertiggestellt, so nimmt das Sender-Warteschlangensystem immer mehr eine $E_R/D/1$-Gestalt an, d.h. nach jeder R-ten Ankunft eines Zeichens kommt ein Paket am Sender an.

Die mittlere Paketverzögerung W wird daher besser durch folgende Gleichung beschrieben ($1/\theta = 1$):

$$W = \frac{G-1}{\lambda} + P_{voll} \cdot W_{E_R/D/1} \, , \qquad\qquad (III.1)$$

wobei

$$P_{voll} = \text{Pr (Paket wird voll in T)}$$

$$= 1 - \sum_{i=o}^{R-2} P_i \qquad\qquad (III.2)$$

und

$$P_i = \text{Pr (genau i Zeichen kommen in T an)}.$$

III.3 Da der Ankunftsprozeß ein Poisson Prozeß ist und im Bereich hoher Ankunftsraten alle R Zeichen ein Paket gebildet wird, ist der Paketankunftsprozeß in diesem
Fall Erlang (R) verteilt mit Rate λ/R. Der Sender gleicht somit einem allgemeinen
GI/G/1 Warteschlangensystem, und eine Berechnung der Wartezeitverteilung erfordert
die Spektralfaktorisierung der rationalen Funktion F(s) mit

$$F (s) = A^* (-s) \; B^* (s) - 1 ,$$

wobei A^* und B^* die Laplace Transformierten der Zwischenankunftszeiten bzw. der Bedienzeiten darstellen.

Diese Faktorisierung läßt sich für allgemeines R nicht durchführen. Deswegen wurde
ein Simulationsprogramm für dieses einfache Warteschlangensystem geschrieben. Abb. 5
zeigt den Verlauf der mittleren Wartezeit für die Werte R = 1,3,48, wobei die Kurve
für R=1 die errechnete Wartezeit des M/D/1 Systems darstellt.

Ein Vergleich dieser Kurven erklärt, warum die unter Voraussetzung vier errechneten
Werte im Vergleich zu den Simulationswerten zu hoch liegen: das M/D/1 System hat für
eine gegebene Verkehrsintensität eine wesentlich höhere durchschnittliche Wartezeit.

Abbildung 5 zeigt die Simulationsergebnisse für den Multiplexor zusammen mit dem Verlauf der Paketverzögerung, die nach (III.1) als eine Kombination von analytischen
und simulativen Methoden ermittelt wurde. Natürlicherweise stimmen die Ergebnisse
jetzt viel besser überein.
Mit Hilfe dieser Kurven kann man jetzt versuchen, T so zu wählen (R wird in realen
Systemen meist durch andere Faktoren bestimmt), daß z.B. eine möglichst geringe Verzögerung auftritt. Der Trade-Off hierbei liegt in der mittleren Paketauslastung, die
für kurze Intervalle des Time-Outs sehr niedrig sein wird, d.h. der Overhead pro über-
tragenem Zeichen ist recht hoch. Die Wahl der Parameter wird somit von der Wichtigkeit einzelner Leistungskriterien abhängig zu machen sein.

IV. <u>Schlußbemerkungen</u>

Mit Hilfe mathematischer und simulativer Methoden wurde ein spezielles Warteschlangensystem beschrieben und auf seine Eigenschaften hin untersucht. Es wurde gezeigt, wie
die Kombination von Simulation und analytischen Berechnungen zu verwertbaren Aussagen
über das Verhalten eines durch einfache Modelle nicht zu erfassenden Systems führen
kann.
In einer späteren Arbeit werden die hier gezeigten Ergebnisse mit einer Serie von
Meßwerten verglichen werden, die an der University of California, Los Angeles, mit
einem Prototyp eines solchen Multiplexors gewonnen wurden.

Literatur

(/1/)   L. Kleinrock, <u>Queuing Systems</u>, Vol.1, 1975, Wiley, New York.

(/2/)   W.M. Chu, L.C.Liang, 'Buffer Behavior for Mixed Input Traffic and Single
        Constant Output Rate', IEEE Transactions on Communications, Vol. COM-20,
        April 1972.

(/3/)   K. Geihs, 'Behavior of a Buffer System with Time-Out-Mechanism', M.S.
        Thesis, UC Los Angeles, Juni 1980.

(/4/)   E. Fuchs, P.E. Jackson, 'Estimates of Distributions of Random Variables
        for Certain Computer Communications Traffic Models', CACM, Vol 13, No. 12,
        1970.

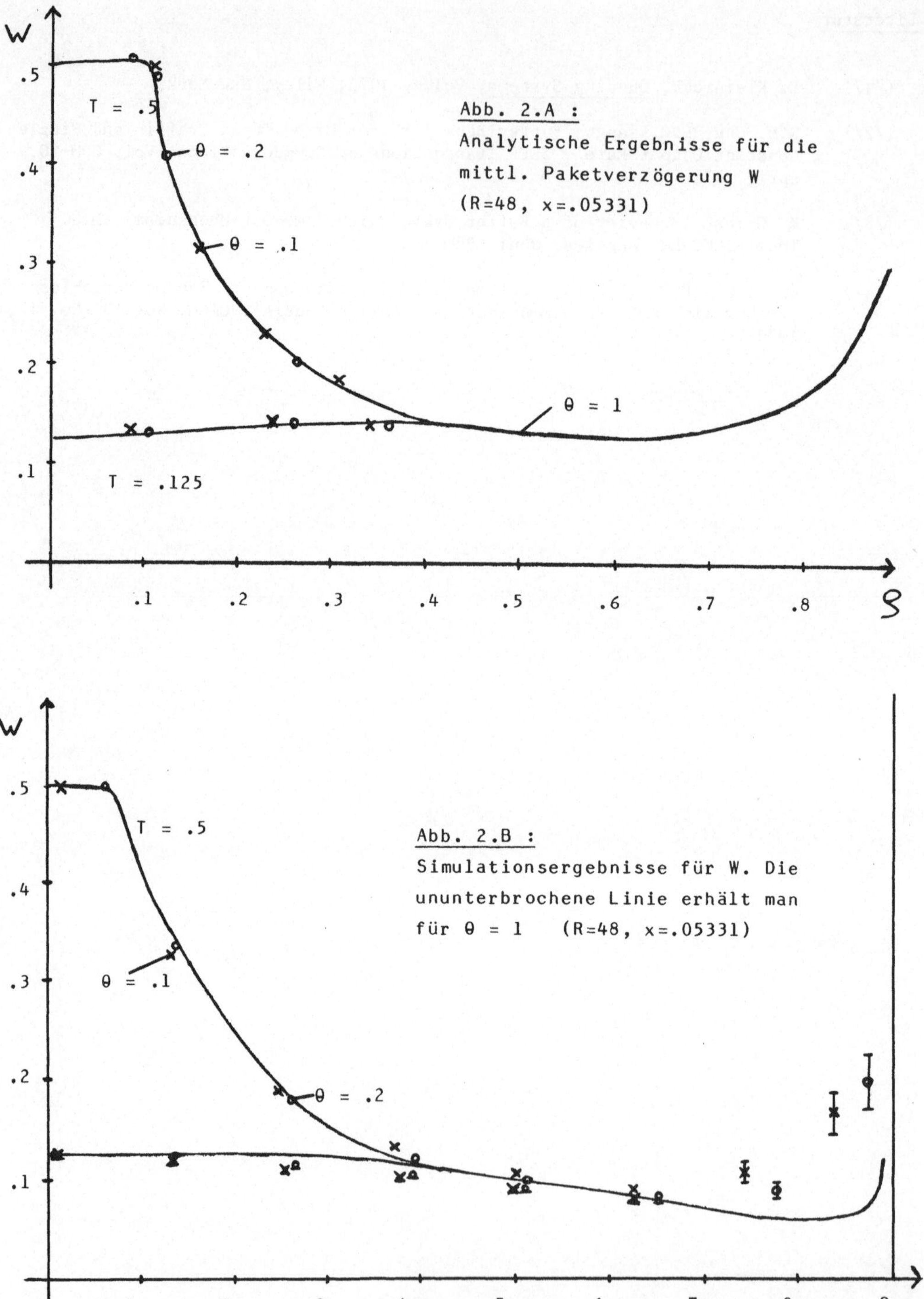

Abb. 2.A :
Analytische Ergebnisse für die
mittl. Paketverzögerung W
(R=48, x=.05331)

Abb. 2.B :
Simulationsergebnisse für W. Die
ununterbrochene Linie erhält man
für θ = 1   (R=48, x=.05331)

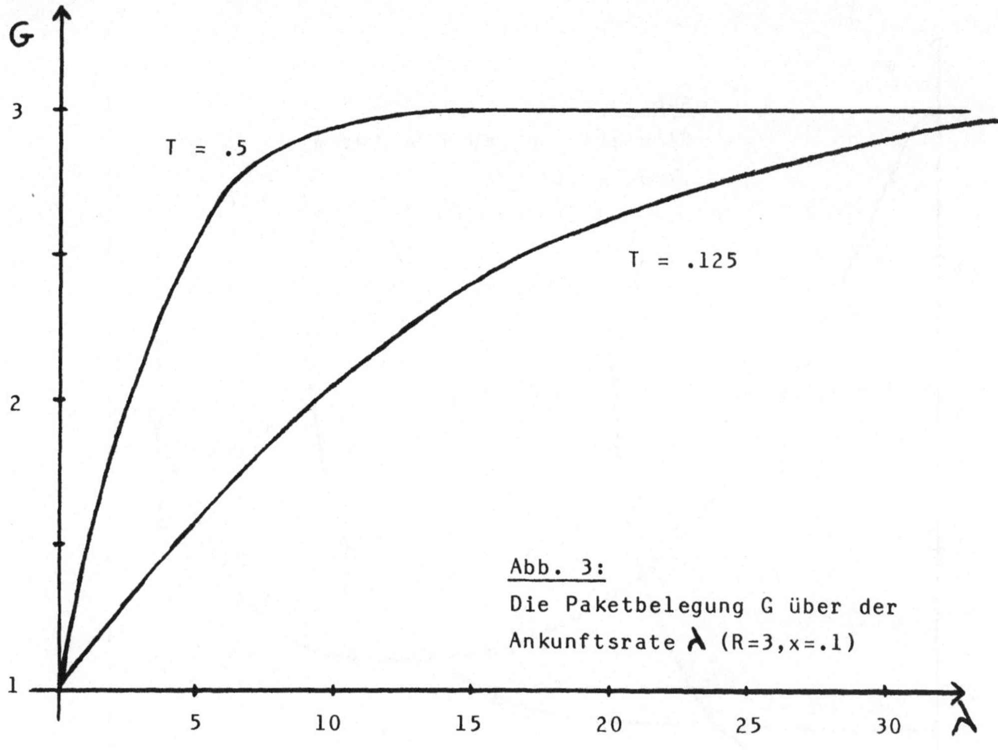

Abb. 3:
Die Paketbelegung G über der
Ankunftsrate λ (R=3, x=.1)

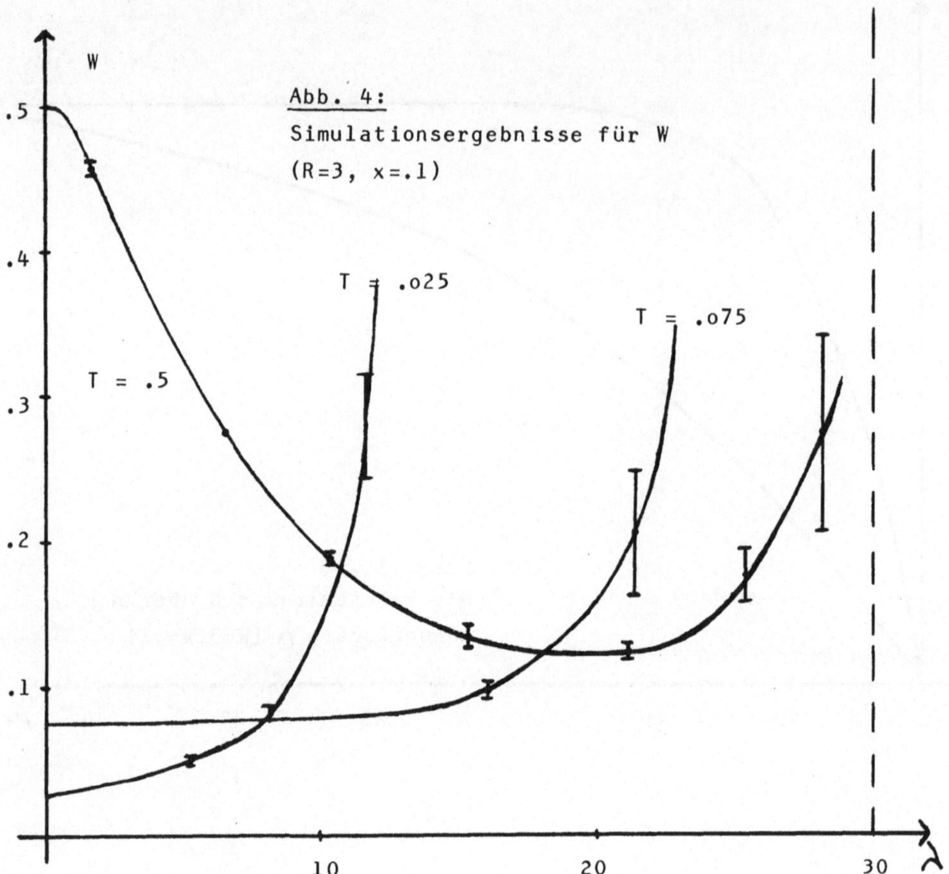

W
.5
.4
.3
.2
.1
10
20
30
T = .5
T = .025
T = .075
Abb. 4:
Simulationsergebnisse für W
(R=3, x=.1)

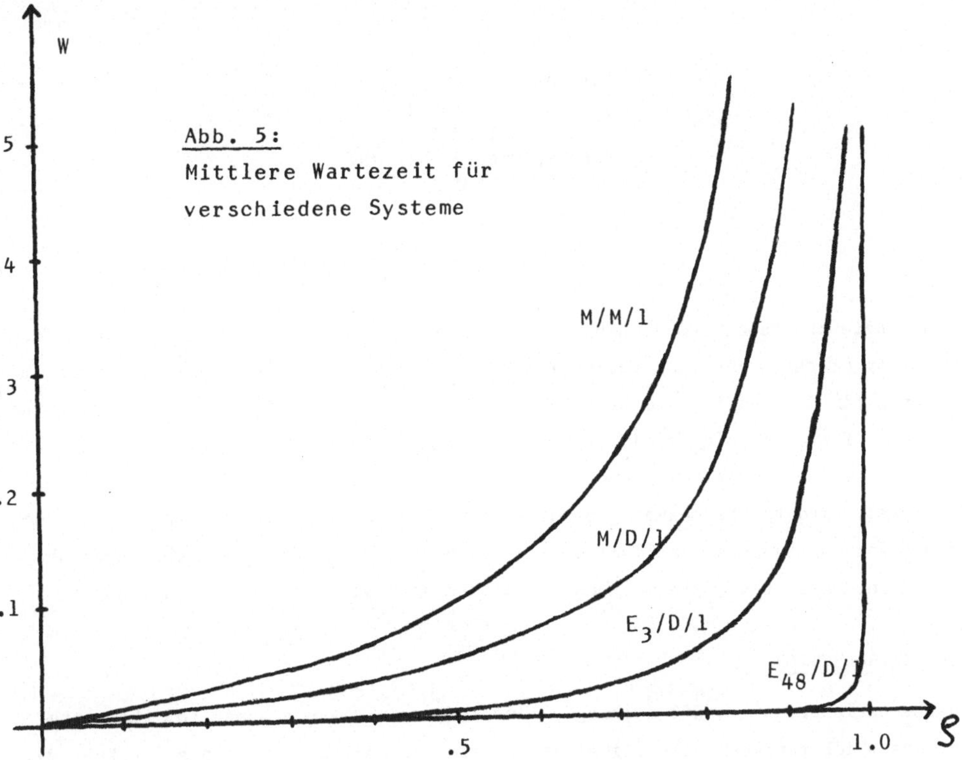

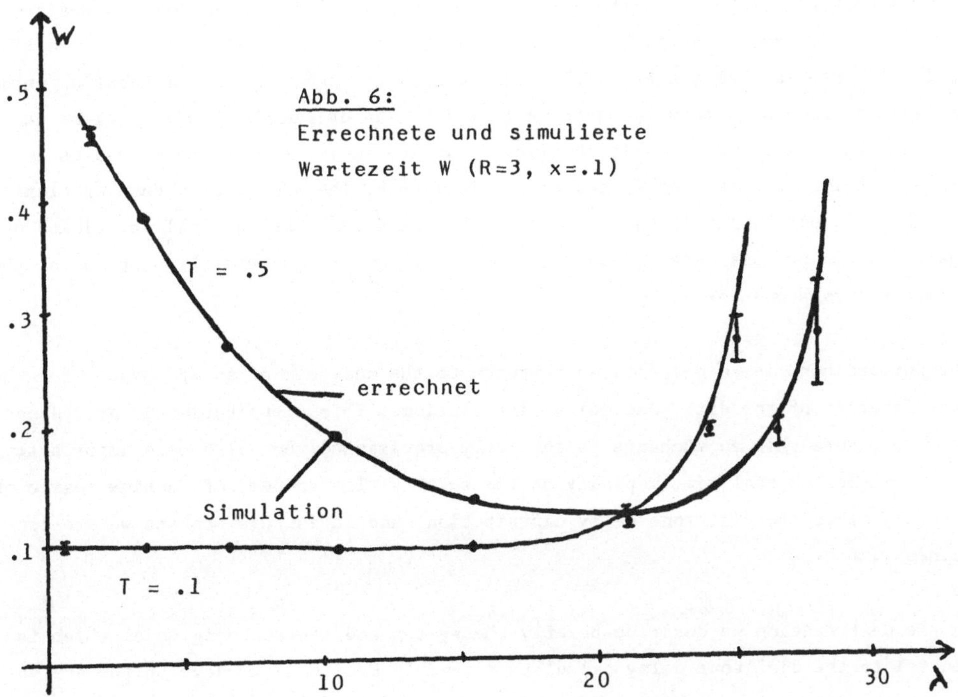

W
Abb. 5:
Mittlere Wartezeit für
verschiedene Systeme
M/M/1
M/D/1
$E_3/D/1$
$E_{48}/D/1$
.5
.4
.3
.2
.1
.5
1.0
ϱ

W
.5
.4
.3
.2
.1
Abb. 6:
Errechnete und simulierte
Wartezeit W (R=3, x=.1)
T = .5
errechnet
Simulation
T = .1
10
20
30
λ

<u>SCANNING PROCESSES AND DIAL TONE DELAY IN SPC SYSTEMS</u>

D.R. MANFIELD

Bell-Northern Research
P.O. Box 3511
Station C
Ottawa, Ontario K1Y 4H7
CANADA

<u>ABSTRACT</u>

In a single processor SPC exchange, subscriber lines are periodically scanned for detection of the signalling for call set-up and take-down. The line scan program is run on a fixed schedule, and when an origination is detected, it sets in train the sequence of events to give dial tone. The distribution of dial tone delay is critical for switch provisioning and determining real time call processing capacity, and is closely tied to the scanning process. In this paper we develop analytical techniques for the queueing analysis of the scanning process, and give the important performance measures. The methods are illustrated with some numerical results.

1.0 <u>INTRODUCTION</u>

In the periphery of an SPC exchange, lines and trunks are scanned for the state changes which represent the signalling related to call origination and take-down. The scanning is initiated by particular software processes which are generally invoked at periodic intervals. The detection of an origination event sets in motion a sequence of actions to seize the resources necessary for digit reception. In a line call, this process culminates in the sending of dial tone. A line origination needs to seize a block of memory for storing call data, an originating junctor (line channel) to the network and a digit receiver. Failure to get any of these results in the call being rejected and forced to reoriginate by the simple procedure of clearing the call and having it wait for the next line scan. The call will be picked up again and the process repeated until either dial tone is successfully applied or the subscriber goes on-hook.

Our purpose here is to describe an approach to the analysis of an SPC system for the determination of the dial tone delay distribution. This distribution is needed not only to ensure that an exchange is correctly provisioned, but also more importantly to determine the real time capacity of the switch. The process of machine reattempts is critical to the dial tone delay distribution, and it is this process we are concerned with here.

In the next section we describe briefly the system and the scanning model which is central to the dial tone delay calculation, and in Section 3 we develop the analyt-

ical techniques to be used in conjunction with this model. In Section 4 some numerical results are given to illustrate the analysis.

2.0 MODELLING

The resources needed for digit reception are seized according to a given sequence as
depicted in Figure 1. At each stage there is the probability that no resource (device) is free and hence the origination is blocked and returned to line scan.

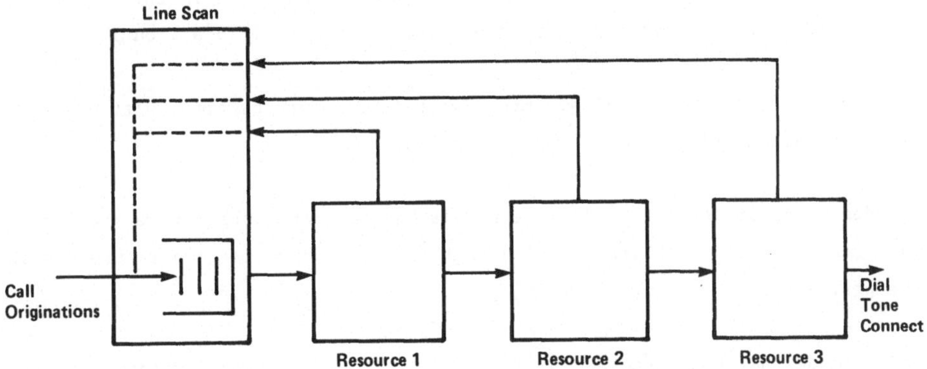

Figure 1: Dial Tone Sequence Model

Calls which are recycled to line scan must compete with "fresh" arrivals at the next
line scan, according to the hardware order of search in the periphery of the SPC exchange. Because of a partitioning of the traffic offered to each of the sets of resources, there is a strong rationale for analysing the above model by decomposing it
into a set of simpler problems. The basic queueing model which arises out of this
decomposition is depicted in Figure 2.

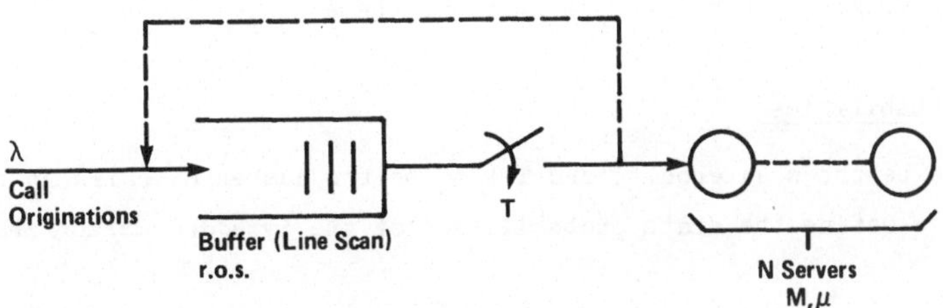

Figure 2: Basic Queueing Model

The hardware line scan is in effect a queue as the off-hook subscribers wait for
dial tone, and this is referred to figuratively as the line scan buffer. The clock-

ed switch in Figure 2 represents the running of the line scan program in the CPU, which is for our purposes on a fixed schedule. At the epochs it is closed, calls in the line scan buffer compete for a free server, and if unsuccessful return to the buffer. The following assumptions are made for the analysis.

1. The process of call originations is Poisson, rate λ and includes subscriber-initiated reattempts.

2. At instants $(t_n; t_{n+1} - t_n = T)$ the switch closes and calls in the buffer are allocated to free servers on a random order of service (r.o.s.) basis.

3. There is a finite number of servers N with i.i.d. service times with negative exponential distribution function, mean $1/\mu$.

The random order of service discipline models how off-hook subscribers are picked up by line scan. Calls which are recycled to the line scan buffer constitute machine reattempts.

A similar model has been treated in [1] and [2] with generating function methods, however neither of these authors give practical methods for determining the performance measures which are of interest to us here, and neither treats the random order of service discipline for the waiting line. Our approach here is to employ analytical techniques such as used in [3] and [4].

3.0 ANALYSIS

The analysis of the queueing model in Figure 2 resembles that of a multiserver queue with batch arrivals, and we use analytical techniques such as in [1-4]. In short, the method of the imbedded Markov chain is used to derive a set of state probabilities of the number of calls in the system just after scan epochs. The required performance measures are then derived in terms of these state probabilities.

3.1 State Probabilities

Define $\{t_n\}$ to be the scan epochs, and let η_n be the number of calls in the system at time t_n^+. Define the state probabilities of the imbedded Markov chain to be $\{P_k\}$ where

$$P_k = \lim_{n \to \infty} \Pr\{\eta_n = k\}$$

and the transition probabilities

$$P_{jk} = \lim_{n \to \infty} \quad \Pr\{\eta_{n+1} = k \mid \eta_n = j\}$$

Hence the state probabilities are related by

$$P_k = \sum_{j=0}^{\infty} \quad P_{jk} \, P_j \qquad\qquad \dots\dots(1)$$

Define $d_m(j)$ to be the conditional probability of m calls completing service in an inter-scan interval given there were j calls in the system at the beginning of the scan interval.

$$d_m(j) = \begin{cases} \binom{j}{m}(1-e^{-\mu T})^m \cdot e^{-(j-m)\mu T} & 0 \le j < N \\[4mm] \binom{N}{m}(1-e^{-\mu T})^m \cdot e^{-(N-m)\mu T} & j \ge N \end{cases} \qquad \dots\dots(2)$$

Also, define g_i to be the probability of i fresh arrivals coming in an inter-scan interval.

$$g_i = (\lambda T)^i \, e^{-\lambda T}/i! \qquad i \ge 0 \qquad\qquad \dots\dots(3)$$

with expectation $EG = \lambda T$

By conditioning on the number of fresh arrivals, and the number of departures during an arbitrary interscan period, we write down the transition probabilities as

$$P_{jk} = \begin{cases} \displaystyle\sum_{y=\max(j-k,0)}^{j} d_y(j) \, g_{k-j+y} & k \ge 0, \; 0 \le j < N \\[6mm] \displaystyle\sum_{y=\max(j-k,0)}^{N} d_y(N) \, g_{k-j+y} & k \ge N-j, \; N \le j \le N+k \end{cases} \qquad \dots\dots(4)$$

Substituting equation (4) into equation (1) we arrive at a set of linear difference equations which are solved by the numerical method of Gauss-Siedel with over-relaxation, with the state space truncated to some reasonable value M such that P_M is less than a given tolerance.

3.2 Probability of Blocking at First Scan

A performance measure of fundamental interest is the probability of an arbitrary call being blocked at the first scan after its arrival. For a resource such as the originating junctors, this can be a critical measure, since if a call is blocked at its first attempt, it will almost certainly be delayed a long time because the call holding time of junctors is long (compared to call set-up time).

Define B_1 to be the probability we require. At each scan we have two classes of customers competing for the free servers, the fresh calls and those left over from previous scans. Since the service discipline is random, each call in the buffer at the scan epoch has an equal chance at seizing any free server, and this chance depends on the number of calls in the buffer. If there were j calls in the system after the last scan, i fresh calls have arrived, and y departures have occurred, then there are $(i + j - y)$ calls competing for max $(N - j + y, y)$ free servers. The probability of an arbitrary "test" customer arriving in a batch of size i is given by ig_i/EG [5]. Hence by conditioning on j, i and y we write

$$B_1 = \sum_{j=0}^{\infty} b_j P_j$$

where

$$b_j = \begin{cases} \dfrac{1}{EG} \displaystyle\sum_{y=0}^{j} d_y(j) \sum_{i=N-j+y+1}^{\infty} g_i \, (i+j-N-y) & 0 \le j < N \\[4ex] \dfrac{1}{EG} \displaystyle\sum_{y=0}^{N} d_y(N) \sum_{i=\max(1,N-j+y+1)}^{\infty} ig_i(i+j-N-y)/(i+j-N) & j \ge N \end{cases} \qquad \dots\dots(5)$$

3.3 Waiting Time Distribution

The second important performance measure is the distribution of waiting time of the arbitrary test customer, which allows us to calculate the probability of a call having to wait longer than a certain time to receive dial tone. As in [4] the waiting time is made up of two independent components, namely the time from the call origination until the next scan epoch (denoted T_1) and the subsequent waiting time in the buffer which will be an integral number of scan cycles (denoted T_2). Let W (.) and W_2 (.) be the d.f.'s of T_1 and T_2 respectively, and W (.) be the d.f. of the total waiting time. Since the process of call originations is independent of the scanning sequence, we have that T_1 has a uniform distribution with mean $T/2$ and hence W_1 (.) is fixed.

The form of the complementary d.f. of T_2, $\overline{W}_2$ (.) is

$$\overline{W}_2(t) \;=\; \prod_{j=1}^{i} B_j \qquad\qquad \ldots\ldots(6)$$

where i is the largest integer such that $iT \leq t$, and

$$B_j = \text{Pr}\,\{\text{test call blocked on its jth scan} \mid \text{it is blocked on its } (j-1)^{st} \text{ scan}\}$$

The problem of calculating $\overline{W}_2(\,.\,)$ reduces to that of finding the set of conditional blocking probabilities $\{B_j\}$. We show inductively how they may be obtained recursively starting from the distribution $\{P_k\}$ calculated in Section 3.1.

Define $\{P_k^{(i+1)}\}$ to be the state distribution of the number of calls in the system at the $(i+1)^{th}$ scan after the test customer's arrival, given that the test customer was blocked at its ith scan. Assume that the distribution $\{P_k^{(i)}\}$ is already known (and incidentally B_i). The algorithm for calculating the $\{P_k^{(i+1)}\}$ and B_{i+1} is as follows:

Step 1: Calculate the conditional distribution $\{P_k^{(i)*}\}$ where:

$$P_k^{(i)*} = \begin{cases} 0 & 0 \leq k \leq N \\[2ex] P_k^{(i)}/K & k \geq N+1 \end{cases} \qquad\qquad \ldots\ldots(7)$$

where

$$K = \sum_{k=N+1}^{\infty} P_k^{(i)}$$

Step 2: Using the transition probabilities $\{p_{jk}\}$ calculate $\{P_k^{(i+1)}\}$ by

$$P_k^{(i+1)} = \sum_{j=N+1}^{\infty} p_{jk}\, P_j^{(i)*} \qquad\qquad \ldots\ldots(8)$$

Step 3: Calculate B_{i+1} by a similar procedure to Section 3.2, except

$$B_{i+1} = \sum_{j=N+1}^{\infty} b_j^{(i+1)}\, P_j^{(i)*} \qquad\qquad \ldots\ldots(9)$$

where

$$b_j^{(i+1)} = \sum_{y=0}^{\infty} d_y(N) \sum_{i=\max(1,N-j+y+1)}^{\infty} g_i(i+j-N-y)/(i+j-N)$$

What remains is to fix the starting point of the recursion. From Section 3.2, B_1 is already determined, but we still need to find the distribution after the first scan $\{P_k^{(1)}\}$. Without proof here, it is possible to show by fundamental generating function methods such as in [1] that

$$P_k^{(1)} = \begin{cases} 0 & k = 1 \\ \\ P_{k-1} & k > 1 \end{cases} \qquad \ldots\ldots(10)$$

Hence all the $\{B_i\}$ may be determined and substitution into (6) yields $W_2(.)$. Finally, the overall complementary distribution function of waiting time is given by

$$\overline{W}(t) = \overline{W}_1(t-iT) + \overline{W}_2(t) \qquad \ldots\ldots(11)$$

where i is the largest integer smaller than or equal to t/T.

3.4 System Stability

For a particular set of system parameters (N, μ, T), there will exist a level of offered traffic beyond which the scan queue grows without bound. This defines a stability limit for the system. This limit is governed by two conditions as in [4].

Condition 1: The expected number of arrivals in an arbitary scan period cannot exceed the expected number of departures, i.e.

$$\lambda T \leq (1-e^{-\mu T}) \sum_{k=0}^{N} kP_k^*$$

where

$$P_k^* = \begin{cases} P_k & 0 \leq k < N \\ \\ \sum_{j=N}^{\infty} P_j & k = N \end{cases}$$

At the stability limit we may write $\sum_{k=0}^{N} k P_k^* = N$, so that the condition becomes

$$\rho = \lambda/N\mu \quad < \quad (1-e^{-\mu T})/\mu T \qquad\qquad \dots\dots(12)$$

Condition 2: The expected number of arrivals in a scan period should not exceed the number of servers, i.e.

$$\lambda T < N$$

Comparison of the two conditions shows that the former is always the most stringent, and will always determine the stability limit.

4.0 RESULTS AND DISCUSSION

In this section the analytical techniques in Section 3 are illustrated by a few numerical results, and we discuss some of their more significant aspects.

Figure 3 depicts the probability of blocking at the first scan epoch after arrival for an arbitrary call, as a function of traffic intensity (defined by $\rho = \lambda/N\mu$), for three different values of scan period. At the stability limit for a particular value of scan period the blocking probability goes to unity. Blocking increases with increasing scan period because of the greater chance of "enforced idle time" where calls may be queueing but not have access to free servers until the next scan epoch. An interesting side to the blocking probability at first scan is that it can be shown to be highest for the FIFO order of service discipline, and lowest for LIFO order of service, with the r.o.s. in between. This means that it may not be most efficient to use FIFO service discipline for a scanned resource in an SPC system which has a first trial blocking grade of service.

The second performance measure of interest is mean delay in the queue. Referring to Sections 3.1 and 3.3, it can be seen that the total mean delay can be derived through Little's law as:

$$EW_q = EL_q/\lambda + T/2$$

where

$$EL_q = \sum_{k=N}^{\infty} (k-N)P_k \qquad\qquad \dots\dots(13)$$

Figure 4 depicts the total mean delay for the same range of cases as in Figure 3. At low traffic when most servers are idle, a call has to wait on average one half of one scan period, and as the stability limit is approached, the system saturates.

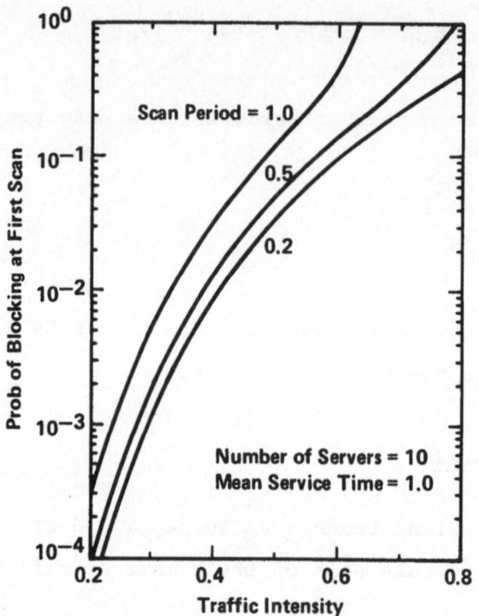

FIGURE 3: BLOCKING PROBABILITY AT FIRST SCAN VS OFFERED TRAFFIC

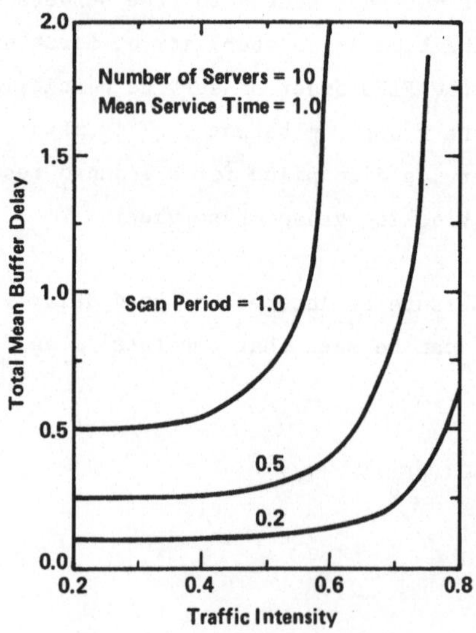

FIGURE 4: TOTAL MEAN DELAY VS OFFERED TRAFFIC

The most interesting results concern the waiting time distribution, or equivalently, the number of scans until a server is successfully seized. Unfortunately, there does not seem to be any closed form solution to the probabilities $\{B_j\}$, and the somewhat tedious numerical method in Section 3.3 must be used. In Table 1 a sample set of the conditional probabilities $\{B_j\}$ is given for the case $\rho = 0.5$, $\mu = 1.0$, $T = 0.2$ and $N = 10$.

Scan #	B_j	Pr {delay > j scans}
1	0.0514	$0.5138 \ 10^{-1}$
2	0.2488	$0.1278 \ 10^{-1}$
3	0.2945	$0.3763 \ 10^{-2}$
4	0.3206	$0.1207 \ 10^{-2}$
5	0.3385	$0.4084 \ 10^{-3}$
10	0.3841	$0.2804 \ 10^{-5}$
20	0.4173	$0.3336 \ 10^{-9}$

TABLE 1:

Sample set of conditional blocking probabilities for
$\rho = 0.5$, $\mu = 1.0$, $T = 0.2$, $N = 10$

The increasing nature of $\{B_j\}$ has been shown by simulation, and means that the longer a call is blocked from receiving service, the worse its chances become at following scan epochs. Some effort has been expended to investigate the asymptotic properties of these conditional probabilities, so far with no satisfactory conclusion.

For the type of problem this scanning model has been used for, the holding time is significantly larger than the scan period, and in such cases the conditional blocking probabilities $\{B_j;\ j \geq 2\}$ do not vary much with increasing scan number, and were approximated by a constant value.

5.0 CONCLUSION

An analytical queueing model has been developed for the study of the delay distribution for calls seeking access to a set of devices which are available only at periodic scan instants. This queueing model has been used as the key analysis tool in the determination of dial tone delay for an SPC system, and comparisons of the results with field data have proved very promising.

REFERENCES

[1] B.A. Powell and B. Ivi-Itzhak, "Queueing Systems with Enforced Idle Times". Oper. Res., 15, 1145-1156 (1967).

[2] L.E.N. Delbrouck, "A Multi-server Queue with Enforced Idle Times". Oper. Res., 17, 506-518 (1969).

[3] D.R. Manfield and P. Tran-Gia, "Queueing Analysis of Scheduled Communications Phases in Distributed Processing Systems". Proc. 8th Int. Symp. on Comp. Perf. Modelling, Measurement and Eval., Amsterdam, 1981.

[4] P. Tran-Gia and H. Jans, "Clocked Event Transfer Protocol in Distributed Processing Systems - A Performance Analysis". To appear.

[5] P.J. Burke, "Delays in Single Server Queues with Batch Input". B.S.T.J., 23, 830-833 (1975).

A Markovian model, with state-dependent
parameters, of a transactional system
supported by checkpointing and
recovery strategies

V.F. Nicola and F.J. Kylstra

Eindhoven University of Technology
Department of Electrical Engineering
5600 MB Eindhoven
The Netherlands

A Markovian model of a transactional system supported with checkpointing and recovery
strategies to guarantee reliable operation is considered. The model allows representations with state-dependent parameters. Algorithms for the computation of the state
probabilities (and thus the performance variables) and their sensitivities with respect to the model parameters are presented. In the case of state-independent parameters, a state-space analysis approach is demonstrated for the derivation of analytic expressions for the performance variables. The optimization of some important
performance criterions, such as the system availability and the mean response time of
a transaction, is discussed.

1.   Introduction

A single server may be switched to different modes of operation depending on the
occurrence of certain events. The arrival and service rates of customers may depend
on the state of the system, e.g. on the operation mode of the server and on the number of customers in the system. The switching rates of the server from one mode to
another may also be state-dependent. It is of much interest to consider models which
allow representations with state-dependent parameters and aid to determine (and control) important performance criterions.
In this paper we consider a model of a file-oriented (or database) transactional
system supported with checkpointing and rollback recovery strategies. Checkpointing
is a common technique to restore the integrity of information in critical database
applications.
A checkpoint is an operation which is performed at consecutive time stages, during
which a copy of the relevant system files is saved in a secondary storage device.

In the following we describe the system operation (assumptions concerning the mathematical model will follow in the next chapter).

The system can be operating in one of three modes, labelled as a, c and r.

Mode 'a' (available):

In this mode the system is available for processing transactions (by a transaction we mean one or more tasks generated at the same time by a single user to be executed by the computer system). These transactions arrive at a rate depending on the state of the system (here we consider the dependency on the number of transactions in the system). This dependency exists, for instance, in systems with a limited number of users or in cases of discouraged arrivals.

Transactions are processed at a rate depending on the state of the system; such a dependency exists in multiprocessing environments. Checkpoints are performed at predefined time instants (according to a checkpointing strategy) during mode 'a' of operation. When checkpoints are performed, transitions to mode 'c' of operation take place.

A state-dependent checkpointing rate is a realistic requirement since it is preferable to perform a checkpoint when the system is lightly loaded. Failures (due to hardware, software, ... etc.) may occur during mode 'a' of operation. When a failure is detected a recovery action is initiated and a transition to mode 'r' of operation takes place. In certain circumstances failures may increase with the number of transactions in the system and thus the failure rate may be state-dependent. Transactions which have caused modifications in the system files since the last checkpoint, are recorded in a file called an "audit trail".

Mode 'c' (checkpointing):

In this mode, transaction processing is blocked and a valid non-erroneous copy of the relevant system files (files and information needed to restore the system to its state just before the initiation of the checkpoint) is saved in a secondary storage device. Transactions keep arriving at the system at a state-dependent rate. The checkpoint duration may increase with the load on the system and thus it may be state-dependent. When a checkpoint operation is completed a transition to mode 'a' takes place and the system becomes available for transaction processing.

Mode 'r' (recovery):

Transition from mode 'a' to mode 'r' occurs with the initiation of a recovery action after the detection of a failure. Transaction processing is blocked during recovery and a valid copy of the relevant system files (which was saved at the most recent checkpoint) is loaded into primary storage. This restores the system files to their status just before the initiation of the most recent checkpoint. The modifying transactions which were recorded in the audit trail (after being processed) since the last checkpoint, are reprocessed. The recovery action is completed when reprocessing reaches the point at which the failure occurred. Transactions keep arriving at the system at a state-dependent rate. With the completion of a recovery action a transition to mode 'a' takes place and the system resumes useful processing of transactions.

Obviously, the shorter the mean time interval between successive checkpoints, the more time spent by the system in performing checkpoints, and, similarly, the longer the mean time interval between successive checkpoints, the more time spent by the system in recovery actions after failures. Thus there is an optimum strategy for determining the time intervals between successive checkpoints which minimizes the time spent by the system in checkpointing and recoveries after failures (or maximizes the available time for transactions processing).

The determination of the optimum time interval between checkpoints has been considered previously in several papers [3,4,5,6,7,12].

Young and Chandy [12,3] considered models of checkpointing and rollback-recovery in which the queueing and the backlog of transactions are not taken into account. They determined an optimum constant value for the time between checkpoints which maximizes the system availabilty.

Gelenbé et al. [5] introduced a stochastic model in which the queueing and the backlog of transactions are taken into account.

In [6] Gelenbé showed that the optimum checkpoint interval (which maximizes the system availability) must be deterministic and obtained an explicit expression for its value which is a function of the system load.

Bacelli [1] continued the work of Gelenbé to derive useful relations for the numerical computation of the average number of transactions in the system under general assumption⁻ concerning the available time between checkpoints and the checkpointing duration, with the restrictive assumption of constant recovery periods. In [2] Bacelli considered queueing analysis of an M/G/1 system subject to Poisson breakdowns of exponential duration, with an application to the modelling of checkpointing and recovery in database systems.

In this paper an M/M/1/N system subject to Poisson breakdowns of exponential durations is considered as a model of a transactional database system, supported with checkpointing and recovery strategies (as described earlier).

The state-transition parameters depend on the number of transactions in the system (for state-independent transition parameters and infinite waiting room $[N \to \infty]$, this model is equivalent to the model in [5]).

We present algorithms for the computation of the state probabilities (and the performance variables) as well as their sensitivities with respect to the model parameters (the sensitivities are employed in the numerical optimization of the performance variables). In the case of state-independent parameters we demonstrate a state-space approach (as an alternative to the generating function approach) to derive analytic expressions for the performance variables.

The maximization of the system availabilty yields an expression for the optimum checkpointing rate as a function of the system load.

The minimization of the mean response time of a transaction yields a different optimum for the checkpointing rate. The relation between the two optima is discussed in some detail.

In section 2 we introduce the mathematical model and the underlying assumptions, together with some notations and definitions. Sections 3.1 and 3.2 are devoted to the presentation of algorithms for the recursive computation of the state probabilities and their sensitivities with respect to the state-transition parameters. Section 4 is devoted to the analysis of the model in the case of state-independent transition parameters. Analytic expressions for the performance variables are derived in section 4.1. Analytic optimization of the performance variables is considered in section 4.2.

2.   The model:

In this section we introduce a mathematical model (and the underlying assumptions) of the system described in section 1. We also introduce some notations and definitions which will be used in the following sections.

The system is modelled as an M/M/1/N system, subject to two different types of interrupts (checkpoints and failures). The following assumptions will be made in the model analysis:

i)   Transaction requests arrive according to a Poisson process at a state-dependent rate λ_i, i ($0 \leqslant i \leqslant N$) is an index to indicate the number of transactions present in the system. They require processing time which is exponentially distributed with a state-dependent mean μ_i^{-1}. Transaction processing is blocked during an interrupt and is resumed at the end of an interrupt.

ii)   Checkpoints occur according to a Poisson process at a state-dependent rate α_i (thus α_i^{-1} is the mean "available" time between checkpoints with i transactions present in the system). Checkpointing periods are exponentially distributed with a state-dependent mean β_i^{-1}.

iii)   Failures occur according to a Poisson process at a state-dependent rate γ_i (thus γ_i^{-1} is the mean "available" time between failures with i transactions present in the system). It is assumed that the detection of a failure coincides with its occurrence. Recovery periods are exponentially distributed with a state-dependent mean ϕ_i^{-1} (the ϕ_i's depend on the α_i's; this dependence will be considered when performance optimization is discussed).

Figure (2.1) shows the state transition diagram of the considered model. The following are some basic notations and definitions related to the model.

The index "m" (m = a,c,r) indicates the mode of the system operation (as described in section 1), "a" stands for the available mode, "c" stands for the checkpointing mode and "r" stands for the recovery mode.

Let p(m,i), m = a,c or r and $0 \leqslant i \leqslant N$, be the probability that the system is operating in mode m with i transactions present in the system. Define the following probabilities:

(2.1) $\qquad p(i) \triangleq \sum_m p(m,i)$, $\quad m = a,c$ and r, $\quad 0 \le i \le N$,

$p(i)$ is the probability that i transactions are present in the system.

(2.2) $\qquad A_m \triangleq \sum_i p(m,i)$, $\quad i = 0,1,\ldots,N$, $\quad m = a,c$ or r ,

A_m is the probability that the system is operating in mode m.

(2.3) $\qquad g(m,i) \triangleq \dfrac{p(m,i)}{p(a,0)}$, $\quad m = a,c$ or r, $\quad 0 \le i \le N$

(2.4) $\qquad g(i) \triangleq \dfrac{p(i)}{p(a,0)} = \sum_m g(m,i)$, $\quad m = a,c$ and r, $\quad 0 \le i \le N$

The $g(m,i)$'s and $g(i)$'s, $m = a,c$ or r, $0 \le i \le N$, are scaled probabilities (with a factor $(p(a,0))^{-1}$).

Define the following vectors:

$$\underline{P}_m \triangleq \left[p(m,0),\ldots,p(m,i),\ldots,p(m,N) \right]^T, \quad m = a,c \text{ or } r$$

$$\underline{G}_m \triangleq \left[g(m,0),\ldots,g(m,i),\ldots,g(m,N) \right]^T, \quad m = a,c \text{ or } r$$

$$\underline{P} \triangleq \left[p(0),\ldots,p(i),\ldots,p(N) \right]^T$$

$$= \sum_m \underline{P}_m \quad , \quad m = a,c \text{ and } r$$

$$\underline{G} \triangleq \left[g(0),\ldots,g(i),\ldots,g(N) \right]^T$$

$$= \sum_m \underline{G}_m \quad , \quad m = a,c \text{ and } r$$

It follows that

(2.5) $\qquad \underline{P}_m = p(a,0)\ \underline{G}_m$,

(2.6) $\qquad \underline{P} = p(a,0)\ \underline{G}$

3. Computational aspects:

In the case of state-dependent transition parameters, the limiting state-probabilities can only be determined by numerical means. Fortunately, for the model we introduced in section 2, it is possible to develop recursive schemes for the computation of the limiting state probabilities. These schemes will be developed in section 3.1. In section 3.2 we show that the partial derivatives (or the sensitivities) of the limiting state probabilities, with respect to the transition parameters, can be computed in a similar fashion to the computation of of the limiting state probabilities.

3.1   Recursive computation of the limiting state probabilities

The limiting state probabilities of the the continuous-time Markov chain in fig. (2.1) can, in general, be determined using the transition balance equations at each of the 3(N+1) states. These equations contain 3N+2 independent euqations, together with the normalizing condition

$$(3.1) \qquad \sum_{m,i} p(m,i) = 1 \quad , \quad m = a,c \text{ and } r, \quad i = 0,1,\ldots,N$$

they form a set of linear equations which can be solved for the 3(N+1) unknown state probabilities. Due to the model structure we are able to determine the state probabilities recursively in terms of the state probability $p(a,0)$. Then $p(a,0)$ can be determined from the condition (3.1).

The recursive algorithm follows from the following recursive balance equations. Transition balance at state (c,i) yields

$$(3.2) \qquad p(c,i) = \left(\frac{\alpha_i}{\lambda_i+\beta_i}\right) p(a,i) + \left(\frac{\lambda_{i-1}}{\lambda_i+\beta_i}\right) p(c,i-1), \quad 0 < i < N$$

Transition balance at state (r,i) yields

$$(3.3) \qquad p(r,i) = \left(\frac{\gamma_i}{\lambda_i+\phi_i}\right) p(a,i) + \left(\frac{\lambda_{i-1}}{\lambda_i+\phi_i}\right) p(r,i-1), \quad 0 < i < N$$

It follows that

$$(3.4) \qquad p(i) = \left(1 + \frac{\alpha_i}{\lambda_i+\beta_i} + \frac{\gamma_i}{\lambda_i+\phi_i}\right) p(a,i)$$

$$+ \left(\frac{\lambda_{i-1}}{\lambda_i+\beta_i}\right) \ p(c,i-1) + \left(\frac{\lambda_{i-1}}{\lambda_i+\phi_i}\right) p(r,i-1), \quad 0 < i < N$$

with $\lambda_N = 0$ and $\lambda_{-1} = 0$.

Transition balance between the i-th and the (i-1)-th sets of states yields

$$(3.5) \qquad p(a,i) = \rho_i \, p(i-1) \quad , \quad 1 < i < N$$

with

$$\rho_i \overset{\Delta}{=} \frac{\lambda_{i-1}}{\mu_i} \quad , \quad 1 < i < N$$

The state probabilities $p(c,i)$, $p(r,i)$ and $p(i)$, $0 < i < N$, can be expressed in terms of all $p(a,j)$, $j < i$, as follows

$$p(c,i) = \sum_{j=0}^{i} \left(\prod_{k=j}^{i-1} \theta_{k+1}\lambda_k\right) \theta_j \, \alpha_j \, p(a,j) \quad ,$$

$$p(r,i) = \sum_{j=0}^{i} \left(\prod_{k=j}^{i-1} \psi_{k+1}\lambda_k\right) \psi_j \, \gamma_j \, p(a,j) \quad ,$$

$$p(i) = p(a,i) + \sum_{j=0}^{i} \left(\left(\prod_{k=j}^{i-1} \theta_{k+1}\lambda_k\right) \theta_j\alpha_j + \left(\prod_{k=j}^{i-1} \psi_{k+1}\lambda_k\right)\psi_j\gamma_j\right)p(a,j)$$

with

$$\theta_i \triangleq \frac{1}{\lambda_i + \beta_i} \quad , \quad 0 < i < N$$

$$\psi_i \triangleq \frac{1}{\lambda_i + \phi_i} \quad , \quad 0 < i < N$$

(Note that $\lambda_N = 0$, $\lambda_{-1} = 0$ and $(\prod\limits_{k=i}^{i-1} \ldots) = 1$, in the above equations).

In a vector-matrix form we can write (using the definitions of section 2)

$$(3.6) \qquad \underline{P}_c = \Theta D_\alpha \underline{P}_a$$

where Θ is a triangular matrix with elements $\Theta\{i,j\}$, $0 < i,\ j < N$,

$$\Theta\{i,j\} = \begin{cases} 1 & , \text{ for } i = j \\ \prod\limits_{k=j}^{i-1} \theta_{k+1} \lambda_k & , \text{ for } i > j \end{cases}$$

and D_α is a diagonal matrix with elements $D_\alpha\{i,j\}$, $0 < i,j < N$,

$$D_\alpha\{i,i\} = \theta_i \alpha_i \quad , \qquad 0 < i < N$$

Similarly,

$$(3.7) \qquad \underline{P}_r = \Psi D_\gamma \underline{P}_a$$

where Ψ is a triangular matrix with elements $\Psi\{i,j\}$, $0 < i,j < N$,

$$\Psi\{i,j\} = \begin{cases} 1 & , \text{ for } i = j \\ \prod\limits_{k=j}^{i-1} \psi_{k+1} \lambda_k & , \text{ for } i > j \end{cases}$$

and D_γ is a diagonal matrix with elements $D_\gamma\{i,j\}$, $0 < i,j < N$,

$$D_\gamma\{i,i\} = \psi_i \gamma_i \qquad , \quad 0 < i < N$$

It follows that

$$(3.8) \qquad \underline{P} = \underline{P}_a + \underline{P}_c + \underline{P}_r$$

$$= (I + \Theta D_\alpha + \Psi D_\gamma) \underline{P}_a$$

where I is the identity matrix.

If we employ the relation given by equation (3.5) then we can rewrite equation (3.8) in the following form

$$(3.9) \qquad \begin{bmatrix} p(0) \\ p(1) \\ \vdots \\ p(N) \end{bmatrix} = Q \begin{bmatrix} p(a,0) \\ p(0) \\ \vdots \\ p(N-1) \end{bmatrix}$$

with $Q \triangleq (I + \Theta D_\alpha + \Psi D_\gamma) D_\rho$,

and D_ρ is a diagonal matrix with elements $D_\rho\{i,j\}$, $0 < i,j < N$,

$$D_{\rho}\{i,i\} = \begin{cases} 1 & \text{, for } i = 0 \\ \rho_i = \dfrac{\lambda_{i-1}}{\mu_i} & \text{, for } 1 \leq i \leq N \end{cases}$$

Q is a triangular matrix and thus the system of equations (3.9) can be solved recursively to obtain all state probabilities $p(i)$, $0 \leq i \leq N$, in terms of the state probability $p(a,0)$.

If $p(a,0)$ is made equal to one in (3.9), then the recursive solution of the system equations yields values for $g(i)$, $0 \leq i \leq N$ ($g(i)$ is defined in (2.4)), which, if substituted in the normalizing condition

$$\sum_{i=0}^{N} p(i) = 1 \text{ yields a value for } p(a,0)$$

$$(3.10) \qquad p(a,0) = \Big(\sum_{i=0}^{N} g(i) \Big)^{-1}$$

The values of the state probabilities $p(i)$, $0 \leq i \leq N$, immediately follow

$$(3.11) \qquad p(i) = g(i) \Big(\sum_{i=0}^{N} g(i) \Big)^{-1} \quad , \quad 0 \leq i \leq N$$

Figure (3.1) shows the recursive scheme for the computation of $g(i)$, $0 \leq i \leq N$.

3.2 Recursive compuation of the sensitivities of the limiting state probabilities with respect to the transition parameters

It is of much interest to determine the effect of varying the transition parameters on the limiting state probabilities. This will allow numerical optimization of the performance variables with respect to the transition parameters under control.

For the specific case considered in this paper, we are interested in the values of α_j, $0 \leq j \leq N$, which optimize some performance criterion; this will require the determination of the partial derivatives and the sensitivities of the limiting state probabilities, with respect to the parameters α_j, $0 \leq j \leq N$, as well as the partial derivatives, with respect to the parameters ϕ_j, $0 \leq j \leq N$ (since the ϕ_j's depend on the α_j's in our specific model).

In the following, we derive some important relations to proceed with the determination of the partial derivatives and the sensitivities.

Differentiating equation (3.11) with respect to α_j and ϕ_j and making use of equation (3.10) yields

$$(3.12) \qquad \frac{\partial}{\partial \alpha_j} p(i) = p(a,0) \frac{\partial}{\partial \alpha_j} g(i) - (p(a,0))^2 g(i) \frac{\partial}{\partial \alpha_j} \sum_{\ell,k}^{k>j} g(\ell,k),$$

$$0 \leq i \leq N \quad , \quad 0 \leq j \leq N \quad ,$$

$$(3.13) \qquad \frac{\partial}{\partial\phi_j} p(i) = p(a,0) \frac{\partial}{\partial\phi_j} g(i) - (p(a,0))^2 g(i) \frac{\partial}{\partial\phi_j} \sum_{\ell,k}^{k>j} g(\ell,k),$$

$$0 \leqslant i \leqslant N \ , \quad 0 \leqslant j \leqslant N$$

Now, let

$$(3.14) \qquad \phi_q = \phi_q(\alpha_0, \alpha_1, \ldots, \alpha_N) \ , \qquad 0 \leqslant q \leqslant N$$

The sensitivities with respect to the parameters α_j, $0 \leqslant j \leqslant N$, can be determined a follows:

$$(3.15) \qquad \frac{d}{d\alpha_j} p(i) = \frac{\partial}{\partial\alpha_j} p(i) + \sum_{q=0}^{N} \frac{\partial}{\partial\phi_q} p(i) \cdot \frac{d\phi_q}{d\alpha_j} \ ,$$

$$0 \leqslant i \leqslant N \ , \quad 0 \leqslant j \leqslant N$$

For the evaluation of the partial derivatives $\frac{\partial}{\partial\alpha_j} p(i)$ and $\frac{\partial}{\partial\phi_j} p(i)$, $0 \leqslant i \leqslant N$, we need to determine the partial derivatives $\frac{\partial}{\partial\alpha_j} g(k)$ and $\frac{\partial}{\partial\phi_j} g(k)$, $k = j, \ldots, N$ (as shown by equations (3.12) and (3.13)).

In the remainder of this section we show that the partial derivatives $\frac{\partial}{\partial\alpha_j} g(k)$ and $\frac{\partial}{\partial\phi_j} g(k)$, $j \leqslant k \leqslant N$, $0 \leqslant j \leqslant N$, can be computed recursively in a similar fashion to the computation of the state probabilities.

The partial derivatives with respect to α_j, $0 \leqslant j \leqslant N$:

The partial derivatives $\frac{\partial}{\partial\alpha_j} g(k)$, $j \leqslant k \leqslant N$ (Note that $\frac{\partial}{\partial\alpha_j} g(k) = 0$, for $k < j$), can be determined recursively as will be shown in the following.

From equation (3.8) it follows that

$$(3.16) \qquad \underline{G} = (I + \Theta D_\alpha + \Psi D_\gamma) \underline{G}_a$$

Differentiating equation (3.16) with respect to α_j yields

$$(3.17) \qquad \frac{\partial}{\partial\alpha_j} \underline{G} = (I + \Theta D_\alpha + \Psi D_\gamma) \frac{\partial}{\partial\alpha_j} \underline{G}_a + \Theta D_{\theta j} \underline{G}_a$$

where $D_{\theta j} (= \frac{\partial}{\partial\alpha_j} D_\alpha)$ is a matrix with elements $D_{\theta j}\{\ell,k\}$, $0 \leqslant \ell,k \leqslant N$, and all elements are equal to zero except $D_{\theta j}\{j,j\} = \Theta_j$.

It follows from equation (3.5) and the definitions (2.3) and (2.4) that

$$(3.18) \qquad g(a,j) = \begin{cases} 1 & , \ \text{for } j = 0 \\ \rho_j g(j-1) & , \ \text{for } 1 \leqslant j \leqslant N \end{cases}$$

Using equation (3.18), equation (3.17) can be written in the following form:

198

$$(3.19) \quad \frac{\partial}{\partial \alpha_j} \begin{bmatrix} 0 \\ 0 \\ g(i) \\ g(j+1) \\ \cdot \\ \cdot \\ g(N) \end{bmatrix} = Q \cdot \frac{\partial}{\partial \alpha_j} \begin{bmatrix} 0 \\ 0 \\ 0 \\ g(j) \\ g(j+1) \\ \cdot \\ g(N-1) \end{bmatrix} + \Theta \begin{bmatrix} 0 \\ 0 \\ \theta_j \rho_j g(j-1) \\ 0 \\ 0 \\ 0 \\ 0 \end{bmatrix}$$

where Q and Θ (as defined in equations (3.9) and (3.6)) are triangular matrices, and the system of equations (3.19) can be solved recursively to obtain $\frac{\partial}{\partial \alpha_j} g(k)$, $j < k <$ N. Similar systems can be solved for $\frac{\partial}{\partial \alpha_j} \underline{G}$, $0 < j < N$. Figure (3.2) shows the recursive scheme for the computation of $\frac{\partial}{\partial \alpha_i} g(\ell,k)$, $\ell = a, c$ and r, $k = 1, \ldots, N$.

<u>The partial derivatives with respect to ϕ_j, $0 < j < N$:</u>

The partial derivatives $\frac{\partial}{\partial \phi_j} g(k)$, $j < k < N$ (Note that $\frac{\partial}{\partial \phi_j} g(k) = 0$, for $k < j$), can be determined recursively as will be shown in the following.

Differentiating equation (3.16) with respect to ϕ_j yields

$$(3.20) \quad \frac{\partial}{\partial \phi_j} \underline{G} = (I + \Theta D_\alpha + \Psi D_\gamma) \frac{\partial}{\partial \phi_j} \underline{G}_a + (S_{\psi j} D_\gamma + \Psi D_{\psi j}) \underline{G}_a$$

where $S_{\psi j} (= \frac{\partial}{\partial \phi_j} \Psi)$ is a matrix with elements $S_{\psi j}\{\ell,k\}$, $0 < \ell$, $k < N$,

$$S_{\psi j}\{\ell,k\} = \begin{cases} -\psi_j \left(\prod_{q=k}^{\ell-1} \psi_{q+1} \lambda_q \right), & \text{for } j < \ell < N, \ 0 < k < j-1 \\ \\ 0, & \text{otherwise} \end{cases}$$

and $D_{\psi j} (= \frac{\partial}{\partial \phi_j} D_\gamma)$ is a matrix with elements $D_{\psi j}\{\ell,k\}$, $0 < \ell$, $k < N$, all elements are equal to zero except $D_{\psi j}\{j,j\} = -\psi_j^2 \gamma_j$.

Using equation (3.18), we can rewrite equation (3.20) in the following form:

$$(3.21) \quad \frac{\partial}{\partial \phi_j} \begin{bmatrix} 0 \\ 0 \\ g(j) \\ g(j+1) \\ \vdots \\ \vdots \\ g(N) \end{bmatrix} = Q \cdot \frac{\partial}{\partial \phi_j} \begin{bmatrix} 0 \\ 0 \\ 0 \\ g(j) \\ g(j+1) \\ \vdots \\ g(N-1) \end{bmatrix} + Z_{\psi j} \begin{bmatrix} 0 \\ 0 \\ \rho_j g(j-1) \\ \rho_{j+1} g(j) \\ \vdots \\ \vdots \\ \rho_N g(N-1) \end{bmatrix}$$

where Q is a triangular matrix (defined in (3.9)) and $Z_{\psi j}$ is a matrix with elements $Z_{\psi j}\{\ell,k\}$, $0 < \ell, k < N$,

$$Z_{\psi j}\{\ell,k\} = \begin{cases} -\psi_j \psi_k \gamma_k \left(\prod_{q=k}^{\ell-1} \psi_{q+1} \lambda_q \right), & \text{for } j < \ell < N, \ 0 < k < j \\ 0, & \text{otherwise} \end{cases}$$

The system of equations (3.21) can be solved recursively to obtain $\frac{\partial}{\partial \phi_j} g(k)$, $j < k < N$. Similar systems can be solved for $\frac{\partial}{\partial \phi_j} \underline{G}$, $0 < j < N$. Figure (3.3) shows the recursive scheme for the computation of $\frac{\partial}{\partial \phi_i} g(\ell,k)$ $\ell = a,c$ and r, $k = 1,\ldots,N$.

4. Analytical aspects:

In this section we consider the Markovian model presented in section 2. When the transition parameters are state-independent ($\alpha_i = \alpha$, $\beta_i = \beta$, $\gamma_i = \gamma$, $\phi_i = \phi$, $\lambda_i = \lambda$, and $\mu_i = \mu$, $0 < i < N$), it is possible to derive analytical expression for important system performance quantities such as the ergodicity condition, the system availability and the average number of transaction in the system. A similar system with infinite waiting room was analysed by Gelenbé [5].

4.1 State-space analysis and performance variables

The considered model (shown in fig. (2.1)) is a continuous-time irreducible Markov chain. For a finite state-space (corresponding to a system with a finite waiting room), it can be shown that all states are ergodic [9], i.e. there exists a limiting stationary probability distribution for which all state probabilities have positive finite values. For an infinite state-space (corresponding to a system with an infinite waiting room), the system is ergodic if and only if the state probability $p(a,o) > 0$ [5].

Balance of downward transitions and upward transitions (fig. (2.1)) yields

$$(4.1) \qquad \lambda(1-p(N)) = \mu(A-p(a,o))$$

where $A \ (= \sum_{i=0}^{N} p(a,i))$ is the system availability.

It follows that for a system with an infinite waiting room,

$$(4.2) \qquad p(a,0) = A - \frac{\lambda}{\mu}$$

since for a stable system, $p(N) \to 0$ as $N \to \infty$.

The system availability A can easily be derived as follows.

Transition balance at the states (c,i), $0 < i < N$ and at the states (r,i), $0 < i < N$, yield

$$(4.3) \qquad A_c = \frac{\alpha}{\beta} A$$

$$(4.4) \qquad A_r = \frac{\gamma}{\phi} A$$

with A_c and A_r as defined in (2.2).

But since $A + A_c + A_r = 1$, A follows immediately,

$$(4.5) \qquad A = (1 + \frac{\alpha}{\beta} + \frac{\gamma}{\phi})^{-1}$$

Note that A is independent of the system load and the size of the waiting room. Now, using (4.2), we can write the ergodicity condition in terms of the system parameters,

$$(4.6) \qquad \lambda/\mu < (1 + \frac{\alpha}{\beta} + \frac{\gamma}{\phi})^{-1}$$

The average number of transactions in the system $\bar{N}$ $\left(= \sum\limits_{i=1}^{N} i\, p(i)\right)$ will be derived by making use of the following definitions

$$(4.7) \qquad \bar{N}_a \triangleq \sum_{i=1}^{N} i\, p(a,i)$$

$$(4.8) \qquad \bar{N}_c \triangleq \sum_{i=1}^{N} i\, p(c,i)$$

$$(4.9) \qquad \bar{N}_r \triangleq \sum_{i=1}^{N} i\, p(r,i)$$

and, thus

$$(4.10) \qquad \bar{N} = \bar{N}_a + \bar{N}_c + \bar{N}_r$$

Multiplying the recursive relations (3.2), (3.3) and (3.5) by i and summing up for i = 1,2,...,N, yields the following relations:

$$(4.11) \qquad \bar{N}_a = \frac{\lambda}{\mu} \left((\bar{N}+1) - (N+1)\, p(N) \right)$$

$$(4.12) \qquad \bar{N}_c = \frac{\alpha}{\beta} \bar{N}_a + \frac{\lambda}{\beta} \left(A_c - p(c,N) \right), \qquad \text{and}$$

$$(4.13) \qquad \bar{N}_r = \frac{\gamma}{\phi} \bar{N}_a + \frac{\lambda}{\phi} \left(A_r - p(r,N) \right)$$

From equations (4.10), (4.11), (4.12) and (4.13) we obtain the following expression for $\bar{N}$

$$(4.14) \qquad \bar{N} = \frac{1}{(1 - \frac{\lambda}{\mu A})} \left[\frac{\lambda}{\mu A} (1 - (N+1)\, p(N)) + \frac{\lambda}{\beta} (A_c - p(c,N)) + \frac{\lambda}{\phi} (A_r - p(r,N)) \right]$$

For a system with infinite waiting room $p(N) \to 0$ and $N\, p(N) \to 0$, thus equation (4.14) reduces to

$$(4.15) \qquad \bar{N} = \frac{1}{(1 - \frac{\lambda}{\mu A})} \left[\frac{\lambda}{\mu A} + \lambda A (\frac{\alpha}{\beta^2} + \frac{\gamma}{\phi^2}) \right]$$

which is indentical to Gelenbé's result [5].

4.2 Analytic optimization

So far we have not considered the dependence of the mean recovery time (ϕ^{-1}) on the mean available time between checkpoints (α^{-1}).

It can be proved [5] for Poisson failure occurrences and exponential available time between checkpoints (with mean α^{-1}), that the available time intervals between the failure occurrences and the most recent checkpoint are exponentially distributed (with mean α^{-1}). These time intervals are independent when the failure rate is much smaller than the checkpointing rate (i.e. $\gamma \ll \alpha$). Furthermore, we assume that the recovery time after a failure is equal to the available busy time between the failure occurrence and the most recent checkpoint. It follows, for a failure rate which is much smaller than the processing rate (i.e. $\gamma \ll \mu$) or for a heavily-loaded system, that the recovery time is proportional to the available time interval between the failure occurence and the most recent checkpoint. The above assumptions yield recovery periods which are independent and exponentially distributed with a mean (ϕ^{-1}) equal to the mean available busy time between checkpoints. The probability that the system is busy, given that it is available, is

$$\frac{A-p(a,o)}{A} = \frac{\lambda}{\mu A}$$

with A as given in equation (4.5), and thus

$$(4.16) \qquad \phi^{-1} = \frac{\lambda}{\alpha\mu A}$$

Now, we are able to use the analytic results of section 4.1 for the optimization of A or $\bar{N}$ with respect to α (the checkpointing rate). Substituting from (4.16) into (4.5), differentiating with respect to α and equating to zero yields $\hat{\alpha}_A$ for which A is maximum

$$(4.17) \qquad \hat{\alpha}_A = \left(\frac{\lambda\beta\gamma}{\mu\hat{A}}\right)^{\frac{1}{2}}$$

with

$$(4.18) \qquad \hat{A} = \left(1 + \frac{2\hat{\alpha}_A}{\beta}\right)^{-1}$$

With some manipulations we get the following expression for $\hat{\alpha}_A$,

$$(4.19) \qquad \hat{\alpha}_A = \beta\left((1 + \frac{\mu\beta}{\lambda\gamma})^{\frac{1}{2}} - 1\right)^{-1}$$

For values of $\hat{A}$ close to 1, $\hat{\alpha}_A$ reduces to $(\frac{\lambda\beta\gamma}{\mu})^{\frac{1}{2}}$ which is analagous to the results obtained in earlier papers [3,5,12].

Differentiating equation (4.15) for $\bar{N}$ with respect to α and making use of equation (4.16) yields

$$(4.20) \quad \frac{\partial \bar{N}}{\partial \alpha} = (A - \frac{\lambda}{\mu})^{-2} \left\{ \lambda A^2 (A - \frac{\lambda}{\mu}) (\frac{1}{\beta^2} - \frac{2\gamma}{\alpha\phi^2}) \right.$$

$$\left. + (\lambda A^2 (A - \frac{2\lambda}{\mu}) (\frac{\alpha}{\beta^2} + \frac{\gamma}{\phi^2}) - \frac{\lambda}{\mu} A)(\frac{\gamma}{\alpha\phi} - \frac{1}{\beta}) (\frac{1}{A} - \frac{\gamma}{\phi})^{-1} \right\}$$

Equating (4.20) to zero yields an equation for $\hat{\alpha}_{\bar{N}}$ for which $\bar{N}$ is minimum. The analytical expression for $\hat{\alpha}_{\bar{N}}$ is quite tedious and numerical techniques should be employed to determine $\hat{\alpha}_{\bar{N}}$.

It is interesting to note that $\hat{\alpha}_A$ which maximizes the system availability, does not, in general, yield a minimum for the average number of transactions in the system $\bar{N}$. There is a minimum for $\bar{N}$ at $\hat{\alpha}_A$ if the following condition is satisfied,

$$(4.21) \quad \beta = \gamma(\frac{\mu}{4\lambda} - 1)$$

for which $\hat{\alpha}_{\bar{N}} = \hat{\alpha}_A$.

Considerable simplification arises in the determination of $\hat{\alpha}_{\bar{N}}$ if $\frac{\partial^2 \bar{N}}{\partial \alpha^2} \gg \frac{\partial^2 A}{\partial \alpha^2}$ in the neighbourhood of $\hat{\alpha}_{\bar{N}}$, since then we may put $\frac{\partial A}{\partial \alpha} \cong 0$ in the equation for $\frac{\partial \bar{N}}{\partial \alpha}$. This yields an approximate value for $\hat{\alpha}_{\bar{N}}$, given by

$$(4.22) \quad \hat{\alpha}_{\bar{N}} = \left(2\gamma (\frac{\lambda\beta}{\mu A})^2\right)^{\frac{1}{3}}$$

It is easy to show that

$$(4.23) \quad \frac{\hat{\alpha}_{\bar{N}}}{\hat{\alpha}_A} \cong \left(\frac{4\lambda\beta}{\mu A\gamma}\right)^{\frac{1}{6}}$$

which is equal to one if $4\lambda\beta = \mu\gamma A$. This is equivalent to equation (4.21). Note that maximizing A yields a maximum for $p(a,0)$ (since $\frac{\lambda}{\mu}$ is invariant in equation (4.2)) which is a measure for the maximum additional load which can be added to the system (recall the ergodicity condition $\lambda < \mu A$). The maximum limit on the arrival rate of transactions at maximum availability is determined from the equality

$$(4.24) \quad \lambda_{max} = \mu \hat{A} (\lambda_{max})$$

since $\hat{A}$ is a function of λ.

5. Conclusions

An M/M/1/N system subject to Poisson breakdowns of exponential duration is considered. In the case of state-dependent parameters, efficient numerical algorithms were
presented for the computation of the state probabilities and their sensitivities with
respect to the system parameters (they are used in the numerical optimization of
performance variables). In the case of state-independent parameters, a state-space
analysis approach was presented in order to derive analytic expressions for the system availability and the average queue length. The analysed system can be used to
represent the operation of a transactional database system, subject to random failures and supported with checkpointing and rollback recovery strategies. This repres-
entation is valid under various assumptions such as the Poisson occurrences of arrivals and breakdowns, and the exponential distribution of transaction's service and
checkpoint durations. Furthermore, it is necessary to assume a heavily-loaded situation or a failure rate which is much smaller than the processing rate in order to
agree with the exponential assumption of recovery times. The recovery periods are
independent when the failure rate is much smaller than the checkpointing rate. The
optimum value of the checkpointing rate which maximizes the system availability is
determined, depending on the system load and found to be different from the value
which minimizes the average number of transactions in the system.
Although the underlying assumptions may not all be realistic, the obtained results
may agreeably fit in practical situations. It remains interesting to develop and
analyse more realistic models.

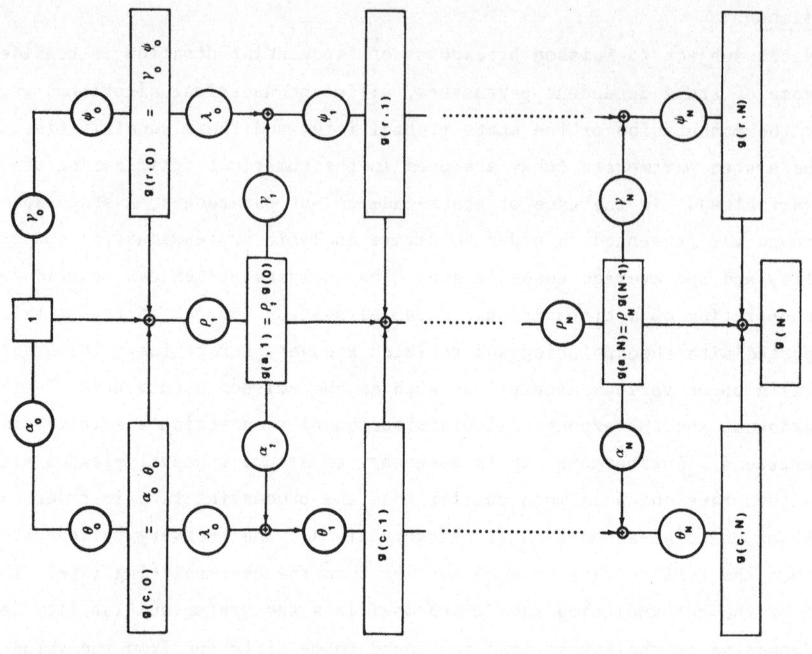

Fig.(3.1) Recursive computation
of the limiting state probabilities

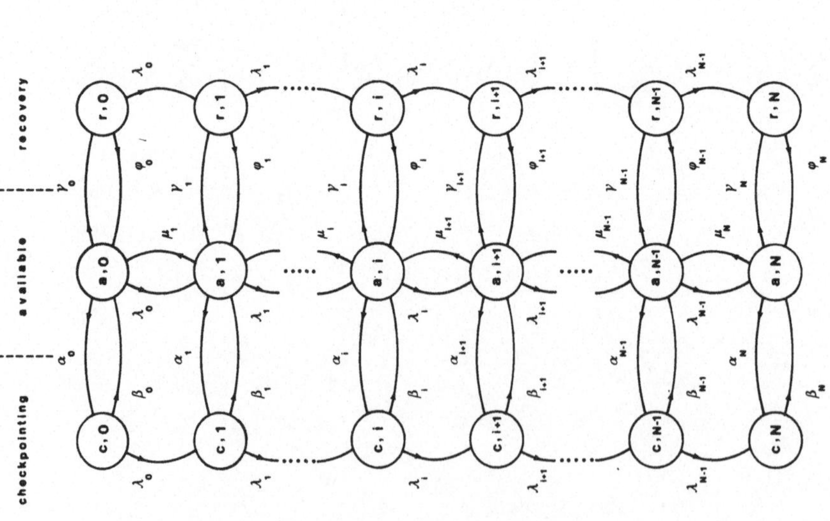

Fig.(2.1) State transition rate diagram of
a finite continuous-time Markov chain model
of the considered system

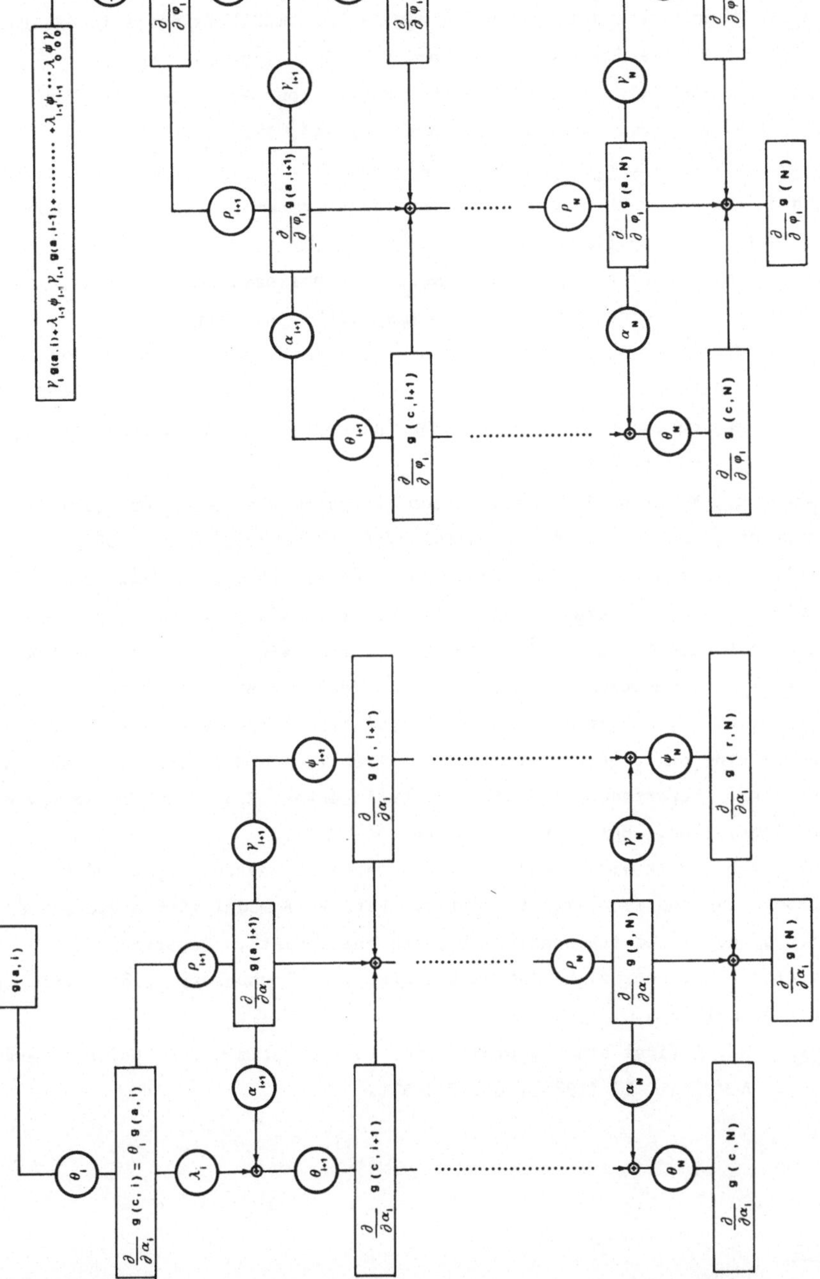

Fig.(3.3) Recursive computation of the sensitivities with respect to ϕ_i

Fig.(3.2) Recursive computation of the sensitivities with respect to α_i

References:

[1] Bacelli, F., Analysis of a service facility with periodic checkpointing. Acta Informatica, Vol. 15 (1981), 67-81.

[2] Bacelli, F. and T. Znati, Queueing algorithms with breakdowns in database modelling. In: Performance '81: Proc. 8th Int. Symp. on Computer Performance Modelling, Measurement and Evaluation, Amsterdam, 4-6 Nov. 1981. Ed. by F.J. Kylstra. Amsterdam: North-Holland, 1981, P. 213-231.

[3] Chandy, K.M., J.C. Browne, C.W. Dissly and W.R. Uhrig, Analytic models for rollback and recovery strategies in database systems. IEEE Trans. Software Eng., Vol. SE-1 (1975), p. 100-110.

[4] Chandy, K.M., A survey of analytic models of rollback and recovery strategies. Computer, vol. 8, No. 5 (May 1975), p. 40-47.

[5] Gelenbe, E. and D. Derochette, Performance of rollback recovery systems under intermittent failures. Commun. ACM, Vol. 21 (1978), p. 493-499.

[6] Gelenbe, E., On the optimum checkpoint interval. J. Assoc. Comp. Mach., Vol. 26 (1979), p. 259-270.

[7] Gelenbe, E., Model of information recovery using the method of multiple checkpoints. Autom. Remote Control, Vol. 40 (1979), p. 598-605. Translated from Avtom. Telemekh., No. 4 (April 1979), p. 142-151.

[8] Gelenbe, E. and I. Mitrani, Analysis and synthesis of computer systems. London: Academic Press, 1980. Computer Science and Applied Mathematics.

[9] Kleinrock, L., Queueing systems. Vol. I: Theory. New York: Wiley, 1975.

[10] Nicola, V.F., Markovian models of a transactional system supported by checkpointing and recovery strategies. Part 1: A model with state-dependent parameters. Department of Electrical Engineering, Eindhoven University of Technology, 1982. EUT Report 82-E-128.

[11] Nicola, V.F., Markovian Models of a transactional system supported by checkpointing and recovery strategies. Part 2: A model with a specified number of completed transactions between checkpoints. Department of Electrical Engineering, Eindhoven University of Technology, 1982. EUT Report 82-E-129.

[12] Young, J.W., A first order approximation to the optimum checkpoint interval. Commun. ACM, Vol. 17 (1974), p . 530-531.

Acknowledgement

Thanks are due to Dr. ir. Jan van der Wal for useful discussions.

<u>HIERARCHISCHER ENTWURF</u>

<u>UND LEISTUNGSORIENTIERTE IMPLEMENTIERUNG</u>

<u>EINES OBJEKT-SYSTEMS</u>

von

W. Moll und J. Vierkotten
Institut für Informatik der Universität Bonn
Abt. II - Betriebssysteme

1. <u>Einleitung</u>

Die Realisierung eines abstrakten Systems (Semantisches Modell) in einer gegebenen physikalischen Umgebung (Physikalisches Modell) erfolgt durch eine schrittweise Abbildung (Internes Modell) der Objekte des Semantischen Modells in Objekte des Physikalischen Modells.

Als Semantisches Modell wird ein Objekt-System betrachtet, das durch Abstrakte Daten-Typen (ADT) definiert wird und als Datenbank-System realisiert werden soll /BD81,CPB81,EKW78/.

Die Entwurfs-Methodik ermöglicht die Spezifikation des Semantischen Modells unabhängig von der Berücksichtigung von Leistungs-Aspekten. Der Entwurf des Internen Modells erfolgt dann unter

- funktionalen (qualitativen), sowie
- leistungsorientierten (quantitativen) Aspekten.

Es werden zwei verschiedene Modelle betrachtet.

1. Das Interne Modell wird als Datenbank-System basierend auf hierarchischen Datenstrukturen (IMS-Modell) /D81/ konzipiert.

2. Die Abbildung zwischen semantischen und physikalischen Objekten wird über eine hierarchische Schichten-Struktur (Objektmodell) vorgenommen.

Durch die Integration von Leistungs-Aspekten ergeben sich Unterschiede in den Implementierungen. Es werden keine Kostenfunktionen (Speicherungsaufwand, Parallelitätsgrad etc.) betrachtet.

Dem Physikalischen Modell liegt keine spezielle Hardware-Konfiguration zugrunde (homogenes Zeitverhalten).

Das quantitative Verhalten der beiden Modelle wird

- durch analytische Modell-Bildung beschrieben und
- in Simulations-Modellen überprüft.

2.   Einführung

2.1. Grundlagen

In der ANSI/X3/SPARC-Architektur /TK77/ eines Datenbank-Systems werden folgende Ebenen unterschieden:

Externe Ebene

- diese beschreibt Teilstrukturen des abstrakten Modells in anwendungsspezifischen Datenmodellen (Externe Schemata)

Konzeptionelle Ebene

- in dieser erfolgt die Darstellung des gesamten abstrakten Modells in einem logischen Datenmodell (Konzeptionelles Schema)

Interne Ebene

- diese spezifiziert die Realisierung der konzeptionellen Datenstrukturen in den internen Strukturen (Internes Schema)

Physikalische Ebene

- diese internen Strukturen werden in einer gegebenen physikalischen Umgebung realisiert.

Dabei soll die Schema-Spezifikation den Anforderungen der einzelnen Ebenen entsprechend erfolgen und unabhängig voneinander sein.
Zwischen den Schemata sind Abbildungen definiert.
Die Realisierung des Semantischen Modells als Datenbank-System erfolgt im Internen Modell. Dieses wird unter Berücksichtigung des quantitativen Verhaltens spezifiziert. Dabei können mehrere Ansätze unterschieden werden:

a. Unabhängig von der Struktur des Semantischen Modells werden Konzeptionelles und Internes Schema unter quantitativen Aspekten definiert. Die Struktur des Internen Schemas entspricht dem Konzeptionellen Schema /MS78,TF80/.
b. Das Semantische Modell wird als Konzeptionelles Schema aufgefaßt. Die Strukturierung des Internen Schemas wird leistungsorientiert durchgeführt. Das damit entstehende Problem der Abbildung zwischen verschiedenen Schemata entspricht dem Kommunikations-Problem in heterogenen Datenbanken /CP80/.
c. Das Interne Schema wird als Detail-Implementierung des Semantischen Modells generiert /BD81/.

Voraussetzung für die leistungsorientierte Strukturierung des Internen Modells ist die Kenntnis des operativen und quantitativen (Datenmächtigkeit) Verhaltens des Semantischen Modells.

Dieses wird durch

- eine theoretische Analyse und
- einer Simulation des Semantischen Modells

für eine gegebene Einbettung in eine Umwelt bestimmt.

2.2. Die Modelle

Der Zusammenhang zwischen den Modell-Ebenen und dem Schichtenaufbau
des Objekt-Systems wird in Fig. 2-1 dargestellt.

Fig. 2-1

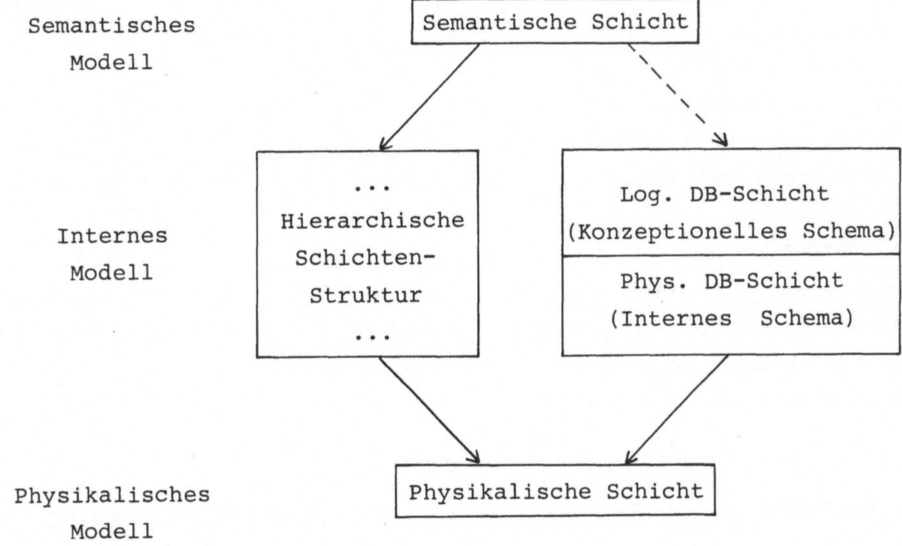

Semantisches Modell

Das Semantische Modell spezifiziert das Verhalten eines einfachen abstrakten Modells für ein (reales) Unternehmen. Die betrachteten Strukturen des Unternehmens werden durch ADT beschrieben.
Aufbauend auf gegebenen elementaren Objekten werden komplexere Objekte
mittels relational-ähnlicher Konstruktoren (Tabelle und Tupel) erzeugt
/EKW78/. Die auf einem komplexen Objekt zulässigen Operationen werden
durch die Operationen seiner Komponenten und der Konstruktoren spezifiziert (Semantische Implementierung /EKM80/). Komplexe Objekte können
gemeinsame Komponenten besitzen. In diesem Fall werden die komplexen
Objekte ihrerseits in einem Objekt zusammengefaßt.
Alle so konstruierten Objekte werden in ein Objekt M eingebettet. Zusätzlich zu M existieren Objekt-Mengen X und Y, die Ein- bzw. Ausgabe-
Objekte der Operationen von M definieren. Dann sei Sys := M ∪ X ∪ Y

das betrachtete Semantische Modell mit der über Sys definierten Operationsmenge Op_{sys}.

<u>Internes Modell</u>

Es werden zwei verschiedene Interne Modelle betrachtet

1. Das Datenbank-Modell

   Diesem Modell liegt die Spezifikations-Methode (a) zugrunde. Das Semantische Modell wird als Entity-Relationship-Struktur aufgefaßt (Semantische Schicht). Diese wird in ein hierarchisches Datenmodell umgesetzt (Konzeptionelles Schema). Zu diesem Konzeptionellen Schema wird ein Internes Schema generiert mit leistungsorientierten Detail-Implementierungen der vorgegebenen Datenstrukturen.

2. Das Objekt-Modell

   Das Interne Modell wird als hierarchische Schichtenstruktur konzipiert. Der Entwurf folgt dem Konzept (b). Diese Schichten entsprechen somit dem Internen Schema.

<u>Physikalisches Modell</u>

Das Physikalische Modell spezifiziert ein Zeitverhalten für Block/Page-Transfers. Dieses besitzt die Fähigkeit zur Parallelarbeit (dezentrale DB bzw. mehrere I/O-Server).
Das Zeitverhalten sei homogen.

2.3. <u>Die Enwurfs-Methode</u>

Die Entwurfs-Methode für das Interne Modell erfolgt in folgenden Schritten:

- Qualitativer Entwurf
  In dieser Phase werden die funktionalen Eigenschaften der Schichten festgelegt.
  Für die einzelnen Schichten werden die Implementierungs-Objekte spezifiziert.

- Quantitative Beschreibung
  Für das quantitative Verhalten werden Kenngrößen und Leistungsmaße definiert.
  Das quantitative Verhalten der einzelnen Schichten wird unabhängig voneinander erfaßt (schichten-lokale Analyse). Darauf aufbauend erfolgt die Analyse des Gesamt-Verhaltens (schichten-übergreifende Analyse).

2.4. Leistungsorientierte Implementierung

Die beiden Internen Modelle werden unterschiedlich implementiert.

1. Im Datenbank-Modell werden die beiden Schichten (vgl. Fig. 2-1) getrennt voneinander generiert /HS77,TF80/. In der Logischen DB-Schicht erfolgt die Restrukturierung der Semantischen Objekte unter

   - qualitativen Aspekten, bedingt durch Rahmenbedingungen des hierarchischen Datenmodells, sowie
   - quantitativen Aspekten basierend auf der schichten-lokalen Analyse (logisches Arbeitsmaß) /T79/.

   Die so erhaltenen logischen Datenstrukturen werden in der Physikalischen DB-Schicht durch leistungsorientierte Wahl geeigneter Implementierungs-Objekte implementiert.

2. Im Objekt-Modell wird eine schrittweise Detail-Auflösung der einzelnen Schichten (top-down) durchgeführt. Diese berücksichtigen den in der schichten-übergreifenden Analyse erfaßten Einfluß auf das Gesamt-Verhalten.

Durch die Bildung von Simulations-Modellen für die Internen Modelle erfolgt eine Verifizierung der analytischen Modellbildung. Dazu werden verschiedene Detail-Implementierungen der Schichten durchgeführt und das gemessene Gesamt-Verhalten mit dem berechneten verglichen.

3. Qualitativer Entwurf

3.1. Allgemeine Schichten-Strukturen

Die Schichten der Internen Modelle sind in folgende Schichten eingebettet:
- Semantische Schicht
  Diese entspricht dem Semantischen Modell und ist als Entity-Relationship-Struktur definiert /CP80/. In dieser Schicht ergibt sich für die Ausführung der Operationen eine maximale Parallelität. Operationen arbeiten asynchron auf den Komponenten von Sys.

- Physikalische Schicht
  Diese entspricht dem Physikalischen Modell und modelliert Block-Transfer-Anforderungen. Der Umfang einer Anforderung ist parametrisierbar.

Für das Datenbank-Modell ergibt sich die folgende Schichtung:

- Logische DB-Schicht
  Diese Schicht enthält das Konzeptionelle Schema sowie eine Verar-

beitungskomponente. Das Konzeptionelle Schema transformiert die Objekte der Semantischen Schicht in hierarchische Datenstrukturen /SS77/. Die Verarbeitungskomponente realisiert die Operationen Op_{sys} des Semantischen Modells durch spezifische DB-Operationen (DML-Befehle). Diese werden zu abgeschlossenen Verarbeitungseinheiten (DB-Module) zusammengesetzt. Dies ermöglicht die Parallelität der Op_{sys} unter Bewahrung der operationalen Integrität /SS77/.

- Physikalische DB-Schicht

  Diese Schicht definiert die physische Organisation der Daten. Die Implementierungs-Objekte der Schicht modellieren verschiedene Speicherungs- und Zugriffspfad-Strukturen.

Im Objekt-Modell werden folgende Schichten betrachtet:

- Funktionale Schicht

  In dieser Schicht erfolgt der Übergang von Relationen der Semantischen Schicht zu Funktionen. Damit werden Zugriffspfade modelliert (vgl. DIAM /CP80/). Die Parallelität der Op_{sys} wird nicht eingeschränkt.

- Logische Datei-Schicht

  Die Zugriffspfade der Funktionen werden hier detailliert.

- Physikalische Datei-Schicht

  Für die logischen Dateien werden spezielle Abspeicherungen definiert.

3.2. Schichten der Internen Modelle

Die Schichten der Internen Modelle stellen Vereinfachungen der in 3.1. betrachteten Strukturierungen dar. Diese sind teilweise nicht als eigenständige Schichten realisiert, sondern dienen als methodisches Mittel für die Abbildung von Anforderungen in die nächste Schicht.

1. Schichten im Datenbank-Modell

   Logische DB-Schicht

   Die Struktur der Semantischen Schicht bildet die Grundlage für die Festlegung des Konzeptionellen Schemas. Dabei werden neben den Restriktionen des hierarchischen Datenmodells (qualitative Aspekte) bereits quantitative Aspekte berücksichtigt. Diese ergeben sich über ein logisches Leistungsmaß, ausgedrückt in logischen Satzzugriffen (LRA) /TF80/. Die DML-Befehle spezifizieren die logischen Zugriffs-Methoden sowie Einfüge-, Lösch- und Änderungs-Operationen. Die Synchronisation erfolgt durch ein Zwei-Phasen-Sperrprotokoll mit Preclaiming /S81/.

Physikalische DB-Schicht

Verschiedene Implementierungen werden durch eine Parametrisierung der Anforderungen an die Physikalische Schicht modelliert. Die logischen DB-Operationen werden unmittelbar übertragen.

2. Schichten im Objekt-Modell

Funktionale Schicht

Diese Schicht wird nicht als eigenständige Komponente betrachtet. Die Abbildung der semantischen Operationen in die Operationen der Log. Datei Schicht erfolgt jedoch unter Berücksichtigung der durch die Funktional-Schicht spezifizierten Zugriffspfade.

Log./Phys. Datei Schichten

Diese realisieren unmittelbar die Konstruktoren des Semantischen Modells. Die Abbildung der Semantischen Objekte in Dateien erfolgt gem. der Struktur der Funktional-Schicht. Verschiedene Datei-Implementierungen werden durch eine Parametrisierung der Anforderungen an die Physikalische Schicht modelliert.

4.   Analyse des quantitativen Verhaltens

4.1. Übersicht

Für die Analyse des quantitativen Verhaltens seien folgende Voraussetzungen gegeben (vgl. 2.1.):

- für das Semantische Modell gelte
    - das semantische Verhalten der Operation ist bekannt
    - auf Op_{sys} sei eine W-Verteilung P gegeben
    - die Zwischenankunftszeiten der Op_{sys} seien neg.exp. verteilt
      mit Parameter λ

- für das Physikalische Modell gelte
    - das zeitliche Verhalten der Operation ist bekannt und
    - dieses sei homogen.

Auf der Semantischen Schicht ergibt sich damit für die semantische Zustandsfolge der Objekte eine entsprechend zugeordnete Zeitfolge (für $obj \in Y$ sei $M \rightarrow obj$ die betrachtete Zustandsfolge).
Für die Objekte obj dieser Schicht werden folgende Parameter betrachtet:

- Belegzeit B_{obj}
    - die Belegzeit von obj durch eine Operation $op(B_{obj;op})$ ist die
      Zeitdauer der sem. Zustandsänderung von obj durch op.
    - $B_{obj} := E(B_{obj;op})$

- Verweilzeit V_{obj}
  - die Verweilzeit einer Operation in obj ($V_{obj;op}$) ist die Zeit-
    dauer von der Ankunft von op in Sys bis zur erfolgten sem. Zu-
    standsänderung von obj.
  - $V_{obj} := E(V_{obj;op})$
- Wartezeit W_{obj}
  - $W_{obj;op} := V_{obj;op} - B_{obj;op}$
  - $W_{obj} := E(W_{obj;op})$

Die Berechnung des quantitativen Verhaltens erfolgt exemplarisch für
die beiden Modellen gemeinsamen Schichten. In der Analyse der Schichten der Internen Modelle sind insbesondere

- Restrukturierungen
- Änderungen in der Synchronisation
- Parallelitätsrestriktionen

zu berücksichtigen. Darauf kann im einzelnen nicht eingegangen werden.
Der Einfluß dieser Schichten wird jedoch in den Simulations-Modellen
erfaßt.

4.2. Schichten-lokale Analyse

Semantische Schicht

In der Semantischen Schicht müssen für die analytische Modell-Bildung
die folgenden Eigenschaften der sem. Operationen erfaßt werden

- die inneroperationale Parallelität
- die Parallelität mehrerer Operationen in einem Objekt
- die Blockierung mehrerer Objekte durch eine Operation.

Für die Objekte dieser Schicht wird die Auflösung der Op_{sys} in die
Operationen dieser Objekte durchgeführt. Die Belegzeiten B_{obj} können
für seriell zu benutzende Objekte, die nicht durch andere Objekte
blockiert werden, aufgrund der Kenntnis des semantischen Verhaltens
bestimmt werden.

Für derartige Objekte wird ein M/G/1-Modell zugrunde gelegt. Objekte,
die als Relation über elementaren Objekten definiert sind, werden als
seriell zu benutzend betrachtet. Diese sind i.a. jedoch nicht blockie-
rungsfrei.

Für ein Objekt obj sei die Umgebung $U_{obj} := U'_{obj} \cup U''_{obj}$, mit

- U'_{obj} ist die Menge der Objekte, deren Zustand von obj beeinflußt
  wird
- U''_{obj} ist die Menge der Objekte, die den Zustand von obj beeinflussen.

Für diese seien die entsprechenden transitiven Hüllen $\bar{U}_{obj}$, $\bar{U}'_{obj}$ und $\bar{U}''_{obj}$.

Aus den $B_{obj;op}$ lassen sich dann berechnen

- die wartefreie Belegzeit $B'_{obj;op}$, falls $W_{obj;op} = W_{obj';op}$

- die ungestörte Belegzeit $B''_{obj;op}$, falls $W_{obj;op} > W_{obj';op}$

  für alle $obj' \in U''_{obj}$ gilt.

Mit diesem lassen sich dann für serielle Objekte Wartezeiten W'_{obj} bzw. W''_{obj} gem. einem M/G/1-Modell berechnen.

Ein Objekt obj heißt

- (lokal) dominant, falls $W'_{obj} \geq W'_{obj}$,

  für alle $obj' \in \bar{U}'_{obj}$ (bzw. U'_{obj})

- (lokal) ungestört, falls $W'_{obj} \geq W'_{obj}'$,

  für alle $obj' \in \bar{U}''_{obj}$ (bzw. U''_{obj})

Dann existiert mindestens ein dominantes, ungestörtes Objekt dom und $M \in U_{dom}$

Für Objekte $obj \in M$ gelten

- $B_{obj} \simeq B_{dom}$ für $\lambda \to \mu_{dom}$ und $obj \in U'_{obj}$ bzw.

      für $\lambda \to \infty$ und $obj \in \bar{U}'_{obj}$

- $W_{obj} \simeq W_{dom}$ für λ beliebig und $obj \in U'_{obj}$ bzw.   (+)

      für $\lambda \to \mu_{dom}$ und $obj \in \bar{U}'_{obj}$

Erweitert man die bisherigen Betrachtungen auf Sys, so gelten für $\lambda \to \mu_{dom}$

- $B_{sys} \simeq B_{dom} + B_Y$

- $W_{sys} \simeq W_{dom}$

und für $obj \in Y : obj \notin U_{dom} \Rightarrow B_{obj} \to 0$

Für B_{dom} gilt wegen (+) : $B_{dom} \geq B'_{dom} \geq B''_{dom}$

Das Störglied $d_{dom} := B_{dom} - B''_{dom}$ kann approximiert werden durch

$$\max_{obj \in U''_{dom}} \{E(B'_{obj;op} - B'_{dom;op} \mid B'_{obj;op} > B'_{dom;op})\}.$$

Physikalische Schicht

Der Physikalischen Schicht wird ein Warteschlangen-Netz als analytisches Modell zugrunde gelegt.

Dieses besteht aus c identischen Bedienstationen mit FIFO-Warteschlangen.

Die Aufträge modellieren Block-Transfer Anforderungen. Ein Auftrag
wählt eine Bedienstation mit Wahrscheinlichkeit $1/c$ aus und verläßt
nach Abschluß der Bedienung das Netz.
Die Bedienzeit eines Auftrages bestehe aus k Phasen ($1 \leq k \leq K$), die
jeweils neg.exp. verteilt seien mit Parameter K.
Sei N die Anzahl der Aufträge im Netz.
Dann gilt für die Verweilzeit V eines ankommenden Auftrages

$$E(V \mid N = n) = (1 + n/c) * E(k)/K$$

4.3. Schichten-übergreifende Analyse

Für die schichten-übergreifende Analyse werden die Anforderungen der
Semantischen Schicht auf die Physikalische Schicht herabgezogen. Dort
erfolgt dann die Berechnung des lokalen Verhaltens gem 4.2.
Das berechnete Verhalten wird dann (über die einzelnen Schichten) wie-
der in die Semantische Schicht heraufgezogen. Für die einzelnen
Schichten ergibt sich dann folgendes Verhalten.

Physikalische Schicht

Die Approximation der Anzahl N von Aufträgen im Netz ergibt sich aus

$$N = B_{1,sys}/B_{0,sys}$$

wobei $B_{1,sys}$ bzw. $B_{0,sys}$ die Belegzeiten
von Sys für $c = 1$ bzw. $c = \infty$ sind.

Diese können zumindest für $\lambda \to 0$ und $\lambda \to \infty$ berechnet werden.

Semantische Schicht

Für diese Schicht ergeben sich mit $c_{phys} = c$ bei einer Ankunftsrate λ
für die Belegzeit von Sys:

$$B_{sys} = zB_{0,sys}(\lambda^+) \quad \text{mit} \quad \lambda^+ = z\lambda$$

$$z = 1 + (n-1)/c$$

$$n = B_{1,sys}/B_{0,sys}(\lambda^+)$$

und für die Wartezeit von Sys:

$$W_{sys} = zW_{0,sys}(\lambda^+) \quad \text{für} \quad \lambda^+ \to 1/B_{0,dom}$$

5. System-Verhalten in der Simulation

Für die Internen Modelle wurden Simulations-Modelle erstellt, die die
in 3.2. beschriebenen Schichten detailliert nachbilden. Für das Semantische Modell wurde eine Einbettung in eine angenommene reale Umwelt
betrachtet, um eine sinnvolle Benutzung des Modells sicherzustellen.
Die Wechselwirkung zwischen Semantischem Modell und seiner Umgebung
wurde in einem semantischen Simulations-Modell nachgebildet.

In dieser Simulation wurde das semantische Verhalten durch einen Monitor gemessen und an der Schnittstelle zwischen Modell und Umwelt wurden die Wechselwirkungen in einem Trace aufgezeichnet.
Dieser Trace diente dann zur Steuerung der Internen-Modell-Simulation.
Die Zwischenankunftszeiten der im Trace aufgezeichneten Operationen wurden als neg.exp. verteilt mit Parameter λ modelliert.
Diese Simulations-Modelle dienten zur Verifizierung der analytischen Modell-Bildung.

Für die relevanten Parameter wurden Konfidenzbereiche erstellt. Der gewählte Stichprobenumfang (Simulationslänge) gewährleistet für $\lambda < \mu$ relative Konfidenzbereiche von 20% für ein Konfidenzniveau von 90%. Dadurch wird der Vergleich des in Fig. 5-1 bis Fig. 5-4 dargestellten Verhaltens mit dem analytischen Modell ermöglicht.

Es werden verschiedene Versionen betrachtet, die aus unterschiedlichen Schichten-Implementierungen resultieren.
Den Darstellungen liegt folgende Notation zugrunde:

- dominantes Objekt dom : KAP
- Umgebung U'_{dom} : $\{L\_E,\ L\_V\}$
- Parameter P   : $P_{version},\ c_{phys,obj}$

Der Vergleich mit dem analytischen Modell ergibt:

- Der Einfluß des dominanten Objektes auf das Gesamtverhalten ist in Fig. 5-1 für das Objekt-Modell und in Fig. 5-2 für das Datenbank-Modell dargestellt und entspricht der analytischen Modellbildung. Dies gilt auch für die Störung des dominanten Objektes. Die abweichende Skalierung resultiert aus den unterschiedlichen Implementierungen der Semantischen Objekte in den beiden Internen Modellen.

- In Fig. 5-3 wird für das Objekt-Modell das Wartezeit-Verhalten des dominanten Objektes bei unterschiedlichen Detail-Implementierungen betrachtet. Der gemessenen Wartezeit W_{dom} werden theoretische Wartezeiten $\widetilde{W}_{dom}$ bzw. $\overline{W}_{dom}$ basierend auf dem M/G/1-Modell gegenübergestellt. Deren Berechnungen liegen die Belegzeiten B_{dom} bzw. B'_{dom} zugrunde. Die Abweichung zwischen gemessenen und theoretischen Werten resultiert aus einer starken Datenabhängigkeit. Dadurch ist die Voraussetzung der Unabhängigkeit der Belegzeiten nicht gegeben. Eine Reduzierung der Datenabhängigkeit durch eine verbesserte Implementierung führt zu einer weitgehenden Übereinstimmung mit dem analytischen Modell (das M/G/1-Modell wird nur für $\lambda < \mu_{dom}$ zugrunde gelegt). Im Datenbank-Modell ergibt sich ein analoges Verhalten.

- der Einfluß der Physikalischen Schicht auf das Gesamtverhalten wird in Fig. 5-4 wiedergegeben. Dabei erfolgte eine Normierung gem. 4.3. mit einem für $\lambda \rightarrow \mu_{dom}$ berechneten festen N_{phys}.

6. Zusammenfassung

Der Entwurf eines Datenbanksystems erfordert die unabhängige Spezifikation der konzeptionellen und internen Strukturen. Die Grundlage für den Entwurf bildet ein Semantisches Modell. Dieses wird im ADT-Konzept mit Relationen-ähnlichen Strukturen definiert. Die Strukturierung geschieht unter qualitativen Aspekten. Dieses Modell soll in einer homogenen physikalischen Umgebung (Block/Page-Transfer) realisiert werden. Dazu werden zwei verschiedene Interne Modelle konzipiert unter Berücksichtigung von Leistungs-Aspekten. Als Bewertungskriterien dienen Kenngrößen für das Zeitverhalten des Systems. Es werden keine Kostenfunktionen betrachtet. Die Implementierung des Semantischen Modells durch die beiden Internen Modelle erfolgt mit einem Datenbank-Modell sowie einem Objekt-Modell. Beiden Modellen liegt eine Schichten-Struktur zugrunde. Die quantitative Beschreibung der Internen Modelle wird dadurch modularisiert. Es werden zunächst die Beeinflussungen zwischen Objekten einer Schicht erfaßt und ein analytisches Modell der Schicht gebildet. Dann werden die schichten-übergreifenden Einflüsse bestimmt und damit das Gesamt-Verhalten beschrieben.
Dieses Verfahren wurde für ein nichttriviales Semantisches Modell mit parametrisierten Internen Modellen durchgeführt und anhand von Simulations-Modellen verifiziert.

FIG. 5-1: OBJEKT-MODELL MIT $C_{PHYS}=\infty$

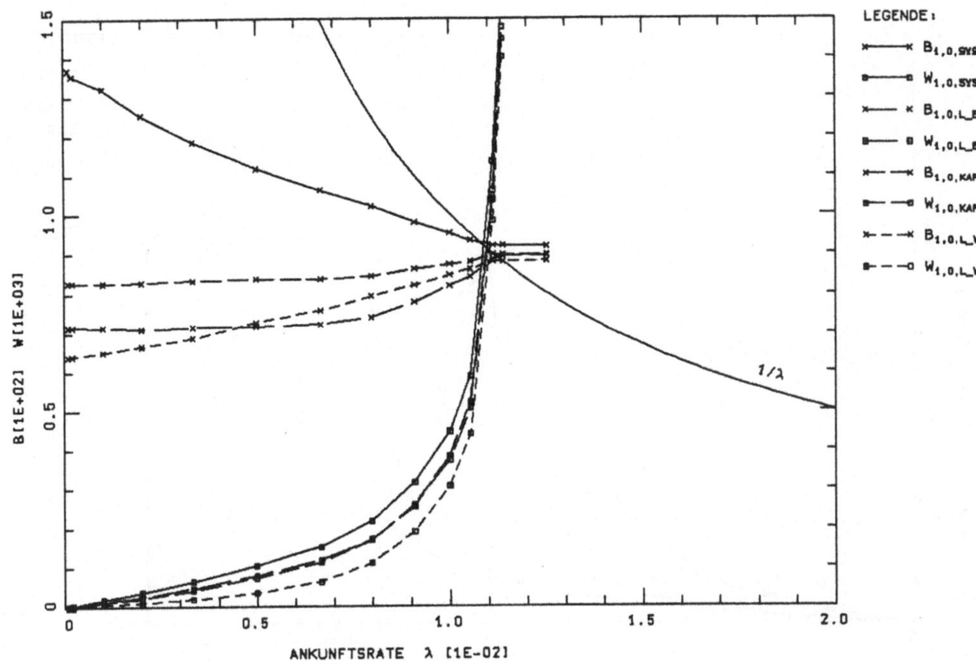

FIG. 5-2 : DATENBANK-MODELL MIT $C_{PHYS}=\infty$

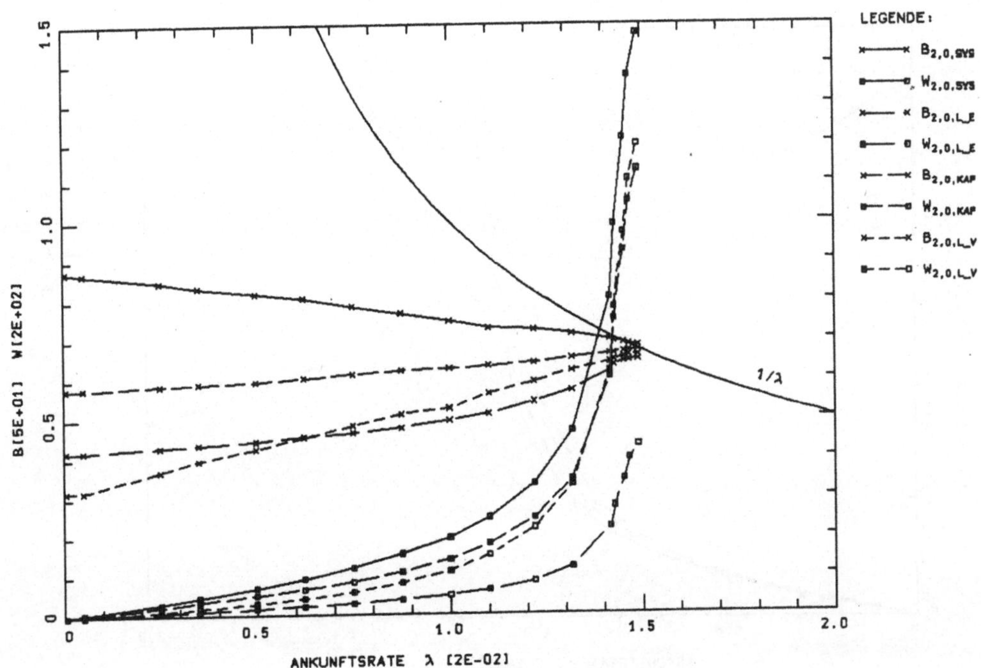

FIG. 5-3: WARTEZEIT-VERHALTEN MIT $C_{PHYS}=\infty$

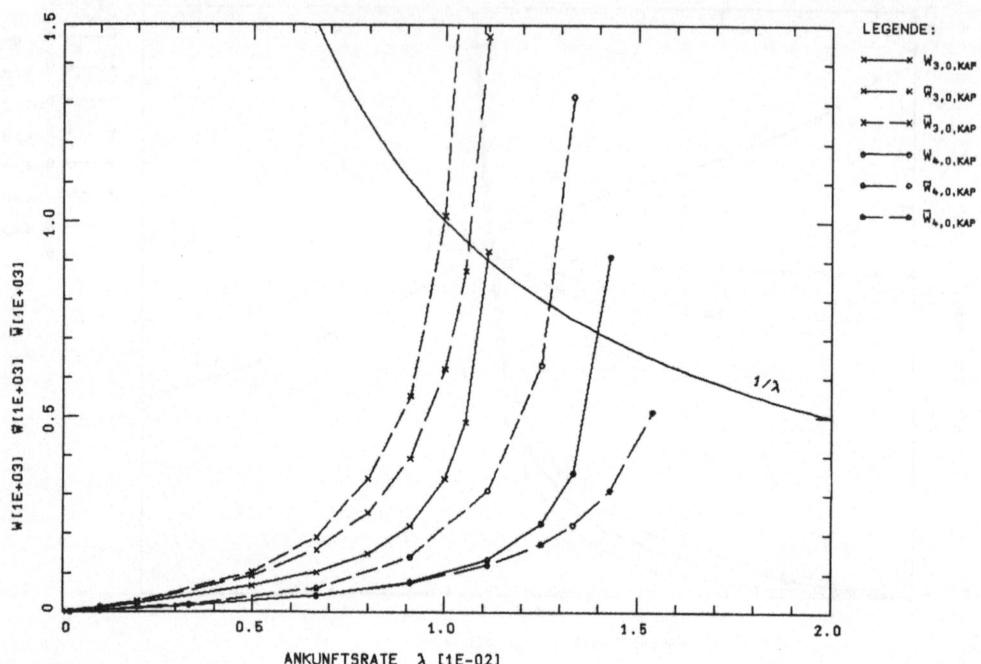

FIG. 5-4 : NORMIERUNG MIT $C_{PHYS}=1,2,4,\infty$ UND $N_{PHYS}=5$

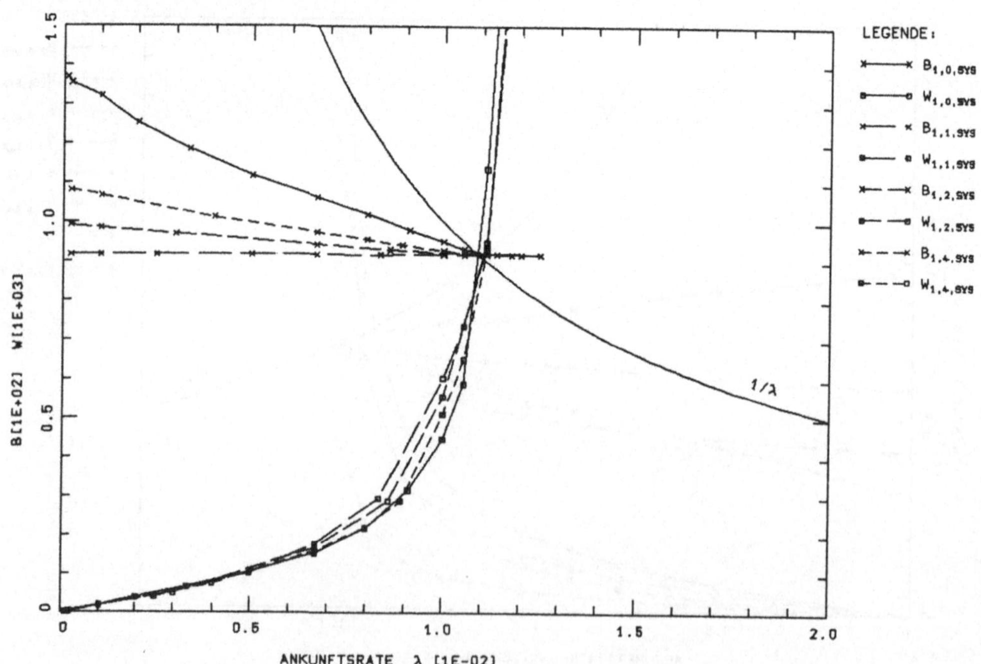

7. <u>Literatur-Verzeichnis</u>

/BD81/   Baroody, A.J., DeWitt, D.J.: An Object-Oriented Approach to
         DB System Implementation, ACM-TODS, Vol 6, 1981

/CP80/   Cardenas, A.F., Pirahesh, M.H.: DB Communication in a
         Heterogeneous DBMS Network, Inf. Sys. Vol. 5, 1980

/CPB81/ Ceri, S., Pelagatti, G., Bracchi, G.: Structured Methodology
         for Designing Static and Dynamic Aspects of DB Applications,
         Inform. Sys. Vol 6, 1981

/EKM80/ Ehrig, H., Kreowski, H.J., Mahr, B., Padawitz, P.: Compound
         Algebra Implementations: An Approach to Stepwise Refinement
         of Software Systems, LNCS 88, 1980

/EKW78/ Ehrig, H., Kreowski, H.J., Weber, H.: Algebraic Specification
         Schemes for DBS, Proc. 4. Int. Conf. on VL DB, Berlin, 1978

/D81/   Date, C.J.: An Introduction to Database Systems
         Addison-Wesley, Reading, Mass., 1981 (Third Edition)

/HS77/   Hulten, C., Söderlund, L.: A Simulation Model for Performance
         Analysis of Large Shared DB, Int. Conf. on VL DB, 1977

/MS78/   March, S.T., Severance, D.G.: A Mathematical Modeling Approach
         to the Automatic Selection of DB Designs,
         Proc. ACM-SIGMOD, 1978

/S81/   Schlageter, G.: Datenbanksysteme
         Ein Kurs der Fern-Universität, Hagen, 1981

/SS77/   Schlageter, G., Stucky, W.: Datenbank-Systeme - Konzepte und
         Modelle -, Teubner Studienbücher Bd.37, Stuttgart, 1977

/T79/   Thoma, H.: Leistungsaspekte bei Datenbanksystemen, in:
         Formale Modelle für Informationssysteme, Fachtagung der GI,
         Tutzing, 1979

/TF80/   Teorey, T.J., Fry, J.P.: The Logical Record Approach to
         DB Design, Comp. Surv. Vol. 12, 1980

/TK77/   Tsichritzis, D., Klug, A.(Eds.): ANSI/X3/SPARC DB-MS,
         Tech. Note 12, 1977

PERFORMANCE EVALUATION
OF VIDEBAS

by
Drs. H.M. Blanken
Twente University of Technology
Enschede.

ABSTRACT

VIDEBAS is a relational multi-user database management system.
Relations are stored, in general, more than one time, each
time however in a different sort order. The main goal of this
approach is to reduce the number of accesses necessary to
handle a query at the cost of a higher charge on external
memory. The consistency problems connected to redundancy are
prevented by inserting all subsequent changes to a relation in
the corresponding differential file. In this paper the
performance of VIDEBAS will be compared with SYSTEM R. The
only operations considered are an one-relational query and an
equijoin of two relations. The differential files will not be
taken into account. The criteria for comparison are the
internal and external memory occupation and the number of page
accesses needed to obtain the answer.

1. INTRODUCTION.

Management information systems are often classified as 'operational', 'tactical' or 'strategic'. To the first category belong the systems which reflect the operations in an enterprise, like accounting, order processing, etc. These systems need an accurate and up-to-date description of the miniworld concerned, hence it must be possible to interrogate and update the database without delay. The latter two categories require facilities for aggregated data. These data have to show trends and are used for answering tactical and strategic questions like "In which area sales are high?", "Give the average salary of the employees in the production department", etc.

The architectures of SYSTEM R and VIDEBAS R are described respectively by Astrahan et al. [1] and Blanken [2]. Both systems offer a SEQUEL-like interface, so retrieval as well as updates are possible. In VIDEBAS these updates are collected in differential files, while in SYSTEM R the stored relations itself receive the updates.

In this paper the performance of SYSTEM R and VIDEBAS will be compared in the 'tactical' and 'strategic' environment, which implies that only retrieval operations will be considered. The examined data base will be refreshed periodically from a corresponding operational data base (the 'snapshot' idea). It will appear that VIDEBAS requires more external storage and less page accesses. So VIDEBAS exchanges external storage for speed. This seems to be justifiable in this era of external media with strongly increased storage capacity and only slightly increased access speed.

In chapter 2 the two systems concerned will be described briefly, while in chapter 3 and 4 the comparison on the subjects of memory occupation and database accesses is given. Finally some remarks will be made on the cost aspect and the CPU time needed.

2. THE TWO DATABASE SYSTEMS.

Both database management systems are relational and the relations reside on a paged external memory. Each relation is a set of tuples comprising a sequence of attribute values. Each tuple has a fixed length (=TUPLEN bytes). When the tuples are stored an ordering on a certain attribute is realized. In SYSTEM R the data of the relation are stored only once; while in VIDEBAS storage of the relation more than once is possible, of course each time ordered on a different attribute. To speed up access to the tuples, so-called access pathes for attributes are implemented. An access path for a certain attribute offers the possibility to access rapidly all tuples with a certain value for that attribute. Indexes are offered in SYSTEM R and directories in VIDEBAS. An index is dense, which means that each tuple in the relation has a corresponding entry (with length ENTLEN) in the index. In SYSTEM R a stored relation may have many indexes. A directory contains an entry for the last tuple on each page of the stored relation. From here on a directory is called DIRFL and a VIDEBAS stored relation SORTFL. To determine the VIDEBAS storage structure, the following rule of thumb is used in this paper: for each index in SYSTEM R a SORTFL with corresponding DIRFL will be chosen in VIDEBAS.

Two query types will be analyzed, one query touches only one relation, the other concerns two relations (an 'equijoin', see 4.3). It is difficult to determine which environments are 'typical'. Instead of introducing our own definition the environments as described in the SYSTEM R literature are adopted. For the one-relational query this implies the parameter setting of King [6], while for the equijoin query load and database characteristics are taken from Blasgen and Eswaran [3]. Throughout this paper the following abbreviations are used. Between brackets the chosen value(s) is(are) given.

Database system dependent parameters:

        PAGLEN   = page length in bytes (=4000).

        P   = size of internal work buffer in pages (=25), among others needed for sorting.

        Z   = merge factor (=3) used during the merge phase of the sorting process.

The database dependent parameters are the following:

NTUP   = number of tuples in a relation.

MULT   = multiplicity of an attribute.

TUPLEN   = length of a tuple in a relation (=100,200).

ENTLEN   = length of an entry in an index or directory (=20).

NDPG   = number of data pages of a relation.

Query dependent are:

H   = quotient of the length of output attributes and the
           length of all attributes of a tuple (=0.5).

F   = selectivity of condition on selection attribute;
           this means the fraction of the tuples which satisfy
           the condition mentioned.

When it is necessary to indicate a particular relation the relation name
will be enclosed between brackets, e.g. NTUP(A) is the number of tuples
in relation A.

3. MEMORY OCCUPATION.

3.1. Internal memory occupation.

In VIDEBAS for each SORTFL a DIRFL is present. Each page in a SORTFL has one entry of length ENTLEN bytes in this DIRFL. Assuming this DIRFL built up as a two-level tree SORTFLs with a size of (PAGLEN/ENTLEN)**2 pages can be handled, which means 40000 pages for the chosen values for PAGLEN and ENTLEN. The root page of a DIRFL is assumed to be in internal memory. For SYSTEM R something analogous is supposed to hold: the indexes comprise two levels and the root page is stored in internal memory. To each page of the second level of an index or DIRFL an entry in the root page corresponds. The second level of a DIRFL has one entry per SORTFL page and in an index we have one entry per tuple. So the internal memory occupation for SYSTEM R root pages is a factor 20 (for TUPLEN=200) or 40 (for TUPLEN=100) higher than for VIDEBAS ones. Suppose in a SYSTEM R database of 25000 pages (=100 MB) each relation has one index. To each tuple one entry in the second level of the index corresponds. If TUPLEN=200 and ENTLEN=20, then the size of all second level indexes together is 2500 pages. Each page of the second level has one entry in the first level, so an internal memory occupation of 50 Kbytes results. When more indexes are present then the memory occupation increases proportionally.

An important factor concerning the internal memory occupation is the resident part of the database management systeme itself. This factor is not considered.

3.2. External memory occupation.

A retrieval environment is assumed, so no free space for insertions is needed neither for VIDEBAS nor for SYSTEM R.
A DIRFL is built up as a two level tree, the second level of which has a

size equal to (ENTLEN/PAGLEN) of the size of the corresponding SORTFL. For the values considered this means an occupation of external memory of 0.5% of the SORTFL. This will be neglected. So in VIDEBAS the external memory occupation equals:

$$V(EXTMEM)=NSOR*NDPG \quad \text{pages.}$$

Here NSOR is the number of SORTFLs for the relation. According to a previous assumption NSOR is equal to the number of indexes in the corresponding SYSTEM R data base (=NIND). The total external memory occupation for SYSTEM R per relation is:

$$S(EXTMEM)= NDPG+NIND*NDPG*ENTLEN/TUPLEN \text{ pages.}$$

For the quotient S(EXTMEM)/V(EXTMEM), see Table 1. It appears that the external memory occupation in VIDEBAS is significantly higher than in SYSTEM R.

Table 1. The quotient of the external memory occupation of SYSTEM R
         and VIDEBAS.

NIND (=NSOR)	1	2	3	4
TUPLEN=100	1.20	0.70	0.53	0.45
TUPLEN=200	1.10	0.60	0.43	0.35

4. DATABASE ACCESSES.

The formulas used to compare VIDEBAS and SYSTEM R are taken from Selinger et al. [4] and Astrahan et al. [5]. In the latter paper it is claimed that for the used formulas some experimental evidence has been obtained. The VIDEBAS formulas form a subset of the SYSTEM R formulas and can be considered to be 'validated' under the same circumstances.

4.1. Used formulas.

With help of the basic formulas described below all formulas for the one-relational and equijoin queries can be derived.

- Retrieval of N randomly stored tuples.
  To retrieve N randomly stored tuples from a relation using a set of N addresses, which are sorted on page number requires RANDOM page accesses. RANDOM depends on the number of pages occupied by the relation and is detrmined by (see also Astrahan [5]).

$$RANDOM(N,NDPG)= NDPG*(1-(1-1/NDPG)**N).$$

This formula can also be used when an index or directory has to be accessed. Suppose that an ordered stream of attribute values is offered. The root page is stored in internal memory. Using this root page and using the ordering property, the second level pages of index or directory can be retrieved such that each page needed has to be fetched only once.

- Retrieval of N consecutively stored tuples.
  The number of accesses to retrieve N tuples which are stored consecutively while the address of the first tuple is given is approximated by:

$$CONSEC(N,TUPLEN)=(1+N*TUPLEN/PAGLEN).$$

This formula has to be adapted only slightly to be useful in case of retrieving N entries of an index or directory. Then TUPLEN has to be replaced by ENTLEN.

- Merging.

In the VIDEBAS and SYSTEM R equijoin method sometimes sorting occurs. To implement sorting, first scanning of the relation according to an access path has to be done. During this accessing tuples will be selected, sorted into strings and if necessary rewritten to external storage. In an equijoin two relations participate. We assume that both relations get an internal workspace of $0.5*P$ pages. The strings generated by the internal sort algorithm are assumed to be $0.5*P$ pages long. Suppose NDPG is the size in pages of the intermediate, temporary relation. If $NDPG<=0.5*P$ then this intermediate relation can be kept in the workspace and sorting can be applied there. If, however, $NDPG>0.5*P$ then strings have to be written to external memory and merged. Assuming a Z-way merge this requires $\ln(NDPG/(0.5*P))/\ln(Z)$ passes. For each pass NDPG pages are read and written. So the number of accesses to merge the strings is:

$$MERGE(NDPG)=2*NDPG*\ln(2*NDPG/P)/\ln(Z).$$

- Number of different equijoin values.

Suppose a relation is scanned in order of the equijoin attribute. From the retrieved tuples only a fraction F passes the selection condition. Some equijoin values may have disappeared as   the corresponding tuples did not pass the selection condition. The number of different equijoin values remaining after the scan depends on the fraction F, the multiplicity MULT and the number of tuples NTUP. The formula to approximate RANDOM can be used here also: NTUP/MULT corresponds to NDPG and F*NTUP to N:

$$NDIFEQ(F*NTUP,NTUP/MULT)=$$
$$(NTUP/MULT)*(1-(1-MULT/NTUP)**(F*NTUP))$$

4.2. One-relational query.

Consider the following query:

"Fetch the values of the attributes of 'subtup(A)' from all A-tuples satisfying the selection condition 'selatt(A)=value'". The size of a subtuple is H*TUPLEN.

In SEQUEL this query becomes:

```
SELECT          subtup(A)
FROM            A
WHERE           selatt(A)=value
```

In VIDEBAS a DIRFL and SORTFL are assumed to be present for the attribute 'selatt(A)'. So the number of accesses can be computed easily: via the root page (in internal memory) to the right page of DIRFL on external storage and from there to the SORTFL. In total 1+CONSEC(MULT,TUPLEN).

For SYSTEM R an index is assumed for the attribute 'selatt(A)'. The stored relation itself may be ordered on this same attribute or not. In the first case the number of accesses is the same as for VIDEBAS while in the latter case the following approximation is used: CONSEC(MULT,ENTLEN)+RANDOM(MULT,NDPG).

In King [6] the above mentioned query is described as a "typical" case. If in SYSTEM R the ordering of the relation coincides with the ordering of the index on the selection attribute then SYSTEM R performs as well as VIDEBAS. Otherwise VIDEBAS performs better as the following computation will show. For the MULT values chosen by King [6] holds MULT<=100. So if NDPG>100 then a good approximation for RANDOM is MULT. For the quotient of number of SYSTEM R accesses and VIDEBAS accesses, see Table 2. The figures show that VIDEBAS performs significantly better.

Table 2. The quotient of number of accesses in SYSTEM R and VIDEBAS
in an one-relational query.

MULT	1	2	5	10	50	100
TUPLEN=100	1.0	1.5	3.0	5.1	16.5	23.6
TUPLEN=200	1.0	1.5	2.9	4.6	11.9	14.4

4.3. Equijoin query.

In the considered equijoin query it is assumed that the equijoin
attributes 'eqatt' are different from the selection attributes 'selatt'.

Both relations contribute H*TUPLEN bytes to the size of the required
subtuple(s). The 'comparator' mentioned in the selection conditions can
be '=','<', etc.

```
SELECT        subtup(A),subtup(B)
FROM          A,B
WHERE         eqatt(A)=eqatt(B)                    AND
              selatt(A) comparator value(A)    AND
              selatt(B) comparator value(B).
```

The two relations participating in the equijoin will be called the outer
relation and the inner relation. When A is the outer relation then B
plays the role of inner relation and vice versa. In selecting the
optimal strategy both possibilities are considered. Scanning is defined
as the fetching of tuples of a relation using an access path. As
several access pathes may be present, several ways of scanning can be
applied.

Two equijoin methods are used in SYSTEM R, namely 'merging scan' and 'nested loop'. In VIDEBAS the 'merging scan' is used.

Nested loop.

In the 'nested loop' any access path can be used to scan the outer and inner relation. The scan on the outer relation is opened and the first tuple satisfying the selection condition for the outer relation is retrieved. Now a scan on the inner relation is opened using an access path and all tuples from the inner relation satisfying both the selection and equijoin condition are fetched. The equijoin operation on these tuples can be performed. For the next tuple of the outer relation satisfying the selection condition the scan on the inner relation will be reopened and the process will be repeated. When the outer relation is scanned, F*NTUP tuples satisfy the selection condition. This implies that the inner relation has to be scanned F*NTUP times.

Merging scan.

The 'merging scan' method uses access pathes which deliver the tuples in order of equijoin attribute. For each qualifying subtuple of the outer relation all qualifying subtuples of the inner relation are fetched containing the same equijoin value. When the next qualifying subtuple of the outer relation has the same equijoin value then the same set of subtuples of the inner relation can be used, otherwise the ordering criterion of the inner relation is used to scan further.

Accessing of tuples in order of equijoin attribute can be realised using an equijoin index on this attribute or by creating an ordered intermediate file. In the latter case use is made of an access path, applying the selection condition, projecting the selected tuples and sorting the result. The formula MERGE can be used to compute the number of accesses needed. Not all tuples pass the selection condition. Using the formula NDIFEQ the number of different equijoin values possessed by the selected tuples can be computed. The inner relation has to be accessed NDIFEQ times, each time retrieving MULT tuples. Depending on the ordering the retrieval of MULT tuples requires CONSEC(MULT,TUPLEN) or RANDOM(MULT,NDPG) accesses.

In the equijoin query considered only three access pathes, if present, are interesting, namely accessing the tuples of the relation
- using the index on the equijoin attribute
- using the selection index
- using no index: apply the relation scan.
In the latter case the tuples are fetched one after the other by accessing the pages of the relation. Suppose the index on selection attribute is used. To fetch the needed pages of the second level of the index CONSEC(F*NTUP,ENTLEN) accesses are necessary. MULT is the multiplicity of the equijoin as well as the selection attribute. Hence, if the relation is not ordered on the selection attribute (F*NTUP/MULT)*RANDOM(MULT,NDPG) accesses are needed to fetch the corresponding tuples in the relation. Otherwise the formula CONSEC has to be used again.

Which physical databases will be compared in this paper? Both relations in the SYSTEM R database have an index for the equijoin as well as the selection index. This implies SORTFLs and DIRFLs for these attributes in VIDEBAS. In SYSTEM R for each relation three situations are distinguished, namely ordering on the equijoin, the selection and an other attribute. In total nine cases have to be handled. The load and database charateristics described below are taken from Blasgen and Eswaran [3]. Between the number of tuples of relation A and B the relationship NTUP(B)=4*NTUP(A) holds. G is defined as the ratio between the cardinality of the unconditional equijoin and NTUP(A)*NTUP(B). The selected value for G is 7/NTUP(B) which together with NTUP(B)=4*NTUP(A) implies that MULT(A)=7/4 and MULT(B)=7. Hence MULT*TUPLEN*H<<P and all subtuples of tuples with the same equijoin value can be kept in the workspace. F has been chosen equal for both relations.

TABLE 3: The quotient of number of accesses in SYSTEM R and VIDEBAS

F=1.00

NTUP(A)	E,E	E,S	E,O	S,E	S,S	S,O	O,E	O,S	O,O
1000	1.1	3.6	3.6	1.4	3.9	3.9	1.4	3.9	3.9
5000	1.1	4.8	4.8	1.7	5.5	5.5	1.7	5.5	5.5
10000	1.1	5.4	5.4	1.9	6.2	6.2	1.9	6.2	6.2
25000	1.1	6.1	6.1	2.1	7.1	7.1	2.1	7.1	7.1
100000	1.1	7.2	7.2	2.3	8.4	8.4	2.3	8.4	8.4

F=0.50

NTUP(A)	E,E	E,S	E,O	S,E	S,S	S,O	O,E	O,S	O,O
1000	1.1	1.8	2.2	1.1	1.8	2.2	1.2	1.9	2.3
5000	1.1	2.5	2.9	1.3	2.7	3.1	1.4	2.8	3.2
10000	1.1	2.8	3.2	1.3	3.1	3.5	1.5	3.2	3.6
25000	1.1	3.2	3.6	1.4	3.5	4.0	1.6	3.6	4.1
100000	1.1	3.8	4.2	1.6	4.3	4.7	1.7	4.4	4.8

F=0.10

NTUP(A)	E,E	E,S	E,O	S,E	S,S	S,O	O,E	O,S	O,O
1000	4.9	2.5	8.5	3.5	1.1	7.1	4.9	2.5	8.5
5000	1.9	1.5	3.9	1.4	1.0	3.4	2.0	1.6	3.9
10000	1.6	1.5	3.5	1.2	1.1	3.1	1.7	1.6	3.6
25000	1.6	1.6	3.5	1.2	1.2	3.2	1.7	1.7	3.7
100000	1.5	1.7	3.6	1.2	1.5	3.3	1.6	1.9	3.7

F=0.01

NTUP(A)	E,E	E,S	E,O	S,E	S,S	S,O	O,E	O,S	O,O
1000	4.4	2.3	7.9	3.1	1.0	6.6	4.4	2.3	7.9
5000	8.4	3.9	15.2	5.6	1.1	12.4	8.4	3.9	15.2
10000	9.5	4.3	17.3	6.3	1.1	14.1	9.5	4.3	17.3
25000	4.6	2.6	9.0	3.1	1.0	7.4	4.6	2.6	9.0
100000	3.1	2.1	6.2	2.1	1.0	5.2	3.1	2.1	6.2

The algorithms described before has been programmed to compute the optimal strategy for handling the query for both database systems. In Table 3 the quotient of the number of accesses in SYSTEM R and VIDEBAS has been given for TUPLEN=200. For TUPLEN=100 about equal results are obtained. 'E,O' means that relation A is ordered on equijoin attribute, while relation B is ordered neither on equijoin nor on selection attribute ('O' means 'other'). The 'S' stands for selection attribute. It appears that VIDEBAS is always as good as SYSTEM R and sometimes even much better. When F is high then the best you can do in SYSTEM R is ordering on the equijoin attribute. Then VIDEBAS and SYSTEM R perform about equal. When F is small then ordering on the selection attribute is of course preferable, achieving again a performance about equal to that of VIDEBAS. In all other cases VIDEBAS performs significantly better. In Blasgen and Eswaran [3] only three 'typical' cases have been treated, two of which consider ordering on neither equijoin nor selection attribute. In these cases VIDEBAS performs much better than SYSTEM R.

5. FINAL REMARKS AND CONCLUSIONS.

The criterion 'CPU time' has not been considered until now. This CPU time is built up of some parts, among others the time needed to analize a query, to optimize database operations, to handle page accesses, to fetch tuples from pages, etc. Given the same query language the time to analize a query will be equal. The optimization algorithm of VIDEBAS is a subset of the SYSTEM R algorithm, so the optimization time in VIDEBAS will be not higher than the time of SYSTEM R. The number of page accesses in VIDEBAS is always equal to or smaller than in SYSTEM R. The number of tuples fetched from pages is about equal in both cases. So the CPU time in VIDEBAS will be equal or possibly lower than in SYSTEM R.

External memory occupation is higher in VIDEBAS. Two facts are worthwhile mentioning here. Firstly, the SORTFLs can be stored on optical disks. These devices offer a very low price per bit. On this moment these memories are write-once memories, meaning that rewriting of a certain place is not possible (as opposed to magnetic devices). This technology seems to offer however, an unexpensive and usable storage medium in the near future.
Secondly, within the area of external media the increase in storage capacity has been much more impressing than the decrease in access time. The seek time of current disks is only something like a factor two better than of disks of 15 years ago, while the storage capacity has been increased a factor of about 20. VIDEBAS exchanges storage capacity for speed and this seems to be justifiable, regarding this observation.

Summarizing, in a retrieval-only environment VIDEBAS needs less internal memory and probably less CPU time. Moreover the number of page accesses is much less than in SYSTEM R, especially in an environment with varying access requirements. SYSTEM R requires less external storage, which will be, however in many terminal oriented systems, only a minor part of total systems cost.

Acknowledgement.

My colleagues of the Twente University of Technology and Dr.P.G Selinger have to be ackowledged for their critical remarks concerning earlier versions of this paper.

REFERENCES.

[1] Astrahan ,et al., "A relational database management system", ACM Transactions on Database Systems, vol 1, no 2, june 1976, pp97-137.
[2] Blanken, H.M., "The architecture of VIDEBAS, a relational database management system", Intern. Conference on Systems Architecture, 1981, London.
[3] Blasgen, M.W. and K.P. Eswaran, "Storage and access in relational databases", IBM Systems Journal, 1977, pp 363-377.
[4] Selinger, P.G et al., "Access path selection in a relational database management system", Proc. of the 1979 SIGMOD Conference.
[5] Astrahan, M.M. et al., "Performance of the SYSTEM R access path selection mechanism", Information Processing 80, S.H.Lavington (ed), IFIP, 1980, pp487-491.
[6] King, W., "Relational database systems: where we stand today", Information Processing 80, S.H.Lavington (ed), IFIP, 1980, pp370-381.

CASSANDRA
**Ein System zur Leistungsvorhersage bei Datenbanksystemen
mit Hilfe analytischer Modelle**

T. Härder, K. Küspert, K. Meyer-Wegener
Fachbereich Informatik, Universität Kaiserslautern
Erwin-Schrödinger-Straße, 6750 Kaiserslautern

1. Einleitung

Von der Leistungsmessung an Datenbanksystemen (DBS) profitieren nach (EHRS81a)
drei unterschiedliche Zielgruppen. Ihre verschiedenen Methoden dienen
- den DBS-Entwicklern vorwiegend zum Nachweis der erwarteten Systemeigen-
  schaften, zum Verständnis des internen Systemablaufs und seiner quantitativen Beurteilung
- den DB-Administratoren (DBA) als Hilfsmittel zur Bestimmung von Zugriffs-
  und Ausführungszeiten zum Erkennen von Leistungsengpässen und zum Entwurf
  und zur Optimierung von Speicherungsstrukturen
- den Programmierern vorwiegend aus didaktischen Gründen zur Beurteilung des
  Laufzeitverhaltens ihrer Programme, ihres Programmierstils und der
  Auswirkungen der von ihnen gewählten DB-Optionen.
Aus diesen Gründen sind Messungen des Zeitverhaltens von DB-Operationen auf
bestimmten Daten- und Speicherungsstrukturen nur sinnvoll, wenn sie
hinreichend genau interpretiert, d.h. nach Möglichkeit durch analytische
Modelle oder Simulationsmodelle erklärt werden können.

Im Laufe eines Projektes "Leistungsanalyse von DBS" (EHRS81b) wurde ein
vorhandenes DBS nach dem Netzwerkmodell (CODA73) durch eine Vielzahl von
praktischen Untersuchungen ausgemessen. Dabei zeigte sich deutlich, daß die
Erklärbarkeit der gemessenen Zeiten sehr schnell mit steigender Komplexität
des DB-Schemas abnahm. Um den eingeschlagenen Weg der Leistungsmessung
erfolgreich fortsetzen zu können, wurde die Idee aufgegriffen, ein komplexes
DB-Schema so in einzelne Bausteine zu zerlegen, daß
- sich "erklärbare" Meßergebnisse ergaben
- die aufgrund der Schema-Ausschnitte gewonnenen Meßergebnisse noch hinreichend genau und repräsentativ für das komplexe DB-Schema blieben
- durch Zusammensetzung der Bausteine Aussagen über das Zeitverhalten des
  Gesamt-Schemas abzuleiten waren.
Kriterien für die Wahl der Schema-Bausteine waren
- ihr Auftreten in typischen DB-Schemata
- ihr Vermögen, Zeitverhalten und Reichweite von DB-Operationen auch isoliert
  hinreichend genau widerzuspiegeln.

Es wurden die in Bild 1 durch Bachman-Diagramme dargestellten Bausteine als
sogenannte Schema-Strukturprimitive (SSP) festgelegt. Hierbei mußten
Kompromisse zwischen einer angemessenen Anzahl von SSP's und der erzielbaren

S S P	1	2	3	4	5
Dia- gramm		SYSTEM			
Bez.	einzelner Satztyp	singulärer Set	nichtsingulärer Set	Stücklisten- Struktur	V-förmiges Schema

Bild 1: Die fünf Schema-Strukturprimitive

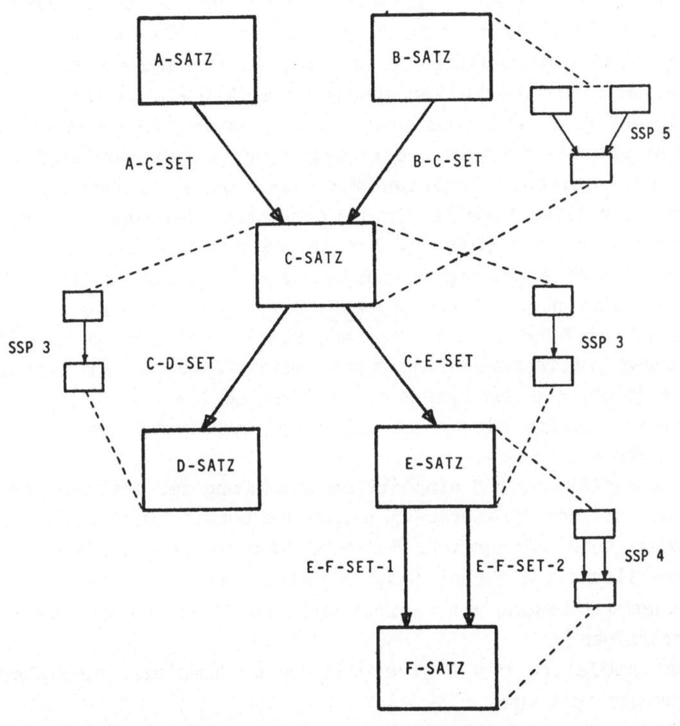

Bild 2: Ein Beispiel für die Zerlegung eines Schemas in SSP's

Genauigkeit bei der Zerlegung/Synthese eines DB-Schemas eingegangen werden. Auf weitere, komplexere Bausteine wurde im Interesse der Übersichtlichkeit und der Begrenzung des Meßaufwandes, aber auch auf Kosten der Genauigkeit verzichtet. Auch bei einem weitaus größeren Bausteinangebot bliebe die genaue Nachbildung gewisser "pathologischer" Operationen (wie z.B. ERASE ALL RECORDS) hoffnungslos. Wie umfangreich und komplex die Untersuchung von Datenbanken trotz der Beschränkung auf die vorgestellten Einfachst-Schemata werden kann, zeigen die Arbeiten (Re79, Ne80).

Die Zerlegung/Synthese eines komplexeren Schemas mit Hilfe der eingeführten SSP's könnte in der in <u>Bild 2</u> veranschaulichten Weise geschehen.

Die durchgeführten Messungen erbrachten für die einzelnen Operationen auf den verschiedenen SSP's eine Vielzahl von analytischen Modellen, die in geeigneter Weise parametrisiert waren und einen beachtlichen Grad an Genauigkeit aufwiesen (EHR80).

Ein besonderer Wert dieser Modelle liegt nun darin, durch Variation und Auswertung einzelner Parameter (wie Satzlänge, Blocklänge, Größe des Systempuffers etc.) ohne zusätzliche Messungen - die unerwünscht, weil extrem teuer sind - das Systemverhalten studieren zu können. Es zeigt sich jedoch sehr schnell, daß eine derartige Auswertung weder dem DB-Entwickler noch dem Anwender (DBA und DB-Programmierer) wegen der Parametervielfalt und der komplexen mathematischen Zusammenhänge ohne weiteres zumutbar ist. Um die Anwendung der erstellten Modelle für die genannten Zielgruppen zu erleichtern, wurde ein System zur Verwaltung und Auswertung von Modellen geplant. Oft wird ein derartiges System etwas euphorisch auch als "Modellbanksystem" bezeichnet. Es erhielt als Namen das Akronym <u>CASSANDRA</u>, eine Abkürzung für "Complex Analysis of Schema Description, Storage Structure, and Applications of a Network Database for Response Time Approximation". Bei seinem Entwurf wurden drei Ziele verfolgt, die das System realisieren sollte:
- eine Handhabungshilfe für die einfache und systematische Auswertung der Modelle für SSP's
  * durch Zusammenfassung und einheitliche Anwendung der erstellten Modelle
  * zum Einsatz bei der Parameter-Variation und Detail-Simulation für einzelne Operationen, ohne umfangreiche Meßreihen durchführen zu müssen
- ein Analyse-Hilfsmittel für einfache Transaktionen
  * durch Zusammenfassung von einzelnen Operationen verschiedenen Typs zu Operationsfolgen
  * durch Extrapolation des Zeitverhaltens auf komplexe, durch Synthese von SSP's erzeugte Schemata
- einige wichtige Prinzipien des Software Engineering:
  * die Erweiterbarkeit zur einfachen und kontinuierlichen Ausweitung des Modellangebots
  * die Anpaßbarkeit durch geeigneten Aufbau der Modelle, um in einzelnen Modellkomponenten und Parametern Weiterentwicklungen am DBS oder Änderungen in seiner Laufzeitumgebung berücksichtigen zu können

* die Übertragbarkeit des Systems auf alle möglichen Netzwerkmodell-Implementierungen nach (CODA73) und ihre Betriebssystemeinbettungen durch bloßen Austausch der Modelle für die entsprechenden Datenstrukturen/Operationen.

2. Überlegungen zum Systementwurf
2.1 Funktionsbeschreibung

Unter den genannten Anforderungen wurde im Rahmen einer Diplomarbeit an der Technischen Hochschule Darmstadt (KMW80) das System CASSANDRA entworfen und in einer ersten Prototyp-Version implementiert, wobei das Schwergewicht auf die Behandlung der Modelle und nicht auf die Techniken der Ein- und Ausgabe gelegt wurde. Die Steuerung des Programms etwa und seine Versorgung mit Parametern, die man sicherlich mit Benutzerführung am Bildschirm einerseits und komprimierter Experteneingabe andererseits sehr komfortabel gestalten könnte, erfolgt zunächst über eine vorbereitete Eingabedatei, die sehr viel erläuternden Text enthält und an bestimmten Stellen mit Hilfe eines Editors "ausgefüllt" werden muß. (Ein Beispiel zum Eingabeformat wird in Kapitel 4 vorgestellt.) Schon bei der Gestaltung des Formulars, besonders aber beim Entwurf des Programm-Moduls, das dieses zu interpretieren hat, zeigte sich die Komplexität der Eingabedaten, die sich grob in vier Gruppen einteilen lassen:
- Beschreibung der Hardware (Anzahl der Magnetplattengeräte, Gerätetyp)
- Beschreibung der Datenbank (Schema, Speicherungsstruktur, Ladedaten, Mengengerüst)
- Beschreibung der Transaktionslast mit ihrer dynamischen Umgebung (Sortierung, Verteilung neuer Schlüssel usw.)
- Berechnungsmodus (Gesamtlaufzeit oder Auflösung in Intervalle von jeweils m Datenbank-Operationen) und Steuerung der Ausgabe (Tabellen, graphische Darstellungen).

Auf der Basis dieser Detailinformationen läßt sich das Wachstum der Datenbank in seiner Auswirkung auf die Laufzeit einzelner DML-Anweisungen nachbilden. Sollen z.B. n Sätze in der Datenbank gespeichert werden, so wird diese Folge von gleichartigen Anweisungen in n/m Intervalle unterteilt und für jedes Intervall der Mittelwert der Ausführungszeit für einen STORE-Befehl berechnet. Die Änderung dieses Mittelwertes von Intervall zu Intervall spiegelt das Wachstum oder die Schrumpfung der Datenbank wider. Die Größe des Intervalls kann vom Benutzer gewählt werden. Sie darf nicht zu klein sein, weil sonst die Genauigkeit der mit statistischen Methoden arbeitenden Modelle auf einem Intervall nachläßt, gleichzeitig jedoch die Vielzahl der Mittelwerte einen scheinbar genauen Kurvenverlauf suggeriert, der die Ausreißer der zugrundeliegenden Messungen eben nicht enthalten kann.

Für die Darstellung der so berechneten Ergebnisse gibt es zahlreiche Möglichkeiten: Tabelle und Graphik, am Bildschirm mit angepaßter Skaleneinteilung (Zooming) oder auf Papier, gedruckt oder mit dem Plotter gezeichnet usw. Die Prototyp-Version des Systems beschränkt sich auf die einfachste Lösung, die Ausgabe von Tabellen und Graphiken auf Druckdateien (vgl. Beispiel in Kapitel 4). Darüberhinaus erstellt das Programm ein Ablaufprotokoll, das die geprüften und ggf. korrigierten Eingabedaten sowie Zustands- und Fehlermeldungen enthält.

2.2 Die drei Hauptkomponenten

Aus der funktionalen Spezifikation des Systems und der Nebenbedingung, daß sich die komfortable Ausgestaltung von Ein- und Ausgabe möglichst isoliert durchführen lassen soll, leitet sich die Grobstruktur einer Dreiteilung in Eingabekomponente, Modellauswahl und -auswertung und Ausgabekomponente ab. Die Eingabekomponente verbirgt vollständig die Tatsache, daß eine Formulardatei zur Steuerung des Systems verwendet wird, und stellt sich den übrigen Komponenten des Systems gegenüber als eine Art "Auftrags-Generator" dar, der bei seinem Aufruf einen vollständigen Auftrag für eine Modellrechnung mit allen erforderlichen Parametern (auch zum physischen Zustand der Datenbank nach dem Laden, d.h. vor Beginn der Transaktionen) oder eine Statusmeldung zurückgibt, die besagt, daß kein weiterer Auftrag vorliegt.

Die zweite Hauptkomponente führt diesen Auftrag aus, indem sie ein Modell auswählt und durchrechnet. Das Zahlengerüst aus den Mittelwerten der einzelnen Intervalle, dem Durchschnitt über alle Intervalle und der Gesamtlaufzeit wird zusammen mit Aussagen über die Qualität des verwendeten Modells (durch Messungen validiert oder nicht usw.) und einigen Zusatzinformationen über die Speicherungsstruktur der DB, die im Laufe der Rechnung als Nebenprodukt anfallen, an die Ausgabekomponente weitergereicht, die ihrerseits die Aufbereitung in Tabellen und Graphiken übernimmt. Dabei bleibt es der rufenden Komponente verborgen, ob nicht eine Zwischenspeicherung vorgenommen wird mit der Absicht, die Ergebnisse dieses Auftrages mit denen eines anderen zu kombinieren und beispielsweise in **einer** Graphik darzustellen.

Die Kommunikation zwischen den drei Hauptkomponenten erfolgt über zwei komplexe Datenstrukturen, je eine für Auftrag und Ergebnis. Zur Auftrags-Datenstruktur ist anzumerken, daß sie die gleichen Informationsdetails enthalten muß wie die Datenstruktur, die das Datenbank-Verwaltungssystem (DBVS) selbst verwendet (SIA - Schema Information Area). Im Hinblick auf Einheitlichkeit und Wartungsfreundlichkeit wurden daher deren Adressierungsmechanismen und Benennungen in CASSANDRA übernommen.

2.3 Konzepte der Modellverwaltung

Die zentrale Funktion des Systems wird in der Auswertungskomponente realisiert, für die im folgenden kurz die Entwurfskonzepte dargestellt werden sollen. Die Modelle, die darin eingebunden und handhabbar gemacht werden sollten, bestehen in der Regel aus einem Satz von Formeln und den dazugehörenden expliziten oder impliziten Voraussetzungen ihrer Anwendbarkeit. Bei der Entwicklung der Modelle wurde darauf geachtet, daß Zeitanteile separiert wurden, die jeweils das Verhalten einer Datenbank-Komponente darstellen: Logging, Verwaltung von Indexstrukturen (B*-Bäumen), Hash-Mechanismen etc. Die Systempufferverwaltung dagegen läßt sich schwerlich isolieren; ihr Einfluß erstreckt sich auf fast alle Terme eines Modells, denn es sind schließlich die durch den Ersetzungsalgorithmus veranlaßten Plattenzugriffe, die die wesentlichen Zeitanteile ausmachen. Für die übrigen Komponenten bietet es sich jedoch an, sie verallgemeinert in für alle Modelle nutzbaren Moduln zu zentralisieren. Dies erhöht einerseits die Codierungseffizienz (der TREE-HANDLER, der unten detailliert beschrieben wird, macht in der jetzigen Version ca. ein Viertel des gesamten Source-Codes aus) und erhöht andererseits für die Modelle den Grad an Versionenunabhängigkeit. Sollte nämlich beim Übergang zu einer neuen Version des DBVS ein neuer, verbesserter Mechanismus z.B. für das Logging implementiert worden sein, so läßt sich dies in CASSANDRA durch lokale Änderung nachvollziehen. Da es sich dabei um "Methoden" des DBVS handelt, die nachgebildet werden sollen, sprechen wir auch von <u>Methoden-Bausteinen</u> oder Methoden-Moduln. Wie schon bei den SSP´s soll der Begriff "Bausteine" auch hier ein konstruktives Moment andeuten: Die Entwicklung und Integration neuer Modelle wird unterstützt durch die Möglichkeit, auf die Bausteine zurückzugreifen und die spezielle Anwendung der Methoden durch geeignete Parameter zu steuern.

3. Realisierung der zentralen Systemkomponenten

Eine Detailbeschreibung des Gesamtsystems würde den vorgegebenen Rahmen sprengen. Wegen ihrer Wichtigkeit für das gewählte Auswertungskonzept sollen jedoch zwei Komponenten exemplarisch behandelt werden. Dazu ist die Einführung gewisser Einzelheiten erforderlich, um den durch die angestrebte Modellgenauigkeit bedingten Aufwand verstehen und die Schwierigkeiten bei der Modellbildung/-auswertung beispielhaft erläutern zu können. Im Gegensatz zu bisherigen Ansätzen (TO78, GG78) bietet CASSANDRA nicht nur die Berechnung von Formeln, die den statischen Zustand der DB beschreiben; es werden vielmehr Zustandsänderungen der DB dynamisch berücksichtigt, was häufig den Einsatz iterativer Verfahren bei der Modellauswertung erzwingt.

Im hier verwendeten Datenbanksystem UDS (Sie), dessen Operationen und Datenstrukturen Ziel der Modellbildung waren, lassen sich als Speicherungsstrukturen im wesentlichen B*-Bäume und Hashtabellen mit vielfältigen Optionen und Parametereinstellungen wählen. Aufgrund ihrer Wichtigkeit wurden deshalb für die Modellbildung von B*-Bäumen und Hashstrukturen eigene Komponenten - TREE-HANDLER und CALC-HANDLER - entworfen, deren Konzepte im folgenden beschrieben sind.

3.1 Die Komponente TREE-HANDLER

B*-Bäume als Standard-Speicherungsstrukturen in DBS werden als bekannt vorausgesetzt. Hier soll nur auf einige spezielle Charakteristika von B*-Bäumen in UDS hingewiesen werden, soweit dies zum Verständnis der Komponente TREE-HANDLER erforderlich scheint.

Im UDS hat der Datenbankadministrator die Möglichkeit, durch Spezifikation eines "Splitfaktors" die Speicherausnutzung auf Blattebene des B*-Baumes zu beeinflussen. Splitfaktor 1 bedeutet, daß auf Blattebene die "normale" Splittechnik bei Seitenüberlauf angewandt wird: Bei einer Seitenkapazität von b Einträgen verbleiben beim Split $\lceil b/2 \rceil + 1$ Einträge in der gesplitteten Seite, $\lfloor b/2 \rfloor$ Einträge kommen in eine neu angelegte rechte Nachbarseite. Die minimale Speicherausnutzung beträgt hierbei ca. 50%; als mittlerer Ausnutzungsgrad sind ca. 70% zu erwarten (vgl. (NM78) und (Yao78)).

Splitfaktor m>1 führt im Falle eines Seitenüberlaufs dazu, daß zunächst in bis zu m-1 Nachbarseiten nach freiem Speicherplatz gesucht wird. Ist diese Suche erfolgreich, so werden Einträge auf der Blattebene derart über Seitengrenzen hinweg verschoben ("dynamische Reorganisation"), daß der neu einzufügende Eintrag der Sortierordnung entsprechend in die übergelaufene Seite eingespeichert werden kann. Sind jedoch auch die m-1 Nachbarseiten bereits voll, so werden diese und die übergelaufene Seite (insgesamt also m Seiten) so gesplittet, daß ihr Inhalt (m*b+1 Einträge) gleichmäßig über m+1 Seiten verteilt wird. Der Vorteil dieses Verfahrens liegt darin, daß eine minimale Speicherausnutzung auf Blattebene von (m/(m+1))*100% garantiert ist (die mittlere Speicherausnutzung ist i.a. deutlich höher (vgl. Bild 4)).

Als weitere Eigenart der B*-Baum-Implementierung von UDS ist die "Randsplittechnik" zu erwähnen. Ist der zu speichernde Schlüssel größer/kleiner als alle bisher gespeicherten Schlüssel des Baumes und ist die rechte/linke Randseite voll belegt, wird folgendermaßen verfahren: 2 Einträge kommen durch den Split in die neue Randseite und b-1 Einträge verbleiben in der gesplitteten alten Randseite. Dieses Verfahren ist beim Laden eines Baumes mit sortierten Schlüsselwerten von Vorteil, da hiermit eine Speicherausnutzung von ((b-1)/b)*100% erzielt wird, während sie anderenfalls (d.h. bei normaler Splittechnik) lediglich ca. 50% betragen würde.

Hiermit sind zwei wesentliche Details beschrieben, die sich auch im Entwurf und in der Schnittstelle des TREE-HANDLER niedergeschlagen haben.

Zur Modellbildung wurden weitgehend iterative Modelle verwendet, wie sie erstmals in (NM78) erwähnt wurden. Das Prinzip dieser Modelle soll noch einmal kurz verdeutlicht werden (eine detaillierte Beschreibung findet sich in (Kü81)):
In iterativen Modellen wird der "mittlere Zustand" eines B*-Baumes mit n+1 Einträgen aus dem mittleren Zustand des Baumes mit n Einträgen errechnet. Der Zustand des Baumes ist durch den Vektor der A_i^n beschrieben, mit A_i^n gleich

der Anzahl der Seiten mit i Einträgen, wenn im Baum insgesamt n Einträge gespeichert sind. Ein solcher Vektor läßt sich für alle Ebenen eines Baumes erstellen. Zur Nachbildung der Abläufe bei der Einspeicherung von Einträgen in den Baum sind die Möglichkeiten der Übergänge $A_i^n \longrightarrow A_j^{n+1}$ mit den zugehörigen Wahrscheinlichkeiten aufzustellen. Dies soll <u>Bild 3</u> verdeutlichen: Dort ist z.B. dargestellt, daß beim Split einer Nicht-Randseite ("-->") zwei Seiten entstehen, von denen eine $\lfloor b/2 \rfloor$ und die andere $\lceil b/2 \rceil +1$ Einträge besitzt. Ebenso läßt sich aus diesem Ablaufdiagramm die Vorgehensweise beim Randsplit erkennen, wie sie oben eingeführt wurde. Beim skizzierten Modell handelt es sich um einen relativ einfachen Ablauf, da es sich lediglich auf den Splitfaktor 1 bezieht. Bei höherem Splitfaktor ist die Modellbildung wesentlich komplexer.

Unter Verwendung dieser iterativen Modelle (und zum Teil auch über nicht-iterative, wie etwa bei der Berechnung der Seitenzahl im Baum nach sequentiellem (sortiertem) Laden, die auch nicht-iterativ sehr einfach erfolgen kann) werden von der Komponente TREE-HANDLER Kennzahlen sowohl über die statische Struktur eines Baumes als auch über Abläufe bei Einfüge-operationen in den Baum berechnet.

Bei der Berechnung der dynamischen Werte wird das Iterationsmodell für jeden einzufügenden Eintrag durchlaufen und liefert den mittleren Zustand des Baumes nach dieser Einfügung. Es ist jedoch wichtig zu erkennen, daß es sich hier nicht um Simulation handelt, da bei dieser nur **ein** bestimmter, zufällig ausgewählter Baum aufgebaut würde (der eventuell in keiner Weise repräsentativ ist), wogegen die iterativen Modelle ein Ergebnis liefern, welches nur durch Mittelung über unendlich viele solcher Simulationsläufe zu erzielen wäre.

Anhand eines Beispiels soll der Einsatz der Modelle kurz dokumentiert werden. <u>Bild 4</u> veranschaulicht die Speicherausnutzung auf Blattebene für einen Baum mit Seitenkapazität b=20 bei wahlfreiem Einfügen und verschiedenen Splitfaktoren. Hier ist deutlich der charakteristische Einschwingprozeß zu erkennen, wie er auch in (NM78) dargestellt ist. Die Speicherausnutzung bei Splitfaktor 1 strebt gegen einen Grenzwert, der nahe bei dem in (Yao78) angegebenen Wert von (ln2)*100% liegt, welcher erst für b→∞ exakt erreicht wird. Deutlich höhere Speicherausnutzungsgrade bringen erwartungsgemäß die Splitfaktoren 2 und 3 mit sich.

3.2 Die Komponente CALC-HANDLER

Hashstrukturen (z.B. bei "LOCATION MODE IS CALC" für einen Satztyp (CODA73)) sind im Datenbanksystem UDS derart realisiert, daß die Einträge zunächst in sogenannten Primärbuckets gespeichert werden, deren Größe (im Betriebssystem BS 2000) 2K Byte beträgt. Läuft ein solches Primärbucket über, so wird ein Überlaufbucket neu angelegt und mit dem Primärbucket verkettet.
Weitere Einspeicherungen, die dieses Primärbucket betreffen, gehen nun in das Überlaufbucket, bis auch dieses voll ist etc. Die Überlaufbuckets werden also

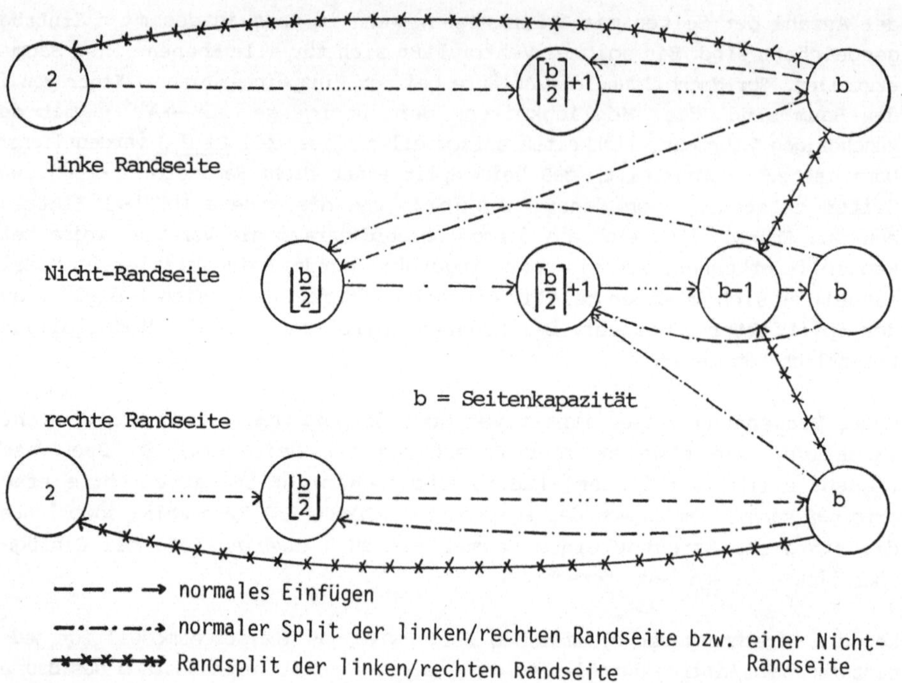

- - - → normales Einfügen

—·—·—·→ normaler Split der linken/rechten Randseite bzw. einer Nicht-Randseite

-x-x-x-x→ Randsplit der linken/rechten Randseite

<u>Bild 3</u>: Ablaufdiagramm für ein iteratives Modell zur Berechnung von Baum-kennzahlen in B - Bäumen (Splitfaktor 1)

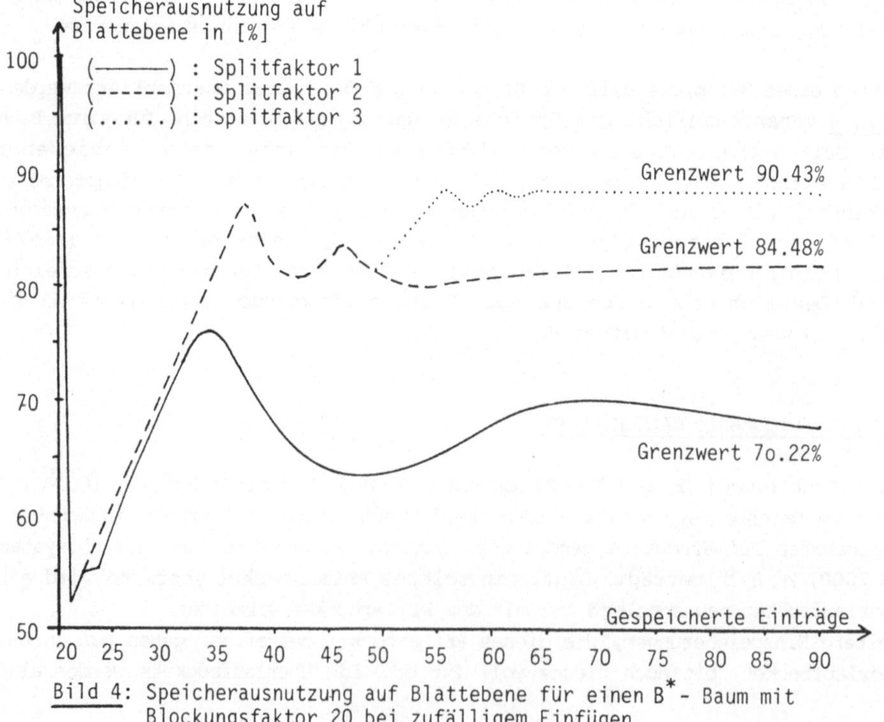

<u>Bild 4</u>: Speicherausnutzung auf Blattebene für einen B* - Baum mit Blockungsfaktor 20 bei zufälligem Einfügen.

nach der Technik des "separate chaining" verwaltet.

Zur Modellbildung wurden im CALC-HANDLER wiederum iterative Modelle benutzt.
Sie dienen u.a. zur Berechnung zweier wichtiger Kennwerte von Hashtabellen:
- Mit Einfügefaktor sei die mittlere Anzahl der Seitenzugriffe bezeichnet, die
  erforderlich sind, um einen neuen Eintrag **einzuspeichern.** Bei der Einfügung
  muß die eventuell vorhandene Überlaufkette bis zum Randbucket durchlaufen
  und der Eintrag dort gespeichert werden (sofern das Randbucket nicht
  bereits voll ist). Der Einfügefaktor ist somit gleich der mittleren Länge
  der Überlaufkette + 1 + Wahrscheinlichkeit, daß ein neues Überlaufbucket
  angelegt werden muß.
- Der Zugriffsfaktor bezeichnet die mittlere Anzahl der Seitenzugriffe, um
  einen Eintrag **wiederaufzufinden.** Ist der gesuchte Eintrag nicht vorhanden,
  so muß die Überlaufkette bis zum Ende durchlaufen werden (diesen Fall wollen
  wir im folgenden ausschließen), anderenfalls wird das Durchsuchen der
  Überlaufkette beim Finden des Eintrags abgebrochen. Im Mittel wird also ca.
  nur die halbe Überlaufkette durchlaufen, weshalb auch in den meisten Fällen
  der Zugriffsfaktor kleiner ist als der Einfügefaktor.

Für eine Hashstruktur mit einer Seitenkapazität von b=20 und 500 Primärbuckets sind in Bild 5 Einfüge- und Zugriffsfaktor dargestellt, wenn der
Hashbereich mit 100%iger Überbelegung geladen wird. Es ist zu erkennen, daß
sich die Funktionsverläufe für den Einfüge- und den Zugriffsfaktor mit
zunehmender Anzahl gespeicherter Einträge jeweils einer Geraden annähern (vgl.
(Kü82)).

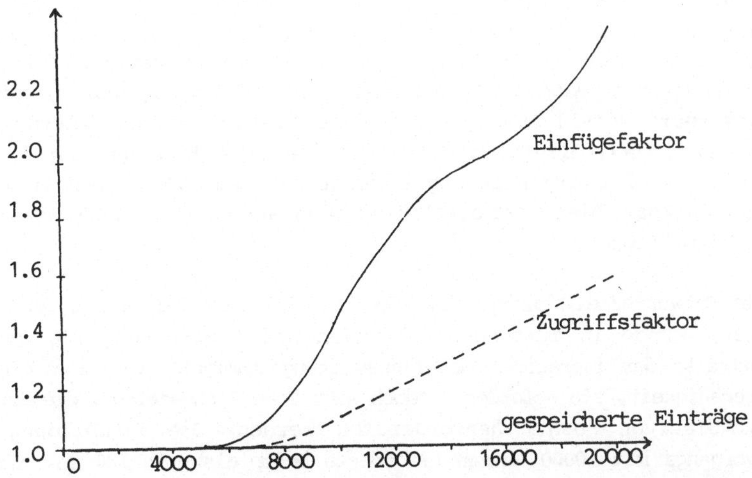

Bild 5: Einfügefaktor und Zugriffsfaktor für eine Hashstruktur mit
Blockungsfaktor 20 und 500 Primärbuckets

4. Anwendung von CASSANDRA

Über ein Eingabeformular (siehe <u>Bild 6</u>) spezifiziert der Benutzer seinen
Auftrag. Mit Hilfe der im Detail beschriebenen Methoden-Bausteine (TREE- und
CALC-HANDLER) baut die Eingabekomponente eine Datenstruktur auf, die den im
Auftrag spezifizierten Ausgangszustand der DB repräsentiert. Nach der
Modellauswahl benutzt die Auswertekomponente bei Änderungsoperationen
dieselben Methoden, um die Parameter der sich dynamisch ändernden
Speicherungsstrukturen zu bestimmen.

Im Zuge der Modellauswertung muß die zuständige Systemkomponente entsprechend
den Erfordernissen der analytischen Modelle TREE- und CALC-HANDLER-Aufrufe
ausführen, um schrittweise die Abläufe bei wachsenden Bäumen und zunehmender
Zahl von Überläufern bei Hashstrukturen nachzuvollziehen. Dabei kann es
erforderlich sein, für eine Speicherungsstruktur (z.B. Schema-Strukturprimitiv
1 mit 2 Index- und 2 Hash-Search-Keys) mehrere Bäume und Hashbereiche in den
Modellen parallel zu verwalten.

Die Modellauswertung liefert die geschätzten Ausführungszeiten für die
Transaktionslast und hinterlegt sie in einer Datenstruktur für die Ausgabe.
Die Ausgabekomponente erzeugt pro Auftrag eine Datei. Für zwei selbst-
erklärende Beispiele ist der Inhalt der Ausgabedatei in <u>Bild 7</u> aufgelistet.

5.Bewertung des Systems

Die Prototyp-Implementierung von CASSANDRA ist abgeschlossen. Sie ist in PL/I
geschrieben und umfaßt ca. 12000 lines of code. Ein- und Ausgabekomponenten
könnten noch durch vielfältige Optionen ergänzt werden. Eine solche
Erweiterung lindert jedoch nicht die lästige Aufgabe des Benutzers, die durch
die angestrebte Modellgenauigkeit bedingte Vielzahl von Parametern eingeben
oder zumindest kontrollieren zu müssen. Als einzige Erleichterung ist dabei
eine strikte Problemorientierung – und nicht etwa Modellorientierung – der
Parameter denkbar. Dies wird durch die momentane Version bereits in hohem
Maße berücksichtigt.

Das erste Entwurfsziel, durch CASSANDRA eine "leichte" Handhabung der Modelle
zu bieten, wurde in zufriedenstellender Weise erreicht. Die gewählte
Vorgehensweise der iterativen Modellauswertung gewährleistet zwar eine hohe
Lösungsgenauigkeit, sie erfordert jedoch sehr hohe Rechenzeiten, die durch den
quasi-simulativen Ansatz hervorgerufen werden. Die Nachbildung eines
Einfügevorgangs mit 10000 Sätzen erforderte beispielsweise 180 Sekunden CPU-
Zeit auf einer 0.25-MIPS-Anlage. Dieser Aufwand ist nur gerechtfertigt, wenn
die Modelle selbst hinreichend genau sind. Für dieses Problem und für die
Reduktion der für ihre Erstellung und Validierung anfallenden Kosten bietet
CASSANDRA derzeit noch keine Unterstützung.

```
                    A U F T R A G

              AN DAS CASSANDRA-SYSTEM


NUR DIE IN KLAMMERN EINGESCHLOSSENEN ZEICHENKETTEN
DUERFEN VERAENDERT WERDEN. SOWEIT MOEGLICH UND SINN-
VOLL, WURDEN DEFAULT-WERTE EINGETRAGEN. ZAHLEN SOLL-
TEN RECHTSBUENDIG STEHEN, WORTE LINKSBUENDIG.
UEBERFLUESSIGE ANGABEN, Z.B. SET-BESCHREIBUNG BEI
SSP 1 ODER "DB-KEY-LIST" BEI EINEM SEARCH-KEY USING
CALC, WERDEN GRUNDSAETZLICH IGNORIERT.


1. HARDWARE-KONFIGURATION

ANZAHL DER PLATTENSPEICHER:          (2)
TYP DER GERAETE:                (SIEMENS 3465)

ANMERKUNG: WAS DIESE BEIDEN PARAMETER ANGEHT, SO
LIEGEN BISLANG NUR MODELLE FUER DIE DEFAULT-WERTE
VOR. SIE SOLLTEN DESHALB NICHT GEAENDERT WERDEN, DA
SONST EIN ABBRUCH MIT FEHLERMELDUNG ERFOLGT.


FORMATIERUNG - LAENGE EINES BLOCKS:  (2048) BYTE


2. DATENBANK-BESCHREIBUNG

WAHL DES SCHEMA-STRUKTURPRIMITIVS, ABGEK. SSP:

     (X) - 1. EINZELNER RECORD-TYP
     ( ) - 2. SINGULAERER (SYSTEM-OWNED) SET
         - 3. RECORD-OWNED SET
         - 4. STUECKLISTEN-STRUKTUR AUS ZWEI SETS
              MIT GLEICHEM OWNER UND GLEICHEM MEMBER
         - 5. V-FOERMIGES NETZ AUS ZWEI SETS

BEI MEHRFACHANKREUZUNGEN ENTSCHEIDET DIE ERSTE.
W I C H T I G: DAS CASSANDRA-SYSTEM NIMMT STETS AN,
DASS DAS ANGEGEBENE SSP DAS VOLLSTAENDIGE DB-SCHEMA
IST.


2.1. ERSTE SATZBESCHREIBUNG,
     GUELTIG FUER ALLE SSP'S

FUER SSP 3 UND SSP 4 IST DIES DER OWNER-SATZTYP,
FUER SSP 5 DER "LINKE" OWNER.

LOGISCHE SATZLAENGE:              (    ) BYTE
              DARF DIE PHYS. BLOCKLAENGE NICHT
              UEBERSCHREITEN.

LOCATION MODE:                (SYSTEM)
              AUSSER "SYSTEM" SIND NOCH DIE EINTRAEGE
              "DIRECT" UND "CALC" ZUGELASSEN.

DBTT-UMFANG:                       (    )


2.2. ERSTE SET-BESCHREIBUNG,
     GUELTIG FUER DIE SSP'S 2 - 5

SSP 4: DER "LINKE" SET
SSP 5: DER "LINKE" SET

MODE              CHAIN
                  CHAIN LINKED TO PRIOR      (X)
                  POINTER-ARRAY ATTACHED     ( )
                  POINTER-ARRAY DETACHED     ( )
                  LIST DETACHED              ( )

POPULATION  (        ),  INCREASE  (       )

ORDER        IMMATERIAL                      (X)
             FIRST                           ( )
             LAST                            ( )
             NEXT                            ( )
             PRIOR                           ( )
             SORTED BY DATABASE-KEY          ( )
             SORTED BY DEFINED-KEYS          ( )
             SORTED INDEXED BY DATABASE-KEY  ( )
             SORTED INDEXED BY DEFINED-KEYS  ( )


3. TRANSAKTIONS-BESCHREIBUNG

FOLGENDE DML-STATEMENTS WERDEN ANGEBOTEN:

     ( ) - STORE
     (X) - FIND-1
     ( ) - (FIND-2, FIND-3)
     ( ) - FIND NEXT/PRIOR
     ( ) - (FIND-7, FIND-3)

     ( ) - (FIND-1, MODIFY)
     ( ) - (FIND-2, MODIFY)
     ( ) - (FIND NEXT/PRIOR, MODIFY)
     ( ) - (FIND-7, MODIFY)

     ( ) - (FIND-1, ERASE);


=================== F I N D - 1 ===================

ALLE FIND-1-BEFEHLE BEZIEHEN SICH AUF DEN UNTER (2.1)
BESCHRIEBENEN SATZTYP. DIE JEWEILS ANZUGEBENDEN DB-
KEY-WERTE SIND
     ( ) - AUFSTEIGEND ODER ABSTEIGEND SORTIERT MIT
            EINER MITTLEREN SCHRITTWEITE VON (    )
            - SCHRITTWEITE 1 BEDEUTET PRAKTISCH DIE
            NACHBILDUNG EINES FIND NEXT/PRIOR AUF
            RECORD-EBENE -
            ODER
     ( ) - ZUFAELLIG GEWAEHLT.
```

Bild 6: Ausschnitte aus dem Eingabeformular von CASSANDRA

```
******************************************       ******************************************
***                                  ***       ***                                  ***
***       C A S S A N D R A          ***       ***       C A S S A N D R A          ***
***                                  ***       ***                                  ***
***  A U S W E R T U N G S E R G E B N I S S E  ***       ***  A U S W E R T U N G S E R G E B N I S S E  ***
***                                  ***       ***                                  ***
***    26. 11. 1982    15 H 33 M 12 S ***      ***    26. 11. 1982    16 H 14 M 11 S ***
***                                  ***       ***                                  ***
******************************************       ******************************************


A U F T R A G S  -  N R  =        1            A U F T R A G S  -  N R  =        1

ANZAHL PLATTENEINHEITEN  =        2            ANZAHL PLATTENEINHEITEN  =        2
TYP  =  SIEMENS 3465                           TYP  =  SIEMENS 3465
PHYSISCHE SEITENLAENGE  =    2048              PHYSISCHE SEITENLAENGE  =    2048
LOGGING  =  UNDO                               LOGGING  =  UNDO
GROESSE DES SYSTEMPUFFERS  =     40            GROESSE DES SYSTEMPUFFERS  =     40
SCHEMA - STRUKTURPRIMITIV   EINZELNER SATZTYP  SCHEMA - STRUKTURPRIMITIV   SYSTEM - OWNED SET


***********************************************  ***********************************************
               1. TRANSAKTIONSTYP                              1. TRANSAKTIONSTYP
                  S T O R E                                       S T O R E

        ANZAHL DML - CALLS   =        1000             ANZAHL DML - CALLS   =       10000
***********************************************  ***********************************************

GESAMTE AUSFUEHRUNGSZEIT FUER DIE DML - CALLS:   GESAMTE AUSFUEHRUNGSZEIT FUER DIE DML - CALLS:
   225.740 SEC                                      2063.932 SEC
MITTLERE AUSFUEHRUNGSZEIT FUER EINEN DML - CALL: MITTLERE AUSFUEHRUNGSZEIT FUER EINEN DML - CALL:
   225.740 MS                                       206.393 MS

- EIN INTERVALL UMFASST    100 DML - CALLS -    - EIN INTERVALL UMFASST   1000 DML - CALLS -

-----------------------------------------------  -----------------------------------------------
INTERVALL                                       INTERVALL
 |                                               |
 |   ZEITEN IN (MS)                              |   ZEITEN IN (MS)
 V|210  214|      218|     222|     226|    230|  V|160   174|     188|    202|    216|   230|
-+-+---------+--------+--------+--------+-------+  -+-+---------+--------+--------+--------+-------+
 1|                  *                        |   1|*
 2|                              *                2|              *
 3|                              | *              3|                     *
 4|                              *                4|                        *
 5|                               *               5|                          *
 6|                               *               6|                            *
 7|                                *              7|                            | *
 8|                                *              8|                               *
 9|                                 *             9|                                 *
10|                                  *           10|                                  *
-------------------------------------------------  -------------------------------------------------
```

<u>Bild 7</u>: Zwei Beispiele zur Ergebnisdarstellung von CASSANDRA

Die Auswertung von Operationsfolgen durch Zusammenfassung mehrerer Modelle kann in der Prototyp-Version nur sehr eingeschränkt vorgenommen werden. Das liegt vor allem daran, daß Unverträglichkeiten in den Annahmen der verschiedenen Modelle - beispielsweise bei der Systempufferbelegung oder bei den Schreibzeitpunkten für Log-Informationen - auftreten. Nach unserer bisherigen Erfahrung sind nur sehr kurze Transaktionen - beispielsweise mit Operationsfolgen FIND/MODIFY oder FIND/ERASE - durch den gewählten Ansatz hinreichend genau abzubilden.

Das dritte, die Software Engineering Aspekte betreffende Entwurfsziel wurde ebenfalls zufriedenstellend erreicht. Hat ein Benutzer ein Modell erstellt, kann er auf einfache Weise damit den Modellvorrat von CASSANDRA erweitern. Die Anpaßbarkeit an die Weiterentwicklung des Ziel-DBS wird durch die gewählte Modularisierung der Methoden-Bausteine und durch geeigneten Aufbau der Modelle erleichtert. Eine Übertragbarkeit des Systems auf andere CODASYL-Implementierungen impliziert den Austausch der Modelle und der Methoden-Bausteine.

6. Literaturverzeichnis

CODA73   CODASYL DDL Journal of Development, June 73 Report.

EHR80   Effelsberg, W., Härder, T., Reuter, A.: Measurement and Evaluation of Techniques for Implementing Cosets - a Case Study, in: Proc. Int. Conf. on Data Bases, Aberdeen 1980, Heyden, London, S. 135-159.

EHRS81a   Effelsberg, W., Härder, T., Reuter, A., Schultze-Bohl, J.: Leistungsmessung von Datenbanksystemen - Modellbildung, Interpretation und Bewertung, in: Informatik-Fachberichte 41, GI-NTG Fachtagung "Messung, Modellierung und Bewertung von Rechensystemen", Jülich 1981, Springer-Verlag, Berlin, S. 87-102.

EHRS81b   Effelsberg, W., Härder, T., Reuter, A., Schultze-Bohl, J.: Leistungsanalyse und Vorhersage des Betriebsverhaltens beim Datenbanksystem UDS, Interner Bericht 41/81, Universität Kaiserslautern, Fachbereich Informatik, September 1981.

GG78   Gambino, T.J., Gerritsen, R.: A Data Base Design Decision Support System, in: Proc. 3rd Int. Conf. on VLDB, Tokio 1977, S. 534-544.

KMW80   Küspert, K., Meyer-Wegener, K.: Entwurf und Implementierung eines Systems zur Performance-Vorhersage von UDS durch analytische Modelle, Diplomarbeit, Technische Hochschule Darmstadt, Fachbereich Informatik, September 1980.

Kü81   Küspert, K.: Storage Utilization in B*-trees with a Generalized Overflow Technique, Interner Bericht 44/81, Universität Kaisers-

252

lautern, Fachbereich Informatik, November 1981.

Kü82   Küspert, K.: Modelle für die Leistungsanalyse von Hashtabellen mit "Separate Chaining", in: Angewandte Informatik, Bd. 24, Nr. 9, 1982, S. 456-462.

Ne80   Neff, W.: Zugriffszeitverhalten von B*-Bäumen, Diplomarbeit, Technische Hochschule Darmstadt, Fachbereich Informatik, Februar 1980.

NM78   Nakamura, T., Mizoguchi, T.: An Analysis of Storage Utilization Factor in Block Split Data Structuring Scheme, in: Proc. 4th Int. Conf. on VLDB, Berlin 1978, S. 489-495.

Re79   Rehbein, J.: Kostenmodelle für Modifikationsoperationen in einem Datenbanksystem, Diplomarbeit, Technische Hochschule Darmstadt, Fachbereich Informatik, August 1979.

Sie   Softwareprodukt UDS (BS2000), verschiedene Manuale, Siemens AG, München, 1982.

TO78   Teorey, T.J., Oberlander, L.B.: Network Database Evaluation using Analytic Modeling, in: Proc. AFIPS National Comp. Conf., Anaheim 1978, S. 833-842.

Yao78   Yao, A.C.: On Random 2-3 Trees, in: Acta Informatica, Vol. 9, No. 2, 1978, S. 159-170.

STRUKTURIERUNG MARKOVSCHER ZUSTANDSRÄUME

ZUR EFFIZIENTEN NUMERISCHEN MODELLIERUNG

J. Herfort, B. Müller-Clostermann
Abteilung Informatik
Universität Dortmund
Postfach 500500, 4600 Dortmund 50

Kurzfassung:

Software tools zur Rechensystemmodellierung bieten i.allg. analytische
und simulative, aber keine numerischen Lösungsverfahren an. In diesem
Beitrag werden Grundlagen zur Implementierung numerischer Verfahren
dargestellt. Nach der Einführung einer reichhaltigen Modellklasse zur
numerischen Modellierung und eines Erzeugungsverfahrens für Übergangsmatrizen allgemeiner Modelle werden Möglichkeiten der Zustandsraumstruk-
turierung im Hinblick auf die Anwendung zerlegungsorientierter Verfahren vorgestellt. Die Definition einer Äquivalenzrelation zerlegt den
Zustandsraum gegebener Modelle in Äquivalenzklassen. Notwendige Bedingungen für den Einsatz von Aggregierungstechniken zur Konvergenzbeschleu-
nigung von iterativen numerischen Lösungsverfahren werden angegeben.

1. Einleitung

Es gibt seit einigen Jahren software tools zur Modellierung von Rechensystemen, die neben der Ausführung von Lösungsalgorithmen eine automa-
tische Modellerstellung, d.h. die Umformung von problemnahen Modellspe-
zifikationen in eine analytischen und/oder simulatorischen Lösungsverfahren zugängliche Darstellungsform ermöglichen. Bekannte Beispiele sind
RESQ [12], QNAP [8] und COPE [1].

Bisher stehen in keinem der bekannten tools numerische Lösungsverfahren
zur Verfügung, d.h. Verfahren, die aus der Matrix der Übergangsraten
des zugrundeliegenden Modells den Vektor der stationären Grenzverteilung
bestimmen. Der Grund dafür besteht weniger in dem Mangel an leistungs-
fähigen numerischen Algorithmen [9,14,15], sondern ist vornehmlich in
zwei Problemen zu suchen:

1) Wie kann man für eine möglichst reichhaltige Modellklasse den Zu-
    standsraum bzw. die Matrix der Übergangsraten automatisch (und effi-
    zient) erstellen?

2) Wie entscheidet man, welche Art von numerischen Verfahren zur Modell-
    Lösung am günstigsten eingesetzt werden kann?

Zwischen beiden Fragestellungen besteht ein enger Zusammenhang. Strebt
man aufgrund von Überlegungen zu Frage 2) z.B. die Anwendung von kombi-

nierten Iterations-Aggregierungsverfahren an [9,15], so ergibt sich als
zusätzliche Anforderung bzgl. Frage 1), daß der Zustandsraum und damit
auch die Matrix des Modells nach sogenannten Grobzuständen strukturiert
sein muß.

Das Ziel dieses Beitrags ist es, Bedingungen und Möglichkeiten zur Behandlung dieser Problemkreise aufzuzeigen und erste Ergebnisse darzustellen. Das Hauptanliegen besteht darin, Grundlagen zur kombinierten
Anwendung von Aggregierungstechniken und numerischer Iteration für eine
umfangreiche Modellklasse zu schaffen.

Kapitel 2 wird, in Erweiterung der Möglichkeiten separabler Netzwerke,
eine Modellklasse erläutern, die eine Reihe von Konzepten enthält, deren
exakte Behandlung mit analytischen Methoden nicht möglich ist. Die resultierende Zustandsbeschreibung wird in Kapitel 3 für die Definition von
Äquivalenzrelationen auf Zustandsräumen verwendet und es wird gezeigt,
welchen Bedingungen diese genügen müssen, um Aggregierung bei der Modell-
Lösung heranziehen zu können. Ferner wird in Kapitel 3 ein für allgemeine Modelle verwendbares Verfahren zur Matrixkonstruktion beschrieben.

Kapitel 4 skizziert einige der Konsequenzen, die sich für die Realisierung eines software tools zur numerischen Rechensystemmodellierung ergeben.

Diese Ergebnisse entstanden im Rahmen des Forschungsprojekts NUMAS[*]
("Numerische Methoden zur Analyse von Rechensystemmodellen"). Ziel des
NUMAS-Projekts ist die Erstellung eines software tools zur numerischen
Analyse, wobei die in diesem Beitrag behandelten Aspekte zu den Arbeits-
schwerpunkten zählen.

2. Umrisse der NUMAS-Modellklasse

2.1 Modellelemente

Zunächst wird eine Zusammenfassung einiger wesentlicher, in der NUMAS-
Modellklasse enthaltener Modellierungskonzepte gegeben. Ein NUMAS-Modell
enthält folgende Komponenten:

- Eine Menge von <u>Stationen</u> I eines allgemeinen Typs.

- Eine Menge von Aufträgen, die in Auftrags-<u>Klassen</u> T strukturiert ist.

- Eine Menge offener und/oder geschlossener <u>Ketten</u> K beschreibt die

---

[*] gefördert vom MWF des Landes NRW unter Förderkennzeichen
    IV B 4 - FA 9042.

Modellstruktur in Form von Übergangs-, Ankunfts- und Abgangsmöglich-
keiten von Aufträgen.

- Eine Menge von <u>Subsystemen</u> S reguliert die Auftrags-Populationen in
Modellteilen, interpretierbar als Einschränkung der räumlichen Bele-
gungsansprüche der Auftragsmenge.

Das grundlegende Strukturelement für NUMAS-Modelle ist ein allgemeiner
Stationstyp mit folgenden Eigenschaften:

(1) Aufträge, die eine NUMAS-Station $i \in I$ erreichen, werden entsprechend
ihrer Auftragsklasse $t \in T$ in Warteräumen aufgenommen, die eine maximale
Kapazität $N(i,t)$ besitzen. Jeder Auftragsklasse t ist eine Priorität
$P(i,t)$ zugeordnet. Die aktuelle Anzahl wartender, passiver Aufträge ist
mit $np(i,t)$, die Anzahl durch Blockade suspendierter Aufträge an einer
Station, die einen Eingang in ein Subsystem bildet, ist mit $ns(i,t)$ bezeichnet.

(2) Eine Bedienstrategie entscheidet, welcher Auftrag aus der Menge
wartender Aufträge ausgewählt und einem freien Prozessor zugeordnet wird.
Neben den Bedienstrategien FCFS, PS, IS, RANDOM ist z.B. auch die Modellierung von Strategien mit internen und festen Prioritäten möglich.

(3) Jede Station i besitzt $F(i)$ Prozessoren, die die klassenspezifischen
Bedienanforderungen von Aufträgen erfüllen. Die Bedienzeitverteilungen
sind COX-verteilt und werden durch Angabe exponentieller Phasen
$q=1,...,Q(i,t)$, Bedienraten und Phasenfortschrittswahrscheinlichkeiten
notiert. Eine Bedienung ist unterbrechbar, falls bei unterbrechender
Bedienstrategie ein Auftrag mit höherer Priorität als der gerade bediente
eintrifft. Die Prozessoren selbst sind unterbrechbar, falls die Station
Prozessorausfälle (breakdowns) zuläßt, die ähnlich wie Aufträge mit
höchster Priorität behandelt werden. $D(i)$ gibt den maximalen, $d(i)$ den
aktuellen Degradationsstatus (Anzahl ausgefallener Prozessoren) an.
$n(i,t,q)$ ist die Anzahl gerade bedienter Aufträge der Klasse t in Phase
q.

(4) Nach Bedienungsende wird aufgrund von Wechselwahrscheinlichkeiten
entschieden, zu welcher Station und welcher Klasse der bearbeitete Auftrag wechselt oder ob er das System verläßt. Ist kein Wechsel möglich,
so liegt eine Blockadesituation vor, die gesondert behandelt werden muß.

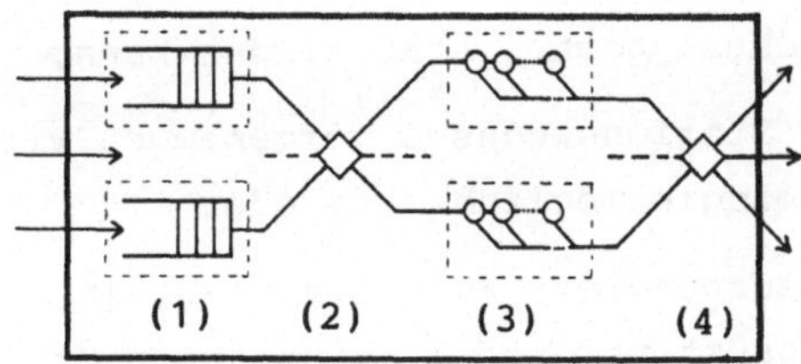

Ein anderes wesentliches Strukturelement von NUMAS-Modellen sind die Subsysteme. Ähnlich dem Konzept der passiven Betriebsmittel dient die Definition von Subsystemen der Beschränkung von Auftragspopulationen in Teilsystemen.

Die Aufnahme eines Auftrags durch eine NUMAS-Station i ist abhängig von der aktuellen Füllung der Warteräume bzw. der Stationen sowie verschiedenen Kapazitätsbeschränkungen. Ein Auftrag kann angenommen werden, falls keine der folgenden Bedingungen verletzt ist, wobei $n(x)$ die aktuelle Population und $N(x)$ die Gesamtkapazität eines Systemelementes x bezeichnet:

$$(1) \quad n(i,t) < N(i,t) \qquad \text{(bei Stationszutritt)}$$

$$(2) \quad n(i) < N(i) \qquad \text{(bei Stationszutritt)}$$

$$(3) \quad \sum_{i \in I} n(i,t) < N(t) \qquad \text{(bei Klassenwechsel)}$$

$$(4) \quad \sum_{i \in I_s} n(i) < N(s) \qquad \text{(bei Neueintritt in Subsystem s)}$$

<u>Beispiel 1</u> (Blockadesituation aufgrund von Kapazitätsbeschränkungen durch Subsysteme):

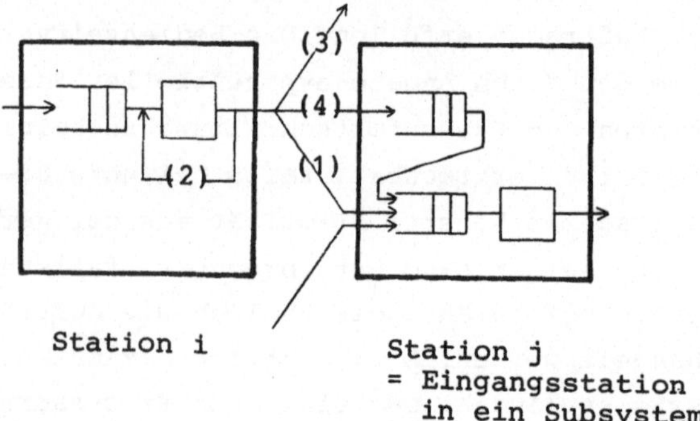

Bei Bedienende eines Auftrags an Station i soll ein Stationswechsel gemäß (1) nach Station j erfolgen, die eine Eingangsstation für ein Subsystem s bildet. Jedoch ist s maximal gefüllt (aktuelle Population $n(s)$ = maximale Kapazität $N(s)$), so daß ein direkter Stationswechsel nicht möglich ist. Die Blockadesituation kann aufgelöst werden, indem

(2) die Bedienung des Auftrags an Station i solange wiederholt wird, bis ein Wechsel nach j stattfinden kann,

(3) ein alternativer Stationswechsel vorgenommen wird, falls dies aufgrund der Topologie möglich ist, oder

(4) der Auftrag als suspendiert zu betrachten, in einem speziellen Warteraum der Subsystempforte j aufzunehmen und erst bei frei-

werdender Kapazität des Subsystems aus der Menge aller suspendierten über eine Auswahlstrategie wieder zu reaktivieren ist.

Schon die o.b. Modellierungskonzepte als Bestandteile der NUMAS-Klasse führen weit aus der Klasse separabler Netzwerke heraus. Motivation für die Integration derartiger Konzepte ist es, ein vielseitiges, im Hinblick auf vorhandene Konzepte (z.B. Bedienstrategien) leicht erweiterbares Modellierungsinstrumentarium zu schaffen, das insbesondere die Anforderungen bislang mit approximativen Verfahren vorgenommener Analysen abdeckt und für eine Unterstützung hierarchischer Lösungsansätze bei großen Modellen geeignet ist.

Unter diesem Gesichtspunkt sind Erweiterungsmöglichkeiten zu sehen, die Abhängigkeiten von Bedienraten, von breakdown und repair rates bei Prozessorausfällen sowie von externen Ankunftsraten nicht nur von dem speziellen Teilzustand einer betroffenen (Quell-)Station, sondern auch vom Gesamtzustand erlauben, wobei die Kenntnis der Modell- und Zustandsbeschreibung vorauszusetzen ist. Eine Modellierung von Konzepten wie "dynamisches Routing" (z.B. nach join shortest queue next), "impatient customers" oder "gesamtzustandsabhängige Bedienung" wäre dann leicht vorzunehmen.

2.2 Zustandsbeschreibung

In diesem Abschnitt werden die Komponenten der Zustandsbeschreibung von NUMAS-Modellen zusammenfassend dargestellt. Auf eine Erörterung der Übergangsmöglichkeiten zwischen den Zuständen soll jedoch nicht eingegangen werden.

Die folgende Zustandsbeschreibung ist aus Gründen der Übersichtlichkeit nicht redundanzfrei. Unter Voraussetzung eines gemäß Kap. 2.1 spezifizierten Modells wird der Zustandsraum Z des Modells beschrieben durch Vektoren der Form

$$z = \langle d(i), \langle \langle n(i,t,q) \rangle_{q=1,\ldots,Q(i,t)}, np(i,t), ns(i,t) \rangle_{t \in T} \rangle_{i \in I}$$

deren Komponenten, abhängig von den Parametern des Modells, gewissen Restriktionen unterworfen sind. Anstelle einer vollständigen und formalen Darstellung seien nur einige Beispiele genannt:

- Die maximalen Degradationsstatus $D(i)$ sind höchstens so groß wie die jeweilige Prozessorenanzahl $F(i)$ an Station i.

- $n(i,t,q)$ ist durch die Kapazitätsbeschränkungen $N(i)$, $N(t)$, $N(i,t)$ und $N(s)$ sowie durch die maximal verfügbare Prozessorzahl $F(i)$ begrenzt.

- Außerdem gelten zahlreiche einschränkende Abhängigkeiten, z.B. weil
  Auftragszahlen in Modellteilen entweder konstant oder nach oben begrenzt sein müssen.

3. Aufbau und Strukturierung von Zustandsräumen

3.1 Matrixkonstruktion

Die Konstruktion der Matrix der Übergangsraten eines als WS-Netz gegebenen Modells ist keineswegs trivial [6,7,10,11,13]. Ein zentrales Problem bei der Erstellung der Ratenmatrix ist die effiziente Implementierung einer Funktion $f: Z \rightarrow \{1,\ldots,ord(Z)\}$, die jedem Zustand $z \in Z$, dem
Zustandsraum des Modells, eine Zustandsnummer zuordnet. Mit Hilfe von f
ist es möglich, der zu einem Zustandspaar $\langle z,z'\rangle$ gehörigen Übergangsrate
eine Position $\langle f(z),f(z')\rangle$ in der Ratenmatrix zuzuordnen.

In [7] wird ein Algorithmus angegeben, der allen k-Tupeln $(z_1,\ldots,z_k)$
als potentiellen Zustandsbeschreibungen bis zu einer oberen Schranke
eine Zustandsnummer zuordnet und erst im Anschluß daran die Zustände entsprechend den Eigenschaften des zugrundeliegenden Modells in "valid" und
"invalid" klassifiziert, was für allgemeine Fälle nicht trivial ist. Die
"validen" Zustände bilden die rekurrenten Zustände mit zugehörigen Zustandswahrscheinlichkeiten $\neq 0$, während die Zustände, die als "invalid"
klassifiziert sind, als transiente Zustände behandelt werden.

Der Hauptnachteil dieser Vorgehensweise bei Behandlung allgemeinerer
Modelle ist das Problem der Erkennung rekurrenter Zustände, die in genau
einer Klasse liegen müssen, sowie das u.U. ungünstige Verhältnis zwischen
der Zahl rekurrenter und der Zahl transienter Zustände.

Ein anderer Weg wird in [10] beschrieben; hier wird gezeigt, wie sich
die Abbildung mit Hilfe von Baumstrukturen realisieren läßt. Der Zustandsraum des gegebenen Modells wird in Form eines Vielwegsuchbaums
erzeugt, dessen Blätter die Zustandsnummer enthalten und der bei der
Erzeugung der Übergangsratenmatrix als statischer Suchbaum benutzt wird.
Voraussetzung für diese Vorgehensweise ist, daß der Zustandsraum aufgebaut werden kann, ohne Ereignisse bzw. daraus resultierende Zustandsübergänge betrachten zu müssen, z.B. um festzustellen, ob ein bestimmter
Zustand überhaupt erreicht werden kann oder nicht.

Eine Weiterentwicklung dieser Methode, die bzgl. der Anwendungsbreite
eine erhebliche Verbesserung darstellt, kann realisiert werden, wenn ein

schnelles, "dynamisches file-System" zur Verfügung steht, das es erlaubt, k-Tupel (als Schlüssel) zusammen mit einer Zustandsnummer (als
Informationsteil) abzuspeichern und durch Abfragen die Zustandsnummern
bereits existierender k-Tupel festzustellen. Im Rahmen des NUMAS-Projekts
wird eine Implementierung erprobt, die auf Basis der Arbeiten [2,5]
über multidimensionale Baumstrukturen die genannten Eigenschaften bereit-
stellt.

Die Matrixkonstruktion kann dann gemäß folgendem Algorithmus erfolgen.
Die dynamische file-Struktur wird hier als Suchbaum bezeichnet.

Bestimme Startzustand $z = (z_1,\ldots,z_k)$.

*Trage z ($z_1,\ldots,z_k$ als Schlüssel) mit Zustandsnummer 1 (als Infor-
mationsteil) in den Suchbaum ein.*

Solange "nicht behandelte" Zustände z vorhanden sind:
- *Wähle "nicht behandelten" Zustand z.*
- *Bestimme alle Nachfolgezustände z' von z, sowie die zugehörigen
  Übergangsraten von z nach z'.*
- *Für alle Nachfolgezustände z' von z:*
  -- *Bestimme die Zustandsnummer von z' durch Baumabfrage. Falls
     z' noch nicht erzeugt ist (d.h. Baumabfrage verläuft negativ),
     dann erhält z' die nächste Zustandsnummer und wird in den
     Suchbaum eingetragen.*
  -- *Speichere Zustandsnummern von z und z' einschließlich der
     zugehörigen Übergangsrate.*
- *Bestimme und speichere das Diagonalelement.*

Der Algorithmus terminiert, wenn der Startzustand z rekurrent und die
Anzahl der Zustände endlich ist. Der Vorteil dieser Vorgehensweise besteht darin, auch Zustandsräume mit starken Abhängigkeiten zwischen den
Komponenten der Zustandsbeschreibung erzeugen zu können. Eine im Hinblick auf Aggregierung wichtige Modifikation besteht darin, als Informationsteil ein Paar natürlicher Zahlen (g,f) zuzulassen, wobei g den
Grobzustand bezeichnet und f die relative Feinzustandsnummer.

3.2 Aggregierung und Grobzustände

Nach Erstellung der Matrix der Übergangsraten kann die stationäre Grenzverteilung des Modells mit Hilfe von numerischen Verfahren - mit allen
Konsequenzen bzgl. Größenordnungsproblemen und/oder Konvergenzverhalten

der Algorithmen - gelöst werden. Als mögliche Lösungsverfahren stehen
vor allem iterative Methoden zur Verfügung, wobei die Möglichkeiten,
den Rechenzeitaufwand durch Einfügung konvergenzbeschleunigender Aggregierungsschritte in das Iterationsverfahren zu reduzieren, besonders
aussichtsreich erscheinen. In [15] wird eine Kombination von Power
Method mit Aggregierung beschrieben und für eine Reihe von kleinen
Beispielmatrizen experimentell erprobt. In [9,10] werden blockiterative
Verfahren mit Aggregierung kombiniert und für Modelle mit bis zu 10000
Zuständen erprobt. Die mit diesen Verfahren erzielten Ergebnisse sind
vielversprechend, insbesondere die aufgrund ihrer extrem langsamen Kon-
vergenzgeschwindigkeit mit Standard-Iterationsverfahren praktisch nicht
zu behandelnden "nearly completely decomposable"-Modelle [3,13] können
durch Einbeziehung von Aggregierung gut gelöst werden.

Um aber Aggregierung, unabhängig davon, ob sie mit Iteration kombiniert
wird oder nicht, anwenden zu können, muß die Übergangsmatrix in geeigneter Weise strukturiert sein. Die Zustände des Modells müssen eindeutig
sog. Grobzuständen oder Makrozuständen zugeordnet sein, m.a.W. auf dem
Zustandsraum des Modells ist eine Äquivalenzrelation zu definieren, so
daß die resultierenden Äquivalenzklassen als Grobzustände des Modells
betrachtet werden können.

Im Hinblick auf die Anwendung numerischer Verfahren empfiehlt es sich,
die Zustände entsprechend ihrer Grobzustände zu numerieren bzw. zu ord-
nen, so daß sich auf einfache Weise eine Partition der Menge der Zustandsnummern $\{1,2,\ldots,\mathrm{ord}(Z)\}$ und damit auch der Ratenmatrix ergibt.

In [3] werden Grobzustände definiert:
Zwei Zustände z, z' gehören zum gleichen Grobzustand, wenn gilt

$$n(1) = n'(1) \quad \mathrm{bzw.} \quad \sum_{i \neq 1} n(i) = \sum_{i \neq 1} n'(i),$$

wobei n(i) bzw. n'(i) die Zahl der Aufträge an Station i bezeichnet.
Bei n Aufträgen ergeben sich n+1 Grobzustände und unter Voraussetzung
einer lexikographischen Anordnung ergibt sich eine Blockmatrix mit
ebensovielen Hauptdiagonalblöcken.

Eine allgemeinere Form der Grobzustandsbildung wird in [4], S. 157,
beschrieben:
Sei $\tau = \{\tau_1,\ldots,\tau_L\}$ eine Partition der Menge der Bedienstationen.
Zwei Zustände z, z' heißen τ-äquivalent, wenn für alle l=1,...,L gilt

$$\sum_{i \in \tau_l} n(i) = \sum_{i \in \tau_l} n'(i).$$

Zustände mit identischen Teilsystempopulationen, wobei Teilsysteme durch
Stationsmengen τ_l, l=1,...,L definiert sind, gehören dem gleichen Grob-

zustand an. Ein Spezialfall dieser Art von Zustandsraumeinteilung, $\tau = \{\tau_1, \tau_2\}$, wird verwendet in [16].

Da bei Durchführung von Aggregierungsverfahren ein wesentlicher Schritt darin besteht, die Grobzustände als eigenständige, "entkoppelte" Systeme zu behandeln und ihre (bedingte) stationäre Grenzverteilung zu bestimmen, wird in den genannten Beispielen von der Bedingung Gebrauch gemacht, daß alle Grobzustände G "stark zusammenhängend" sind, d.h. für alle G gilt: Für alle z, z'$\in$ G gibt es einen Pfad von z nach z', der keinen Zustand z* $\notin$ G enthält.

Im folgenden werden wir bei Vorliegen dieser Eigenschaft von der Irreduzibilität des Grobzustands bzw. der zugehörigen Äquivalenzklasse sprechen.

Diese Bedingung wird z.B. in [4], S.159, explizit erwähnt, aber es ist keineswegs einfach, Partitionen τ der Stationsmenge oder auch andere Formen der Äquivalenzklassenbildung zu finden, die zu irreduziblen Grobzuständen führen, insbesondere wenn die zugrundeliegende Modellklasse reich an Konzepten ist.

3.3 Äquivalenzrelationen auf Zustandsräumen

Um Modelle der in Kap. 2 skizzierten NUMAS-Modellklasse der Behandlung durch kombinierte Iterations-/Aggregierungsverfahren zugänglich zu machen, sind folgende Fragestellungen zu berücksichtigen:

1) Wie lassen sich sinnvolle, d.h. interpretierbare Äquivalenzrelationen für NUMAS-Modelle definieren?

2) Welchen Bedingungen muß eine Äquivalenzrelation genügen, damit die Äquivalenzklassen eines Modells irreduzibel sind?

Auf der Basis der NUMAS-Zustandsbeschreibung sollen Möglichkeiten der Definition von Äquivalenzrelationen vorgestellt werden. Es werden einfache Bedingungen angegeben, unter denen die entstehenden Äquivalenzklassen irreduzibel sind.

Die erste Möglichkeit, eine Äquivalenzrelation zu definieren, besteht darin, zwei Zustände z, z' als äquivalent zu betrachten, wenn sie in Werten bestimmter Komponenten übereinstimmen. Ein naheliegendes Beispiel gibt die folgende Definition. Wir unterstellen dabei die in Kap. 2 beschriebene Modellklasse und Zustandsbeschreibung.

Definition: Zwei Zustände z, z' heißen degradations-äquivalent, falls ihre Degradationsstatus identisch sind, d.h. falls für alle i gilt d(i) = d'(i).

Gemäß Definition der <u>Degradations-Äquivalenz</u> findet ein Grobzustands-
wechsel (= Übergang zwischen Äquivalenzklassen) genau dann statt, wenn
ein Prozessorausfall stattfindet oder die Reparatur eines Prozessors
beendet ist.

Jede Äquivalenzklasse repräsentiert ein eigenes Modell mit konstantem
Degradationsstatus. Somit ist jede Äquivalenzklasse irreduzibel, wenn
nicht durch einen <u>Stationsausfall</u> (= Ausfall <u>aller</u> Prozessoren einer
Station) die Netz-Topologie so geschädigt werden kann, daß z.B. zwei
völlig getrennte Teilnetze entstehen. Eine hinreichende Bedingung lau-
tet:

Falls für alle Stationen $i \in I$ gilt, daß der maximal zulässige Degrada-
tionsgrad D(i) kleiner ist als die Anzahl der Prozessoren F(i),
dann sind die Äquivalenzklassen der Degradations-Äquivalenz irreduzibel.

Eine zweite Möglichkeit zur Einführung von Äquivalenzrelationen beruht
auf der Verwendung von Populationsvektoren:

<u>Definition:</u> Seien $M_1,\ldots,M_l,\ldots,M_L$ disjunkte Mengen von Station-Klasse-
Paaren (i,t), $M_l := \{(i,t) \mid i \in I' \subseteq I, t \in T' \subseteq T\}$, und sei ein <u>Populations-</u>
<u>vektor</u> $n=<n(1),\ldots,n(l),\ldots,n(L)>$ definiert durch

$$n(l) := \sum_{(i,t) \in M_l} [\sum_q n(i,t,q) + np(i,t) + ns(i,t)] = \sum_{(i,t) \in M_l} n(i,t) \ .$$

Zwei Zustände z, z' heißen <u>populations-äquivalent</u>, falls für alle l gilt
    n(l) = n'(l) .

Eine spezielle Form der Äquivalenzklassenbildung beruht auf dem "Ketten-
Konzept":

<u>Definition:</u> Sei $\bar{K}$ eine Teilmenge der offenen Ketten K_o.
Die Mengen M_k, $k \in \bar{K} \subseteq K_o \subseteq K$ seien definiert durch $(i,t) \in M_k$ gdw. Klasse
t gehört zu Kette k und hat Bedienwünsche an Station i.
Zwei Zustände z, z' heißen <u>kettenpopulations-äquivalent</u>, falls für
alle $k \in \bar{K}$ gilt   n(k) = n'(k).

<u>Satz:</u> Falls alle Ketten $k \in \bar{K}$ irreduzibel sind (d.h. eine irreduzible
Wechselmatrix besitzen), dann sind die Äquivalenzklassen der Kettenpopu-
lations-Äquivalenz irreduzibel.

<u>Beweisskizze:</u> Jede Äquivalenzklasse kann interpretiert werden als Zu-
standsraum eines Modells M', das aus dem zugrundeliegenden Modell M dadurch entsteht, daß bestimmte Restriktionen (hier: konstante Auftragszahl in ausgewählten Ketten) eingeführt werden. Da M' unter den gegebenen

Bedingungen "wohldefiniert" ist, d.h. aus der NUMAS-Modellklasse stammt, ist der Zustandsraum von M' irreduzibel.

<u>Beispiel 2:</u>
Zur Illustration betrachten wir ein 2-Stationen-Modell mit zwei offenen Ketten, die jeweils eine Klasse enthalten. Kette k ist irreduzibel mit der Auftragszahl $n(k) := n(t) := n(i,t) + n(j,t) \leq 3$, Kette l ist reduzibel mit Auftragszahl $n(l) := n(u) := n(i,u) + n(j,u) \leq 1$.

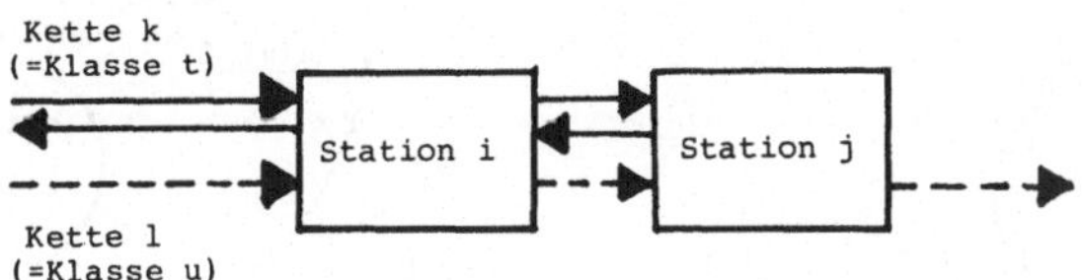

2-Stationen-Modell mit 2 offenen Ketten

Falls $\bar{K}$ definiert wird durch $\bar{K} = \{((i,t),(j,t))\}$, ergeben sich 4 <u>irreduzible</u> Äquivalenzklassen, im folgenden Bild dargestellt mit Hilfe des aggregierten Zustandsübergangsgraphen. Durch Verfeinerung eines Knotens, etwa $n(t) = 1$, kann man sich die Irreduzibilität der Äquivalenzklassen verdeutlichen.

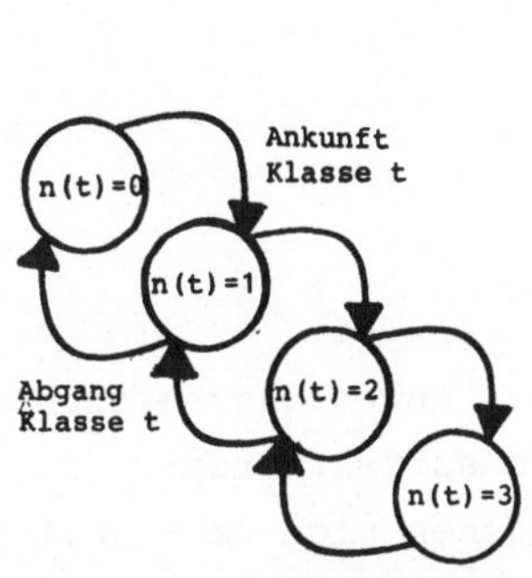

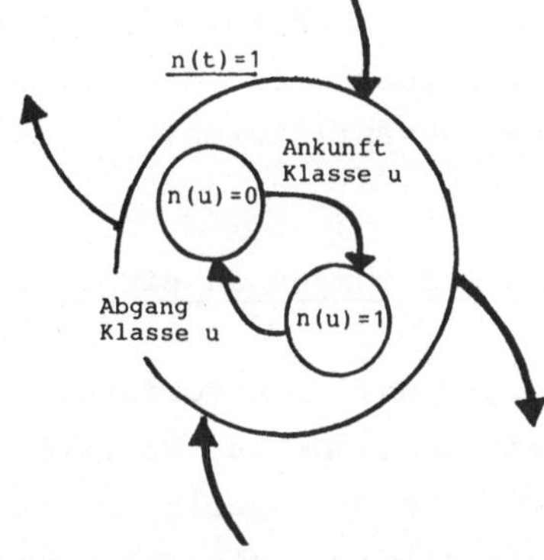

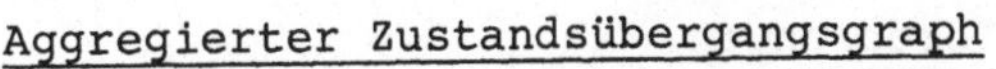

Aggregierter Zustandsübergangsgraph   Verfeinerung eines Knotens

Zur Ergänzung dieses Beispiels betrachten wir eine Äquivalenzrelation, die zu einer für Aggregierungsverfahren ungeeigneten Zustandsraumzerlegung führt. Sei $\bar{K} = \{((i,u),(j,u))\}$, dann ergeben sich aufgrund der möglichen Populationen in Kette l zwei Äquivalenzklassen $\{z \mid n(u)=0\}$ und $\{z \mid n(u)=1\}$, von denen die zweite leicht als reduzibel nachgewiesen werden kann. Die Verfeinerung des entsprechenden Knotens aus dem aggregierten

Zustandsübergangsgraphen zeigt, daß die Zustandsmenge $\{z\,|\,n(i,u)=0,$ $n(j,u)=1\} \subseteq \{z\,|\,n(u)=1\}$ nicht verlassen werden kann, ohne daß auch die Äquivalenzklasse $\{z\,|\,n(u)=1\}$ verlassen wird.

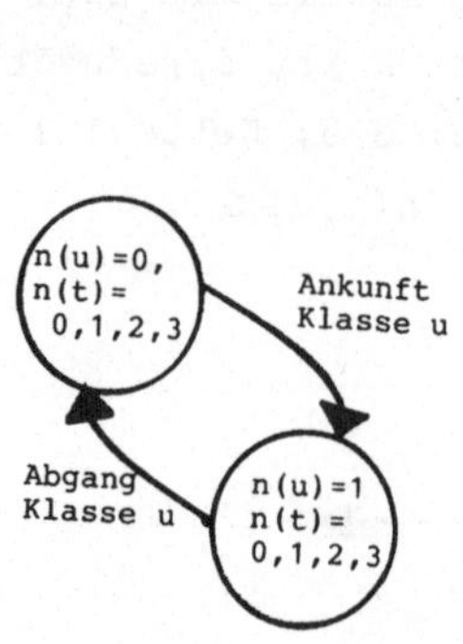

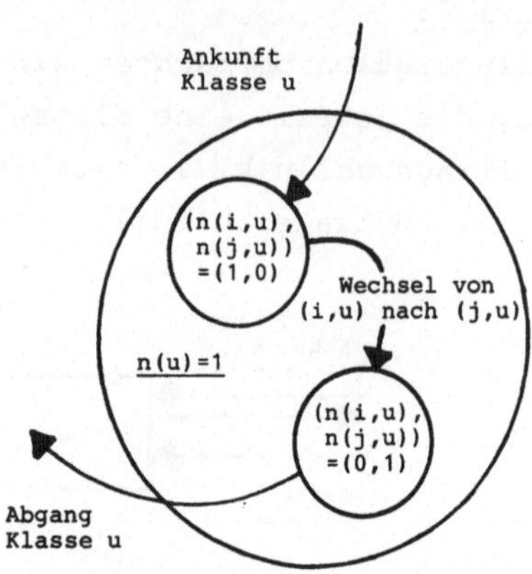

Aggregierter Zustandsübergangsgraph   **Verfeinerung eines Knotens**

Eine weitere Form der Äquivalenzklassenbildung, die für Modelle mit geschlossenen Ketten Anwendung finden kann, besteht darin, Populationsvektoren für Kettenfragmente zu definieren, z.B. Zustände als äquivalent zu betrachten, wenn die Auftragspopulationen in Kettenfragmenten identisch sind. Auch für diese Form der Modellzerlegung lassen sich Bedingungen angeben, die die Irreduzibilität der resultierenden Äquivalenzklassen gewährleisten.

4. Anforderungen an ein software tool

Neben den üblichen Forderungen wie Breite des Anwendungsbereichs, Anwendungsfreundlichkeit, Effizienz, etc., die an software tools für die Analyse von RS-Modellen gestellt werden, ergeben sich im Hinblick auf die effiziente Implementierung von numerischen Lösungsverfahren im Rahmen eines software tools zusätzliche Forderungen.

Das Programmsystem soll dem erfahrenen Benutzer Eingriffsmöglichkeiten bzgl. folgender Punkte erlauben:

1) Auswahl einer Verfahrensklasse – Im NUMAS-System werden die Lösungsverfahren klassifiziert in direkte Verfahren, punkt- und blockiterative Verfahren jeweils mit und ohne integrierte Aggregierungsschritte.

2) Angabe von Parametern für zerlegungsorientierte Verfahren – Es sind

Informationen einzubringen, auf deren Grundlage eine Modellstruktu-
rierung gemäß Kap. 3.3 möglich ist.

3) Auswahl des numerischen Lösungsverfahrens - Innerhalb der jeweiligen
Verfahrensklasse stehen eine Reihe alternativer Lösungsverfahren zur
Verfügung.

Der unerfahrene Benutzer soll von diesen Entscheidungen weitgehend be-
freit sein. Insbesondere die Angabe von verfahrensbedingten Voraussetzungen, wie sie in Kapitel 3.3 für die Klasse der Lösungsverfahren mit
Aggregierung beschrieben werden, sollte von einem Expertensystem unterstützt oder vollständig vorgenommen werden können.

Für die Klasse der Lösungsverfahren mit Aggregierung sind z.B. folgende
Entscheidungen zu treffen:

- Bestimmung des Typs einer für das Modell günstigen Äquivalenzrelation zur Strukturierung der Matrix der Übergangsraten.

- Spezifikation der gewählten Äquivalenzrelation z.B. durch Angabe von
  Partitionen für die Menge der Station-Klasse-Paare.

- Festlegung des anzuwendenden numerischen Lösungsverfahrens kombiniert
  mit der Entscheidung über die Speicherungsstruktur der Ratenmatrix.

Bei der Formulierung von Modellen ist eine Benutzerschnittstelle in
Form einer leicht erlernbaren, dem Niveau einer höheren Programmier-
sprache angepaßten Notation sehr geeignet. Die Erfahrungen mit der Spezifikationssprache COSPEL [1] bestätigen diese Aussage.

Im Hinblick auf eine potentielle Anbindung des in Entwicklung befindlichen NUMAS-Systems an das erprobte Modellierungsinstrument COPE wird
langfristig eine Übernahme bzw. Erweiterung der COSPEL-Modellsprache
als Benutzerschnittstelle angestrebt. In der Konzeption der NUMAS-
Modellklasse (siehe Kap. 2.1) findet dieser Gesichtspunkt bereits Beachtung.

5. Literatur

[1] Beilner,H.; Mäter,J.: Simulative and Analytical Modelling of
    Computing System Performance Using the Software Tool COPE; ECO-10,
    München, Oktober 1982

[2] Brüggemann,K.; Schepers,P.: Modifikation multidimensionaler
    B-Bäume für Partial Match und Region Queries; Diplomarbeit, Uni-
    versität Dortmund, Abteilung Informatik, Juni 1982

[3] Courtois,P.J.: Decomposability, Queueing and Computer System
    Application; Academic Press, 1977

[4] Gelenbe,E.; Mitrani, I.: Analysis and Synthesis of Computer
    Systems; Academic Press, 1980

[5] Güting,H.; Kriegel,H.P.: Multidimensional B-Tree: An Efficient
     Dynamic File Structure for Exact Match Queries; IFB 33,
     GI-10.Jahrestagung, Springer, 1981

[6] Irani,K.B.; Wallace,V.L.: On Network Linguistics and the Conversa-
     tional Design of Queueing Networks; JACM 18,4, 616-629, Oktober 1971

[7] King,P.J.B.; Mitrani,I.: Numerical Methods for Infinite Markov
     Processes; Performance '80, 277-282, Toronto, 1980

[8] Merle,D.; Potier,D.; Veran,M.: A Tool for Computer System Perform-
     ance Analysis; Performance of Computer Installations, Ferrari, D.
     (ed.), North Holland, 1978

[9] Müller,B.: Numerische Lösung von Warteschlangennetzwerken durch
     Kombination von Iterations- und Aggregierungsverfahren; IFB 41,
     Messung, Modellierung und Bewertung von Rechensystemen, GI-NTG
     Fachtagung, Mertens, B. (ed.), Jülich, Febr. 1981

[10] Müller,B.: Decomposition Methods in the Construction and Numerical
     Solution of Queueing Network Models; Performance, '81, 99-112,
     Amsterdam, November 1981

[11] Sauer,C.H.: Numerical Solution of Some Multiple Chain Queueing
     Networks; IBM res.rep. RC 8986, Dezember 1981

[12] Sauer,C.H.; MacNair,E.A.; Kurose,J.F.: The Research Queueing
     Package - Past, Present and Future; IBM res.rep. RC 9123, Yorktown
     Heights, October 1981

[13] Stewart,W.J.; Practical Considerations in the Numerical Analysis
     of Markovian Models; in: Modelling and Performance Evaluation of
     Computer Systems, Beilner, H., Gelenbe, E. (ed's), International
     Workshop, Ispra, Oktober 1976

[14] Stewart,W.J.: A Comparison of Numerical Techniques in Markov
     Modeling; CACM 21,2, 144-152, Februar 1978

[15] Dodd,S.L.; McAllister,D.F.; Stewart,W.J.: An Iterative Method for
     the Exact Solution of Coxian Queueing Networks; ACM Conference on
     Measurement and Modeling of Computer Systems, Las Vegas, September
     1981

[16] Vantilborgh,H.T.; Garner,R.L.; Lazowska,E.D.: Near-Complete Decom-
     posability of Queueing Networks with Clusters of Strongly Inter-
     acting Servers; Performance '80, 81-92, Toronto, 1980

[17] Wallace,V.L.: Towards an Algebraic Theory of Markovian Networks;
     Symposium on Computer-Communications Networks and Teletraffic,
     397-407, Polytechnic Institute of Brooklyn, April 1972

<u>ERWEITERUNG DER MITTELWERTANALYSE</u>
<u>ZUR BERECHNUNG DER ZUSTANDSWAHRSCHEINLICHKEITEN</u>
<u>FÜR GESCHLOSSENE UND GEMISCHTE NETZE</u>

I. F. Akyildiz und G. Bolch

Institut für Mathematische Maschinen und Datenverarbeitung
Lehrstuhl IV (Betriebssysteme)
Universität Erlangen-Nürnberg
Martensstraße 3
D-8520 Erlangen

<u>Kurzfassung</u>

Die Mittelwertanalyse wird durch einen Zwischenschritt so erweitert,
daß auch die Normalisierungskonstante und damit ohne Iteration die
Gleichgewichtszustandswahrscheinlichkeiten aus dem bekannten klassischen BCMP-Theorem leicht berechnet werden können.

Nach einer kurzen Einführung in die Mittelwertanalyse wird im zweiten
Kapitel diese Erweiterung für geschlossene Netze vorgestellt.
Auch für gemischte Netze ist die Mittelwertanalyse anwendbar. Dies
wird im dritten Kapitel durch Herleitung aus der LBANC-Methode gezeigt.
Die Erweiterung der Mittelwertanalyse für gemischte Netze zur Bestimmung der Zustandswahrscheinlichkeiten ist Inhalt des vierten Kapi-
tels.

1. Einführung

Die Mittelwertanalyse, in Kurzform MVA, hat in den letzten Jahren große
Bedeutung gewonnen, weil sie im Gegensatz zu anderen Methoden sehr einfach durchführbar ist. Die Mittelwerte der Leistungsgrößen können ohne
Ermittlung der Normalisierungskonstanten mit einfachen Gleichungen iterativ bestimmt werden. Es wurden viele Arbeiten, die die MVA von geschlossenen (/REIS 79,80,81/, /BEIL 81/), von offenen und gemischten
(/ZAHO 81/, /TOTZ 81/) Netzen behandeln, veröffentlicht.
Ein Nachteil der MVA ist der extrem hohe Speicherplatzbedarf, der aber
durch eine Approximation (/BARD 79/) stark reduziert werden kann, und
die Tatsache, daß die Gleichgewichtszustandswahrscheinlichkeiten nur
iterativ berechnet werden können. Wir werden die MVA daher um einen
einzigen einfachen Zwischenschritt erweitern, der es ermöglicht, die
Normalisierungskonstante und dadurch ohne Iteration die Gleichgewichtszustandswahrscheinlichkeiten für geschlossene und gemischte Netze
zu ermitteln.

Die Mittelwertanalyse basiert bekanntlich auf zwei Theoremen:

i) <u>Theorem über die Verteilung beim Ankunftszeitpunkt</u>

   (/SEVC 81/, /REIS 80/) (Arrival Instant Distribution Theorem):

   In einem geschlossenen Warteschlangennetz ist die Wahrscheinlichkeit, daß ein Auftrag, der in die Bedienstation i eintritt, den
   Netzwerkzustand $\underline{k}=(k_1,\ldots,k_i,\ldots,k_N)$ vorfindet, gleich der Zustands-
   wahrscheinlichkeit $p(k_1,\ldots,k_i-1,\ldots,k_N)$ des Systems im Gleichge-
   wicht mit einem Auftrag weniger.

ii) <u>Das Theorem von Little</u>

   wird mehrfach auf einzelne Bedienstationen angewandt.

2. Geschlossene Warteschlangennetze

Wir betrachten geschlossene Warteschlangennetze, welche die Annahmen
der BCMP-Netze /BCMP 75/ erfüllen. Die MVA basiert auf den folgenden
drei fundamentalen Gleichungen für die mittlere Verweilzeit von Aufträgen der Klasse r (r=1,...,R) in der i-ten Bedienstation (i=1,...,N)
$\bar{t}_{ir}(\underline{k})$, den Durchsatz $\lambda_r(\underline{k})$ und die mittlere Anzahl von Aufträgen
der Klasse r $\bar{k}_{ir}(\underline{k})$. Beginnend mit dem Anfangswert $\bar{k}_{ir}(\underline{0})=0$
($\forall$ i=1,...,N; r=1,...,R) wird die Iteration über die Anzahl der Auf-
träge $\underline{k}$ durchgeführt.

Für die <u>mittlere Verweilzeit</u> (Zeit, die ein Auftrag der Klasse r in der
i-ten Bedienstation verbringt) folgt direkt aus dem 1. Theorem /SEVC 81/,
/REIS 80/:

$$\bar{t}_{ir}(\underline{k}) = \begin{cases} \dfrac{x_{ir}}{m_i} \ [\ 1+\bar{k}_i(\underline{k}-1_r)+ \displaystyle\sum_{l=0}^{m_i-2} (m_i-1-l)p_i(1/\underline{k}-1_r) & m_i > 1 \\[2em] x_{ir} & m_i = \infty \end{cases} \tag{1}$$

wobei

$\underline{k}=(k_1,\ldots,k_R)$ der Vektor der Anzahl von Aufträgen der
                         Klassen r=1,...,R ist

und

$(\underline{k}-1_r)=(k_1,\ldots,k_r-1,\ldots,k_R)$ der Vektor der Anzahl von Aufträgen
                                          der einzelnen Klassen mit einem Auf-
                                          trag weniger in der Klasse r ist

$\bar{k}_i = \displaystyle\sum_{r=1}^{R} \bar{k}_{ir}$ die Gesamtanzahl der Aufträge in der i-ten
                     Bedienstation

$x_{ir} = \dfrac{e_{ir}}{\mu_{ir}}$ ist die relative Auslastung der Bedienstation i=1,...,N

$1/\mu_{ir}$ ist die mittlere Bedienzeit von Aufträgen der Klasse r in der i-ten Bedienstation

$e_{ir} = \sum\limits_{j=1}^{N} \sum\limits_{s=1}^{R} e_{js} P_{js;ir}$ ist die mittlere Anzahl der Besuche eines Auftrages der Klasse r bei der i-ten Bedienstation

$P_{js;ir}$ ist die Wahrscheinlichkeit, mit der ein Auftrag der Klasse s nach seiner Bearbeitung in der Bedienstation j dann in Klasse r und nach Bedienstation i gelangt

m_i ist die Anzahl der Bedieneinheiten (servers) der i-ten Bedienstation.

Die Wahrscheinlichkeiten $p_i(l/\underline{k})$, daß in der i-ten Bedienstation l Aufträge bedient werden unter der Bedingung, daß sich das System im Zustand $\underline{k}$ befindet, ergeben sich wie folgt:

$$p_i(l/\underline{k}) = \frac{1}{l} \sum\limits_{r=1}^{R} x_{ir}\, \lambda_r(\underline{k})\, p_i(l-1/\underline{k}-1_r) \quad \text{für } l=1,\ldots,m_i-1$$

$$p_i(0/\underline{k}) = 1 - \frac{1}{m_i} \left[\sum\limits_{r=1}^{R} x_{ir}\, \lambda_r(\underline{k}) + \sum\limits_{l=1}^{m_i-1} (m_i-1) p_i(1/\underline{k}) \right]$$

mit $p_i(0/\underline{0})=1$, $p_i(1/\underline{0})=0$

<u>Der Durchsatz</u> folgt direkt aus dem 2. Theorem

$$\lambda_r(\underline{k}) = \frac{k_r}{\sum\limits_{i=1}^{N} \bar{t}_{ir}(\underline{k})} \qquad \text{für } r=1,\ldots,R \tag{2}$$

An dieser Stelle kann die <u>Normalisierungskonstante</u> $G(\underline{k})$ leicht aus der folgenden Formel bestimmt werden:

$$G(\underline{k}) = \frac{G(\underline{k}-1_r)}{\lambda_r(\underline{k})} \qquad \text{mit dem Anfangswert } G(\underline{0})=1 \tag{3}$$

Dies folgt unmittelbar aus der bekannten Beziehung, z.B. /REIS 81/

$$\lambda_r(\underline{k}) = \frac{G(\underline{k-1}_r)}{G(\underline{k})} \tag{4}$$

Die mittlere Anzahl von Aufträgen der Klasse r in der i-ten Bedienstation folgt auch direkt aus dem 2. Theorem:

$$\bar{k}_{ir}(\underline{k}) = \lambda_r(\underline{k}) \cdot \bar{t}_{ir}(\underline{k}) \tag{5}$$

Die Iteration bricht ab, wenn die Gesamtanzahl der Aufträge in den jeweiligen Klassen im Netz erreicht ist. Dann erhalten wir auch die Normalisierungskonstante $G(\underline{k})$, die es uns jetzt ermöglicht, zusätzlich zu den Mittelwerten die Gleichgewichtszustandswahrscheinlichkeiten aus dem klassischen BCMP-Theorem /BCMP 75/ zu ermitteln:

$$p(\underline{k}_1, \ldots, \underline{k}_N) = \frac{1}{G(\underline{K})} \sum_{i=1}^{N} F_i(\underline{k}_i) \tag{6}$$

wobei

$\underline{K} = (\underline{K}_1, \ldots, \underline{K}_R)$ der Vektor der Gesamtanzahl der Aufträge in den jeweiligen Klassen ist.

Die Funktion $F_i(\underline{k}_i)$ ist eine vom Zustand der Bedienstation i abhängige Funktion und gegeben durch:

$$F_i(\underline{k}_i) = \begin{cases} \bar{k}_i! \, \dfrac{1}{\beta_i(\bar{k}_i)} \, \prod_{\underline{r=1}}^{R} \dfrac{1}{k_{ir}!} \, x_{ir}^{k_{ir}} & m_i > 1 \\[3ex] & \text{für} \\[2ex] \prod_{r=1}^{R} \dfrac{1}{k_{ir}!} \, x_{ir}^{k_{ir}} & m_i = \infty \end{cases} \tag{7}$$

mit

$$\beta_i(\bar{k}_i) = \begin{cases} \bar{k}_i! & \bar{k}_i < m_i \\[2ex] & \text{für} \\[1ex] m_i! \, m_i^{\,\bar{k}_i - m_i} & \bar{k}_i > m_i \end{cases} \tag{8}$$

Neu an diesem Algorithmus ist, daß wir hier aus der iterativ ermittelten Normalisierungskonstanten in einem einzigen Schritt die Gleichgewichtszustandswahrscheinlichkeiten berechnen können. Die Bestimmung der Normalisierungskonstanten ergibt sich dabei als Nebenprodukt der

Mittelwertanalyse. Im Gegensatz dazu müssen bei /REIS 81/, /SAUE 81/, BEIL 81/ auch die Zustandswahrscheinlichkeiten iterativ bestimmt werden.

3. Ableitung der Mittelwertanalyse für gemischte Warteschlangennetze aus der LBANC-Methode

Neben der Mittelwertanalyse ist die LBANC-Methode für Produktform-netze wegen ihres geringen Speicherplatzbedarfes und einfachen Durch-führbarkeit interessant geworden. /LAM 81/ hat gezeigt, daß die Fal-tungsalgorithmen /BUZE 73/, MVA und LBANC-Methode für geschlossene Netze voneinander abgeleitet werden können.

Wir werden die MVA für gemischte Netze aus der LBANC-Methode ableiten, wobei wir zunächst eine offene und eine geschlossene Klasse (mit op bzw. cl bezeichnet) betrachten.

Die normalisierte mittlere Anzahl von Aufträgen für geschlossene Klas-sen cl ist gegeben durch:

$$q_i^{cl}(k) = \bar{k}_i^{cl}(k) \cdot G(k) \tag{9}$$

wobei

$\bar{k}_i^{cl}$ die mittlere Anzahl von Aufträgen der geschlossenen Klasse cl in der i-ten Bedienstation ist.

Für gemischte Netze gilt nach /SAUE 81/

$$q_i^{cl}(k) = \frac{x_i}{1 - \rho_i^{op}} \left[G(k-1) + q_i^{cl}(k-1) \right] \tag{10}$$

mit

$\rho_i^{op} = \dfrac{\lambda_i^{op}}{\mu_i}$ die Auslastung der i-ten Bedienstation durch die offene Klasse

$$\lambda_i^{op} = \lambda_{oi}^{op} + \sum_{j=1}^{N} \lambda_j^{op} \, p_{ji} \qquad \text{für } i=1,\ldots,N$$

die mittlere Ankunftsrate eines Auftrags der offenen Klasse an der i-ten Bedienstation aus einer beliebigen Quelle (innerhalb oder außerhalb des Netzes).

Daraus folgt:

$$\bar{k}_i^{cl}(k) \, G(k) = \frac{x_i}{1 - \rho_i^{op}} \left[G(k-1) + \bar{k}_i^{cl}(k-1) \, G(k-1) \right]$$

Durch Division beider Seiten durch G(k) erhalten wir:

$$\bar{k}_i^{cl}(k) = \frac{x_i}{1-\rho_i^{op}} \left[\frac{G(k-1)}{G(k)} + \bar{k}_i^{cl}(k-1) \frac{G(k-1)}{G(k)} \right]$$

Mit der Beziehung (Gl. 4) folgt schließlich:

$$\bar{k}_i^{cl}(k) = \frac{x_i}{1-\rho_i^{op}} \, \lambda(k) \, [1+\bar{k}_i^{cl}(k-1)] \tag{11}$$

Dieses Ergebnis ist auf andere Weise auch von /ZAHO 81/ hergeleitet worden.

Auch die Formel für die mittlere Anzahl von Aufträgen der offenen Klasse op können wir aus der LBANC-Methode ableiten.

Für diese Größe gilt nach /SAUE 81/:

$$\bar{k}_i^{op}(k) = \frac{\rho_i^{op}}{1-\rho_i^{op}} \cdot \frac{q_i^{cl}(k+1)}{x_i G(k)}$$

und für die Größe $q_i^{cl}(k+1)$ ergibt sich aus der Grundgleichung (10) der LBANC-Methode:

$$q_i^{cl}(k+1) = x_i \, [G(k)+q_i^{cl}(k)]$$

Daraus erhalten wir:

$$\bar{k}_i^{op}(k) = \frac{\rho_i^{op}}{1-\rho_i^{op}} \left[1+ \frac{q_i^{cl}(k)}{G(k)} \right]$$

Mit (Gl. 9) folgt dann:

$$\bar{k}_i^{op}(k) = \frac{\rho_i^{op}}{1-\rho_i^{op}} \, [1+\bar{k}_i^{cl}(k)] \tag{12}$$

Auch dieses Ergebnis wurde von /ZAHO 81/ auf eine andere Weise erzielt. Ähnlich können wir die entsprechenden Formeln für gemischte Netze mit mehreren Klassen ableiten, wobei die offenen Klassen mit op=1,...,OP und geschlossene Klassen mit c=1,...,C bezeichnet werden.

Die mittlere Anzahl von Aufträgen der geschlossenen Klassen in der i-ten Bedienstation ergibt sich aus:

$$\bar{k}_{ir}^{cl}(\underline{k}) = \frac{x_{ir}}{1- \sum\limits_{op=1}^{OP} \rho_{i,op}} \, \lambda_r(\underline{k}) \, [1+ \sum\limits_{c=1}^{C} \bar{k}_{ic}^{cl}(\underline{k}-1_r)] \tag{13}$$

Die mittlere Anzahl von Aufträgen der offenen Klassen in der i-ten Bedienstation ist gegeben durch:

$$\bar{k}_{ir}^{op}(\underline{k}) = \frac{\rho_{ir}^{op}}{1- \sum\limits_{op=1}^{OP} \rho_{i,op}} \; [\, 1+ \sum\limits_{c=1}^{C} \bar{k}_{ic}(\underline{k})\,] \tag{14}$$

Diese Ergebnisse können wir dazu verwenden, die Normalisierungskonstante und Gleichgewichtszustandswahrscheinlichkeiten entsprechend wie im Abschnitt 2 mit Hilfe der Mittelwertanalyse in einfacher Weise zu berechnen.

4. Mittelwertanalyse für gemischte Netze

Entsprechend dem Abschnitt 2 können wir auch für gemischte Netze die Gleichgewichtszustandswahrscheinlichkeiten ohne Iteration bestimmen. Wir beginnen auch hier die Iteration mit $\bar{k}_{ir}(\underline{0})=0$. Durch Anwendung von Little's Gesetz auf Gl. (13) erhalten wir die folgende Iterationsformel für die <u>mittleren Verweilzeiten</u> der geschlossenen Klassen:

$$\bar{t}_{ir}(\underline{k}) = \begin{cases} \dfrac{x_{ir}}{1- \sum\limits_{op=1}^{OP} \rho_{i,op}} \; [\, 1+ \sum\limits_{c=1}^{C} \bar{k}_{ic}(\underline{k}-1_r)\,] & m_i=1 \\[3em] \text{für} \\[2em] \dfrac{x_{ir}}{1- \sum\limits_{op=1}^{OP} \rho_{i,op}} & m_i=\infty \end{cases} \tag{15}$$

Die Iteration wird mit den Gleichungen 2, 3 und 5 durchgeführt und genau dann abgebrochen, wenn die Gesamtanzahl der Aufträge der geschlossenen Klassen im Netz erreicht ist.

Die Gleichgewichtszustandswahrscheinlichkeiten für gemischte Netze können wir wieder aus dem BCMP-Theorem /BCMP 75/ ermitteln:

$$p(\underline{k}_1,\ldots,\underline{k}_N) = \frac{1}{G(\underline{K})} \prod\limits_{l=0}^{K-1} \lambda(l) \prod\limits_{i=1}^{N} F_i(\underline{k}_i) \tag{16}$$

mit $\lambda(l)$ die mittlere vom Systemzustand abhängige Ankunftsrate

     $F_i(\underline{k}_i)$ durch die Gleichung 7 gegeben.

Nachdem die Leistungsgrößen und Zustandswahrscheinlichkeiten auf diese
Weise für geschlossene Klassen berechnet wurden, können die Leistungsgrößen für offene Klassen aus den bekannten Formeln /AKBO 81/, /BOAK 82/
beginnend mit der Gl. 14 bestimmt werden.

5. Zusammenfassung

In dieser Arbeit haben wir gezeigt, wie die Mittelwertanalyse durch
einen einfachen Zwischenschritt so erweitert werden kann, daß die Normalisierungskonstante und damit unter Verwendung der bekannten Formeln
für BCMP-Netze die Gleichgewichtszustandswahrscheinlichkeiten in einfacher Weise ohne Iteration für geschlossene und gemischte Netze berechnet werden können.
Mit dieser erweiterten Mittelwertanalyse werden dieselben Ergebnisse
erzielt wie bei den exakten Methoden, aber mit erheblich reduziertem
Aufwand.

Literatur

/AKBO 81/   Akyildiz, I. F.; Bolch, G.:
              Analytic Solution Techniques for Queueing Network Models
              of Computer Systems
              Arbeitsbericht des IMMD der Universität Erlangen-Nürnberg
              Band 14, Nr. 4, 1981

/BARD 79/   Bard, Y.:
              Some Extension to Multiclass Queueing Network Analysis
              4th International Symposium on Modelling and Performance
              Evaluation of Computer Systems, Vol. 1, Feb. 1979, Vienna

/BEIL 81/   Beilner, H.:
              Algorithms for Evaluating Separable, Mixed, State-Inde-
              pendent Queueing Networks or Improving (Slightly) on Mean
              Value Analysis
              Universität Dortmund, Abteilung Informatik, Forschungs-
              bericht Nr. 124, 1981

/BOAK 82/   Bolch, G.; Akyildiz, I. F.:
              Analyse von Rechensystemen, Analytische Methoden zur
              Leistungsbewertung und Leistungsvorhersage
              Teubner Verlag, Stuttgart 1982

/BCMP 75/   Baskett, F.; Chandy, K. M.; Muntz, R. R.; Palacios, G. F.:
              Open, Closed and Mixed Network of Queues with Different
              Classes of Customers
              Journal of the ACM, Vol. 22, 2, Apr. 1975, pp. 248-260

/BUZE 73/   Buzen, J. P.:
              Computational Algorithms for Closed Queueing Networks
              with Exponential Servers
              Comm. ACM 16, 9, Sept. 1973, pp. 527-531

/LAM 81/   Lam, S. S.:
              A simple Derivation of the MVA und LBANC-Algorithms from
              the Convolution Algorithm
              TR, University of Texas at Austin, Nr. 184, Nov. 1981

/LAVE 80/   Lavenberg, S. S.; Reiser, M.:
              Stationary State Probabilities at Arrival Instants for
              Closed Queueing Networks with Multiple Types of Customers
              Journal Appl Prob. 17, 1980, pp. 1048-1061

/REIS 79/   Reiser, M.:
              Mean Value Analysis of Queueing Networks, A New Look at
              an Old Problem
              4th Int. Symposium on Modelling and Performance Evaluation
              of Computer Systems, Vol. I, Feb. 1979, Vienna

/REIS 80/   Reiser, M.; Lavenberg, S. S.:
              Mean Value Analysis of Closed Multichain Queueing Networks
              JACM, Vol. 27, No. 2, Apr. 1980, pp. 313-322

/REIS 81/   Reiser, M.:
              Mean Value Analysis and Convolution Method for Queue
              Dependent Servers in Closed Queueing Networks
              Performance Evaluation, Vol. I, No. 1, Jan. 1981, pp. 8-18

/SAUE 81/   Sauer, C. H.; Chandy, K. M.:
             Computer Systems Performance Modelling
             Prentice Hall Inc., Englewood Cliffs, N.J. 1981

/SEVC 81/   Sevcik, K. C.; Mitrani, I.:
             Die Distribution of Queueing Network States at Input and
             Output Instants
             JACM, Vol. 28, No. 2, Apr. 1981, pp. 358-371

/TOTZ 81/   Totzauer, G.:
             Mittelwertanalyse von Warteschlangennetzen mit offenen
             und geschlossenen Ketten
             Arbeitsbericht der Universität Karlsruhe, Nr. 12, Juli 1981

/ZAHO 81/   Zahorjan, J.; Wong, E.:
             A Solution of Seperable Queueing Network Models Using
             Mean Value Analysis
             ACM Sigmetrics, Vol. 10, No. 3, Fall 1981, pp. 80-85

ZUVERLÄSSIGKEITSANALYSE VON SYSTEMEN MIT
PERIODISCH WECHSELNDEN BETRIEBSZUSTÄNDEN

H. Bähring und K. Heidtmann
Fachbereich Mathematik und Informatik,
Fernuniversität, Postfach 940, 5800 Hagen

Zusammenfassung

Beim Betrieb eines Rechensystems treten gewöhnlich wechselnde Anforderungen an das System auf, die seine Zuverlässigkeit und damit auch sein Leistungsvermögen unterschiedlich stark beeinflussen. Dies wurde bisher in den Verfahren zur Zuverlässigkeitsanalyse nicht hinreichend berücksichtigt. Empirische Untersuchungen haben gezeigt, daß sich die durchschnittliche Systembelastung und die Zuverlässigkeit periodisch ändern. Daraufhin haben wir in der vorliegenden Arbeit ein Verfahren entwickelt, das es erlaubt, periodisch wechselnde Einflüsse verschiedenster Art bei Zuverlässigkeitsanalysen zu berücksichtigen.

Schlagworte: Zuverlässigkeit, Betriebsdauerverteilung, mittlere Betriebsdauer, periodisch wechselnde Betriebszustände, Belastungsänderungen, Betriebsartenwechsel, Änderungen der Redundanzstruktur

1. Einleitung

Bei der Analyse der Zuverlässigkeit und des Leistungsvermögens von Computersystemen geht man auch heute noch von konstanten Ausfallraten aus, obwohl aus der Literatur bekannt ist, daß sich die Ausfallrate in Abhängigkeit von der Nutzung eines Gerätes meist periodisch ändert ([1] - [7]). Diese Periodizität kommt dadurch zustande, daß Computersysteme in der Regel zu denselben Tageszeiten, Wochentagen etc. gleiche Betriebszustände einnehmen.
Dabei verstehen wir unter dem Betriebszustand eines Systems oder einer Komponente einen Zustand, der gekennzeichnet ist durch die momentan zu bewältigende Last, die benötigten Betriebsmittel und die Art, in der das System betrieben wird. Ein Beispiel für alternierende Betriebszustände bildet eine Rechenanlage, die nachts nur im Batchbetrieb und tagsüber zusätzlich im Dialogbetrieb arbeitet oder nachts nur wenig und tagsüber stark beansprucht wird.

Um derartigen periodischen Wechseln der Betriebszustände in der Zuverlässigkeitsanalyse Rechnung tragen zu können, haben wir die in den folgenden Abschnitten beschriebene Methode entwickelt. Sie läßt sich auch
in die Verfahren zur Bewertung von Computersystemen integrieren, deren
Zielgröße ein Maß für das Leistungsvermögen unter Einbeziehung der
Systemzuverlässigkeit ist [8,9].

Zum Schluß dieser Arbeit weisen wir auf eine weitere Anwendungsmöglich-
keit unserer Methode hin. Mit ihr kann man über die o.g. Fragen hinaus
auch die Zuverlässigkeit solcher Systeme analysieren, deren Redundanzstruktur sich periodisch ändert.

Sind die Ausfallraten während der einzelnen Betriebszustände des Systems
konstant, so läßt sich zur Berechnung der Zuverlässigkeits-Kenngrößen
auch die Markov-Methode verwenden [6,10,11]. Liegen nicht konstante Ausfallraten vor, so kann man aus dem Zustandsübergangsgraphen des Systems
ein Differentialgleichungssystem ableiten, das als Anfangswertaufgabe
mit Hilfe numerischer Verfahren (Polygonzug-, Runge-Kutta-Verfahren,
usw. [12]) gelöst werden kann. Unsere Methode hingegen stellt ein wesentlich einfacheres Verfahren zur Berechnung der genannten Größen dar
und ergänzt das Boolesche Zuverlässigkeitsmodell in für die Praxis
wichtigen Punkten (vgl. auch [13]).

In den folgenden Abschnitten beziehen wir uns auf die Lebensdauerverteilungen der einzelnen Komponenten und des Systems. Bei Systemen und
Komponenten, die repariert und/oder gewartet werden, gelten die folgenden Ergebnisse auch für Betriebsdauern. (Zur Beziehung von Ausfallrate,
Betriebsdauer- und Lebensdauerverteilung vgl. [6,10,11]).

Bezeichnungen

$E, \overline{E}, E_G$	Erwartungswerte von Lebensdauern (Betriebs-dauern)
$F(t), \overline{F}(t), F_i(t), G(t)$	Lebensdauerverteilungen
$F^*(t), L(t)$	Lebensdauerverteilungen approximierende Funktionen
$\lambda, \overline{\lambda}, \lambda^*, \lambda_i$	Ausfallraten exponentialverteilter Lebens-dauern
i, j, n, m	natürliche Zahlen
$\mathbb{N}$	Menge der natürlichen Zahlen
$\mathbb{N}_0$	$\mathbb{N} \cup \{0\}$
$\mathbb{N}_0^m$	natürliche Zahlen kleiner m incl. 0
$T, \overline{T}, T_i$	Länge bestimmter Zeitintervalle
T_p	$T_p = T + \overline{T}, \quad T_p = \sum_{i=1}^{m} T_i$ Periodendauer

2. Alternierende Betriebszustände

Wir gehen davon aus, daß die Lebensdauern (Betriebsdauern) der einzelnen Komponenten eines Rechners von dessen verschiedenen Betriebszuständen abhängig sind, die durch äußere oder innere Einflüsse wie Last,
Betriebsart usw. bestimmt werden. Zur Berechnung der Lebensdauerverteilung des Rechners werden deshalb in den einzelnen Betriebszuständen
verschiedene Verteilungen der Komponentenlebensdauern herangezogen.
Als einfaches Beispiel betrachten wir zunächst - wie in der Einleitung
beschrieben - einen Rechner, der die beiden Betriebszustände Tagbetrieb
und Nachtbetrieb durchläuft, und der ebenso wie seine Komponenten in
jedem der beiden Zustände unterschiedliche Lebensdauerverteilungen besitzt. Diese können z.B. dadurch bedingt sein, daß tagsüber unter Ope-
ratoraufsicht vornehmlich Dialogbetrieb, nachts jedoch unbeaufsichtigt
nur Batchbetrieb stattfindet.
Wir bezeichnen mit T bzw. $\overline{T}$ die konstanten Dauern der Betriebszustände Tagbetrieb bzw. Nachtbetrieb und mit $F(t)$ bzw. $\overline{F}(t)$ die entsprechenden Lebensdauerverteilungen des Rechners. Die Lebensdauerverteilung des Rechners unter diesen wechselnden Betriebszuständen sei
$G(t)$. Ferner sei $T_p := T + \overline{T}$ definiert. Bild 2.1 zeigt ein Beispiel
für die Funktion $G(t)$ unter der Bedingung $T = \overline{T}$ und die Abweichungen,
wenn man allein von $F(t)$ oder von $\overline{F}(t)$ als Verteilungsfunktion
ausgeht.

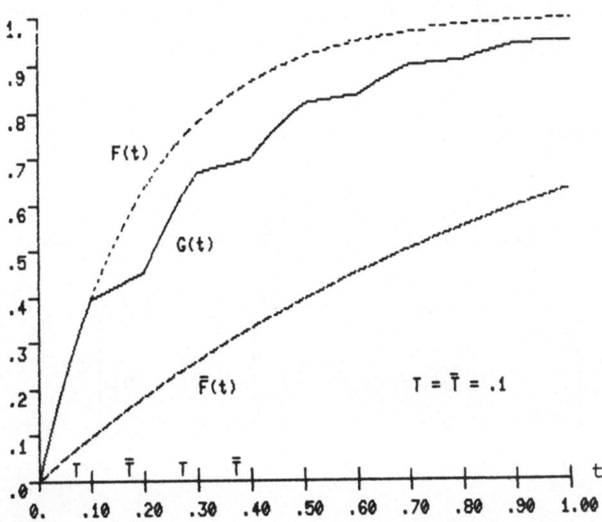

Bild 2.1: Lebensdauerverteilung eines Rechners bei unterschiedlichem
Tag- und Nachtbetrieb

Den Einstieg zur Bestimmung von $G(t)$ liefert eine Formel aus [13]. Setzt man die Kenntnis von $G(t)$ in den Zeitpunkten nT_p bzw. $nT_p + T$ der Zustandswechsel für $n \geq 0$ voraus, so ergibt sich aus dieser Formel:

$$G(t) = \begin{cases} G(nT_p) + \big(1 - G(nT_p)\big) F(t - nT_p) & , \ t \in [nT_p, nT_p + T] \\ G(nT_p + T) + \big(1 - G(nT_p + T)\big) \overline{F}\big(t - (nT_p + T)\big), & t \in [nT_p + T, (n+1)T_p] \ . \end{cases} \tag{2.2}$$

Insbesondere folgt daraus mit $G(0) := F(0)$ für alle $n \geq 0$:

$$G(nT_p + T) = G(nT_p) + \big(1 - G(nT_p)\big) F(T) \tag{2.3}$$

$$G\big((n+1)T_p\big) = G(nT_p + T) + \big(1 - G(nT_p + T)\big) \overline{F}(\overline{T}) \ . \tag{2.4}$$

Die Auflösung dieser Rekursionsgleichungen liefert die folgenden expliziten Gleichungen:

$$G(nT_p) = 1 - \big(1 - F(T)\big)^n \big(1 - \overline{F}(\overline{T})\big)^n \tag{2.5}$$

$$G(nT_p + T) = 1 - \big(1 - F(T)\big)^{n+1} \big(1 - \overline{F}(\overline{T})\big)^n \tag{2.6}$$

Der Beweis erfolgt durch vollständige Induktion unter Verwendung der Gleichung $F(T) + \big(1 - F(T)\big)\overline{F}(\overline{T}) = \overline{F}(\overline{T}) + \big(1 - \overline{F}(\overline{T})\big)F(T) = 1 - \big(1 - F(T)\big)\big(1 - \overline{F}(\overline{T})\big)$. Damit ergibt sich für die Verteilungsfunktion $G(t)$:

$$G(t) = \begin{cases} 1 - \big(1 - F(T)\big)^n \big(1 - \overline{F}(\overline{T})\big)^n \big(1 - F(t - nT_p)\big) & , \ t \in [nT_p, nT_p + T] \\ 1 - \big(1 - F(T)\big)^{n+1} \big(1 - \overline{F}(\overline{T})\big)^n \big(1 - \overline{F}(t - nT_p - T)\big), & t \in [nT_p + T, (n+1)T_p] \ . \end{cases} \tag{2.7}$$

Als Erwartungswert E_G der gemäß $G(t)$ verteilten Lebensdauer erhalten wir somit:

$$E_G = \int_0^\infty \big(1 - G(t)\big) dt$$

$$= \frac{1}{F(T) + \big(1 - F(T)\big)\overline{F}(\overline{T})} \left[\int_0^T \big(1 - F(t)\big) dt + \big(1 - F(T)\big) \int_0^{\overline{T}} \big(1 - \overline{F}(t)\big) dt \right] \tag{2.8}$$

$$= \frac{1}{G(T_p)} \left[\int_0^T \big(1 - F(t)\big) dt + \big(1 - F(T)\big) \int_0^{\overline{T}} \big(1 - \overline{F}(t)\big) dt \right] \ .$$

3. Beispiel mit Exponentialverteilungen

Da die Lebensdauer von Geräten aus vielen elektronischen Bauteilen (zumindest in guter Näherung) exponentialverteilt ist, leiten wir nun exemplarisch aus den vorhergehenden Formeln die Lebensdauerverteilung eines Systems ab, das alternierend zwei verschiedene Betriebszustände einnimmt und in jedem der beiden eine exponentialverteilte Lebensdauer besitzt. Es seien also

$$F(t) = 1 - e^{-\lambda t} \quad \text{und} \quad \overline{F}(t) = 1 - e^{-\overline{\lambda} t} \ . \tag{3.1}$$

Dann ist nach (2.5) und (2.6) für alle $n \geq 0$:

$$G(nT_p) = 1 - e^{-n(\lambda T + \overline{\lambda}\overline{T})} \tag{3.2}$$

$$G(nT_p + T) = 1 - e^{-\left((n+1)\lambda T + n\overline{\lambda}\overline{T}\right)} \tag{3.3}$$

und nach (2.7):

$$G(t) = \begin{cases} 1 - e^{n\overline{T}(\lambda - \overline{\lambda})} \cdot e^{-\lambda t} & , \quad t \in [nT_p, nT_p+1] \\ 1 - e^{-(n+1)T(\lambda - \overline{\lambda})} \cdot e^{-\overline{\lambda} t} & , \quad t \in [nT_p+T, (n+1)T_p] \ . \end{cases} \tag{3.4}$$

Durch Einsetzen von (3.1) in (3.2) erhält man:

$$E_G = \frac{\dfrac{1-e^{-\lambda T}}{\lambda} + e^{-\lambda T}\dfrac{1-e^{-\overline{\lambda}\overline{T}}}{\overline{\lambda}}}{1 - e^{-(\lambda T + \overline{\lambda}\overline{T})}} = \frac{F(T)E + \left(G(T_p) - F(T)\right)\overline{E}}{G(T_p)} \ , \tag{3.5}$$

wobei $E := \dfrac{1}{\lambda}$ und $\overline{E} := \dfrac{1}{\overline{\lambda}}$ die Erwartungswerte der Lebensdauern mit den Verteilungen $F(t)$ bzw. $\overline{F}(t)$ sind. Gleichung (3.5) zeigt, daß der Erwartungswert E_G eine konvexe Linearkombination von E und $\overline{E}$ ist, und somit zwischen diesen beiden Werten liegt. Bild (3.9) und Bild (3.10) zeigen, daß man im allgemeinen Fall eine zu grobe Abschätzung vornimmt, wenn man für das System in beiden Zuständen die gleiche Ausfallrate λ (bzw. $\overline{\lambda}$) zugrunde legt (vgl. auch Bild 2.1).
Wählt man hingegen

$$\lambda^* := \frac{\lambda T + \overline{\lambda}\overline{T}}{T + \overline{T}} \tag{3.6}$$

als gewichtetes Mittel der beiden Ausfallraten $\lambda, \overline{\lambda}$, also
$F^*(t) = 1 - e^{-\lambda^* t}$, so wird die Funktion $G(t)$ durch $F^*(t)$ in den Punkten nT_p interpoliert. $F^*(t)$ bildet außerdem für $G(t)$ eine Abschätzung

282

$$\begin{cases} \text{nach oben,} & \text{falls} \quad \lambda \le \overline{\lambda} \\ \text{nach unten,} & \text{falls} \quad \lambda \ge \overline{\lambda} \end{cases}$$

(siehe Bild (3.9) und Bild (3.10)).

Die Funktion

$$L(t) := 1 - e^{-(\lambda - \lambda^*)T}\, e^{-\lambda^* t} \tag{3.7}$$

interpoliert $G(t)$ in den übrigen Zustandswechselpunkten $nT_p + T$ und bildet für $G(t)$ eine Abschätzung

$$\begin{cases} \text{nach unten,} & \text{falls} \quad \lambda \le \overline{\lambda} \\ \text{nach oben,} & \text{falls} \quad \lambda \ge \overline{\lambda} \end{cases}$$

(siehe Bild (3.9) und Bild (3.10)).

Insgesamt gilt also für alle $t \ge 0$:

$$\left. \begin{aligned} &\begin{cases} F^*(t) \le G(t) \le L(t) \ , & \text{falls} \quad \lambda \ge \overline{\lambda} \\ L(t) \le G(t) \le F^*(t) \ , & \text{falls} \quad \lambda \le \overline{\lambda} \end{cases} \\[1em] &\qquad\text{und} \\ &F^*(nT_p) = G(nT_p) \\ &L(nT_p + T) = G(nT_p + T) \quad \text{für alle} \quad n \ge 0 \ . \end{aligned} \right\} \tag{3.8}$$

$G(t)$, $F^*(t)$, $L(t)$ sind für $T = \overline{T} = 0.1$ in

$$\begin{cases} \text{Bild (3.9)} & \text{für} \quad \lambda = 5, \ \overline{\lambda} = 1 \\ \text{Bild (3.10)} & \text{für} \quad \lambda = 1, \ \overline{\lambda} = 5 \end{cases}$$

dargestellt.

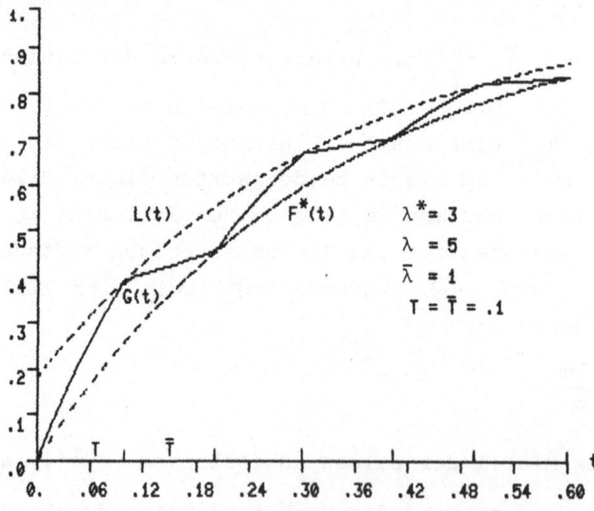

Bild (3.9): Lebensdauerverteilung $G(t)$ und Hüllkurven $L(t)$, $F^*(t)$
für $\lambda > \overline{\lambda}$

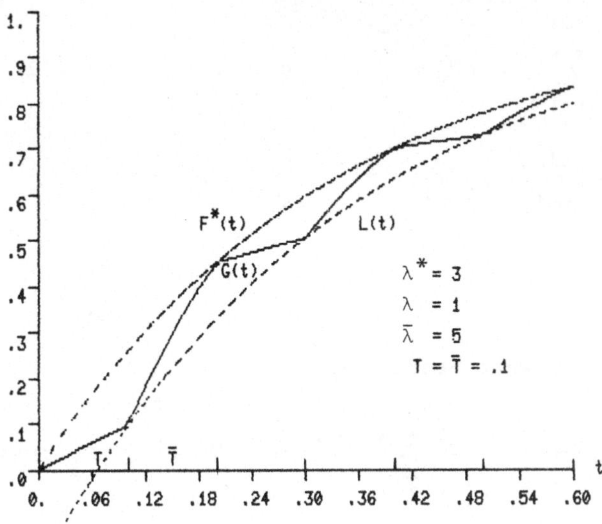

Bild (3.10):   Lebensdauerverteilung $G(t)$ und Hüllkurven $L(t)$, $F^*(t)$
für $\lambda < \bar{\lambda}$

4. Periodisch wechselnde Betriebszustände

Wir betrachten nun den periodischen Wechsel von m Betriebszuständen.
Zustand i, $i \in \mathbb{N}_m$, herrsche jeweils die Zeit T_i lang, und die zu
diesem Zustand gehörige Lebensdauerverteilung sei $F_i(t)$. Ferner sei

$$T_p := \sum_{i=1}^{m} T_i \quad \text{und} \quad G(0) := F_1(0) \ , \quad \text{dann folgt aus}$$

$$G(nT_p + \sum_{i=1}^{j} T_i) = G(nT_p + \sum_{i=1}^{j-1} T_i) + \left(1 - G(nT_p + \sum_{i=1}^{j-1} T_i)\right) F_j(T_j) \tag{4.1}$$

für alle $j \in \mathbb{N}_0^m$ und $n \in \mathbb{N}_0$

$$G(nT_p + \sum_{i=1}^{j} T_i) = 1 - \left(\prod_{i=1}^{j} (1 - F_i(T_i))\right)^{n+1} \prod_{i=j+1}^{m} \left(1 - F_i(T_i)\right)^{n} \tag{4.2}$$

$$= 1 - \left(\prod_{i=1}^{m} (1 - F_i(T_i))\right)^{n} \prod_{i=1}^{j} (1 - F_i(T_i)) \ . \tag{4.3}$$

Für $t \in [nT_p + \sum\limits_{i=1}^{j} T_i \, , \, nT_p + \sum\limits_{i=1}^{j+1} T_i]$ gilt analog zu (2.2)

$$G(t) = 1 - \left(\prod_{i=1}^{j} (1-F_i(T_i)) \right)^{n+1} \left(\prod_{i=j+1}^{m} (1-F_i(T_i)) \right)^{n}$$

$$\cdot \left(1-F_{j+1}(t-nT_p - \sum_{i=1}^{j} T_i) \right) \tag{4.4}$$

Für den Erwartungswert erhält man

$$E_G = \frac{1}{1 - \prod\limits_{i=1}^{m} (1-F_i(T_i))} \sum_{j=1}^{m} \left(\prod_{i=1}^{j-1} (1-F_i(T_i)) \int_{0}^{T_j} (1-F_j(t)) dt \right. \tag{4.5}$$

Im Exponentialfall ist mit $j \in N_O^m$,

$$F_i(t) = 1 - e^{-\lambda_i t} \quad \text{und} \quad (\lambda T)_p := \sum_{i=1}^{m} \lambda_i T_i$$

nach (4.3):

$$G(nT_p + \sum_{i=1}^{j} T_j) = 1 - e^{-n(\lambda T)_p} \cdot e^{-\sum_{i=1}^{j} \lambda_i T_i} \, , \tag{4.6}$$

nach (4.4):

$$G(t) = 1 - e^{-n\left(\sum_{i=1}^{m} (\lambda_i - \lambda_j) T_i \right) - \sum_{i=1}^{j} (\lambda_i - \lambda_j) T_i} \cdot e^{-\lambda_j t} \tag{4.7}$$

für $t \in [nT_p + \sum\limits_{i=1}^{j} T_i \, , \, nT_p + \sum\limits_{i=1}^{j+1} T_i]$ und

nach (4.5):

$$E_G = \frac{1}{1 - e^{-(\lambda T)_p}} \sum_{j=1}^{m} \frac{1 - e^{-\lambda_j T_j}}{\lambda_j} e^{-\sum_{i=1}^{j} \lambda_i T_i} \, . \tag{4.8}$$

Auch hier ist E_G wieder eine konvexe Linearkombination der Erwartungs-werte $\frac{1}{\lambda_i}$ für die nach $F_i(t)$ verteilten Lebensdauern.

Zum Schluß dieses Abschnitts zeigen wir ein Beispiel, bei dem die Ver-teilungsfunktionen $F_i(t)$ selbst keine Exponentialverteilungen sind, aber sich aus solchen zusammensetzen. Von einem System werde erwartet,

daß im Zustand 1 mindestens eine seiner beiden Komponenten funktions-
tüchtig sei und im Zustand 2 alle beide (1-von-2 und 2-von-2-System
[6,10,11]). Alternieren die Zustände jeweils nach T bzw. $\overline{T}$ Zeiteinheiten, so ist die Systemunverfügbarkeit $F_S(t)$ nach (4.4) auszurech-
nen mit $F_1(t) = U_1(t)U_2(t)$ und $F_2(t) = U_1(t) + U_2(t) - U_1(t)U_2(t) =$
$1 - \left(1 - U_1(t)\right)\left(1 - U_2(t)\right)$. Bild (4.9) zeigt die Lebensdauerverteilung
dieses Systems, wenn man $T = \overline{T} = 0.2$ und für $U_1(t)$, $U_2(t)$ die Exponentialverteilungen mit $\lambda=1$ und $\overline{\lambda}=2$ einsetzt.

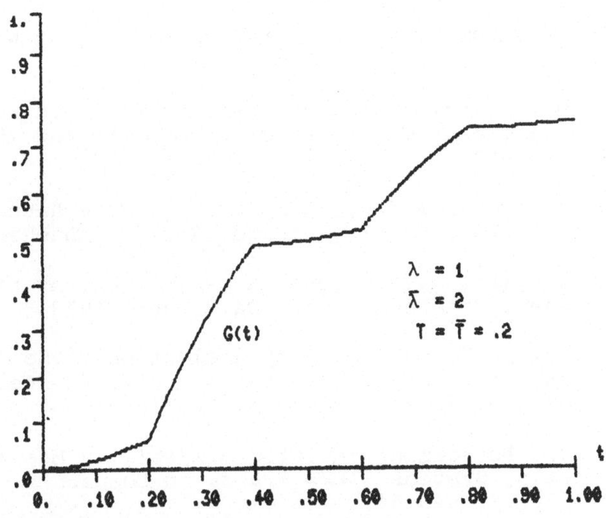

Bild (4.9): Lebensdauerverteilung eines alternierenden 1-von-2 und
2-von-2-Systems

Schlußbemerkung

Das vorangegangene Beispiel zeigt, wie sich unser Verfahren auf solche
Systeme anwenden läßt, deren Redundanzstruktur sich aufgrund wechseln-
der Anforderungen periodisch ändert. Diese Änderungen können von der
Netzwerk-Kontrolleinheit eines Mehrrechnersystems veranlaßt werden, um
die Fehlertoleranz des Systems zu steuern [14]. Außerdem sind Änderungen der Redundanzstruktur häufig dann notwendig, wenn nach Teilausfäl-
len das Restsystem rekonfiguriert werden muß. Wichtige Ergebnisse zu
diesem Thema enthält [13].

Literatur

[1]   Castillo X., Siewiorek D.P., Workload, performance and reliability
      of digital computing systems, Digest of the 11th Annual
      International Symposium on Fault-Tolerant Computing,
      FTCS-11, Portland, 1981, S. 84-89.

[2]   Castillo X., Siewiorek D.P., A performance - reliability model
      for computing systems, Digest of the 10th Annual Intern.
      Symp. on Fault-Tolerant Computing, FTCS-10, Kyoto, 1980,
      S. 187-192

[3]   Butner S.E., Iyer R.K., A statistical study of reliability and
      system load at SLAC, Technical Report, Center for Re-
      liable Computing, Stanford University, Jan. 1980

[4]   Longbottom R., Computer System Reliability, John Wiley & Sons,
      New York, 1980

[5]   Beaudry M.D., A statistical analysis of failures in the SLAC com-
      puting center, Digest of compcon Spring 79, 1979,
      S. 49-52

[6]   Koslow B.A., Uschakow I.A., Handbuch zur Berechnung der Zuver-
      lässigkeit für Ingenieure, Hanser, München, 1979

[7]   Osswald B., Leistungsvermögensanalyse von Datenverarbeitungsan-
      lagen, Toeche-Mittler, Darmstadt, 1973

[8]   Osaki S., Nishio T., Reliability Evaluation of Some Fault-Tole-
      rant Computer Architectures, Lecture Notes in Computer
      Science Bd. 97, Springer, Berlin, 1980

[9]   Beaudry M.D., Performance-Related Reliability Measures for Com-
      puting Systems, IEEE Trans. on Computers,   Vol. C-27,
      1978, S. 540-547

[10] Höfle-Isphording U., Zuverlässigkeitsrechnung - Eine Einführung
      in ihre Methoden, Springer, Berlin, 1978

[11] Gaede K.-W., Zuverlässigkeit - Mathematische Modelle, Hanser,
      München, 1977

[12] Collatz L., The Numerical Treatment of Differential Equations,
      Springer, Berlin, 1960

[13] Bähring H., Heidtmann K., Monotone Systeme mit redundanz-abhän-
      gigen Komponentenverfügbarkeiten, Informatik-Bericht
      Nr. 25, Fernuniversität Hagen, 1982

[14] Dal Cin M., Fehlertolerante Systeme, Teubner, Stuttgart, 1979

<u>Performance-Analyse bei der Entwicklung von Rechensystemen:</u>
Notwendigkeiten, Erfahrungen und Anforderungen aus Herstellersicht

Wolfgang Raum
Nixdorf Computer AG
Bereich Systementwicklung
Pontanusstraße 55
4790 Paderborn

<u>Kurzfassung</u>

Umfang, Komplexität und Vielfalt heutiger und zukünftiger Rechensysteme
erfordern neben dem Einsatz qualitativer Verfahren des Software-Engi-
neerings zunehmend quantitative Analysen und Bewertungen. Auf Seiten der
Hersteller ist in den letzten Jahren die Notwendigkeit quantitativer
Untersuchungen während aller Entwicklungsphasen erkannt worden. Zur Unterstützung der Systementwicklung werden bei der Nixdorf Computer AG in
der letzten Zeit parallel zu einigen Entwicklungsphasen unterschiedliche
Methoden und Verfahren der Performance Analyse eingesetzt, die zu einer
erheblichen Verbesserung des Entwicklungsprozesses beitragen.

Basierend auf den Erfahrungen dieser Aktivitäten ergibt sich die Forderung nach dem Einsatz eines universellen flexiblen Performance Evaluation
Toolsystems, das verschiedenartige Modellverfahren beinhaltet, die entsprechend der jeweiligen Problemstellung die erforderlichen Leistungsdaten liefern. Eine vollständige Performance Analyse ist nur auf der
Basis quantitativer Daten möglich. Neuartige Systemstrukturen erfordern
erhebliche Anstrengungen zur Verbesserung der Software-Meßmethodik und
integrierter Auswertungstechniken.

1. Einleitung

Die Compumetrie (Messung, Modellierung und Bewertung von Rechensystemen)
ist in den letzten Jahren zu einem zentralen Thema der Computerwissen-
schaften geworden. Auch Hersteller und Anwender von Rechensystemen haben

die Notwendigkeit erkannt, das Leistungsvermögen ihrer Systeme zu messen, zu analysieren und zu bewerten. Im Systementwicklungsbereich der Nixdorf Computer AG arbeitet seit Jahren eine wachsende Zahl von Mitarbeitern in einer eigenen Gruppe an der Leistungsanalyse von Nixdorf-Systemen. Um diesen Entwicklern geeignete "Werkzeuge" an die Hand zu geben, wurden erhebliche Sachmittel in den Ankauf zweier großer Hardware-Monitorsysteme (CPI 190/1 und /3), in die Beschaffung des Simulationspaketes GPSS-FORTRAN und in die Weiterentwicklung des Leistungsprognoseinstrumentariums COPE (Computer Performance Evaluator) investiert. Der vorliegende Beitrag soll darstellen, welche Gründe die Entwicklungsleitung bewogen haben, schon frühzeitig Geld und Personal in dieses neuartige Aufgabengebiet zu investieren. Es wird zunächst die Notwendigkeit von Performance-Analysen bei Entwurf, Realisierung und Betrieb von Rechensystemen aufgezeigt. Anhand der Vorgehensweise in der Systemleistungsanalyse, wie sie bei Nixdorf in den letzten Jahren betrieben wird, werden sowohl die positiven und negativen Erfahrungen als auch die Anforderungen an die Weiterentwicklung von Methoden, Verfahren und Werkzeugen wiedergegeben, die die Voraussetzung für eine umfassende Performance-Analyse zur Unterstützung des gesamten Systementwicklungsprozesses bilden.

2. Motivation des Herstellers

Entwurf und Realisierung von Rechensystemen sind trotz der vorhandenen Fortschritte im Bereich des System- und Software-Engineering auch heute noch mit Unwägbarkeiten verknüpft, die hauptsächlich durch die wachsende Komplexität der Systeme und durch den raschen technologischen Wandel bedingt sind (JESSEN 80). Diese Unsicherheit trifft sowohl für die funktionale Entwurfsüberprüfung als auch für die quantitative Abschätzung des zukünftigen Systemleistungsverhaltens zu und resultiert außerdem aus kurzfristig wechselnden Entwicklungsrandbedingungen und aus der Schwierigkeit, die ständig hinzukommenden theoretischen Ansätze zu prüfen und praktisch umzusetzen.

Im Vergleich zu etablierten Ingenieurdisziplinen ist die geringe Anwendung quantitativer Techniken im System Engineering eine erstaunliche Tatsache. Die Meß-, Modell-, und Bewertungsverfahren zur Untersuchung der Leistungsfähigkeit von Computersystemen haben mit dem technologischen Fortschritt und den Möglichkeiten heutiger Systeme nicht Schritt gehalten. Diese Feststellung hat insbesondere für den Bereich der Softwareerstellung und damit auch für die Systementwicklung sowie bei der Installation und dem Betrieb der Systeme Gültigkeit.

So lag lange Zeit der Schwerpunkt der Bemühungen bei Systementwicklern darauf, neue Hardware- und Software-Systeme funktionell zu realisieren. Dem Performance-Gesichtspunkt kam lediglich eine nachgeordnete Bedeutung zu. Diese Einstellung hat sich bei den Computerherstellern in den letzten Jahren geändert, denn Aspekte wie

- eskalierende Kosten bei der Herstellung und Wartung von Software-
  Systemen,

- zunehmende Schwierigkeiten bei Entwurf, Implementierung und Betrieb der
  DV-Systeme,

- wachsende Komplexität dieser Systeme,

- langfristige Nutzung installierter Hardware und insbesondere Anwender-
  software bei gleichzeitig steigendem Zwang zur Vergrößerung des Funktions-
  umfangs und der Konfigurationen

machen Messung, Modellierung und Bewertung des Systemleistungsvermögens zwingend erforderlich.

Ein unmethodisches, auf eine schnelle Lösungsfindung ausgerichtetes Vorgehen bei Entwurf und Realisierung bewirkt in der Regel aufwendige Nachentwicklungen. Diese Erfahrung hat bei Nixdorf dazu geführt, Leistungsbetrachtungen zur Unterstützung des Entwicklungsprozesses in allen seinen Phasen durchzuführen.

- Design als Entscheidungsprozeß zur Erfüllung der Benutzeranforderungen
  unter Einhaltung definierter Nebenbedingungen:

Der Hersteller von Computersystemen ist daran interessiert, Schwachstellen seiner Systeme schon beim Entwurf zu erkennen und zu beseitigen. Deshalb werden in dieser Phase mit Hilfe von Modellverfahren grobe Analysen und Bewertungen unterschiedlicher System-Architekturen vorgenommen.

- Spezifikation der Implementierung durch Beschreibung der Interaktionen zwischen unterschiedlichen Moduln, Algorithmen und Datenstrukturen zur Festlegung der Schnittstellen und Leistungsanforderungen für die Software-Implementation:

Implementierungsalternativen für einzelne Komponenten werden modelltechnisch (vor allem simulativ) auf detailliertem Niveau analysiert und quantitativ bewertet. Auf diesem Wege werden z.B. optimale Algorithmen ermittelt, wobei das Verhalten des Gesamtsystems stets mit einbezogen wird.

- Kodierung und Test als Software-Produktionsprozeß und Verifikation der Erfüllung der Anforderungen:

Der Test des Gesamtsystems gibt neben der Korrektheitsüberprüfung Aufschluß darüber, ob dieses unter realen Anwenderbelastungsfällen das geforderte Leistungsverhalten aufweist. Dabei können alle Systemkomponenten unter wechselnden Belastungsfällen gemessen, modelliert und analysiert werden. Durch gezieltes Tuning von Moduln kann das das Systemverhalten optimiert werden.

- Konfigurierung und Generierung als Prozeß der leistungs- und kostengerechten Dimensionierung von DV-Systemen:

Zur Festlegung geeigneter Konfigurationen wird mit Hilfe unterschiedlicher Modellverfahren (analytische, simulative oder heterogene Modelle) das Leistungsverhalten des Gesamtsystems in seiner speziellen Anwendungsumgebung prognostiziert.

- Tuning als Feinanpassung der Systeme an die jeweilige Umgebung

In dieser Phase werden korrekt arbeitende Systeme zur Erfüllung der
Leistungsanforderungen optimiert, indem mit Hilfe von Messungen und/oder
Modellverfahren Engpässe lokalisiert und analysiert werden, um eine wirk-
same Feinanpassung zu ermöglichen.

Um diesen Zielsetzungen gerecht zu werden, müssen auch weiterhin erhebliche
Entwicklungsarbeiten zur Bereitstellung geeigneter Verfahren und Werkzeuge
geleistet werden.

3. Erfahrungen aus den bisherigen Aktivitäten

Performance-Analysen zur Unterstützung der Entwicklung und des Einsatzes
der Systeme werden bei Nixdorf schwerpunktmäßig seit 1976 durch eine
eigenständige Entwicklungsgruppe durchgeführt. Dabei erstreckten sich die
bisherigen Arbeiten auf diesem Gebiet auf die Anwendung unterschiedlicher
Verfahren in einzelnen Entwicklungsphasen. Ausgehend von den Aufgabenstellungen in den letzten Jahren ergaben sich hierbei folgende Schwer-
punkte:

(1) Unterstützung der System-Weiterentwicklung

Zur Ermittlung von leistungssteigernden Maßnahmen für die Nixdorf
Systemfamilien 8860, 8862 und 8864 sowie 8870 erfolgten Messungen
des Systemverhaltens unter unterschiedlichen Anwender-Belastungs-
profilen mit Hilfe großer Hardware-Monitorsysteme (CPI-DSP 190/1 und
/3). Eine detaillierte Ursachenanalyse der erkannten Engpässe bedeutet in erster Linie eine Leistungsanalyse des Betriebssystems. Zu
diesem Zweck wird bei Nixdorf seit einiger Zeit der kombinierte Einsatz des Hardware- und Software-Monitorings (Hybrid-Monitoring) betrieben. Dazu ist es erforderlich, mit Hilfe einer speziellen
Bus-Adaption Softwareinformationen des Systems in Hard-
ware-Signale umzuformen und so abzuspeichern, daß sie vom Hardware-

Monitor erfaßt und ausgewertet werden können (BORDEWISCH 81). Aufgrund der so ermittelten Meßdaten (u.a. Verteilungen der Verweildauer in Betriebssystem-Komponenten und Histogramme über Adreßhäufigkeiten) konnte die Weiterentwicklung der oben erwähnten Nixdorf-Systeme aufwandsoptimierend und leistungssteigernd gestützt werden.

Erhebliche Schwierigkeiten ergeben sich bei der Messung virtueller Systeme aufgrund der vorgenommenen Adreßmodifikationen, die eine eindeutige Zuordnung von Ereignisort und - zeitpunkt durch die mehrfache Belegung von Adressen in hohem Maße erschweren. Weitere Probleme treten durch das Aufkommen der hochintegrierten Hardwaremoduln (VLSI-Technologie) auf. Dabei sind der erschwerte Zugang zu internen Busstrukturen und die hohen Verarbeitungsgeschwindigkeiten zu nennen.

Weiterhin erhöht sich die Komplexität der Meßdatenerfassung bei Rechnerkopplungen über lokale oder öffentliche Netze. Es sind dezentral die unterschiedlichen Systeme und deren Komponenten zu messen und die Meßdaten zentral auszuwerten. Das hohe Meßdatenaufkommen, bedingt durch die zahlreichen zu messenden Komponenten und die hohen Verarbeitungsgeschwindigkeiten, macht es unmöglich, alle anfallenden Daten zu einer zentralen Auswertungsstelle zu übertragen und zu verarbeiten. Vielmehr ist es erforderlich, schon vorab eine Meßdatenkompression und eventuelle Vorauswertungen vorzunehmen.

Bei der Systemfamilie 8870 wurden bei Nixdorf erstmalig frühe Entwicklungsphasen durch quantitative Modelluntersuchungen gestützt. Im Simulationsmodell SIM 8870/5 (VON EICKEN 80) werden die Systemkomponenten Zentraleinheit, Intelligenter Disk Controller (Auslagerung logischer und physikalischer IOCS-Funktionen aus der Zentraleinheit in einen peripheren Prozessor) und die Plattenlaufwerke auf relativ grobem Detaillierungsniveau nachgebildet. Bereits die ersten Anwendungen des Modells konnten die Designphase des neuen Intelligenten Disk Controllers (IDC) entscheidend beeinflussen, indem Konzeptionsschwächen des ersten Entwurfs bzgl. Schnittstellenwahl der Softwarekomponenten aufgedeckt wurden und so eine aufwendige Nachentwicklung vermieden wurde.

Danach wurde das Simulationsmodell SIM 8870/5 im Bereich des IDC
erheblich detaillierter gestaltet, indem die Softwarefunktionen und
-abläufe (wie Task Management und Prioritätenvergabe) im SIM GM
(SCHEVE 82) speziell nachgebildet wurden. Weiterhin sind die Durch-
satzoptimierungsalgorithmen des Magnetplatten-Interface (MPI) im
Modell SIM MPI (HOLSTE 82) funktional und quantitativ modelliert worden.
Dadurch konnten die Modelle als Prognoseinstrumente in den weiteren
Entwicklungsphasen genutzt werden, und die Entwickler wurden durch
die quantitative Bewertung von Implementierungsalternativen unterstützt.

Diese speziellen Modelle wurden unter Verwendung des Simulationspaketes GPSS-FORTRAN erstellt und weisen spezifische Nachteile
auf. Dabei ist insbesondere der hohe Erstellungsaufwand zu nennen,
der sich bei einem verhältnismäßig kleinen Modell wie dem SIM MPI
in der Größenordnung von 6 Mannmonaten bewegt. Daraus resultiert
häufig ein Zeitverzug gegenüber dem Fortschritt des realen System-
entwicklungsprozesses, so daß die Modellergebnisse unter Umständen zu
spät zur Verfügung stehen.

(2) Konfigurierungs- und Installationswerkzeuge

Als weiterer Aufgabenschwerpunkt in der Systemleistungsanalyse ist
die Erstellung und der Einsatz von Konfigurierungs- und Installa-
tionswerkzeugen zu nennen. Das analytische Modell AM 8864 (RYSKA/
BROCKHOFF 81) dient zur Unterstützung der Konfigurierung neuer
Installationen des Nixdorf-Bankenterminalsystems 8864. Es liefert
dem Anwender Prognosen über das voraussichtliche Leistungsvermögen
des Systems in Abhängigkeit von der Konfiguration und der Anwender-
belastung. AM 8864 kann ebenfalls als Werkzeug zur Engpaßanalyse
bestehender Installationen eingesetzt werden. Um den Nutzen des
Modells jedem Benutzer zugänglich zu machen, wurde es auf dem System
8864 implementiert. Weiterhin wurde auf hohen Bedienungskomfort
(Dialogführung mit gezielten Änderungsmöglichkeiten) und benutzer-
orientierte Ergebnisausgabe unterschiedlichen Detaillierungsniveaus

(Varianz-, Sensitivitätsanalyse) gesteigerter Wert gelegt und somit die Modellakzeptanz erheblich verbessert. Da dieses Modell für ein spezielles System in einer bestimmten Anwendungsumgebung (speziell Front- und Backofficebetrieb im Bankenbereich) entwickelt wurde, liefert es zwar für diesen Anwendungsbereich sehr gute Ergebnisse, bleibt in seinem Einsatzspektrum jedoch eng begrenzt.

Die Vielfalt der Konfigurierungs- und Anwendungsmöglichkeiten des Systems 8860, vor allem im Rechnerverbund, erfordert bei der Installationsplanung dagegen ein flexibleres Instrumentarium zur Prognose des Systemleistungsverhaltens. Das hierfür entwickelte Modell SIM 8860 verfolgt einen hybriden Ansatz, bei dem simulative und analytische Techniken in einem Modell verknüpft werden. (BORDEWISCH/EICKHOLZ 81). Zur Analyse des Systemverhaltens der 8860 ist es erforderlich, zeitkritische Hardware-Komponenten sowie komplexe Softwaremoduln exakt zu modellieren. Um die Interdependenzen zwischen diesen Hardware-Ressourcen und Softwarekomponenten im Modell zu berücksichtigen und die auftretenden zeitparallelen und zeitsequentiellen Prozesse exakt nachbilden zu können, müssen simulative Verfahren eingesetzt werden. Für eine analytische Modellierung bieten sich die DFÜ-Leitungen zu den Arbeitsplätzen und zu anderen Systemen sowie die Arbeitsplätze und die Zentralperipheriegeräte (Zeilendrucker, Magnetband, etc.) mit Ausnahme der Platten-Peripherie an. Um auch das dynamische Verhalten der analytisch modellierten Betriebsmittel im Modell erfassen zu können, wurde eine neuartige Schnittstelle zwischen dem analytischen und dem simulativen Teil geschaffen (EICKHOLZ 82).

SIM 8860 kann neben der Unterstützung unserer Vertriebsmitarbeiter und Anwender in der Angebots- und Konfigurierungsphase auch als Werkzeug zur Engpaßanalyse für bestehende Installationen dienen. Weiterhin besteht die Möglichkeit, durch Modellmodifikationen die Weiterentwicklung des Systems zu analysieren und abzusichern.

Zur Beschreibung der das System belastenden Workload dient eine Spezifikationssprache, die die Folge der Betriebsmittelanforderungen

an das System definiert (EICKHOLZ 81). Dabei wird die Modellast
durch die Definition von Betriebsmittelanforderungegn auf logischem
Niveau beschrieben, wobei eine Angabe des physikalischen Betriebs-
mittelbedarfs nicht erforderlich ist. Vielmehr wird die Last ähnlich
einem Anwenderprogramm durch die Inanspruchnahme logischer Betriebsmittel spezifiziert, so daß auch Nicht-Modellspezialisten Lastbe-
schreibungen erstellen können und die Modellakzeptanz erhöht wird.
Weiterhin wird durch die konsequente Trennung der Spezifizierung
von Konfigurationen und Workload eine größere Systemunabhängigkeit
erzielt.

Ein zusätzlicher Vorteil von SIM 8860 ist der hybride Modellansatz.
In der Literatur (BEILNER 81) wird die Möglichkeit herausgestrichen,
bei simulativen und analytischen Modellverfahren Methoden zu nutzen,
die die schwache Interdependenz von Subsystemen in Form von hybriden
Modellen ausnutzen. Trotz gewisser Schwächen des hybriden Verfahrens
(eingeschränkte Fehlerabschätzungsmöglichkeiten), die auch wissen-
schaftlich noch nicht behoben werden konnten, besteht so die Möglichkeit, mit vertretbarem Aufwand dennoch relativ genaue Leistungsmodelle zu konstruieren. Mit SIM 8860 wurde erstmals eine praktikable Umsetzung theoretischer Erkenntnisse in einem industriellen Projekt
durchgeführt.

Das Modell SIM 8860 wurde ebenfalls als spezielles Modell in GPSS-
FORTRAN implementiert. Als Nachteil kann wiederum der hohe Erstellungsaufwand genannt werden, der sich inklusive der Systemanalyse
und Datenbeschaffung in einer Größenordnung von 2,5 Mannjahren bewegt. Hierdurch ist natürlich auch ein Zeitverzug gegenüber der
Systemweiterentwicklung zu verzeichnen. Bei den Nachteilen solch
spezieller Modelle ist auch die relativ hohe Inflexibilität zu nennen; denn der fortschreitende Systementwicklungsprozeß verlangt eine
ständige Weiterentwicklung und Anpassung der Modelle. Deshalb sind
Modelle, die speziell auf ein System (Release-orientiert) ausgerichtet
sind, in erster Linie als Werkzeuge zur Konfigurierungsunterstützung und
und zur Unterstützung des Systementwicklungsprozesses geeignet.

(3) Quantitative Entwurfsabsicherungen

Aufgrund des hohen Erstellungsaufwandes der oben beschriebenen Modelle,
wurde bei Nixdorf die Zielsetzung verfolgt, langfristig vor allem
für frühe Entwicklungsphasen zum Einsatz eines universellen Modellie-
rungsinstrumentariums zu gelangen. Besonders in der Entwurfsphase ist
eine Vielzahl alternativer Designvorschläge zu analysieren und zu bewerten, so daß ein universelles flexibles Modellierungswerkzeug erforderlich ist. Aufgrund seiner allgemeinen Anwendbarkeit kann ein
solches Instrument auch in allen folgenden Entwicklungsphasen eingesetzt
werden, und es deckt zudem ebenfalls Anwendungen bei der Systemauswahl
und Konfigurierung ab.

Aus diesem Grund wurde im Laufe der letzten beiden Jahre das an der
Universität Dortmund entwickelte universelle Instrumentarium COPE
(BEILNER/ GRILLO 82) auf den Nixdorf-Entwicklungsrechner IBM 4341
übertragen. Weiterhin wurde im Rahmen eines Kooperationsvertrages mit
der Siemens AG und der Universität Dortmund (Lehrstuhl Informatik IV,
Prof. Beilner) COPE für den industriellen Einsatz bezüglich Effizienz
und Stabilität verbessert.

Das Programmsystem COPE wird zur quantitativen Entwurfsabsicherung eingesetzt. Es erlaubt die Beschreibung von vielfältigen Systemstrukturen
und -eigenschaften sowie von physischen Systemlasten mit Hilfe einer
eigens für diese Zwecke entwickelten Kommunikations- und Spezifikationssprache. COPE bietet wahlweise verschiedene Analyseverfahren
(analytisch, simulativ) an, wobei auf analytischem Wege Wartenetze
vom BCMP-Typ (BASKETT/ET.AL.75) untersucht werden.

Für neue Systementwicklungsprojekte wurden bei Nixdorf mit Hilfe von
COPE quantitative Bewertungen unterschiedlicher Hardware-Architek-
turen sowie grobe Analysen der Software-Strukturen vorgenommen. Wei-
terhin wurden mit COPE zeitkritische Kundeninstallationen analysiert.
Aufgrund dieser Einsatzerfahrungen wurde die Zusammenarbeit mit der
Universität Dortmund verlängert, um Verbesserungen an der Simula-

tionsmethode durch Einbringen zusätzlicher Funktionen zu erzielen.

Die bisherigen Erfahrungen mit COPE haben gezeigt, daß es für Modellspezialisten sehr schnell möglich ist, mit verhältnismäßig geringem Aufwand detaillierte Ergebnisse zu erzielen. Nachteilig wirken sich neben dem enormen Rechenzeit/Speicherbedarf die Konzeption der Last- und Systembeschreibungssprache aus, die ausgehend von einer pyhsischen Lastspezifikation die Angabe einzelner Anforderungen in Form von zeitlichen und räumlichen Betriebsmittelbelegungen erfordert. Derzeit bleibt das Einsatzspektrum daher auf eine Gruppe von Modell-Spezialisten begrenzt.

4. Anforderungen an zukünftige Verfahren und Werkzeuge

Die Notwendigkeit, parallel zu allen Entwicklungsphasen umfassende Performance-Analysen durchzuführen, und die Erfahrungen, die in den letzten Jahren bei Nixdorf auf diesem Gebiet gewonnen werden konnten, verlangen den Einsatz eines universellen flexiblen Toolsystems zur System-Leistungsanalyse. Dieses Toolsystem muß mehrere problemadäquate Verfahren anbieten, die phasenspezifisch die erforderlichen Aussagen zur Leistungsabschätzung liefern. Ein solches universelles Performance Evaluation Toolsystem kann für unterschiedlichste Aufgabenstellungen eingesetzt werden und somit alle oben geschilderten Nachteile der speziellen Modelle stark verringern.

In den aufeinanderfolgenden Abschnitten des System-Entwicklungsprozesses werden unterschiedliche Benutzergruppen mit der Leistungsanalyse des Systems bzw. seiner Komponenten konfrontiert. Deshalb muß dem jeweiligen Benutzer eine Spezifikationssprache zur Verfügung stehen, die es ihm ermöglicht, die relevanten Systemlasten auf verschiedene Abstraktionsebenen phasenadäquat spezifizieren zu können.

In der Design- und Spezifikationsphase sollen Systemspezialisten auf detailliertem Niveau Hardware- und Softwarekomponenten nachbilden können. Die Last ist dabei detailliert durch physikalische Betriebsmittelanforderungen zu spezifizieren. Eine bestimmte Folge von solchen Anforderungen

kann zu einer logischen Betriebsmittelanforderung zusammengefaßt werden.
Die von den Systemspezialisten makroartig vorgefertigten logischen Be-
triebsmittelansprüche sowie spezifizierte Komponenten, Subsysteme oder
auch Gesamtsystemvarianten müssen abgespeichert werden können und vom
unerfahrenen Modellbenutzer aufrufbar sein, um ihn bei den Analysen in
den unterschiedlichen Phasen zu unterstützen. So steht dann ein geeignetes Werkzeug zur Verfügung, das einerseits den in Performancefragen unerfahrenen Benutzer von detaillierten Systemkenntnissen entbindet und
andererseits dem Systementwickler die Möglichkeit bietet, die Modell-
teile der einzelnen Systemkomponenten dem jeweiligen Projektfortschritt
anzupassen.

Die sich abzeichnenden Systemarchitekturen für die Realisierung verteil-
te Anwendungen in Rechnerverbundsystemen, lokalen Netzen und Multiprozessorsystemen bringen auch in die Modellierungstechniken neue
Gesichtspunkte ein. Zur Prognose der Performance sind deshalb Aspekte
wie Programm-Programm-Kommunikation, Intertaskkommunikation oder Server-
konzepte in dedizierten Systemen bei der Modellierung besonders zu berücksichtigen.

Die Größenordnung und Komplexität kommender Verbundnetze machen es
modelltechnisch unmöglich, die Evaluierung der Gesamtmodelle auf einer
Detaillierungsebene in einem Schritt zu bewältigen, da die Anforderungen
eines solchen Modellsystems an Rechenzeit und Speicherbedarf kaum noch
erfüllbar sind und Auswirkungen einzelner Teilkomponenten nicht mehr
transparent werden. Es ist erforderlich, die Modellierung und Auswertung in mehreren Schritten mit zugeordneten Teilproblemen durchzuführen.
Dabei spielt die heterogene Modellierung auf Subsystembasis eine be-
deutende Rolle.

Es genügt allerdings nicht, nur die Systemstrukturen und -abläufe modell-
mäßig zu beschreiben; denn eine Bewertung des jeweiligen Moduls bzw.
Systems kann nur unter Einbeziehung quantitativer Daten erfolgen. Darüberhinaus sind in einigen Phasen Messungen am realen System von größerer Bedeutung als der Einsatz von Modellen. In den heutigen komplexen System-
architekturen wird das Leistungsverhalten in erster Linie durch die

Funktionen und Abläufe der Betriebssystem- und Anwender-Software bestimmt.
Die Meßtechniken zur Erfassung von Softwareabläufen sind im Vergleich zur
zur quantitativen Analyse der Hardware-Komponenten bisher weniger entwickelt und selbst das bisher bei Nixdorf erprobte Hybrid-Monitoring stellt
erst bescheidene Anfänge dar. Die Meßverfahren haben sich nicht adäquat den
Problemstellungen bei hochintegrierten Systemen und komplexen Anwendungen
entwickelt. Ein Hauptgrund hierfür ist das "Fehlen eines grundlegenden
Meßsystems und einer darauf aufbauenden Meßtechnik für Software"
(NEHMER 82). Deshalb ist es unumgänglich, standardisierbare Techniken
zur Messung von Softwaresystemen zu erarbeiten.

Zur Erreichung der aufgeführten Ziele - Bereitstellung eines universellen
flexiblen Performance Analyse Toolsystems und Verbesserung der Meßmöglich-
keit von Softwaresystemen - ist es aus Gründen des Aufwandes und der Ein-
setzbarkeit durch verschiedene Benutzergruppen erforderlich, daß der
Know-How-Transfer zwischen wissenschaftlichen Forschungseinrichtungen
verstärkt wird. Die positiven Ansätze eines Erfahrungsaustausches
zwischen Wissenschaftlern, Herstellern und Anwendern in den Arbeitskrei-
sen dieser GI/NTG-Interessengruppe sollten verstärkt werden. Darüberhinaus ist die Kooperation in konkreten Industrieprojekten zu intensi-
vieren. Erste positive Erfahrungen konnten unsererseits in dem Forschungs-
projekt COPE zusammen mit der Siemens AG und der Universität Dortmund
gewonnen werden. Aus solchen Know-How-Transferprojekten können sowohl
Wissenschaft als auch Industrie Nutzen ziehen.

Literatur

/BASKETT/ET.AT.75/

Baskett, F.; Chandy, K.M.; Muntz, R.R.; Palacios, F.G.: Open, closed,
and mixed networks of queues with different classes of customers; in:
Journal of ACM 22, 1975.

/BEILNER 81/

Beilner, H.: Hybride (heterogene) Modellierung; in: Informatik-Spektrum,
Band 4, Heft 1; Februar 1981.

/BEILNER/GRILLO 82/

Beilner, H; Grillo, D.: A Note on COPE: A Software Tool for Modelling
and Evaluating the Performance of Computing Systems; Interne Berichte
und Skripten an der Abteilung Informatik der Universität Dortmund;
April 1982.

/BORDEWISCH 81/

Bordewisch, R.: Messung und Bewertung von Betriebssystem-Komponenten;
in: Mertens, B. (ed.): GI-NTG-Fachtagung "Messung, Modellierung und
Bewertung von Rechensystemen": Jülich, Februar 1981; Informatik-Fachberichte, Band 41; Berlin-Heidelberg-New York; 1981

/BORDEWISCH/EICKHOLZ 81/

Bordewisch, R.; Eickholz,W.: Hybrides Simulationsmodell für die Systemfamilie Nixdorf 8860; in: Angewandte Informatik, Heft 6; 1981.

/EICKHOLZ 81/

Eickholz,W: Beschreibung von Modell-Lasten auf logischer Ebene; in:
Bordewisch, R. (ed.): Tagungsband des GI/NTG-Arbeitskreisgespräches
"Methoden zur Beschreibung von DV-Lasten", Paderborn 1981.

/EICKHOLZ 82/

Eickholz, W: Hybrides Simulationsmodell für die Systemfamilie Nixdorf
8860: Ziele, Methodik, Konzepte; in: Goller, M. (ed.): "Simulationstechnik", 1. Symposium Simulationstechnik, Erlangen, April 1982;
Informatik Fachberichte, Band 56; Berlin-Heidelberg-New York, 1982.

/HOLSTE 82/

Holste, R.: Simulationsmodell zur Performance-Analyse eines Intelligenten Magnetplatten-Controllers. Diplomarbeit, Universität-Gesamthochschule Paderborn, 1982.

/JESSEN 80/

Jessen, E.: Entwurf und Bewertung von Rechensystemen; in: Zimmermann, G. (ed.): GI-NTG-Fachtagung "Struktur und Betrieb von Rechensystemen", Kiel, März 1980; Informatik-Fachberichte, Band 27; Berlin-Heidelberg-New York; 1980.

/NEHMER 82/

Nehmer, J.: Abstract zum Fachgespräch "Quantitative Aspekte des Software Engineering"; in: Informatik-Spektrum, Band 5, Heft 1: Februar 1982.

/RYSKA/BROCKHOFF 81/

Ryska, N.; Brockhoff,T.: Analytisches Modell 8864; Nixdorf-Messebroschüre; Paderborn 1981.

/SCHEVE 82/

Scheve, A.: Simulation der Software Prozesse eines intelligenten Disk Controllers. Diplomarbeit, Universität-Gesamthochschule Paderborn (in Vorbereitung).

/VON EICKEN 80/

von Eicken, U: Auswirkungen einer Intelligenten Plattenkontrolleinheit auf das Systemverhalten des Nixdorf-Systems 8870/5. Diplomarbeit; Universität-Gesamthochschule Paderborn, 1980.

LEISTUNGSBEWERTUNG VON RECHNERSYSTEMEN AM BEISPIEL EINES
PROZESSRECHNERVERBUNDSYSTEMS

Norbert Hunsmann (1), Franz Nawrath (2), Otto Spaniol (3) *

Abstract: *Zur Steuerung von betrieblichen Aufträgen innerhalb eines Werkes wird ein
Prozeßrechnerverbundsystem mit einer on-line-Kopplung zu einem Großrechner eingesetzt.*

*Die erste Version des Ablaufsteuerungssystems zeigte bereits während der Testphase ein
unbefriedigendes Antwortzeitverhalten. Messungen am Betriebs- und Anwendersystem mit
einem Hardware-Monitor zeigten Engpässe auf, was zur Erstellung einer veränderten Systemversion mit erheblich verbessertem Antwortzeitverhalten führte.*

*In der vorliegenden Arbeit wurden beide Systemversionen mit Hilfe von Warteschlangen-
modellen nachgebildet und mit simulativen bzw. analytischen Methoden untersucht. Dabei
konnte das gemessene Leistungsverhalten der Systemversionen nachvollzogen werden.*

*Die eingesetzten Methoden zeigen, wie mit Hilfe von Modellbildungstechniken das
Leistungsverhalten von Rechnersystemen bestimmt werden kann.*

1. Einleitung und Überblick

Innerhalb eines großen Werkes wird die Abwicklung von betrieblichen Aufträgen durch
ein modular aufgebautes rechnergestütztes Informations- und Dispositionssystem unterstützt.

Die Anfangskonzeption des Systems (im weiteren Verlauf der Arbeit als 'erste Systemversion'bezeichnet) zeigte ein für den Anwender unakzeptables Antwortzeitverhalten,
denn die Disposition der Aufträge verbrauchte so viel Zeit, daß ein reibungsloser Betriebsablauf nicht gewährleistet war.
Daraufhin wurde eine verbesserte Version des Systems erstellt, die ein wesentlich gün-
stigeres Antwortzeitverhalten zeigt.

Im Rahmen der vorliegenden Arbeit wird anhand dieser Fallstudie gezeigt, daß eine
Modellierung von realen oder geplanten Systemen und die Auswertung der Modelle mit
analytischen oder simulativen Methoden als brauchbares Planungs- und Kontrollinstrument
eingesetzt werden kann, um das Leistungsverhalten des Systems am Modell zu studieren
und ggf. durch Änderungen des Modells ein verbessertes Leistungsverhalten (kürzere
Antwortzeiten, gleichmäßige hohe Auslastung der Systemkomponenten) zu erzielen.

In Abschnitt 2 der Arbeit werden die maßgeblichen hardware/softwareabhängigen Komponenten der ersten Version des Ablaufsteuerungssystems als mehrschichtiges Warteschlangennetz dargestellt. Die Grundlage für diese Modellbildung bilden die vom Unternehmen
bereitgestellten Daten über das Ablaufsteuerungssystem und Verlaufsprotokolle, die
durch einen Hardwaremonitor geliefert wurden.
Das Modell wird mit Hilfe von analytischen Methoden und Simulationsprogrammen ausgewertet, welche die mittleren Warteschlangenlängen an den verschiedenen Modellstationen,
die mittlere Antwortzeit der einzelnen Anwenderprogramme und die Auslastung der Stationen berechnen. Diese Größen werden mit den vom Anwender am realen System gemessenen
Werten verglichen.

In Abschnitt 3 werden die beschriebenen Techniken auf die zweite Version des Ablaufsteuerungssystems übertragen.

---

* (1) - Bayer AG, Abtlg. Angewandte Mathematik, Leverkusen
  (2) - Betriebsforschungsinstitut Düsseldorf
  (3) - Fachbereich Informatik, Universität Frankfurt

2. Beschreibung, Modellierung und Bewertung des Ablaufsteuerungssystems (erste Version

2.1. Systembeschreibung

In Großbetrieben entstehen vielerlei Arten betrieblicher Aufträge, die rechnergestützt abgewickelt werden; die folgenden Untersuchungen beziehen sich auf Struktur und Eigenschaften eines solchen Ablaufsteuerungssystems.

Aufträge werden von einer zentralen Annahmestelle entgegengenommen und dort durch Aufruf eines Einstellungsprogramms EINST erfaßt ('eingestellt'). Verfügbar werdende Betriebsmittel zur Auftragsabwicklung melden sich ebenfalls bei der Zentralstelle. Durch Aufruf eines Dispositionsprogramms (DISPO) werden eingegangene Aufträge auf die verfügbaren Betriebsmittel verteilt ('disponiert'). Von besonderer Bedeutung für einen reibungslosen Betriebsablauf ist, daß die Dauer der Ausführung von EINST und von DISPO unterhalb vorgegebener Maximalwerte liegen muß (ca. 8 Sek. für EINST, ca. 25 Sek. für DISPO). Diese typische Realzeitanforderung muß auch im Hochlastfall erfüllt werden.

Das Ablaufsteuerungssystem arbeitet mit einem Prozeßrechnerverbund, der on-line an ein auf einem Großrechner verfügbares Datenbanksystem gekoppelt ist.

Im weiteren Verlauf wird ausschließlich derjenige Prozeßrechner betrachtet werden, der für die Abwicklung der in dieser Arbeit behandelten Auftragsklasse zuständig ist.

Das Betriebssystem des Rechners erlaubt eine prioritätsgesteuerte Multiprogrammierung und wahlweise Zeitscheibenverarbeitung. Der Prozeßrechner verfügt über zwei Laufbereiche LB1 und LB2 der Größe 21 KW und 12 KW. Das Betriebssystem belegt den Hauptspeicher mit 21 KW. Für den Datenaustausch zwischen verschiedenen Programmen stehen ein gemeinsamer Hauptspeicherbereich der Größe 10 KW und auch Peripheriespeicherdateien zur Verfügung.

Wird das System durch eine größere Zahl von Auftragseinstellungen bzw. Dispositionen belastet, so entsteht durch die zunehmende Zahl von Transferoperationen ein Engpaß an beiden Laufbereichen.

Die Ablaufsteuerung wird durch Aufrufe von segmentierten FORTRAN-Anwenderprogrammen EINST ('Auftragseinstellung') und DISPO ('Auftragsdisposition') durchgeführt. Diese Programme werden durch folgende systemnahe Komponenten unterstützt:

- Betriebssystem

- Rechnerkopplungsprogramme (SIMSIX und SIMSKP)

- Dateiverwaltung PDAV

- Sichtgerätesteuerung SGDIAL.

Das Auftragseinstellungsprogramm EINST wird aufgerufen, sobald ein Auftrag in der 'Zentralen Auftragsannahme' entgegengenommen wird. Bei der Ausführung dieses Programms erfolgen mehrere Starts der Dateiverwaltungsroutine PDAV und des Dateiaufbereitungsprogramms SIMSIX.

Die eingegangenen Aufträge werden durch den Disponenten vom Programm DISPO auf die verfügbaren Betriebsmittel verteilt. Nach vorgegebenen Optimalitätsbedingungen und unter Berücksichtigung von betrieblichen Restriktionen werden die Daten durch dieses Programm bereitgestellt und zum Großrechner geschickt, wo die Optimierungsroutinen ausgeführt werden. Hierfür wird die Aufbereitung der vorhandenen Daten durch das Anwenderprogramm SIMSIX und der Anstoß der Datenübertragung durch ein Kopplungsprogramm SIMSKP benötigt. SIMSIX versorgt den Verständigungsbereich zwischen dem Prozeßrechnerverbund und dem Großrechner mit den Daten für die administrative und dispositive Ebene, die bei der Ausführung von EINST und DISPO entstehen. Bei der Ausführung von SIMSIX werden ggf. mehrere Dateiverwaltungsaufrufe (PDAV) durchgeführt, was sich auf die Laufzeit von SIMSIX auswirkt. Aus diesem Grunde werden später SIMSIX-Ausführungen ohne PDAV-Aufrufe von solchen mit PDAV-Aufruf unterschieden.

Das Ablaufsteuerungssystem enthält noch eine Reihe von weiteren Anwendungsprogrammen zur Dateiverwaltung, die aber für das in dieser Arbeit untersuchte Leistungsverhalten von untergeordneter Bedeutung sind.

2.2. Modellierung des Ablaufsteuerungssystems

Rechnersysteme können durch Warteschlangennetze modelliert werden (siehe dazu z.B.
[RS 78]). Die Auswertung dieser Netze erfolgt mit analytischen oder simulativen
Methoden.

Das wohl bekannteste analytische Verfahren zur Auswertung von Warteschlangennetzen
basiert auf dem sogenannten BCMP-Theorem (siehe [BCMP 75] , [GM 80]). Dieses Theorem
liefert geschlossene und mit Softwarepaketen (siehe [SM 79]) auswertbare Formeln für
die stationären Zustandswahrscheinlichkeiten; hieraus lassen sich dann alle interes-
sierenden Systemgrößen wie Auslastung, Durchsatz usw. bestimmen.

Das BCMP-Theorem kann jedoch nur dann sinnvoll angewandt werden, wenn die Netzstationen
bestimmte Voraussetzungen bezüglich der Abfertigungszeitverteilung und der Service-
disziplinen erfüllen. Diese Voraussetzungen sind in unserem Fall leider nicht gegeben;
siehe [HNS 82] für eine ausführliche Begründung dieses Sachverhalts.

Die Modellierung des Ablaufsteuerungssystems in Anlehnung an die Konzepte 'virtuelle
Bediener' ([Da 81]) bzw. 'flußäquivalente Stationen' ([CS 78]) ermöglicht dagegen
eine realitätsnahe Einbeziehung von Hard- und Softwarekomponenten und ihrer Wechselwirkungen.
Im folgenden wird   die Anwendung dieser Techniken auf unser Problem beschrieben.

A. Mensch/Maschine-Schnittstelle

Die prinzipielle Struktur des Ablaufsteuerungssystems läßt sich durch ein geschlossenes
Netz SIGAN (Sichtgeräte-Anwenderebene) darstellen (siehe Figur 1).

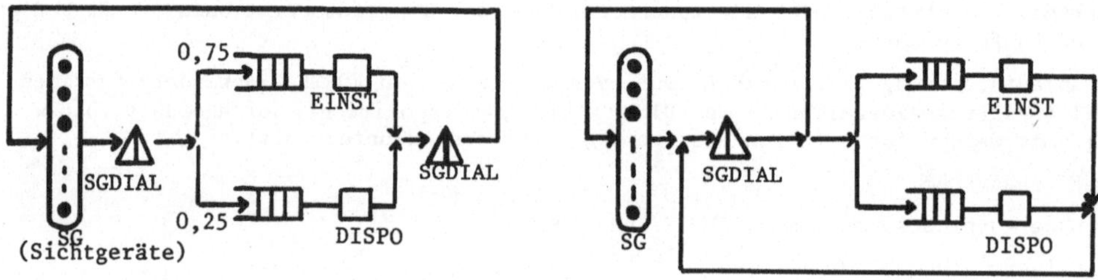

Figur 1: SIGAN (Sichtgeräteanwenderebene)
         Links: ohne Einteilung in Kundenklassen
         Rechts: mit Einteilung in Kundenklassen

Diese Skizze sagt aus, daß Aufträge (Einstellungen oder Dispositionen) über Sichtgeräte
eingegeben werden und vor bzw. nach der Ausführung des betreffenden Programms (EINST
bzw. DISPO) einen Aufruf des Sichtgeräteprogramms verlangen.
Die beiden unterschiedlichen Wege im Netz zusammen mit den angegebenen Wahrscheinlichkeiten berücksichtigen die Tatsache, daß EINST und DISPO etwa im Verhältnis 3:1 aufgerufen werden. Die Stationen von SIGAN können durch folgende Eigenschaften charakterisiert werden:

1. Die Station SG (Sichtgeräte) ist vom Typ IS (Infinite Server) in der BCMP-Klassi-
   fikation. Die mittleren Abfertigungszeiten der Server entsprechen den 'Denkzeiten'
   der Sichtgeräte. Für die in diesem Abschnitt betrachtete erste Systemversion wird
   von einer exponentialverteilten Denkzeit mit einem Mittelwert von 30 Sek. pro Terminal ausgegangen.

2. Die Station SGDIAL repräsentiert die Sichtgeräte-Dialogprogramme und kann ebenfalls
   durch eine Station vom Typ IS modelliert werden, denn jedem Sichtgerät ist in der
   ersten Systemversion ein eigenes Dialogprogramm zugeordnet.

3. Die Stationen EINST und DISPO repräsentieren die Anwenderprogramme 'Auftragseinstellung'bzw. 'Disposition'; sie werden jeweils durch einen Server mit FCFS-Abfer-
   tigung beschrieben.

Die Station SGDIAL taucht an zwei Stellen im Netz auf. Diese unübliche Struktur kann
dadurch vermieden werden, daß man beide SGDIAL-Stationen zusammenfaßt und dafür die im
Netz zirkulierenden Kunden in zwei Klassen (A und E) einteilt (siehe ebenfalls Figur 1).

Zur Klasse A (Anfang) gehören alle diejenigen (neuen) Aufträge, die von der Station SG
losgeschickt werden und noch durch SGDIAL und EINST bzw. DISPO bearbeitet werden müssen.

Der Klasse E (Ende) gehören die Aufträge an, die von DISPO bzw. EINST bedient wurden
und nun nach Bedienung in SGDIAL verlangen; im Anschluß daran wechseln diese Aufträge
zur Station SG, wo sie wieder der Klasse A angehören.

A. Die Anwenderebene

Für die Auswertung von SIGAN ist die Kenntnis der Abfertigungsdauer der Stationen
EINST und DISPO (= Laufzeiten der zugehörigen Programme) erforderlich. Hierbei muß
berücksichtigt werden, daß diese Programme sich durch Aufruf von anderen Programmen,
Konkurrenz um Speicherbereiche sowie durch Konkurrenz um ZP- und EA-Zeit auf dem Prozeßrechner gegenseitig beeinflussen.
Den Ablauf der Programme EINST und DISPO bezüglich der Aufrufe der wichtigsten Anwenderprogramme und der Ausführung des eigenen Programmcodes zeigt Figur 2.

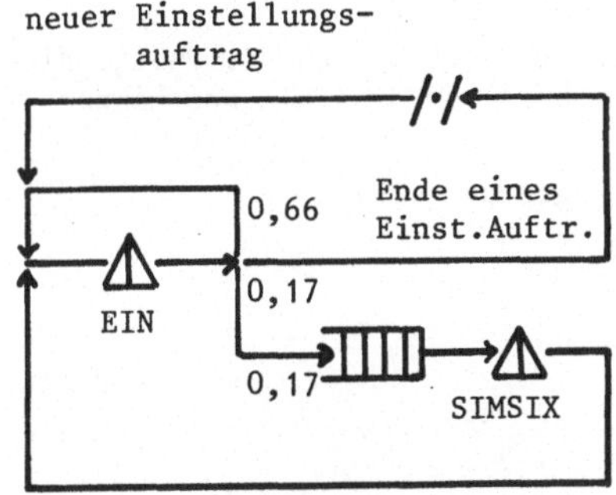

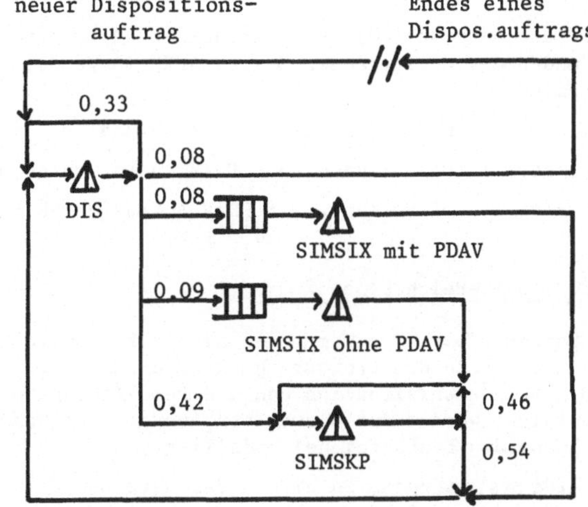

Figur 2: Ausführung des
         Einstellungs- bzw. des
         Dispositionsprogramms

Die Übergangswahrscheinlichkeiten ergeben sich aus den Verlaufsprotokollen der Programme
EINST bzw. DISPO.

Die Netzstationen entsprechen den beim Ablauf von EINST und DISPO auszuführenden Teil-
programmen:

- EIN und DIS repräsentieren die Ausführung des eigentlichen Programmcodes für Einstellung und Disposition (EINST bzw. DISPO) zwischen zwei Unterbrechbarkeitsstellen
  dieser Programme (aus diesem Grund kann die Ausführung z. B. von EINST mehrere Ab-
  fertigungen in EIN enthalten, siehe Figur 2).
  Da EINST und DISPO sequentiell ausgeführt werden, kann an den Stationen EIN und DIS
  keine Warteschlange entstehen; sie sind daher vom Typ 'Infinite Server'.

- SIMSKP und SIMSIX sind Hilfsprogramme, die innerhalb von EINST bzw. DISPO aufgerufen
  werden. SIMSKP wird höchstens von DISPO aufgerufen; es kann daher keine Warteschlange
  vor dieser Station entstehen (Typ 'Infinite Server'); die im Netz angegebene Station

repräsentiert den Ablauf des Rechnerkopplungsprogramms zwischen zwei seiner Unterbrechbarkeitsstellen. Das Datenaufbereitungsprogramm SIMSIX ist nicht unterbrechbar und kann durch einen FCFS-Server modelliert werden.

Durch Zusammenfassung der beiden Ablaufdiagramme von Figur 2 wird die gegenseitige Beeinflussung von EINST und DISPO durch gemeinsame (aber nicht gleichzeitige) Nutzung von SIMSIX verdeutlicht (siehe Figur 3).

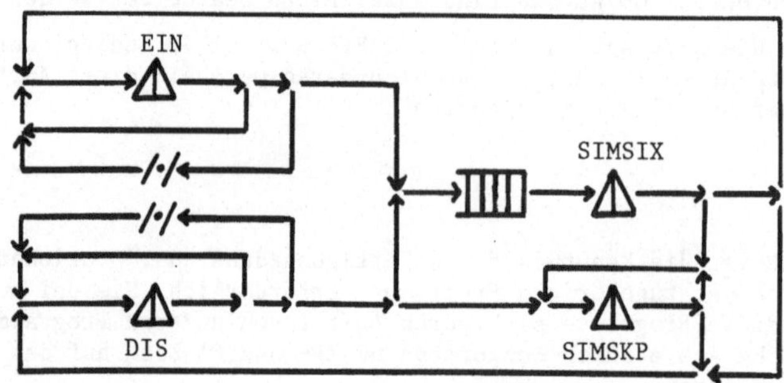

Figur 3:   APRE (Anwenderprogrammebene)

Um die unterschiedlichen Verlaufsarten voreinander zu trennen, ist es notwendig, die Kunden des entstehenden Netzes APRE (Anwenderprogrammebene) in drei Klassen einzuteilen:

Klasse 1:   EINST-Kunde (d.h. Ausführung des Einstellungsprogramms)

Klasse 2:   DISPO-Kunde ohne PDAV-Aufruf durch SIMSIX

Klasse 3:   DISPO-Kunde mit PDAV-Aufruf durch SIMSIX.

C. Laufbereichebene

Programme bzw. Programmteile sind nur dann lauffähig, wenn sie in einen der beiden Laufbereiche des Prozeßrechners eintransferiert worden sind.
Die Konkurrenzsituation und die resultierenden Wartezeiten auf Zuteilung eines Laufbereichs werden durch zwei voneinander unabhängige Warteschlangensysteme (je eins für die beiden Laufbereiche) modelliert.

Beide Systeme zusammen bilden das Netz LAUBE (Laufbereichebene, siehe Figur 5); die Kunden dieses Netzes gehören einer von sieben Klassen an, wobei die Klasseneinteilung unterschiedliche Programmstrukturen berücksichtigt.

Klassennummer	Laufbereich	Programmteil
1	1	EIN
2	1	DIS
3	1	SIMSKP
4	1	SIMSIX ohne PDAV-Aufruf
5	1	SIMSIX mit PDAV-Aufruf
6	2	PDAV
7	2	SGDIAL

D. Ebene der Systemressourcen

Nach Eintransferieren in einen Laufbereich wird ein Programm lauffähig, wobei zu einer gegebenen Zeit höchstens ein Programm pro Laufbereich aktiv sein (d.h. am Zentralprozessor bzw. der E/A-Station des Prozeßrechners bedient werden) kann; die anderen Programme müssen warten.

Die Konkurrenzsituation und die entstehenden Wartezeiten der Bedienung zweier Laufbereiche wird ebenfalls durch ein Warteschlangennetz EDES (Ebene der Systemressourcen) dargestellt (siehe Figur 4), wobei maximal je ein Kunde pro Laufbereich vorhanden sein kann.

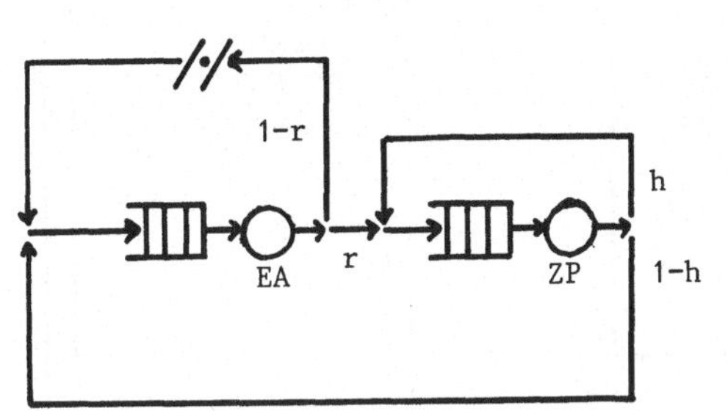

Klassenabhängige Übergangswahrscheinlichkeiten		
Klasse	*h*	*r*
EIN	0.37	0.89
DIS	0.26	0.91
SIMSIX ohne PDAV	0.12	0.95
SIMSIX mit PDAV	0.24	0.97
SIMSKP	0	0.74
SGDIAL	0	0.50

Klassenabhängige Abfertigungszeiten				
Klasse	*Station in EDES*	*Verteilungstyp*	*Mittelwert (ms)*	*Standardabweichung*
EIN	ZP	exponentialvert.	40.0	
DIS	ZP	"	17.2	
SIMSIX	ZP	"	14.9	
SIMSKP	ZP	"	23.3	
SGDIAL	ZP	unregelmäßig	4.5	1.73
EIN	EA	exponentialvert.	83.0	
DIS	EA	unregelmäßig	85.3	72.70
SIMSIX	EA	exponentialvert.	83.0	
SIMSKP	EA	unregelmäßig	142.7	71.50
SGDIAL	EA	unregelmäßig	160.0	71.40

<u>Figur 4</u>:   EDES (Ebene der Systemressourcen)

Das Betriebssystem wird bei der Analyse des Netzes EDES nicht explizit betrachtet. Vielmehr werden die durch das Betriebssystem entstehenden EA-Abfertigungszeiten den diese EA-Zeiten verursachenden Programmen zugeschrieben. Diese Zeiten sind aus den Verlaufsprotokollen zu entnehmen. Die vergleichsweise kurzen ZP-Abfertigungszeiten des Betriebssystems werden bei der Analyse vernachlässigt.

Die klassenabhängigen mittleren Abfertigungszeiten an den beiden Stationen und deren Verteilungen wurden aus den Verlaufsprotokollen entnommen.

E. Modell des Gesamtsystems

In A. - D. wurde ein hierarchisches Modell beschrieben, bei dem die Ausführungszeiten der Stationen höherer Schichten durch die Verweilzeiten von Kunden der entsprechenden Kundenklasse in der darunterliegenden Schicht gegeben sind.

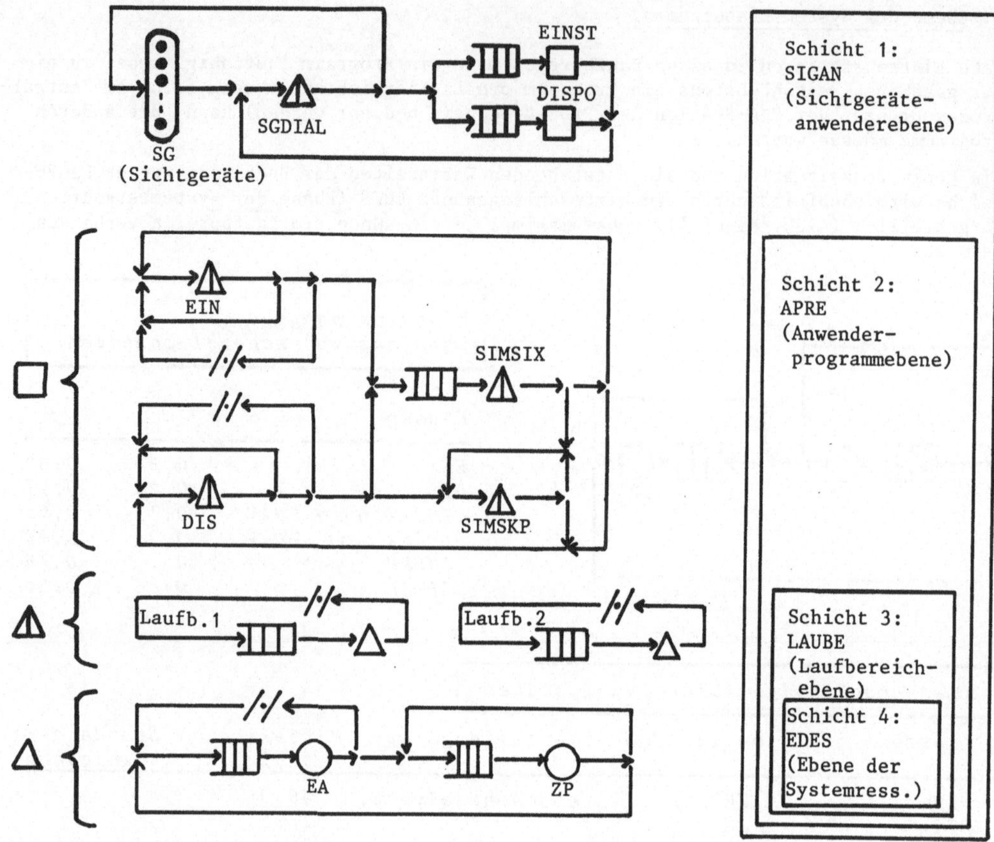

Figur 5: Das vierschichtige hierarchische Modell
zur Analyse der Systemparameter

In Figur 5 wird das gesamte vierschichtige Netz nochmals vorgestellt.
Die Schichten 1 und 2 charakterisieren die System- bzw. Anwendersoftware, während die
Schichten 3 und 4 die Laufbereiche und Systemressourcen repräsentieren.

Die Kennzeichnungen "$/\!/$" ('Meßpunkt') von Netzkanten in Figur 5 werden dazu genutzt,
die unteren Schichten in die oberen Schichten einzubetten. Das Erreichen eines Meß-
punkts bedeutet Abfertigung eines Kunden oder Ankunft eines neuen Kunden. Die Abfer-
tigungszeit eines Servers läßt sich ermitteln aus dem zeitlichen Abstand, in dem ein
Meßpunkt der darunterliegenden Schicht durch Kunden derselben Klasse erreicht wird.

2.3. Auswertung des Schichtenmodells

Das in 2.2. beschriebene Modell wurde auf drei verschiedene Arten analysiert:

(1) Gleichzeitige Auswertung aller Modellschichten durch ein Simulationsprogramm
APLOMB.

(2) Schichtenweise Auswertung durch ein Simulationsprogramm ([La 81]).

(3) Schichtenweise Auswertung des Modells durch Abschätzungen und Anwendungen der
BCMP-Formel auf die oberste Schicht (obwohl die Voraussetzungen nicht erfüllt
sind).

Im weiteren Verlauf dieser Arbeit wird aus Platzgründen nur auf (1) eingegangen. Die
anderen Methoden benötigen weniger Rechenzeit, basieren aber auf stärkeren und weniger

realistischen Annahmen; sie liefern daher auch weniger gute Ergebnisse, wie ein Vergleich mit gemessenen Werten deutlich zeigt. Einzelheiten zu diesen Techniken sind in [HNS 82] nachzulesen.

Das im Dialog arbeitende Programmsystem APLOMB ist ein Teilsystem von RESQ (research queueing analyser) [SM 79] , [RS 78] , einem Softwaresystem, das Resultate für eine breite Klasse von Netzwerkstrukturen auf der Basis von analytischen, approximativen und simulativen Methoden liefert.

Die in APLOMB eingesetzten Methoden ermöglichen die Zusammenfassung aller Schichten des Modells des Ablaufsteuerungssystems zu einem einzigen Netzwerk, wobei die unteren Schichten in die darüberliegenden Schichten eingebettet werden.

APLOMB ermittelt für alle Stationen des Modells unter anderem folgende Werte:

- die mittleren Warteschlangenlängen und deren Verteilungen

- die mittleren Systemzeiten und deren Verteilungen

- Auslastung und Durchsatz der Stationen

- maximale Systemzeiten der Terminals

Das Ablaufsteuerungssystem wurde mit APLOMB für ca. 1000 abzufertigende Aufträge pro Lauf simuliert.

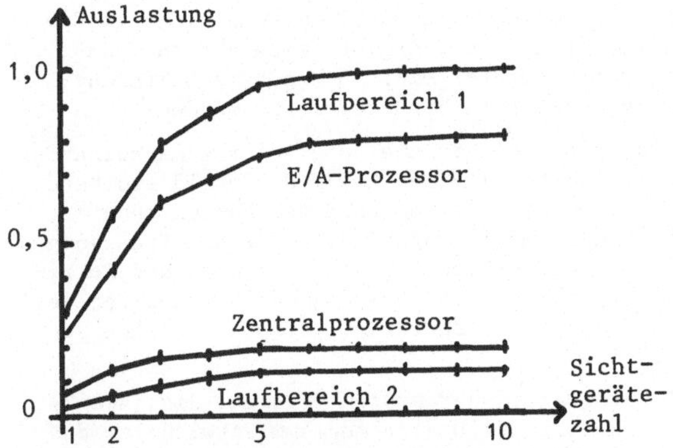

Figur 6: Auslastung der Systemressourcen (erste Version)

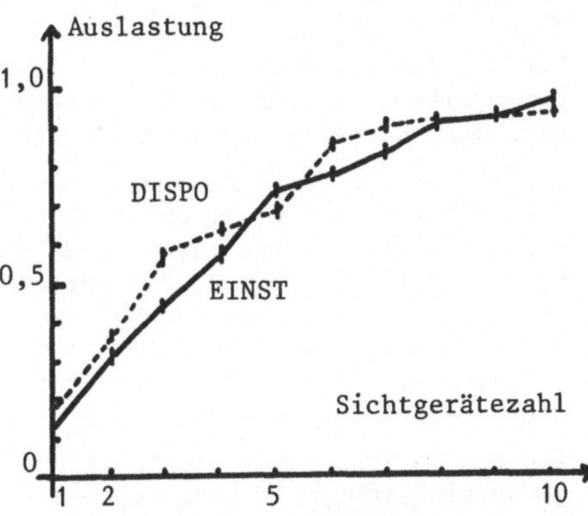

Figur 7: Auslastung der Anwendungen (erste Version)

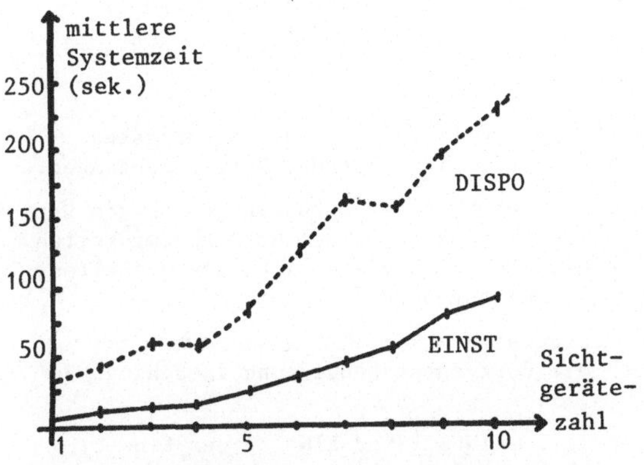

Figur 8: Mittlere Systemzeit der Anwendungen (erste Version)

Figur 6 und 7 zeigen, wie sich die Auslastung der Systemkomponenten mit wachsender Zahl angeschlossener Terminals erhöht. Es wird deutlich, daß die Auslastung rasch einen Sättigungsgrad erreicht. Figur 8 (mittlere Systemzeit) verdeutlicht, daß das Dispositionsprogramm einen Engpaß darstellt, der die Auslastung des Einstellungsprogramms reduziert.

Man sieht, daß die vom Anwender geforderten Vorgaben (Einstellungszeit unter 8 Sekunden, Dispositionszeit unter 25 Sekunden) deutlich überschritten werden; der gleiche Effekt wurde am realen System beobachtet und führte zur Einführung einer Systemänderung, die in Abschnitt 3 beschrieben und untersucht wird.

3. <u>Modellbildung und Bewertung der zweiten(verbesserten)Systemversion</u>

3.1 Änderungen gegenüber der ersten Version

a) Durch Verzicht auf die Rechnerkopplung und durch entsprechende Änderungen an den
   Dispositionsprogrammen entfallen die zeitaufwendigen Programmteile für die Koordi-
   nation der Aktivitäten des Groß- bzw. Prozeßrechners (im wesentlichen die Programme
   SIMSIX bzw. SIMSKP).
   Gerade diese beiden Programmsysteme verursachten durch zeitaufwendiges Ein- bzw.
   Austransferieren ihrer zahlreichen Unterprogramme erhebliche Wartezeiten für die
   restlichen Programme.

b) Wegen des Verzichts auf die Rechnerkopplung müssen die Dispositionen nun vollständig
   auf dem Prozeßrechner durchgeführt werden. Dies erforderte eine Reorganisation des
   Dispositionsprogramms DISPO; das neue Programm wird in drei Teile zerlegt:

   1. DISPO A: Datenverwaltung und -aufbereitung

   2. Optimierungsroutinen PB1 oder PB2 abhängig von der Art des zu erledigenden
                                         Auftrags
   3. DISPO B: Ausgabe der disponierten Aufträge und Fortschreibung der Datenbestände.

   <u>Bemerkung</u>: Die Modellierung von DISPO A unterschätzt die Laufzeit des Programms
   (im lastfreien Fall) um ca. 3 Sek., da bestimmte Teile des Programms nicht in die
   Modellbildung einbezogen wurden. Im belasteten System ergibt sich aufgrund des
   Konkurrierens um exklusiv zu nutzende Betriebsmittel eine noch höhere Differenz;
   dies muß bei der Diskussion der erzielten Resultate berücksichtigt werden.

c) Die Ausführung des Programms EINST wird aufgeteilt in zwei pro Auftrag nacheinander
   auszuführende und nicht unterbrechbare Teile EINST V und EINST H. Sobald ein Kunde
   EINST V verlassen hat, kann dieser erste Programmteil vom nächsten Kunden genutzt
   werden (Pipelining-Prinzip). Der erste Programmteil enthält die für die Erfassung
   und Quittierung wichtigen Routinen wie Entgegennehmen, Prüfen, Ergänzen und Korri-
   gieren der eingehenden Aufträge und die Vergabe der Auftragsnummer. Im zweiten Teil
   des Einstellungsprogramms werden die Daten für die operative, dispositive und administrative Betriebsabwicklung erstellt.

d) Aus den verschiedenen Sichtgerätedialogprogrammen der ersten Version, die jeweils
   genau ein Sichtgerät bedienten, wurde ein einziges Dialogprogramm entwickelt, das
   den gesamten Sichtgerätepool bedient. Gleichzeitige Anforderungen an die Dialogsoftware werden durch Warteschlangenverarbeitung koordiniert. Die Dialogsoftware wird
   hauptspeicherresident geladen und benötigt nur noch 4 KW, wodurch sich der Laufbereich 2, der jetzt nur noch vom Dateiverwaltungsprogramm beansprucht wird, auf 8 KW
   verringert. Transfers entfallen im Laufbereich 2 abgesehen vom erstmaligen Laden
   von PDAV, weshalb dieser Laufbereich nicht mehr in die Modellbildung eingeht.

e) Durch hardwaremäßige Umstellungen konnte die Zugriffszeit des EA-Prozessors auf die
   Plattenspeichermedien um ca. 25 % gesenkt werden.

Figur 9 zeigt das Schichtenmodell für die neue Systemversion; auf die wichtigsten
Änderungen gegenüber der ersten Version (Figur 5) wird im folgenden kurz eingegangen.

Die Netzstruktur der untersten Schicht bleibt ungeändert; es wechseln jedoch die Übergangswahrscheinlichkeiten und die mittleren Abfertigungszeiten der dort abgewickelten
Programme. Wie in der Grundversion sind in diesem Netz maximal zwei Kunden enthalten,
die einer von 8 verschiedenen Klassen (=Programmen) angehören.

Schicht 3 vereinfacht sich dadurch, daß um Laufbereich 2 kein Wettbewerb durch mehrere
Programme mehr erfolgt. Damit entfallen auch die dort entstehenden und in Schicht 3
bisher modellierten Wartezeiten.

Auch Schicht 2 wird einfacher, da die beiden Teile EINST V und EINST H des Einstellungsprogramms nicht mehr unterbrechbar sind. Schicht 2 beschreibt daher nur noch das
Ablaufverhalten des Dispositionsprogramms.

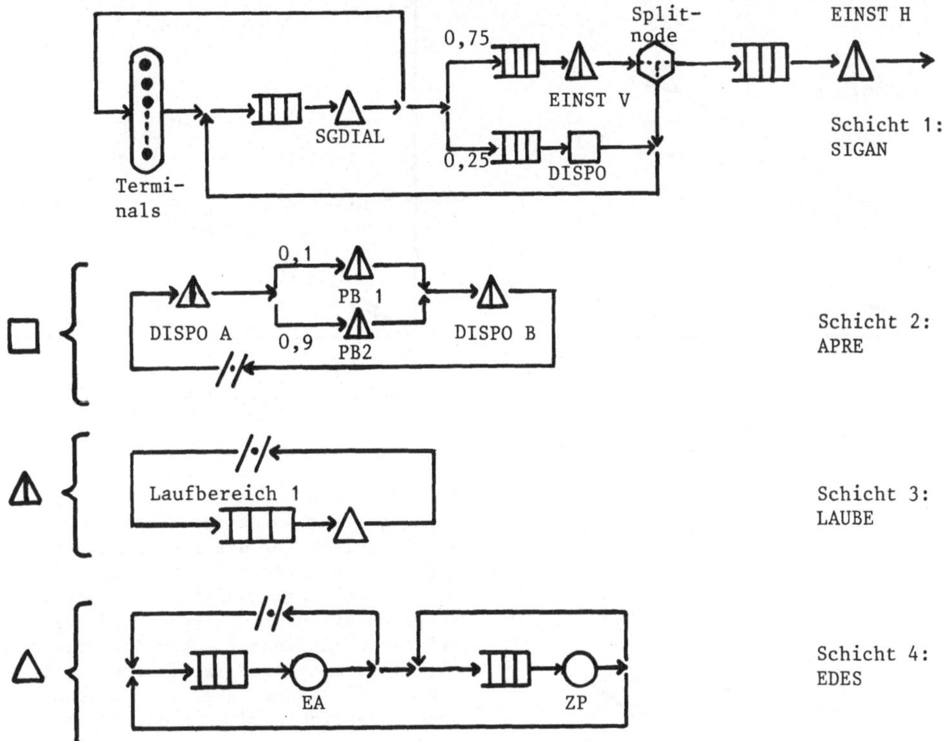

Figur 9:   Schichtenmodell der zweiten Version des Ablaufsteuerungssystems

Schicht 1 enthält neu eine Warteschlange vor der Station SGDIAL, weil jetzt ein einziges Sichtgerätedialogprogramm für alle Sichtgeräte benutzt wird. Die Pipelining-Struktur der beiden Teile des Einstellungsprogramms wird durch Einführung eines Splitnode berücksichtigt (siehe Figur 9). Nach Passieren des Splitnode wird jeder Ausgangszweig dieses Knotens mit einem Kunden besetzt, was bedeutet, daß nunmehr ein neuer Einstellungskunde seine erste Abarbeitungsphase beginnen kann und der bisherige Einstellungskunde noch seine zweite Phase durchlaufen muß. Im Anschluß an diese zweite Phase wird dieser künstlich erzeugte zweite Kunde das System verlassen. Dieses geänderte Netzverhalten ist notwendig, um die realen Gegebenheiten möglichst korrekt zu modellieren, es läßt sich jedoch nicht die übliche Struktur von Warteschlangennetzen einbetten. Daher sind für diese Systemversion auch die Auswertemethoden nach dem BCMP-Theorem bzw. durch das Simulationsprogramm für Warteschlangennetze [La 81] nicht einsetzbar. Dagegen läßt das Simulationsprogramm APLOMB Netzstrukturen mit Kundenvervielfachung durch Splitnodes zu (siehe [RS 78]).

3.2. Auswertung und Validierung der Ergebnisse

Folgende Systemgrößen wurden untersucht:

1. Auslastung und mittlere Antwortzeiten in Abhängigkeit von der Anzahl der aktiven Sichtgeräte bei einer angenommenen mittleren Terminaldenkzeit von 30 Sekunden (siehe Figur 10-12).

2. Einfluß der Terminaldenkzeiten auf das Antwortzeitverhalten bei unterschiedlicher Sichtgerätezahl (siehe Figur 14). Weitere Einzelheiten hierzu findet man in [HNS 82] .

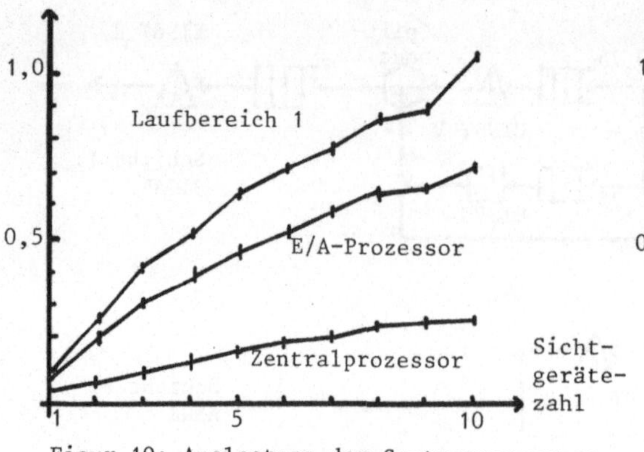

Figur 10: Auslastung der Systemressourcen
(zweite Version)

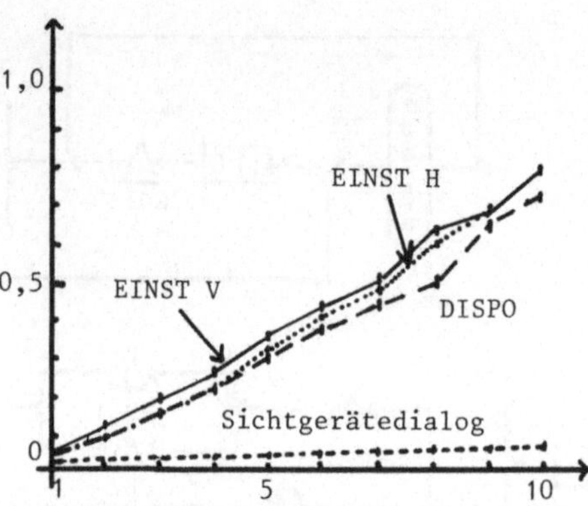

Figur 11: Auslastung der Anwendungen
(zweite Version)

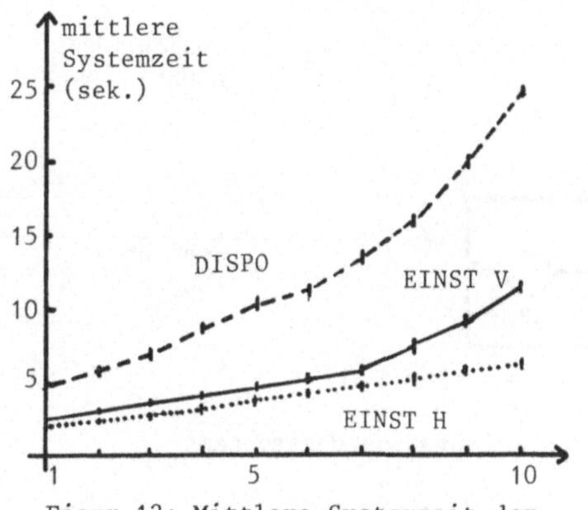

Figur 12: Mittlere Systemzeit der
Anwendungen (erste Version)

In einem Belastungstest des Ablaufsteuerungssystems wurde die Verteilung der Antwortzeiten für die Programme EINST V und DISPO ermittelt (siehe Figur 13). Die Einstellungs- und Dispositionsaufträge wurden dabei entsprechend der relativen Häufigkeit ihres Auftretens mit einer mittleren Terminaldenkzeit von ca. 10-15 Sek. über vier angeschlossene Datensichtgeräte in das System eingegeben.

Ein Vergleich von Figur 13 und 14 zeigt, daß die Mittelwerte der Antwortzeiten recht genau miteinander übereinstimmen (unter Beachtung der Bemerkung zu DISPO A in 3.1.).

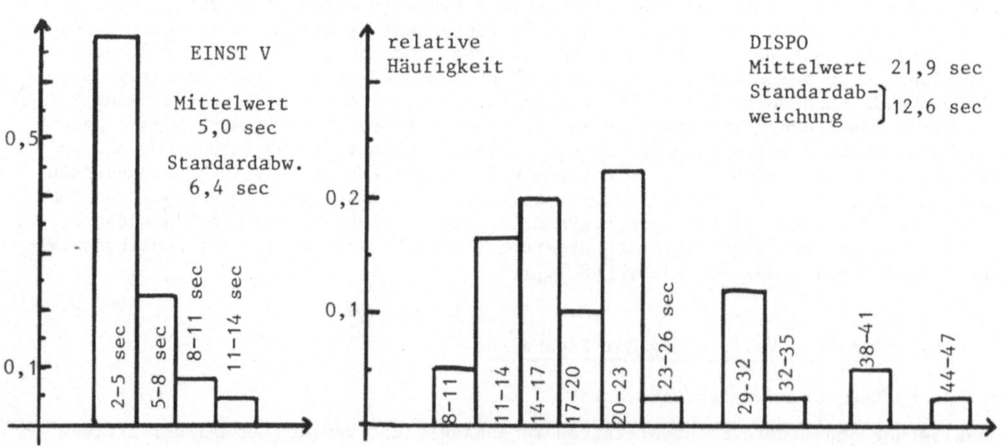

Figur 13: Gemessenes Zeitverhalten von EINST V und DISPO bei einem Belastungstest
(Denkzeit 10-15 sec.)

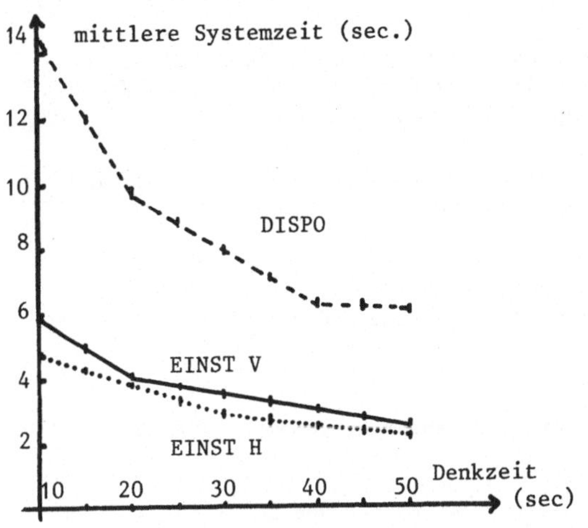

Figur 14: Mittlere Systemzeit als Funktion
der Denkzeit bei 4 angeschlossenen
Sichtgeräten

Die Ergebnisse von [HNS 82] zeigen
weiter, daß die Anwenderprogramme für
Systeme mit höchstens 7 aktiven Sichtgeräten und einer mittleren Terminaldenkzeit von 20 Sek. oder mehr noch
innerhalb der geforderten Vorgaben von
maximal 8 Sek. für eine Auftragseinstellung bzw. 25 Sek. für eine Disposition liegen. Bei einer weiteren Erhöhung der Zahl von aktiven Sichtgeräten
oder bei wesentlicher Verkürzung der
Terminaldenkzeiten übersteigen die
Systemgrößen die erforderlichen zulässigen Höchstwerte.

4. Zusammenfassung

In der vorliegenden Arbeit wurde gezeigt, wie das Leistungsverhalten der verschiedenen
Versionen eines Ablaufsteuerungssystems durch geeignete Modellbildungs- und Auswer-
tungsmethoden nachvollzogen werden kann. Die Resultate stimmen mit den am realen
System gemessenen Größen und den Erfahrungswerten des Anwenders mit hinreichender Genauigkeit überein.

Durch die Wahl eines mehrschichtigen Modells werden sowohl die hardwaremäßigen Strukturen als auch die softwareabhängigen Komponenten des Ablaufsteuerungssystems berücksichtigt, so daß Änderungen an einzelnen Hardware- bzw. Softwarekomponenten am Modell
nachvollzogen werden können. Auf diese Weise können mit entsprechenden Kenntnissen
über die jeweiligen Hardware- und Softwaresysteme Leistungsvorhersagen für geplante
oder existierende Systeme durchgeführt werden.

Literaturverzeichnis

[BCMP 75] F. Baskett, K.M. Chandy, R.R. Muntz, F.G. Palacios: Open, Closed and Mixed Networks of Queues with Different Classes of Customers. Journal of the ACM, Vol. 22, No. 2, April 1975, pp. 248-260.

[CS 78] K.M. Chandy, C.H. Sauer: Approximate Methods for Analyzing Queueing Network Models of Computing Systems. Computing Surveys, Vol. 10, No.3, September 1978, pp. 281-317.

[Da 81] B. Daum: Virtuelle Bediener in Warteschlangennetzwerken. Informatik Fachberichte. Band 41: Messung, Modellierung und Bewertung von Rechensystemen. GI/NTG Fachtagung, Hrsg.: B. Mertens, Jülich Februar 1981, Springer Verlag.

[GM 80] E. Gelenbe, I. Mitrani: Analysis and Design of Computer Systems. Academic Press 1980.

[HNS 82] N. Hunsmann, F. Nawrath, O. Spaniol: Anwendung von Modellierungstechniken zur Vorhersage des Leistungsverhaltens von Prozeßrechnersystemen. Bericht 82/2 des Fachbereichs Informatik der Universität Frankfurt, Eingereicht bei Angewandte Informatik.

[La 81] G. Lange: Rechnerlastanalyse mittels Diffusionsapproximation und Simulation. Diplomarbeit am Institut für Informatik der Universität Bonn, 1981.

[RS 78] M. Reiser, C.H. Sauer: Queueing Network Models: Methods of Solution and their Program Implementation. In: Current Trends in Programming Methodology Vol. III: Software Modeling and its Impact on Performance. K.M. Chandy and R.T. Yeh, Prentice Hall Inc., Englewood Cliffs, N.J., 1978, pp. 115-167.

[SM 79] C.H. Sauer, E.A. Macnair: Queueing Network Software for System Modeling. Software – Practice and Experience Vol. 9, 1979, pp.369-380.

PERFORMANCE IMPROVEMENT BY AUTOMATIC REALLOCATION
OF CYLINDERS IN A DISC SUB-SYSTEM.

by P.Snitker, R.B.Abel and M.v.Gennip.
Stichting BAZIS
University Hospital Leiden
The Netherlands

Abstract.

In the Leyden University Hospital, an Integrated
Information System has been developed on mini
computer equipment. Both Operating System and
Database software are developed in house. Constant
attention is paid to the performance of the
system. This results in measures to upgrade the
performance in spite of an increasing workload
from over 270 terminals which are connected to the
system. One of the measures which will be taken is
the automatic reallocation of the cylinders of the
moving head disc sub-system, which possibly will
differ each day. Measurements and simulation of
this procedure show that this will give a
reduction of the average seektimes, and will
increase the capacity of the disc sub-system with
about 25 %.

Introduction.

The current computer configuration of the Hospital Information
System consists of a duplicated PDP 11/70 machine (see figure 1). One
machine is used for production purposes. The other for backup and the
development of application and system software. Six University
Hospitals and twelve General Hospitals have implemented this
Information System. Similar configurations are in use in 7 computer
centres. The total number of terminals connected with the various
configurations is over 1100. The largest number of terminals is
implemented in the production configuration of the Leyden University
Hospital and at present exceeds 270 (nov. 1982).

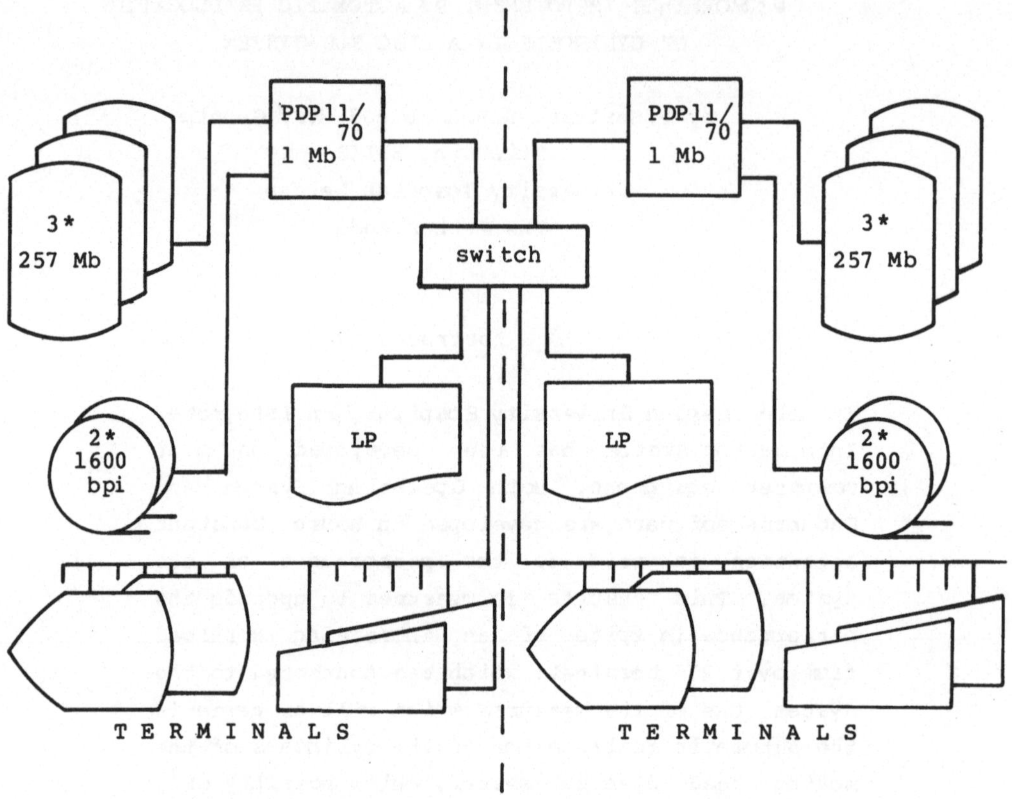

Figure 1. The configuration of the Hospital Information System of
the University Hospital in Leiden (the Netherlands).

At the start of the development of the Hospital Information System
(1972) it was concluded that there was no existing operating system
available for minicomputers, which could fulfil the requirements with
respect to conversational ability, capacity, availability and
reliability. Therefore it was decided to develop the system software,
including the database software (and structure) in house.
The development of an own operating system was a critical aspect of
the Information System development. Thus measures were taken to
monitor its performance from its earliest operational usage. The first
aim of the measurements was to check the assumptions made about the
behaviour of the users, the application- and the system software. It
soon proved to be a useful tool to detect, in which part of the system
the best performance improvements could be achieved with the least
effort and which parts of the system formed a risk as future
bottlenecks in the system throughput.

The nature of the workload of the Information System is mainly

characterised by the information storage and retrieval functions without much CPU intensive calculations. This makes it probable that the system is disc limited in the first place. The first object of the performance improvement is therefore the performance of the disc sub-system.
A number of improvements have been developed and implemented, of which one is especially worth mentioning, namely the software disc-cache [1].

The information system is available for 24 hours per day and 7 days per week. During the daytime, between 7:30 a.m and 17:00 p.m., the nature of the workload is mainly conversational. After 17:00 the conversational load decreases significantly and a number of batchtype programs are started by the operators. There are also some of these reporting batch-type programs run during the daytime.
During the daytime about 120,000 to 130,000 conversational transactions are generated per day from terminals, which in their turn generate about 1,200,000 disc requests in that same time. Because of the cache hits, only 50 % to 55 % of these requests result in a physical discaccess (nov 1982).
The responsetime is defined as the space of time from the moment the user types the last character of his input (often a ´carriage return´ or an ´enter´) till the moment that the user has received his answer and the system is ready to accept new input from that user. This responsetime is less than 3 seconds in 85 % of the generated actions. In 8 % of the generated actions the responstime is over 10 seconds, but this concerns the already mentioned batchtype programs, which are started conversationally by the operating staff. There is no fast response required (and even not possible) for these actions, because they each generate a huge workload, expressed in discaccesses and cpu consumption.

The installation of a new disc subsystem started a revival of the disc performance research, because the new system did not perform according to the specifications. The seektimes were measured stand alone. The results are given in figure 2. The seektimes proved to be rather independant of the start or stop position itself, but were only dependent on the distance between the start and stop position of the moving head (figure 3) as to be expected.
The transfer time was also measured stand alone, and proved to be longer than in the old disc sub-system. It was found that the first sector which is accessible after an access on the same track and

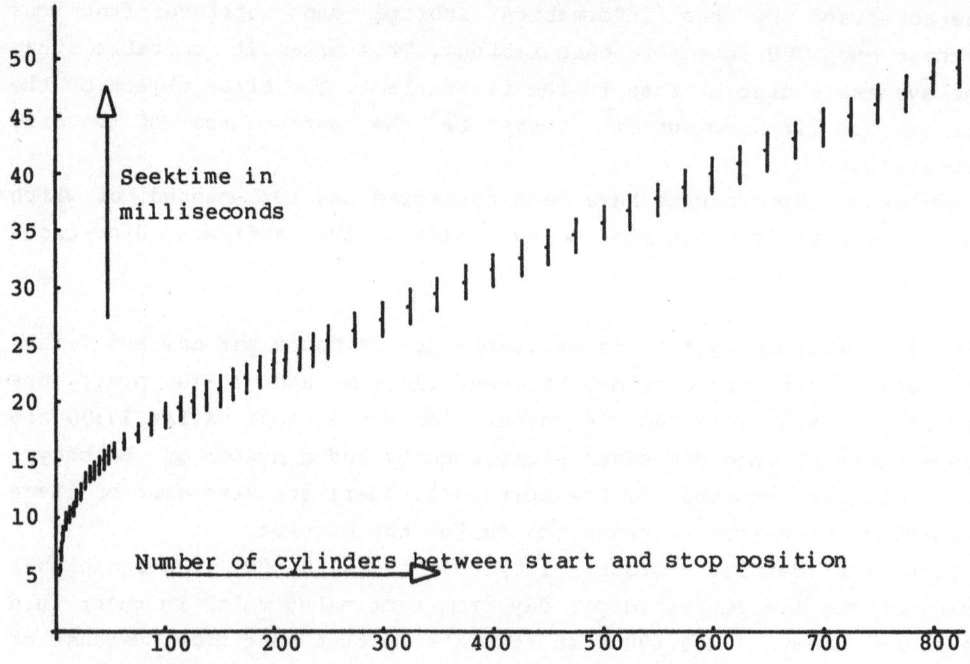

Figure 2. Seektime characteristics of the disc drives.

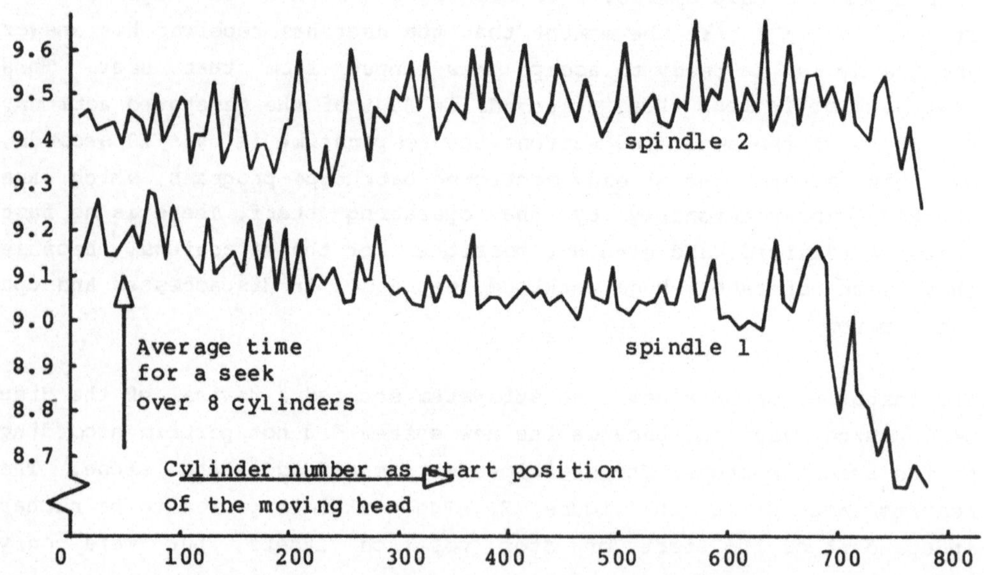

Figure 3. The seektime as a function of the startposition of the
moving head.

cylinder within the same rotation is only the 6-th sector after the sector which was read last. Another disadvantage of the controller is also that, although it accepts seekcommands for other disc spindles during a data transfer action, it does not start the action until the data transfer is completed. Also a number of drive status registers and facilities (e.g. the search command) are not implemented in the controller.

It is well known that an improvement in the disc throughput is usually obtained by placing the most accessed files together in the middle of the spindle (e.g.[3]). This requires a careful investigation about file accesses and the constant attention of the operating management.
It would be useful to develop an automatic reallocation of the cylinders of a drive so that the most often accessed cylinders reside in the middle of the spindle, and the others in decreasing order on both sides towards the edges of the disc pack. The correct logical cylinder will then be accessed via a table. We will refer to this technique as ´cylinder mapping´.
This paper deals with the study of the feasibility of such a facility. In the following section the simulation will be described. Then a suggestion will be made for the implementation of the feature. The discussion will give the conclusions and the possibilities for future developments.

Simulation.

A logging function is implemented in the system which logs all the database mutations. This is used to recover the current database status with the help of a safe copy of the discpacks in case of hardware or software errors as e.g. a head crash or procedure errors which clear (parts of) the database. Beside these database mutations also other information is logged, e.g. the terminal input, and a number of other events often with a time stamp. By changing under operator control the status of a log flag it is possible to log all the addresses of the physical disc accesses which are performed. By selecting these data from the logtape, and saving them in a file, we are able to analyse the influence of ´cylinder mapping´ for the various spindles.

In a first run through the file of disc access addresses, the cylinder address (=cylinder number) of the disc access is calculated,

and an array of N elements (1 for each cylinder) is built up in which
the number of accesses per cylinder is stored. At the same time the
average seek time is calculated. By means of the mentioned array a
cylindermap is made which allows simulation of the reallocation of all
the cylinders. The array of elements with cylinder frequencies is
sorted in decreasing order, and a transformation array is obtained.
If i´ is the sequence number of element f(i) in the sorted array, then
a new sequence number j for that cylinder is calculated, where

$$j = [\ (N+1)\ /\ 2\ ] + (-1)^{i´} * [\ i´\ /\ 2\ ]$$

     where

     N is the number of cylinders per disc pack.

     [ ] means the ´entier´ to be taken.

In the transformation array element i is filled with j to enable the
simulated transformation of disc accesses for cylinder i to disc
accesses for cylinder j.
In this way it is simulated that the most often accessed cylinders lie
together in the middle of the pack, and the other cylinders in
decreasing order alternately on both sides.
A second run, now with a transformation of the cylinder numbers via
the transformation array calculates the new average seektime.

It is however impossible to know in advance the frequency of the
cylinder accesses. Therefore the optimum mapping for a special day is
not attainable. It was then investigated by subsequent runs through
the data how the average seektime should behave with the map
(transformation array) obtained from data which was gathered from some
previous day. These maps are saved in a separate file.

     Suggestion for implementation of the feature.
____

    Each day an on-line copy of the discpacks is made. Four
generations are kept to be able to recover a current database with the
help of an old copy and the already mentioned log-tapes. This copy
time is a suitable moment to adjust an old cylinder map and change it
to a new one. Therefore during the day the disc-handler will have to
update an array of cylinder references each time a discaccess is
physically processed. This array should be made accesible to the copy
program. It is then possible to rearrange the cylinders in a new
order. The diskhandler will also have to convert each logical
discaddress into a physical one via the current cylinder map array,

and will have to divide a disc access which reads or writes data across a cylinder boundary in two separate accesses.
This is a workable situation, although not an optimum solution of the problem.

Theoretical remarks.

From the logtape there is more information available than is used for the cylindermap generation, which in fact will be done on-line by the disc handler. This data enables the generation of a matrix F of which the elements $f(i,j)$ represent the frequency of the seek action from cylinder i to cylinder j. This matrix has special qualities, such as:

$$\sum_i f(i,k) = \sum_i f(k,i) \quad \text{for } k=1,2,3,\ldots$$

This means that the sum of the elements of row k is equal to the sum of the elements of column k. This means that the sum of seeks arriving at a cylinder is equal to the number of seeks departing from that cylinder.
The time necessary for a positioning action from cylinder i to cylinder j is denoted as $t(i,j) = c(|i-j|)$. The function c is called the ´cost´-function. Measurements show that the function c is concave. The total seektime S will then be:

$$S = \sum_i \sum_j f(i,j) * c(|i-j|)$$

By means of some permutation of the cylinders it should be possible to reduce the total seektime and therefore the average seektime too.
The permutation of two cylinders i and j will change the matrix so that row i and j are interchanged, but also column i and j. Intuitively the matrix will be changed so that the elements $f(i,j)$ with the highest values will lie close to the diagonal $(1,1)\ldots\ldots(N,N)$ of the matrix.
A set of N elements has however N! permutations. Determination of the optimum by just calculating all permutations of cylinders is not possible in practice because of the huge amount of processing power which will be necessary when N is in a range of actual values.
A better strategy will be to select a heuristic algorithm to achieve an optimum solution in a shorter way. It is known that each permutation of a set of elements is attainable by a sequence of permutations of two elements. Therefore an iteration of the selection

of those two cylinders of which the permutation gives the most benefit
with respect to the total seektime, and in the same time the execution
of the selected permutation, will in a finit number of steps result in
a miminum total seektime.

That this minimum total seektime is not an absolute minimum was shown
by Dr. J.v.d.Wal of the Institute of Technology in Eindhoven, by
suggesting the following counter example:

Suppose the data on disk is ordered in such a way that the
probabilities of successive accesses from one cylinder to another are
either p or q as suggested in figure 4. (p+q=1 and p>>q)

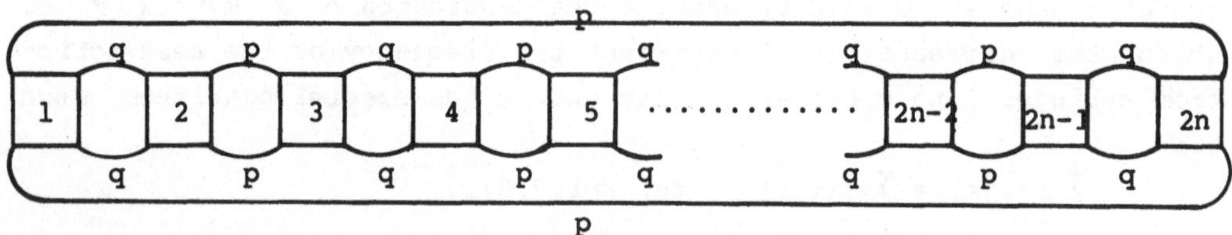

Figure 4. A special order of information on 2n cylinders.

The pairs of cylinders (2n,2n+1) are strongly coupled and it is clear
that they should reside next to each other on disk.

The situation mentioned is not an optimum. One of the (in this case
equivalent) optimum solutions could be a rearrangement in the order
$(2,3,4,5,6,7,\ldots,2n,1)$. It can be shown that this arrangement is not
attainable by the suggested heuristic algoritm when some reasonable
restrictions are fulfilled.

Permutations which do not affect cylinders 1 or 2n are not useful, and
the permutation of cylinder 1 and 2n are useless too. For reasons of
symmetry only permutations of cylinder 1 with cylinder k
$(k=2,3,4\ldots,2n-1)$ should be examined.

Three situations can be distinguished:

a) Permutation of cylinder 1 with cylinder 2k (1<k<n).

The only transitions which are involved when the mentioned permutation
is executed are $(1,2)$, $(2k-1,2k)$, $(2k,2k+1)$ and $(1,2n)$.

If c(A) and c(B) are the sums of the costs of these transitions before
and after the permutation is executed, then:

$$c(A) = qt(1,2) + qt(2,1) + qt(2k-1,2k) + qt(2k,2k-1) +$$
$$pt(2k,2k+1) + pt(2k+1,2k) + pt(1,2n) + pt(2n,1)$$
$$= 4\ q\ c(1)\ + 2\ p\ c(1)\ + 2\ p\ c(2n-1)$$

$$\text{and}\quad c(B) = qt(2k,2) + qt(2,2k) + qt(2k-1,1) + qt(1,2k-1) +$$
$$pt(1,2k+1) + pt(2k+1,1) + pt(2k,2n) + pt(2n,2k)$$

$$= 4\ q\ c(2k-2) + 2\ p\ c(2k) + 2\ p\ c(2n-2k)$$

Now $c(A) - c(B) = 4\ q\ (c(1)-c(2k-2)) +$
$$+ 2\ p\ (c(1)-c(2k)+c(2n-1)-c(2n-2k))$$

$c(1)-c(2k-2) < 0$ and $c(1)-c(2k)+c(2n-1)-c(2n-2k) \leqslant 0$

therefore $c(A) - c(B) < 0$

b) Permutation of cylinder 1 and cylinder 2 gives, analogue to the previous paragraph ´a)´ that
$$c(A) - c(B) = 2\ p\ (c(1)-c(2)) + 2\ p\ (c(2n-1)-c(2n-2)) < 0$$

c) Permutation of cylinder 1 and cylinder 2k+1 gives
$$c(A) - c(B) = 2\ q\ (c(1)-c(2k-1)) + 2\ q\ (c(1)-c(2k+1)) +$$
$$2\ p\ (c(1)-c(2k-1)) + 2\ p\ (c(2n-1)-c(2n-2k-1))$$

Allthough $c(k)$ is concave, it is not necessary that $c(1) - c(2k-1) + c(2n-1) - c(2n-2k-1) < 0$, therefore we take
$$c(1) - c(2k-1) + c(2n-1) - c(2n-2k-1) =$$
$$c(1) - c(2k-1) + c(2n-1) - c(2n-2k+1) + c(2n-2k+1) - c(2n-2k-1) =$$
$$< c(2n-2k+1) - c(2n-2k-1)$$

From the measurements, shown in figure 2, it is clear that above the 150 cylinders (k>150), the positioning time $c(k)$ is a lineair function of the number of cylinders. Therefore we estimate the function $c(k)=a+bk$ in that area.

Below the 150 cylinders (k<150) we suggest the function $c(k)=a+b\sqrt{k}$ which is a reasonable estimation, both from measuring considerations and from considerations about the strategy of starting and braking of the moving head.

a) k > 150
$$2\ c(1) - c(2k-1) - c(2k+1) =$$
$$2(a+b) - (a+b(2k-1)) - (a+b(2k+1)) = -4bk + 2b < -598\ b$$
and $c(2n-2k+1) - c(2n-2k-1) =$
$$a+b(2n-2k+1) - a-b(2n-2k-1) = 2\ b$$

b) k $\leqslant$ 150
$$2\ c(1) - c(2k-1) - c(2k+1) \leqslant c(1) - c(3) < -0.7\ d$$
$$c(2n-2k+1) - c(2n-2k-1) \leqslant (\sqrt{501} - \sqrt{499})\ d < 0.05\ d\ (n>400)$$

So if $(2p - 598\ q) < 0$ and $(5p - 70q) < 0$, then the permutation of cylinder 1 and cylinder 2k+1 doesn´t give benefits for the total seektime. Take e.g. $p = .9$ and $q = .1$.

Other heuristic algorithms are possible. However they are only interesting for theoretical reflections, and of no direct practical interest. It is always necessary to have the whole matrix of n*n elements at one's disposal, in order to know the exact movements of the read/write head. Besides, it is already mentioned that the system will have to work with the map of the previous day, which gives a relative loss of some percentage, and therefore it is useless to trim the solution so carefully.

Discussion.

The subject of measurement and simulation consists of three disc units with one to three controllers. Each of the discs has N cylinders. Each cylinder consists of tracks which each consists of sectors. One sector contains 512 bytes data.
The results of the simulation are shown in table 1. Without mapping, the average seektime is about 19.4, 20.6 and 12.2 milliseconds for the three available spindles. A software monitor, which was developed to perform online measurements in the operating system gives results which correspond very closely to these calculated values. From table 1 we note that the benefits of the mapping procedure becomes slightly less with an older map. The map of the same day would reduce the average seektime with about 40 %. It should be noted that already a number of the most often accessed files are allocated together in the middle of the disc packs.

Because a number of users are simultaneously active, the required disc accesses are uncorrellated to each other. It is possible that by the reduction of the average seektime, and therefore the reduction of the processing time of a disc access, the order of the discaccesses will change. But because the process of repositioning is a probability function, due to the fact that the disc accesses are uncorrellated, this change in order will have only little effect on the benefits.

Another, and more complex, problem arises when not only the cylinders on a pack are permutated, but when all the cylinders of all the implemented spindles are permutated to obtain also a well-balanced division of disc accesses over the available spindles. The order of disc accesses is then much more disturbed, and it is possible that some accesses are partly processed on one pack, partly on another one. This would enlarge the processing time considerably for those accesses. This problem will also receive attention in the future, to increase the performance of the Information System.

Table 1.a   Drive 0.

Date	Without Mapping	With Mapping of date.. 010682	020682	140682	150682	160682	170682	180682
010682	19.52	11.91						
020682	19.05	12.92	12.27					
140682	20.23	15.68	17.73	13.53				
150682	19.90	13.76	13.57	13.90	12.52			
160682	18.47	12.79	12.62	12.67	12.25	11.69		
170682	20.37	14.72	14.51	14.67	13.95	14.18	13.29	
180682	18.35	12.44	12.32	12.61	11.98	12.14	12.14	11.29

Table 1.b   Drive 1.

Date	Without Mapping	With Mapping of date.. 010682	020682	140682	150682	160682	170682	180682
010682	21.11	13.33						
020682	20.29	13.89	13.33					
140682	20.50	15.76	15.69	14.10				
150682	21.00	14.61	14.42	13.90	12.89			
160682	19.87	14.48	14.19	14.00	13.40	13.07		
170682	21.08	14.86	14.55	14.50	14.05	13.78	13.35	
180682	19.62	14.69	14.42	14.26	13.89	13.50	13.67	13.01

Table 1.c   Drive 2.

Date	Without Mapping	With Mapping of date.. 010682	020682	140682	150682	160682	170682	180682
010682	12.57	7.38						
020682	11.78	7.54	7.11					
140682	12.10	7.47	7.73	7.24				
150682	13.20	8.03	8.22	8.03	7.67			
160682	11.61	7.23	7.39	7.15	7.11	6.98		
170682	12.74	7.53	7.83	7.60	7.48	7.60	7.32	
180682	11.64	7.27	7.44	7.28	7.27	7.22	7.28	7.03

Table 2. Influence of the cylindermapping of separate days on the average seektime over a day of the three available discs. The seektime is expressed in milliseconds.

References:

[1].....R.B.Abel, A disc cache: a significant improvement to an online
       highly interactive, large database system, implemented on a
       mini computer.
       Proc. Euro IFIP 79, North Holland, Amsterdam 1979. pp 575-580.
[2].....A.R.Bakker, L.Costers and J.L.Mol. Concluding report on the
       NOBIN-ZIS project 1972-1976. Copyright Bureau Voorlichting,
       University Hospital Leyden Holland.
[3].....Matyas Arato and A.Benczur. A General Treatment of
       Rearrangement Problems in a Lineair Storage.
       Performance Evaluation. Vol 2 Nr 2. Tuly 1982. pp 108-117.
[4].....A.R.Bakker. Scope and limitations of a mini-based centralized
       Hospital Information System.
       Medinfo 80. Proc.of the Third World Conference on Medical
       Informatics. Tokio 1980. Ed.:D.A.B.Lindberg and S.Kaihara.
       North Holland Publ. Company Amsterdam 1980 pp 505-509.

SYSTEM MODELING DURING INITIAL DESIGN
(Display Cluster Performance)

T. F. DuBois
R. A. Swanson

August 15, 1982

ABSTRACT

This report describes the use of a queuing language to develop a model for performance measurement during the early design studies of a display cluster controller. The Display Controller model is discussed in general and specific model results are reviewed. The performance measures are defined and the display workload is highlighted.

ACKNOWLEDGEMENT

The authors wish to thank Mr. E. MacNair of IBM Thomas J. Watson Research Center, Yorktown Heights, N.Y., and Mr. R. Manka of Communications Products Division IBM Development Laboratory, Kingston, N.Y., for their assistance during the model development process.

INTRODUCTION:

During the initial design studies of a Display Cluster Controller (DCC) a queueing network model of the principal system resources was constructed to estimate system performance. The Cluster Controller model (MOD1) was implemented using a language, Research Queueing Package (RESQ), developed at the IBM Thomas J. Watson Research Center, Yorktown Heights, N.Y.

The DCC concept was predicated on the use of a state-of-the-art microprocessor supporting from 1 to 32 non-intelligent display units. All microcode for keystroke handling was to be executed by the DCC microprocessor.

The performance of keystroke processing was a critical issue. Therefore, the modeling effort concentrated on investigating performance measures related to keystroking. The remainder of this report addresses the results of that investigation.

MODEL & WORKLOAD

The Research Queueing Package (RESQ) is a system for constructing and solving extended queueing network models (biblio 1). RESQ incorporates a high level language to concisely describe the structure of the model and to specify constraints on the solution.

RESQ is a software tool for building queueing network models. A modeler uses RESQ to formulate a model representing the resources and characteristics of a system which will most affect performance. Secondly, RESQ will determine, in this case by simulation, the values for performance measures in the model. Selecting the system resources and characteristics to be modeled is generally system specific and requires a clear understanding of the system to be modeled. RESQ was used for model implementation since it provides a convenient and productive display terminal interactive user interface under IBM VM/CMS.

A main feature of the language is the capability to describe models in a hierarchical fashion. RESQ provides a high level framework for model definition and appropriate statistical analysis of simulation results, thus it eliminates two of the common problems with simulation: (1) the time consuming task of constructing simulation models and (2) the lack of statistical analysis for interpreting simulation results.

The RESQ user interfaces are based on interactive dialogues which can educate new users, yet are designed to accommodate sophisticated users and large models. This is accomplished by the use of optional tutorials to clarify prompts during the dialogue. There is a separate model definition dialogue and model evaluation dialogue. The evaluation dialogue permits a user to selectively obtain performance measures.

In models constructed using RESQ, it is possible for jobs to possess multiple resources at a time. This is possible through the use of passive queues. Passive queues consist of a pool of tokens and nodes for allocating, releasing, destroying and creating these tokens. Main memory allocation and flow control in the Cluster Controller model (MOD 1) were modeled conveniently using passive queues.

At the option of the user, a wide variety of results are available. For example: utilization, throughput, mean queue length, standard deviations of queue length and queue time, and distributions of queue length and queue time. The simulation program produces confidence intervals for these results.

A confidence interval is a range of values which contains the true value with a specified probability. A user specifies a confidence interval width and a sequential sampling procedure in RESQ runs the simulation until the width is obtained.

DISPLAY CLUSTER CONTROLLER (DCC)

The modeled elements of the DCC, Figure 1, consist of the Microprocessor (MP), a Host Adapter (HA) to connect upstream to some host system, a Display Adapter (DA) connecting up to 32 non-intelligent displays via a maximum 1500 meters of coax cable each, and an I/O bus interface between the adapters and the microprocessor.

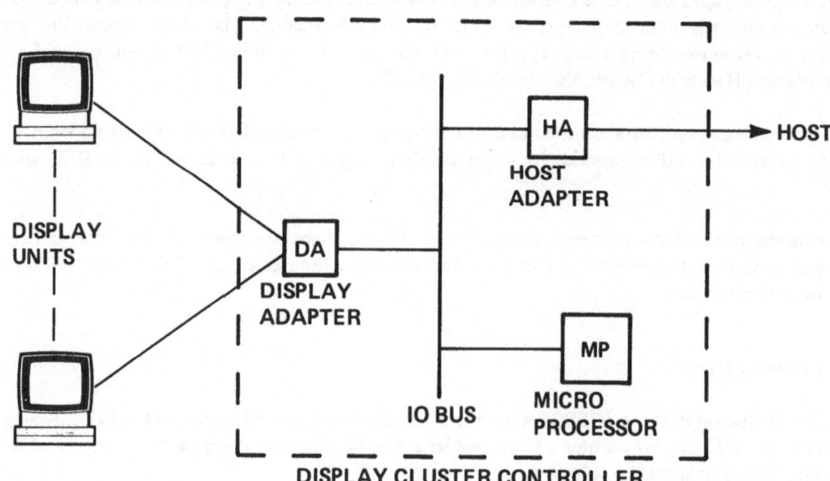

FIGURE 1: MODELED ELEMENTS OF DISPLAY CLUSTER CONTROLLER

DCC

The DCC is a microprocessor based controller which can support up to 1 megabyte of storage. All operational microcode is loaded from a diskette.

Attachment to a host system is provided by either remote (TP) or local type adapters. These are identified in Figure 1 as HA.

The non-intelligent displays are connected to the microprocessor through the DA. The functions performed by the DA are kept to a minimum. It essentially acts as a data funnel between the microprocessor and the attached displays.

All keystrokes entered at a display are processed by microcode in the DCC. The normal mode of the Display Adapter (DA) is to poll the attached displays to solicit keystroke and/or status information. This information is transferred into the MP memory via a cycle steal operation. During cycle steal the microprocessor halts instruction processing while its data paths are utilized to perform the I/O transfer to memory. When the transfer is complete, the DA will cause an I/O interrupt to notify the microprocessor.

PERFORMANCE MODEL (MOD 1)

In MOD1 the DA, I/O BUS, and MP are each represented as priority queues with pre-emption. The queueing discipline of "priority with pre-emption" allows certain jobs (processes) to have a higher execution priority and to halt a current job of lower priority. This allows accurate modeling of the microprocessor interrupt mechanism and polling logic of the display adapter. A single queue with a first come, first serve discipline is used to represent the display units.

The number of active keyboards is an input parameter called ITERMS. The mean arrival time of keystrokes at the DA to be polled into the MP is 200/ITERMS, which for one keyboard would be 5 keystrokes per second. For multiple keyboards, the interarrival time is exponentially distributed.

There are two queueing chains or paths for job flow through MOD1. The open chain, called the KEYSTROKE chain, is shown in general form in Figure 2. In the KEYSTROKE chain, there is a single source of new jobs or keystrokes entering the system at the block labeled SOURCE. The keystrokes flow through various queues experiencing contention for service and incurring some processing time. Finally, a keystroke exits the system through the block labeled sink. This chain is used to reflect the keystroking workload of the display and controller system. The second chain of the model is a closed chain called STREAM. It has separate job paths, but shares some of the same queues as the KEYSTROKE chain. The STREAM chain has a fixed number of jobs flowing through it. It is used to represent the host system demands on the cluster controller. It was not critical to the keystroke workload investigation and therefore will not be discussed further. The model input variables include: the number of active display units; the character rate in characters per second; the screen size in displayable characters and an indicator for data entry mode and/or insert mode.

Within MOD1, contention for priority exists at the MP, DA, and BUS queues. At the DA queue the display units are polled for new keystrokes when data are not being transmitted to a screen or cycle stolen into the MP. Contention at the BUS queue can exist between a host data stream and keystroking. For the MP queue a total of 26 individual microcode functions plus cycle stealing all contend for service. Initial service times and microcode pathlengths were estimated by the system designers.

The model was intended to address the single microprocessor capability, the microcode priorities and pathlengths, and the contention for service at the display adapter. The interactive interface of the RESQ tool facilitates the alteration of these elements within the model using a standard system editor. This feature becomes very important as the model progresses with the product design and microcode pathlengths evolve from estimates to actual counts and microprocessor speed is firmly established.

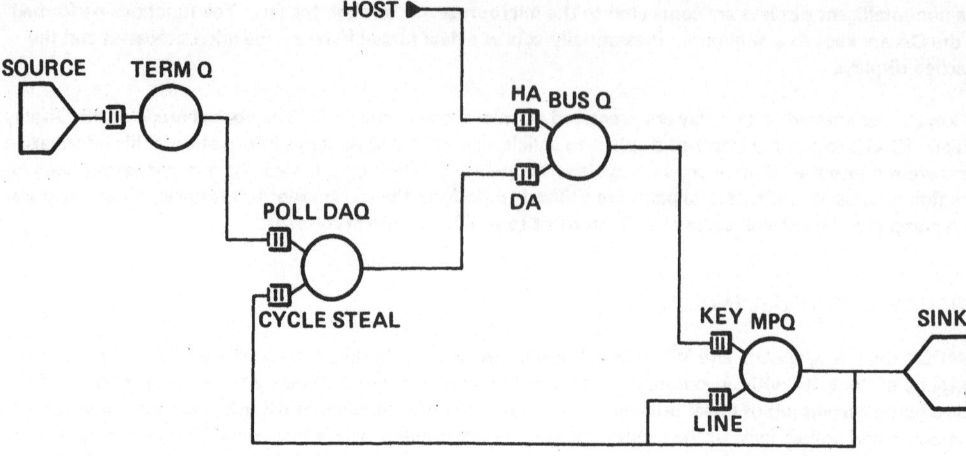

FIGURE 2: MOD1 KEYSTROKE OPEN CHAIN

PERFORMANCE MEASURES

The MOD1 provides five performance measures useful for analysis of keystroke handling. The five measures
are:

—CLICK RESPONSE
—FIRST LINE RESPONSE
—LAST LINE RESPONSE
—MP UTILIZATION
—DA UTILIZATION

CLICK RESPONSE is the time from the depression of a key to the audible return signal and for this design
included a microcode check on the validity of the keystroke. The objective was to be 10 milliseconds or less.
It is reasoned that an experienced operator's keying rate is adversely affected when the audible signal does
not consistently meet this criteria. FIRST LINE RESPONSE is the time between the key depression and the
visual appearance of the character on the screen. The objective was to be 60 milliseconds or less. LAST
LINE RESPONSE is the time between the key depression and the appearance of the last character up on the
screen. This measure is important with a keyboard in insert mode since multiple lines may be affected by a
single character inserted. The MP UTILIZATION and DA UTILIZATION are the respective arrival rates
multiplied by service times. The utilizations are indicators of capacity overload or bottlenecks.

WORKLOAD

A workload was selected which would stress the system. The input character rate is 5 characters per second
and 75% of the active displays are doing alphanumeric data entry and 25% are in insert mode. For the displays in insert mode, 60% of the inserts update 2 screen lines, 30% update 5 screen lines and 10% update the
fullscreen.

An additional impact on the workload is having a monochrome screen or a color screen. With a monochrome
screen, for example the IBM 3278, a single buffer with 1920 character positions exists in the display to hold
each character shown on the screen. The color screen of the IBM 3279 requires an additional buffer, called
the Extended Attribute Buffer (EAB), to hold the color attribute for each screen character. Therefore, when
a display has an EAB (for color) twice the number of bytes of information are sent to the device when any
screen updating occurs. The model has an input parameter for monochrome versus color.

RESULTS

The performance results, for a screen size of 1920 characters using the mixed workload described previously and varying the number of displays, are illustrated in Figure 3A, B, C, and D. In each graph the independent variable is the number of displays. In Figure 3A, the dependent variable is CLICK RESPONSE, 3B shows FIRST LINE RESPONSE, 3C shows LAST LINE RESPONSE, and 3D shows UTILIZATION. The dashed lines on the response time graphs shows the performance objectives. However, the objectives do not state what percentage of responses are required to meet the criteria. Therefore, for the CLICK and FIRST LINE RESPONSES, we have shown both the mean and a 99% curve. The 99% curve means that 99% of the responses are below a particular value and represents an upper limit of model accuracy.

Graph A shows that with 32 active displays the 99% point reaches 16 milliseconds, well above the objective of 10 milliseconds while the mean value is approximately 3.5 milliseconds.

The next 5 figures, Figures 4 through 8, show the results for the "mixed" workload with increased screen sizes and the addition of an Extended Attribute Buffer (EAB) e.g., for color attributes.

In Figure 4 when the EAB is added to the 1920 screen size, the first line objective of 60 milliseconds is just being met with 16 active displays. The click response objective cannot be met with about 12 active displays, considering the 99% curve.

Figure 5 through 8 indicate substantially the same conditions occurring with less active displays. For all but the 6720 with EAB, 8 active displays meet the objectives with this workload. With 16 active displays, performance with respect to the objectives becomes marginal, and with 32 active displays none of the screen sizes can meet the objectives.

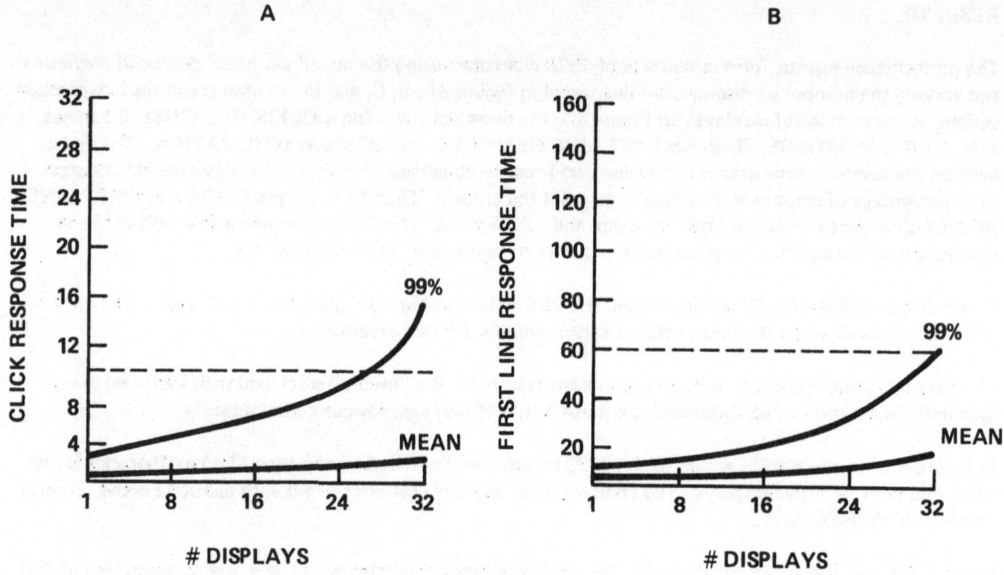

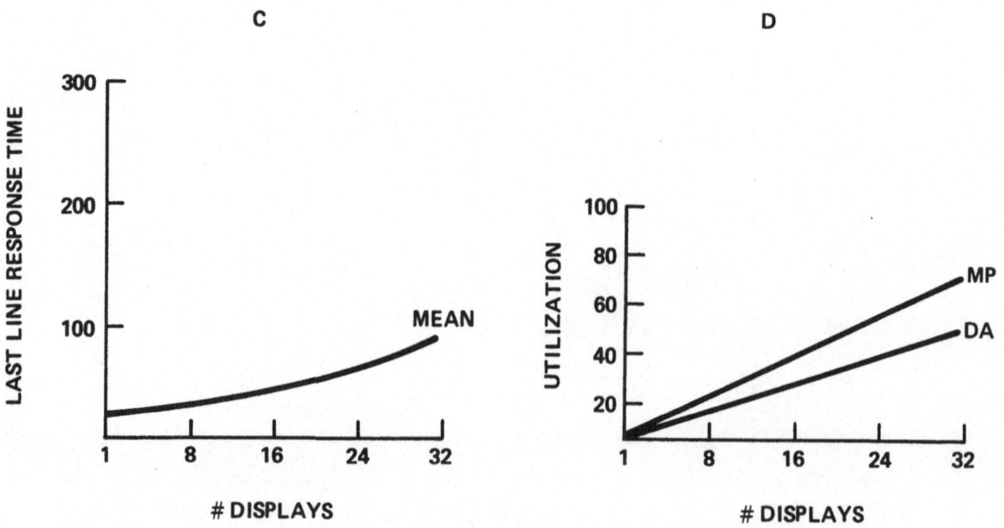

FIGURE 3: MIXED WORKLOAD, 1920 SCREEN, NO EAB

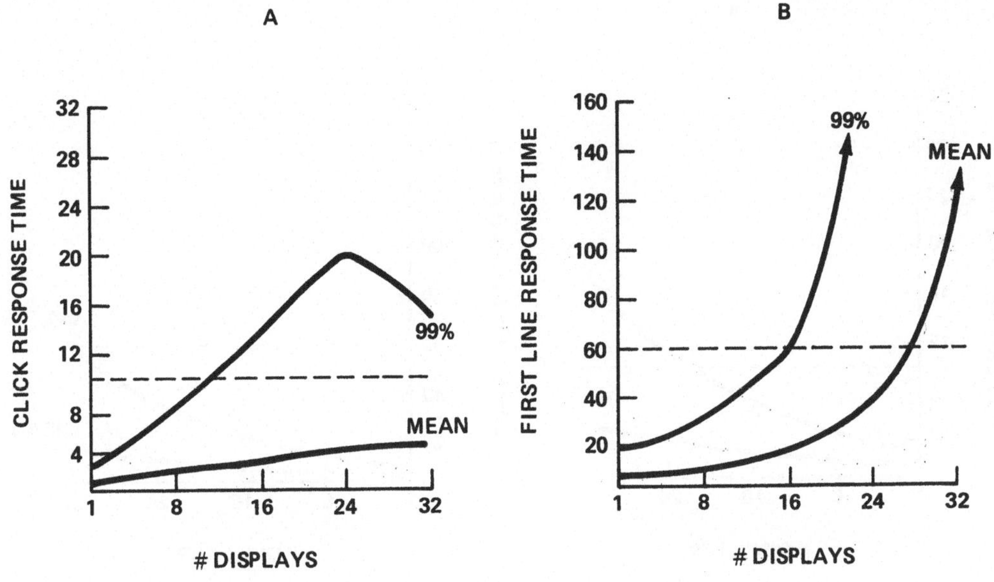

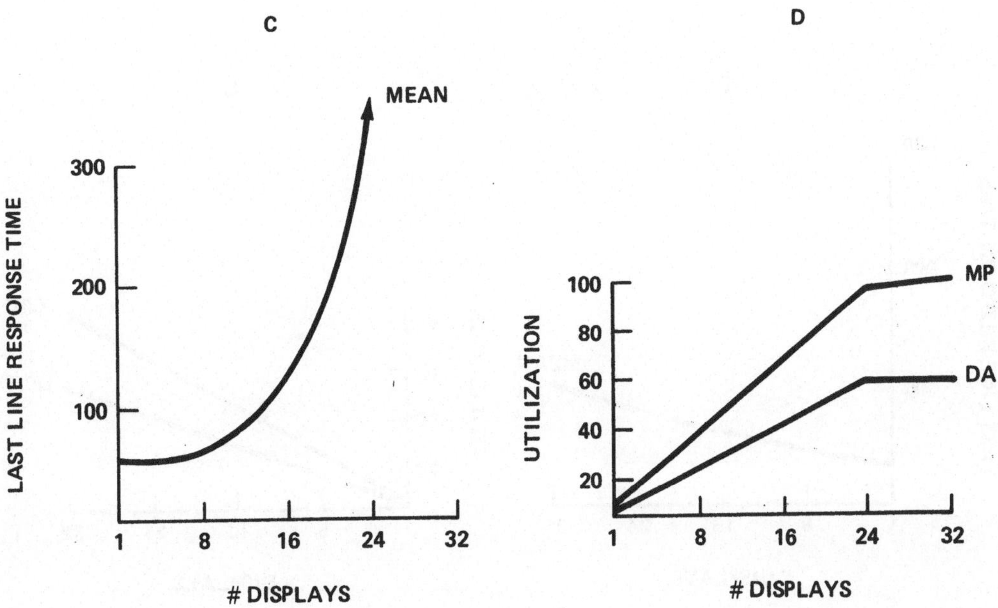

FIGURE 4: MIXED WORKLOAD, 1920 SCREEN, EAB

334

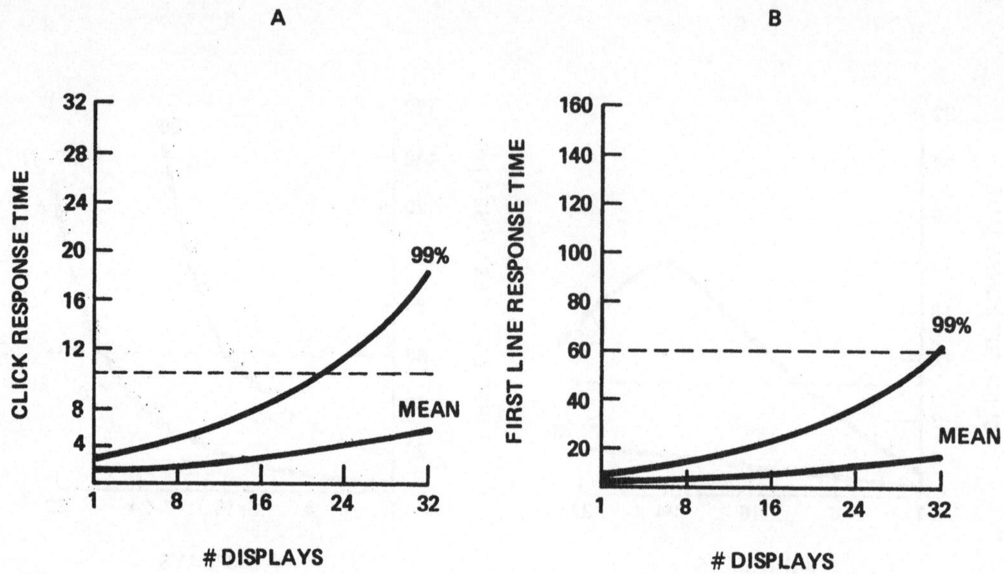

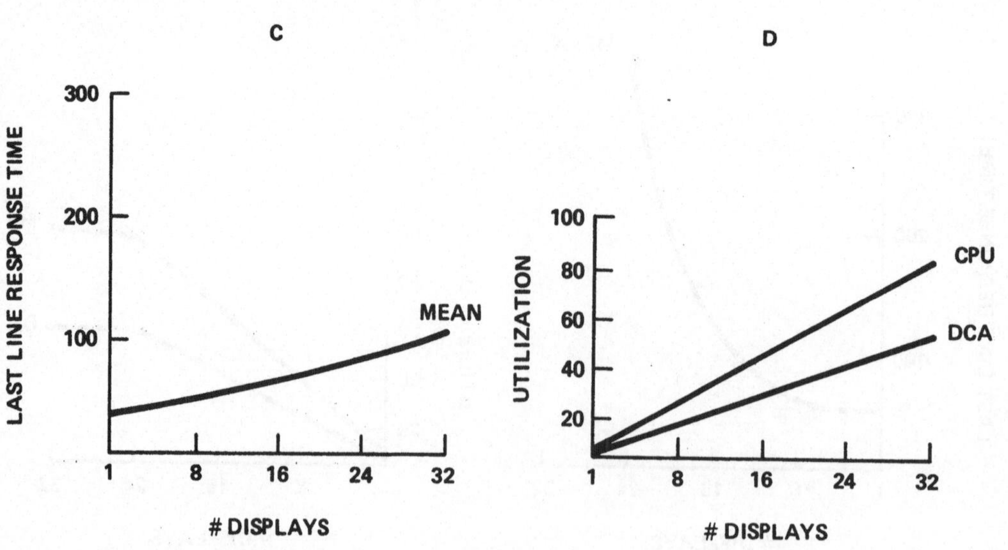

FIGURE 5: MIXED WORKLOAD, 3440 SCREEN, NO EAB

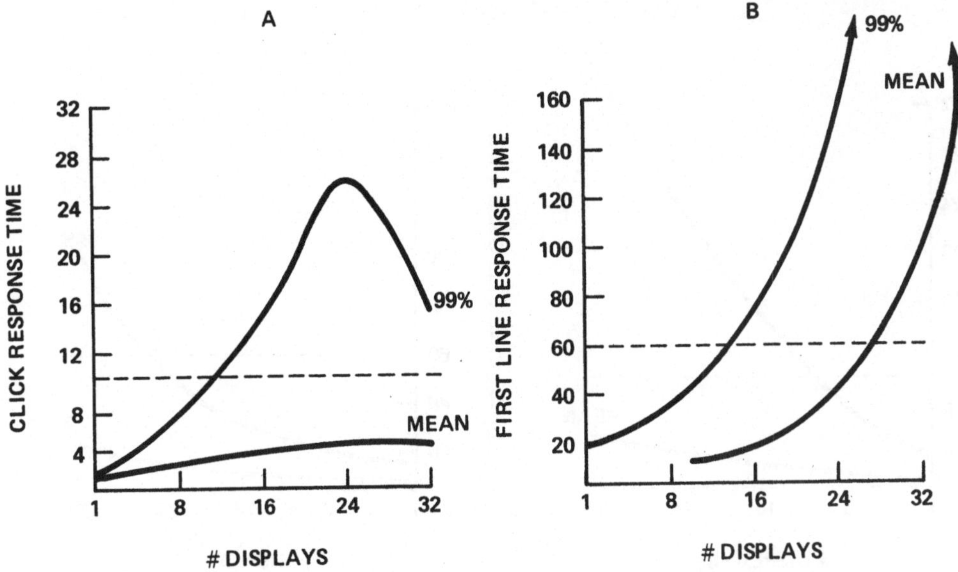

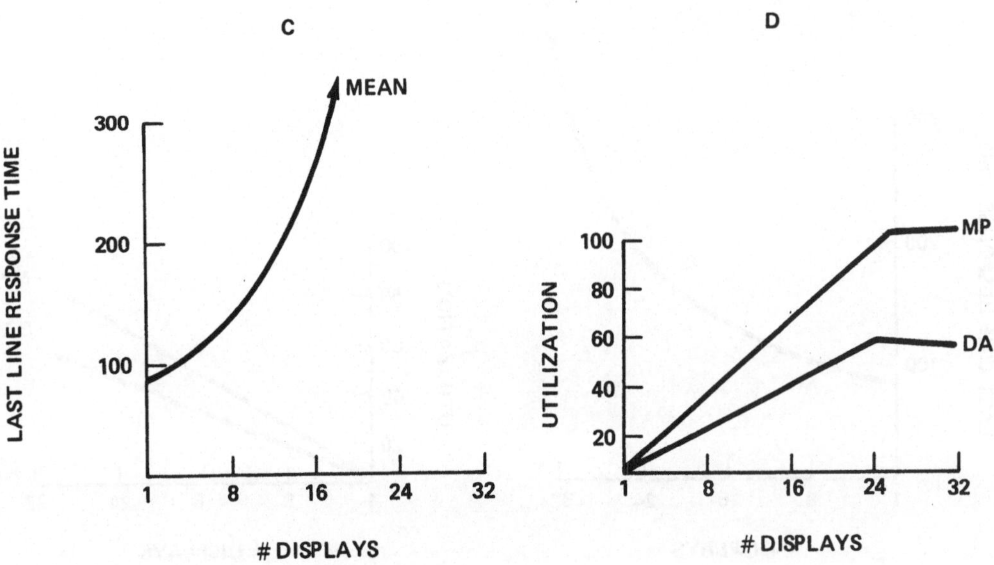

FIGURE 6: MIXED WORKLOAD, 3440 SCREEN, EAB

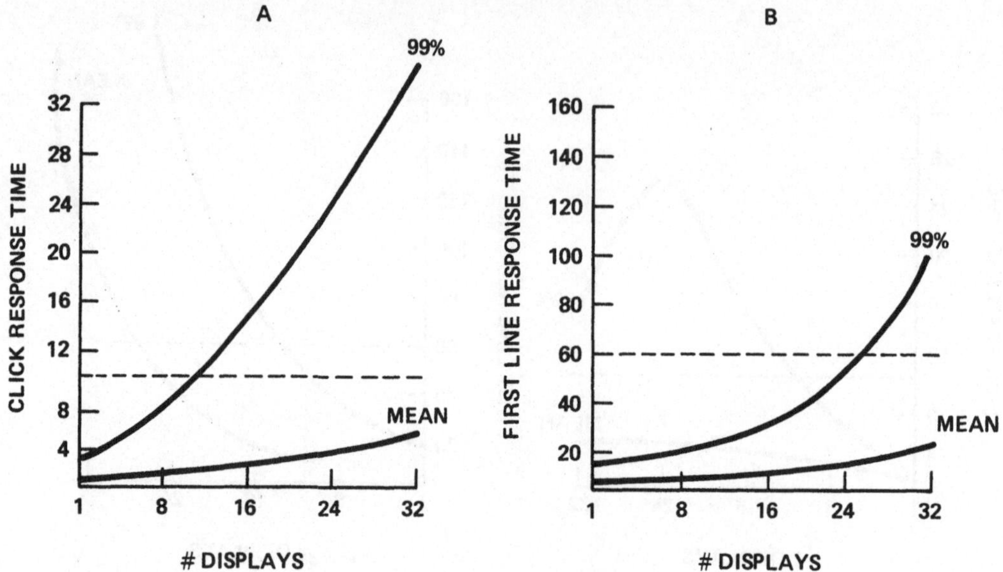

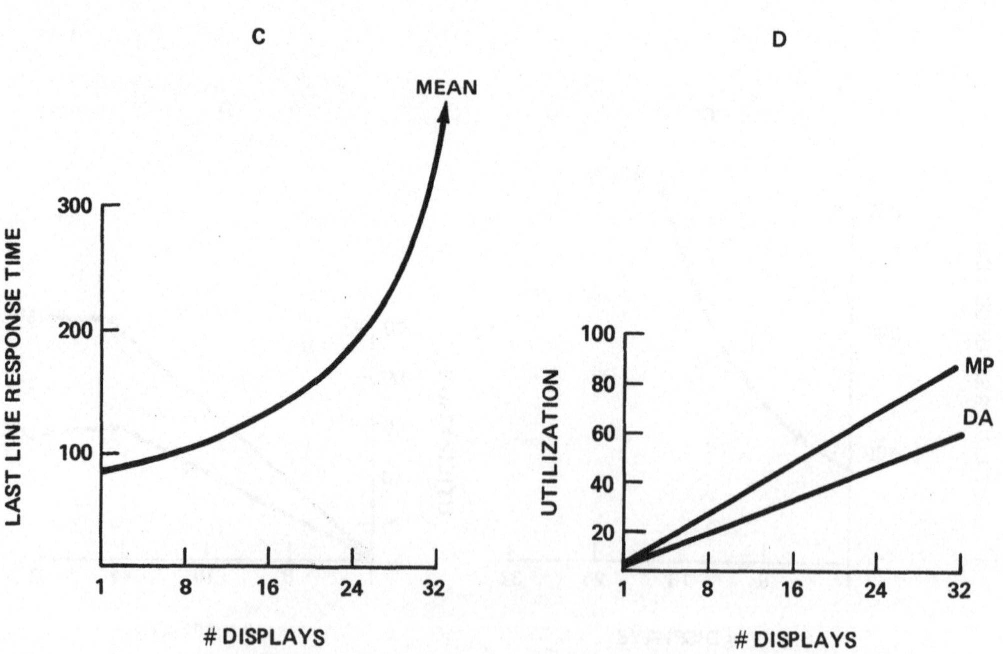

FIGURE 7: MIXED WORKLOAD, 6720 SCREEN, NO EAB

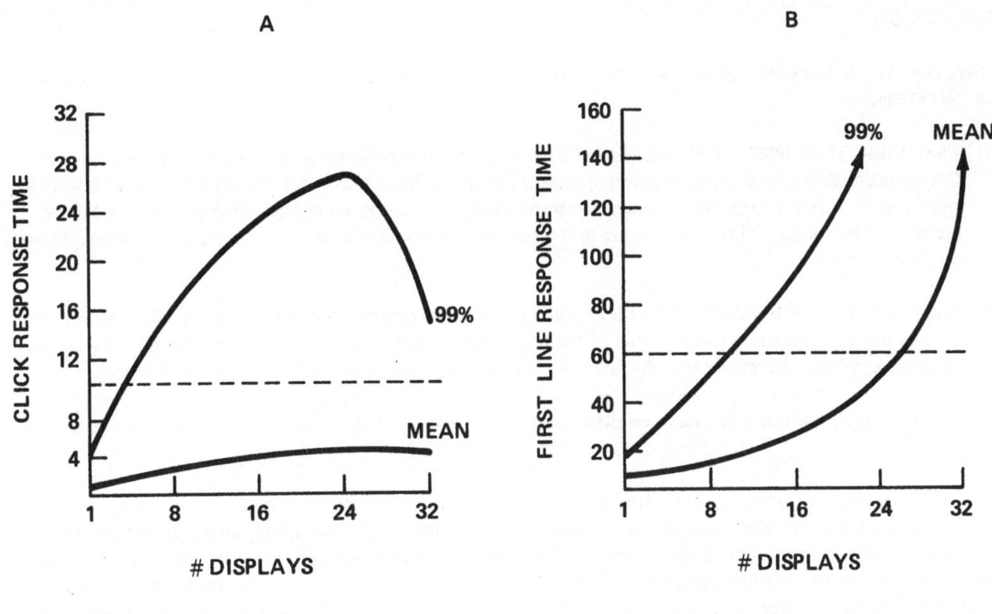

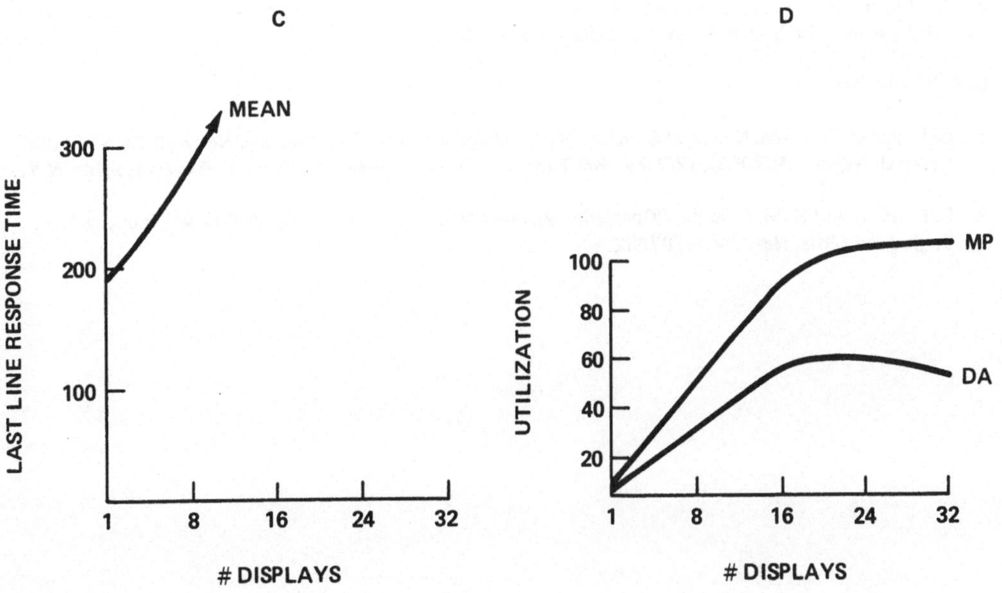

FIGURE 8: MIXED WORKLOAD, 6720 SCREEN, EAB

DISCUSSION

There are two fundamental reasons why the increased active display load forces the response times beyond the objectives.

1. The CLICK RESPONSE TIME is degraded by the increased interference between the DA polling and DA cycle stealing. Since cycle stealing preempts polling, a delay occurs which increases the poll time as the number of active displays increases. In some cases, click response peaks and drops off at a higher number of terminals. This occurs because the system is becoming CPU-bound and polling is preempted to a lesser degree.

2. The FIRST LINE RESPONSE TIME is degraded by the increased processor workload. Queue times for various tasks increase as a direct result of the keystroke arrival rate expansion from the greater number of active displays. At this point, the processor's internal performance is the system bottleneck.

To test alternative solutions to these and other performance issues, several iterations of modeling runs were made.

For example: alterations to the priorities of microcode functions affecting keystroking were made to improve click response; for the insert mode, writes back to the screen were separated into multiple priorities (this permits the current cursor location line and adjacent lines to receive high priority); the use of special string instructions in the microprocessor to reduce path length, and a variety of microprocessor clock rates were proposed to evaluate price/performance tradeoffs and the model design correctness was verified and changes incorporated.

SUMMARY

With the above performance information available early in the cluster controller design, the system designers were able to assess alternate microprocessor, IO BUS designs, function allocation, and microcode priorities. The model was available on a timely basis as a direct result of the queueing language (RESQ) facility provided by the IBM Thomas J. Watson Research Center, Yorktown Heights, N.Y. The continued support provided to the model developers by both the IBM Research and Product System designers was essential to the early warning obtained through the performance modeling.

BIBLIOGRAPHY

1. C. H. Sauer, E. A. MacNair, and S. Salza, "A Language for Extended Queueing Network Models", IBM Research Report (RC7996), 12/7/79, IBM Thomas J. Watson Research Center, Yorktown Heights, N.Y.

2. C. H. Sauer and K. M. Chandy, "Computer System Performance Modeling: A Primer", Prentice-Hall, Englewood Cliffs, New Jersey, 07632.

LEISTUNGSBETRACHTUNGEN BEI PROZESSORSYSTEMEN,
DIE NACH DEM EBR-KONZEPT ENTWICKELT SIND

Otto Kolp und Helmut Schwamborn

Gesellschaft für Mathematik und Datenverarbeitung
Institut für Rechner- und Programmstrukturen
D-5205 St. Augustin 1, Postfach 1240

In dieser Arbeit werden mit Hilfe der Simulation Aussagen über die Leistungsfähigkeit
verschieden dimensionierter Prozessorsysteme abgeleitet. Dabei handelt es sich um Po-
lyprozessoren /Schü80/ mit lokal beschränkter Verbindungsstruktur, die nach dem EBR-
Konzept /Reg79/ entwickelt wurden. Für diese Systeme wurde die IBM/370-Schnittstelle
nachgebildet, so daß sie aufgrund dieser Betriebsart das Erscheinungsbild von All-
zweckrechnern erhielten. Durch eine Modellierung von Aufgabenprofilen wurden Einfluß-
größen der Leistung sowie die Empfindlichkeit gegenüber Laständerungen ermittelt.

Im ersten Kapitel wird zunächst kurz das EBR-Konzept vorgestellt, das den Modulari-
sierungsgedanken beim Hardware-Design in den Vordergrund stellt. Anschließend wird
der EBR3 als ein spezielles, nach diesem Konzept realisiertes System beschrieben. Kapitel II behandelt hierbei die beiden Architektur-Gesichtspunkte Hardwarestruktur
und Organisation. Aufgrund der gewählten Architektur präsentiert sich der EBR3 als
ein homogenes und asymmetrisches System. Aufbauend auf dem EBR3 behandelt Kapitel III
die Modellbildung der Systeme EBR4, EBR5 sowie EBR6. Die angewendete Strategie basiert auf der Feststellung, daß einzelne Prozessoren in den verschiedenen Modellen einen "Flaschenhals" bilden und verfolgt das Ziel, diesen Engpaß im nächstgrößeren System zu überwinden. Die Modellparameter für die Simulation - Kapitel V - werden im
wesentlichen aus einer Beobachtung des Informationsflusses in Kapitel IV gewonnen.
Kapitel VI schließlich interpretiert die Ergebnisse der Leistungsuntersuchungen unter
verschiedenen Aspekten. Die Aussagen beziehen sich sowohl auf Betrachtungen innerhalb
eines Modells als auch auf Beziehungen zwischen den Modellen.

I. Das EBR-Konzept

In immer stärkerem Maße gewinnen Rechnersysteme an Bedeutung, die an unterschiedliche Probleme und Problemgrößen anpaßbar sind. Das EBR-Konzept trägt dieser Entwicklung
in mehrfacher Hinsicht Rechnung. Es beinhaltet folgende Grundgedanken zur Rechnerent-
wicklung:

- *Modularisierung der Hardware auf zwei Ebenen*
  Auf der unteren Modularisierungsebene sind zum Aufbau von Prozessoren drei Komponen-
  ten (*Einheitsbausteine*) vorgesehen:
  Rechenbaustein, Steuerbaustein und Speicherbaustein.
  Auf der oberen Modularisierungsebene werden *Prozessoren* und aus Speicherbausteinen

zusammengesetzte *Speicher* zu Prozessorsystemen zusammengefaßt. Dabei werden Prozessoren über Speicher gekoppelt.

- *Flexibilität durch Firmware*

Durch variable Mikroprogrammierung der Prozessoren lassen sich unterschiedliche Softwareschnittstellen und Betriebsarten realisieren.

Vorteile dieses Konzepts sind vor allem:

- Aus der Systematisierung der Hardware auf der Bausteinebene ergibt sich ein einfacher Aufbau verschiedenartiger Prozessoren sowie Prozessorsysteme mit lokaler Kopplung über Speicher.
- VLSI-gerechte Konzeption durch reguläre Strukturen.
- Fehlertolerantes Verhalten durch Rekonfiguration /Yan82/.
- Vereinfachung bei der Prüf- und Wartbarkeit größerer Systeme durch Beschränkung auf wenige unterschiedliche Elemente.

II. EBR3, ein spezielles System als Labormuster erstellt

Hardware des EBR3

Der EBR3 wurde beim EBR-Projekt aufgebaut und die Firmware zur Emulation eines Teiles der IBM/370 Maschinensprache implementiert /Mie82/. Er besteht aus drei Prozessoren und vier Speichern. Jeder Prozessor beim EBR3 besitzt je zwei Rechen-, Steuer- und Speicherbausteine. Die so aufgebauten identischen Prozessoren werden im folgenden auch *Werke* genannt. Durch die bitsliceartige Zusammenschaltung der Rechenbausteine mit einer Verarbeitungsbreite von je 16 bit verfügt jedes Werk über eine entsprechende Verarbeitungsbreite von 32 bit. Die Werke sind über Speicher miteinander verbunden. Jedes Werk kann an vier Speicherbausteine angeschlossen werden. Jeder Speicherbaustein stellt einen Zwei-Port-Speicher mit einer Datenbreite von 32 bit dar. Die Zwischenspeicher S12, S13 und S23 bestehen jeweils aus einem Speicherbaustein, der Speicher S0 aus zwei Speicherbausteinen. Die Verbindungsstruktur des EBR3 ersieht man aus Abbildung 1. Tabelle 1 gibt weitere technische Einzelheiten der Bausteine wieder.

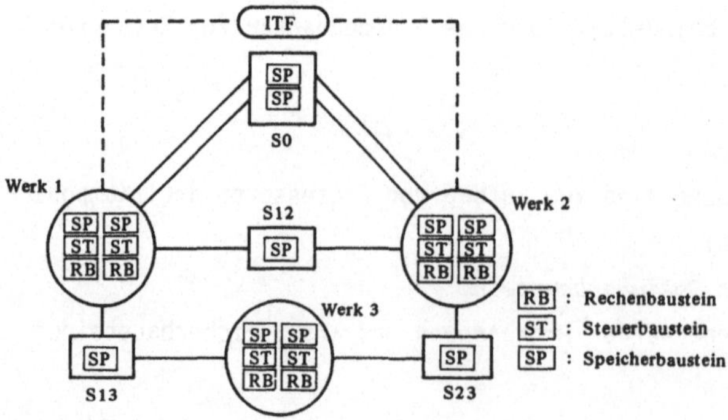

Abbildung 1: Aufbau des EBR3

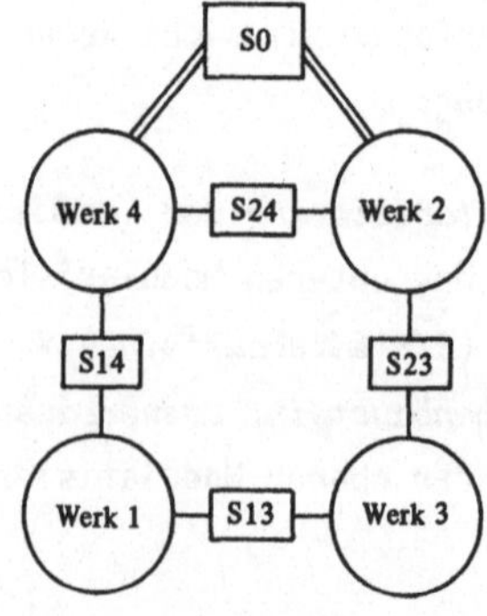

Abbildung 2: Struktur des EBR4

Größe eines Speicherbausteins	4 K Byte
Speicherzugriffszeit	1 Takt
Länge der Mikroinstruktion	32 bit
Registeranzahl	
Rechenbaustein	4
Steuerbaustein	6
Verarbeitungsbreite	
Rechenbaustein	16 bit
Steuerbaustein	8 bit
Speicherbaustein	32 bit
Anzahl IC's je Baustein	ca. 120
Anzahl pins je Baustein	ca. 120
Fehlererkennungseinrichtung je Baustein	ca. 30%
Technologie	TTL
Taktfrequenz	4 MHz

Tabelle 1: *Technische Daten des EBR3*

Firmware des EBR3

Die Organisation der Maschinensprache erfolgt nach Art einer Pipeline. Ausgehend von
den bekannten Teilfunktionen bei einem pipelineorganisierten Rechner werden den Prozessoren bestimmte Teilaufgaben zugeordnet. Faßt man diese zu Arbeitspaketen zusammen, die für alle betrachteten EBR-Modelle geeignet sind, so gelangt man zu der in
Tabelle 2 enthaltenen Aufgabenverteilung für den EBR3.

Die Prozessoren arbeiten selbständig an ihren Teilaufgaben und übermitteln Aufträge an die Nachbarprozessoren. Für die Aufträge sind in den Zwischenspeichern FIFO-
Puffer eingerichtet. Durch die Puffer, deren Größe (16 bzw. 256 Zellen) sich nach der
Länge der Aufträge und der Intensität des Auftragsstroms richtet, werden unterschiedliche Arbeitsdauern der Teilaufgaben für die verschiedenen Befehle ausgeglichen.

Der Speicher SO bildet den Cache. Besondere Synchronisierungsmaßnahmen wurden durch
die weitgehend unabhängigen Zugriffsmöglichkeiten von Werk1 (auf die Befehle) und
Werk2 (auf die Daten) notwendig.

Über ein Interface (ITF) ist der EBR3 mit dem Hauptspeicher verbunden.

Test des Labormusters EBR3

Mit Hilfe eines modifizierten GAMM-Mix, der den Umfang des Emulators berücksichtigt
(es wurden z.B. keine Gleitkommabefehle nachgebildet), ermittelte man die Leistung
des EBR3. Die *mittlere Operationszeit* für diesen Mix betrug bei einer Taktfrequenz
von 4 MHz 41 mikrosec.

In einer weiteren Leistungsuntersuchung wurden die Maschinenbefehle gemäß der relativen Häufigkeit, die man für einen Benchmark ermittelt hatte, zusammengestellt. Hierfür benötigte der EBR3 eine durchschnittliche Laufzeit von 48 Takten je Befehl, so
daß er bei obiger Taktfrequenz einen Durchsatz von etwa 80K Befehlen in der Sekunde
erreichte.

	EBR3 Aufg.- Ausl.	EBR4 Aufg.- Ausl.	EBR5 Aufg.- Ausl.	EBR6 Aufg.- Ausl.
Werk 4	-	A1,B1 - 66	A1 - 64	A1 - 67
Werk 1	A1,A2 - 84	A2 - 53	A2 - 62	A2 - 65
Werk 2	A3,A4 - 66	A3,A4 - 57	A3,B2 - 38	A3,B2 - 40
Werk 5	-	-	A4 - 33	A4 - 35
Werk 3	A5,A6 - 54	A5,A6 - 53	A5,A6 - 62	A5 - 28
Werk 6	-	-	-	A6 - 47

A1 Befehlsfolge lesen, Befehl extrahieren und entschlüsseln
A2 Berechnung logischer Operandenadressen; Sprungbehandlung;
   Erkennung von Datenabhängigkeiten
A3 Berechnung und Prüfung der absoluten Operandenadressen
A4 Lesen und Schreiben von Operanden
A5 Aufbereitung von Operanden
A6 Operationsausführung; Verwaltung von Betriebsmitteln des emulierten Systems
   (PSW, allg. Register, Kontrollregister, ...)
B1 Transfer von Aufträgen
B2 Transfer von Operanden

Tabelle 2: *Aufgabenverteilung und Auslastung bei den untersuchten EBR-Modellen*

III. EBR-Prozessorsysteme EBR4 bis EBR6

Um den Entwurf der Prozessorsysteme EBR4 bis EBR6 realistisch zu gestalten, wurde das
Ziel verfolgt, möglichst viele Daten, die durch das Labormuster EBR3 vorlagen, zu verwenden. Dies führte einerseits zu der Entscheidung, denselben Prozessor wie beim EBR3
für alle Systeme auszuwählen und andererseits bei der Aufgabenverteilung zu der Strategie, bei jeder Entwicklung des folgenden EBR-Modells den größten Engpaß des Vor-
gängersystems abzubauen.

Es zeigte sich beim Test des Labormusters, daß die Auslastung in den drei Werken verschieden war. Diese Tatsache bestimmte wesentlich den Hardwareentwurf und die Organisation für die weiteren EBR-Systeme: so wurden für den EBR4 die Aufgaben des am stärk-
sten belasteten Werkes 1 vom EBR3 auf die Werke 4 und 1 aufgeteilt, während die Aufgaben der Werke 2 und 3 im wesentlichen gleich blieben (vgl. Tabelle 2). Die Hardwarestruktur ergab sich in naheliegender Weise aus der des EBR3 (vgl. Abbildung 2).

Während beim EBR3 noch alle Werke paarweise miteinander verbunden sind, verliert sich
diese Eigenschaft mit dem EBR4. Da ein Werk eine eingeschränkte lokale Komplexität
von 4 besitzt, ist eine Verbindung zwischen den Werken 1 und 2 bzw. 3 und 4 nicht möglich. So stellt sich der EBR4 als eine Ringstruktur dar, in der eine unmittelbare In-
terprozeß-Kommunikation nur noch bedingt möglich ist. - Die Diskussion der hieraus
resultierenden strukturbedingten Leistungseinbußen erfolgt in Kapitel VI. - Diese Tatsache beeinflußte ebenfalls die Vorgehensweise bei der Entwicklung des EBR5. Aufgrund
der Auslastungswerte beim EBR4 bot sich nunmehr Werk 4 zur Aufspaltung an. Berücksichtigt man jedoch den Aufwand, der in Werk 4 zum Informationstransfer zwischen den Wer-

ken 1 und 2 nötig ist und daß dieser Kommunikationsumweg bei entsprechender Entlastung von Werk 2 durch ein neues Werk 5 entfällt, so gelangt man zu dem in Abbildung 3 dargestellten EBR5.

Untersuchungen am EBR5, die nicht nur die Auslastung der Werke sondern auch den Informationsfluß der Befehlsfolgen bei den einzelnen Werken berücksichtigt, führten zu der Erkenntnis, daß Werk 3 den Engpaß des Systems bildet. Dementsprechend wurde der EBR6 aus dem EBR5 abgeleitet: das Werk 3 des EBR5 wurde ersetzt durch die Werke 3 und 6, so daß sich für den EBR6 das in Abbildung 4 dargestellte Prozessorsystem ergab.

Aufgrund der für die Entwicklung der Modelle EBR4 bis EBR6 verfolgten Strategie der lokalen Dekomposition konnte auf der Basis des EBR3 der Aufwand für die Neuzuordnung der Prozesse niedrig gehalten werden. Bei der Betrachtung des nächstgrößeren EBR-Systems beschränkten sich die Änderungen im wesentlichen auf das Zusatzwerk sowie das hierdurch entlastete Werk. Insbesondere konnten die für den EBR3 ermittelten Zeiten der dort ablaufenden Prozesse weitgehend auf die anderen Systeme übertragen werden.

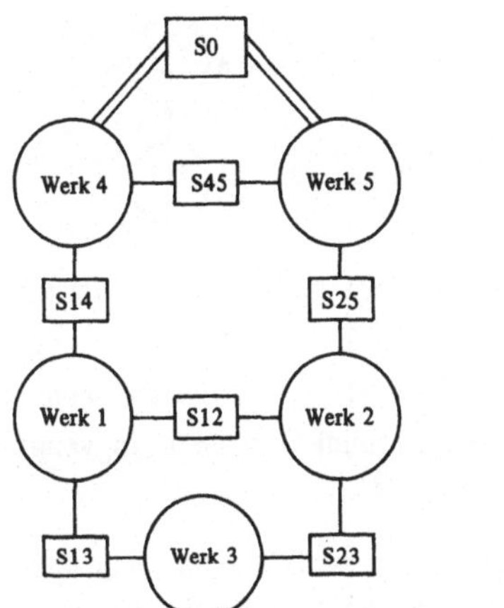

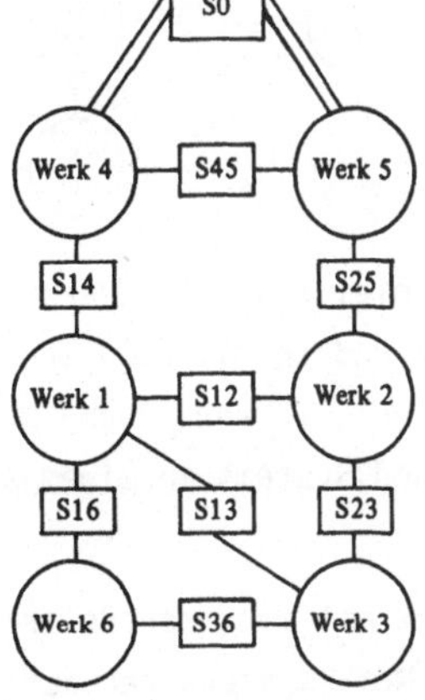

Abbildung 3: Struktur des EBR5   Abbildung 4: Struktur des EBR6

IV. Informationsfluß in den EBR-Systemen

Hat man die Aufgaben der einzelnen Werke festgelegt, so wird in einem zweiten Schritt der Fluß der Maschinenbefehle durch das System bestimmt und die Laufzeiten hierzu berechnet. Befehle, die denselben Informationsfluß aufweisen, lassen sich dabei zu einer Klasse zusammenfassen. Der schrittweise Zerlegungsprozeß auf Hardware- und Organisationsebene findet in der Verfeinerung dieser Befehlsklassen seine natürliche Fortsetzung. Tabelle 3 zeigt die am EBR6 orientierte, jedoch für alle betrachteten EBR-Systeme gleichermaßen gültige Klasseneinteilung der emulierten Befehle.

Die Diskussion der so gebildeten Klassen basiert auf der Darstellung einer Befehlsklasse als markierter, zyklenfreier Digraph. Hierbei repräsentieren die Knoten einzelne Prozesse in den Werken des Systems und Kanten i.a. Aufträge zwischen den Werken,
wobei durch die Richtung Sender und Empfänger festgelegt sind. Weiterhin identifiziert
die Beschriftung eines Knotens sowohl das zugehörige Werk als auch die Aufenthalts-
dauer eines hier ablaufenden Prozesses, während die Markierung einer Kante angibt,
wieviele Takte nach Prozeßaufnahme des sendenden Werkes - veranlaßt durch einen entsprechenden Auftrag - das empfangende Werk mit der Durchführung des nächsten Befehls-
schrittes beginnen kann.

Bei der Berechnung der Laufzeiten für die Prozesse der einzelnen Befehlsklassen konnte auf die Erfahrung, die bei der Mikroprogrammierung des Labormusters gewonnen wurde, zurückgegriffen werden. Sie berechneten sich als gewichtetes Mittel über die Takt-
zeiten der Prozesse für die in der jeweiligen Klasse befindlichen Maschinenbefehle
auf der Grundlage eines Benchmarks /Mie82/.

<u>Beispiel</u>: *Flußgraph für die Befehlsklasse 5 im EBR5*

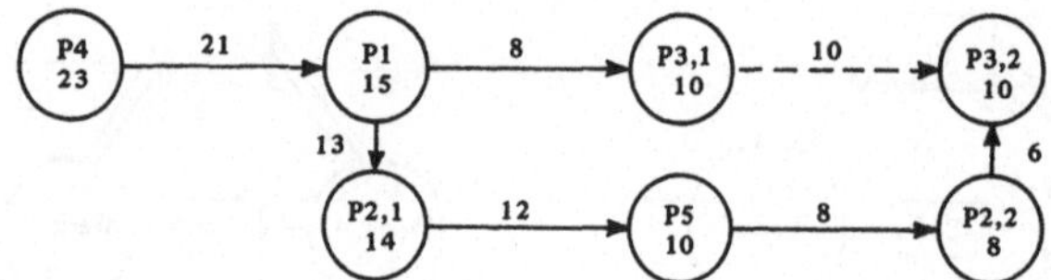

Im obigen Beispiel etwa kann Werk 1 frühestens 21 Takte nach Eintritt des Befehls in
Werk 4 starten und initiiert seinerseits 8 bzw. 13 Takte nach Prozeßaufnahme zwei
parallele Prozesse in Werk 3 und Werk 2, die möglicherweise aufgrund der asynchronen
Arbeitsweise des Systems zu einem späteren Zeitpunkt unabhängig voneinander begonnen
werden.

Sobald ein Werk mit mehreren Beiträgen an der Befehlsbearbeitung beteiligt ist, können in diesem Werk Wartezeiten auftreten (vgl. P2,1 und P2,2 im obigen Beispiel). Mit
dem organisatorischen Konzept der *Überholvorgänge* werden solche Wartezeiten weitgehend reduziert: Liegt die zur Fortsetzung des Befehls notwendige Information von den
Nachbarwerken noch nicht vor, so kann das wartende Werk diesen Befehl unterbrechen
und zu bereits vorliegenden Prozeßaufträgen jüngerer Befehle übergehen. Dieser Übergang korrespondiert mit einem Zustandswechsel des Werkes, in dem nunmehr verhindert
werden muß, daß durch einen solchen Überholvorgang die Befehlssequenz in unzulässiger
Weise geändert wird.

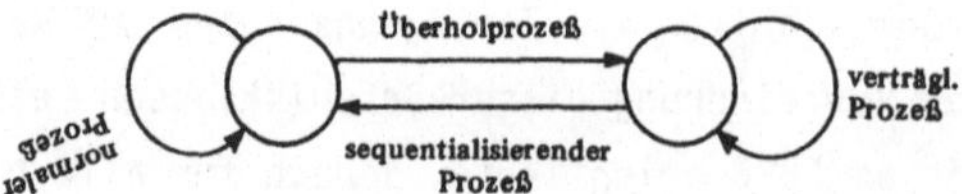

Bis zur Wiederaufnahme des unterbrochenen Befehls dürfen also nur noch hiermit ver-
trägliche Prozesse durchgeführt werden.

Sobald jedoch die ausstehende Information vorliegt oder ein Konflikt durch den aktuellen Prozeß eintritt (z.B. infolge von Datenabhängigkeiten), findet eine Sequentialisierung statt: Das Werk kehrt in den alten Zustand zurück und fährt in der Bearbeitung des unterbrochenen Befehls fort.

Der Einfluß dieses Konzepts auf die Auslastung der Werke und somit die Leistung des Gesamtsystems wird in Kapitel VI diskutiert.

Befehls- klasse	charakteristische Instruktion(en)	Bemerkung
K11	AR, SR, CR	RR-Befehl mit CC-Behandlung
K12	LA	Adreßladebefehl
K13	BALR, BCTR	Sprungentscheidung negativ
K14	BAL, BALR, BCTR	Sprungentscheidung positiv
K15	L, LH	Ladebefehl
K16	A, AH, S, CH, CLI	RX-Befehl mit CC-Behandlung
K17	MH	Halbwortmultiplikation
K18	MVC	Character Move
K19	ST, STH	Speicherbefehl
K110	BC, BCR	Sprungentscheidung negativ
K111	BC, BCR	Sprungentscheidung positiv

Tabelle 3: *Klasseneinteilung der emulierten Befehle*

V. Zur Simulation

Durch die Flußgraphen sowie genaue Angaben zu Überholvorgängen wird die Organisation eines EBR-Systems vollständig beschrieben. Die Leistung der Systeme wird an verschiedenen Aufgabenprofilen gemessen. Während das Labormuster dies zwar für den EBR3 erlaubt, mußte jedoch zur Beobachtung und zum Vergleich aller hier betrachteten Systeme auf eine Simulation zurückgegriffen werden. Dabei wurde weitgehend von der Hardware abstrahiert und im wesentlichen das Zusammenspiel der Systemkomponenten nachgebildet.

Unter Vorgabe einer speziellen, der jeweiligen Aufgabe angepaßten Befehlsklassenverteilung ermittelt die Simulation zunächst mit Hilfe eines Zufallszahlengenerators eine Befehlsfolge als Arbeitslast für das zu testende System. Da jeder Befehl, gegeben durch seinen Flußgraphen, sich in eine Folge von Prozessen zerlegen läßt, kann die Befehlsfolge durch die gesamte Prozeßfolge ersetzt werden. Diese Folge wird in der Simulation unter Berücksichtigung der Überholvorgänge abgearbeitet.

Die Validierung des Simulationsmodells erfolgte weitgehend am Beispiel des EBR3 im Vergleich mit dem Labormuster. Aufgrund des Laufzeitverhaltens des Simulationsprogramms wurden zur Einschätzung der Systeme Arbeitslasten mit einer Sequenz von 1000 Befehlen durchgeführt.

VI. Diskussion der Ergebnisse

Leistungsparameter

Um eine Aussage über die Leistungsfähigkeit der einzelnen EBR-Systeme und die Leistungsunterschiede zwischen den Systemen zu gewinnen, wurde der Durchsatz und die Auslastung betrachtet.

- Der *Durchsatz* (D) bei einer Aufgabe berechnet sich wie folgt:

$$D = \frac{B}{T} \quad (\text{sec}^{-1})$$

Dabei ist B die Zahl der Maschinenbefehle und T die Zeit, die zur Durchführung der Aufgabe von einem EBR-System benötigt wird. Da in das Simulationsmodell die Anzahl der Takte für eine Aufgabe einging, wurde für die EBR-Systeme einheitlich eine Taktzeit von 100 Nanosekunden gewählt, die bei geeigneter Technologie realistisch erscheint.

Damit ergibt sich für D:

$$D = \frac{B}{LZ * 100} \, 10^9$$

als Durchsatz pro Sekunde, wenn man mit LZ die Laufzeit des Systems, gemessen in Takten für diese Aufgabe definiert.

- Unter der *Auslastung* (AUS) eines Systems bei einer gegebenen Aufgabe wird hier die durchschnittliche Auslastung seiner Prozessoren verstanden:

$$AUS = \frac{1}{n} \sum_{i=1}^{n} AUS(i)$$

wobei n die Zahl der Prozessoren und AUS(i) die Auslastung des i-ten Prozessors ist.

Zur Ableitung der Auslastung eines Prozessors in einem System wird der Begriff der Arbeitszeit des Prozessors für eine Aufgabe eingeführt: die Arbeitszeit (AZ(i)) ist die Zeit (in Takten), die der i-te Prozessor für Prozesse benötigt, die zur Durchführung der vorgegebenen Aufgabe zu verrichten sind. Die Auslastung des Prozessors i ist nun das Verhältnis seiner Arbeitszeit zur Laufzeit:

$$AUS(i) = \frac{AZ(i)}{LZ}$$

Wird z.B. als Aufgabe lediglich die Durchführung eines einzelnen Befehls der Klasse 5 definiert (siehe Kapitel IV), so beträgt die gesamte Laufzeit im EBR5 74 Takte bei folgenden Arbeitszeiten:

AZ(1) = 15 AZ(2) = 22 AZ(3) = 20 AZ(4) = 23 AZ(5) = 10.

Damit ist die Auslastung der Werke:

AUS(1) = .2 AUS(2) = .3 AUS(3) = .3 AUS(4) = .3 AUS(5) = .1

Die Auslastung des Gesamtsystems für diese (unrealistische) Aufgabe beträgt somit:
AUS = .24

Aufgabenprofile

Von großer Bedeutung bei der Leistungsmessung ist die Auswahl der *Aufgaben*, die ein
System durchführt. Hierbei wird unter dem Begriff Aufgabe ein Befehlsstrom verstanden, der durch die Ausprägung folgender Merkmale charakterisiert ist:

- Länge des Stroms, bzw. Anzahl der Befehle,
- relative Häufigkeit der Befehle,
- Reihenfolge der Befehle.

Bei einer konstanten Länge von 1000 Befehlen übernimmt der Simulator die Generierung
des Befehlsstroms unter Angabe einer Befehlsverteilung, die der jeweiligen Aufgabe
angepaßt ist. Dabei legt er insbesondere die Reihenfolge der Befehle fest, so daß
weder besonders günstige noch besonders ungünstige Sequenzen, etwa bezüglich des Auftretens synchronisierender Befehle erzeugt werden. Da der Einfluß verschiedener Be-
fehlssequenzen nicht Gegenstand der Untersuchung war, erhält man als aufgabenspezi-
fisches Merkmal die Befehlsverteilung. Daher werden im folgenden die Aufgaben mit
den zugehörigen Verteilungen identifiziert.

Mit Hilfe dieser Aufgaben sollte eine Antwort auf folgende Fragen gesucht werden:

- Welche Leistungen erzielen die untersuchten Systeme bei einer repräsentativen Auf-
  gabe?
- Wie empfindlich reagieren diese Prozessorsysteme auf Änderungen des Aufgabenprofils?
- Weisen die Systeme ein einheitliches Verhalten auf?

Besonders interessant erschien der Einfluß unterschiedlich intensiven Speicherverkehrs sowie die Wirkung der Synchronisation des Informationsflusses. Zur Behandlung
dieser Problemstellungen wurden die in der folgenden Tabelle dargestellten Aufgaben-
blöcke gebildet.

348

Vertei-lungen		K11	K12	K13	K14	K15	K16	K17	K18	K19	K110	K111
V0		6	9	6	7	17	16	4	10	5	10	10
A1	V1					− 5			+ 5			
	V2					+ 5			− 5			
	V3					+10			−10			
A2	V4					+ 5					− 5	
	V5					+10					− 5	− 5
	V6					+15					−10	− 5
	V7					+20					−10	−10
A3	V8								+10		− 5	− 5
	V9					+10			+10		−10	−10

Tabelle 4: *Zusammenfassung der untersuchten Verteilungen* (V1 - V9 enthalten nur die
Abweichungen gegenüber V0)

V0 ist die aus einem Benchmark gewonnene Verteilung /Mie82/, die bei der Firmwareent-
wicklung im EBR-Projekt sowohl die Auswahl der emulierten Maschinenbefehle als auch
die Organisation der Werke beeinflußte.

Bei der Gruppe A1 wurde die Intensität des Speicherverkehrs durch verschieden starke
Berücksichtigung des MVC-Befehls (K18) variiert.

Die stärkste Form der Synchronisation der Systeme wird durch eine Änderung der Befehlsfolge, verursacht durch einen Sprungbefehl, bewirkt. Dementsprechend wurde in
der Gruppe A2 untersucht, welchen Einfluß die BC-Befehle auf die Leistung der Systeme haben.

Aufgrund der bei der Beobachtung der Gruppen A1 und A2 erzielten Ergebnisse (siehe
unten), erschien die in A3 untersuchte Kombination beider Einflüsse - Intensivierung
des Speicherverkehrs und Reduzierung der Synchronisation - sinnvoll.

Einheitlich für alle Verteilungen glich die Klasse K15, als eine für die Belastung
des Systems durchschnittliche Befehlsklasse, die lokalen Änderungen aus.

Leistungsvergleich bei unterschiedlichen Aufgaben

Aufgabe V0

Der Durchsatz der EBR-Systeme bei der Aufgabe V0 stuft sie in den unteren bis mittleren Leistungsbereich im Vergleich zur IBM/370 Familie ein (vgl. Abbildung 5). Die
mittlere Durchsatzsteigerung bei aufeinander folgenden EBR-Modellen beträgt 10 Prozent. Auffallend ist hier, wie auch bei anderen Aufgaben, die relativ geringe Leistungssteigerung vom EBR3 zum EBR4. Dies ist zum Teil darauf zurückzuführen, daß eine Verbindung zwischen Werk 1 und Werk 2 aus Hardwaregründen direkt nicht möglich

ist, und deshalb mit Hilfe der Firmware indirekt über Werk 4 hergestellt werden muß
(vgl. Kapitel III). Richtet man jedoch diese fehlende Verbindung ein, so würde man
bei diesem so modifizierten EBR4 eine zusätzliche Leistungssteigerung von 7% erzielen.

Aufgabenblock A1

Bei dem Aufgabenblock A1 wurde ein direkter Zusammenhang zwischen der Anzahl der
Speicherzugriffe und der Leistung beobachtet: wie erwartet konnte mit Abnahme des
MVC (V2 und V3) ein höherer Durchsatz als bei VO erzielt werden, während mit Zunah-
me der MVC-Befehle (V1) der Durchsatz zurückging (Abbildung 6). Dabei reagierten die
kleineren EBR-Systeme empfindlicher, d.h. mit einer höheren Durchsatzänderung als
die größeren Modelle. Zum Beispiel beträgt die Durchsatzsteigerung von der Verteilung V3 zu V1 beim EBR3 33% und beim EBR6 21%. Es ist zu vermuten, daß Verschie-
bungen im Aufgabenprofil, die eine extreme Laständerung in einer Systemkomponente bei
kleinen EBR-Systemen verursachen, durch die Aufspaltung dieser Komponente in den
größeren Systemen in ihrer Wirkung abeschwächt werden.

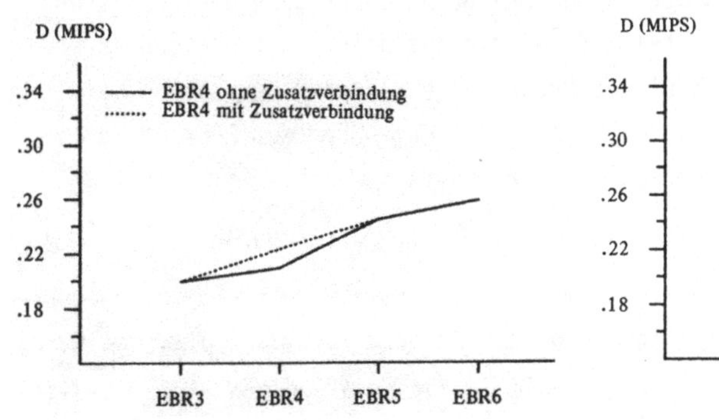

Abbildung 5: Durchsatz bei VO   Abbildung 6: Durchsatz bei A1

Aufgabenblock A2

Betrachtet man dagegen die in Abbildung 7 aufgetragene Entwicklung bei den Verteilungen des Blocks A2, so kann man feststellen, daß mit Abnahme der Sprungbefehle
alle EBR-Systeme einen höheren Durchsatz erzielten, daß hier jedoch die Leistungssteigerung bei den größeren Modellen prozentual stärker war als bei den kleineren,
z.B. beträgt die Durchsatzsteigerung bei der Verteilung V7 gegenüber VO beim EBR6
29% und 17% beim EBR3.

Dies läßt die Interpretation zu, daß der Fluß durch ein System deutlich verbessert
wird, wenn wenige Rückflüsse (Synchronisationen) auftreten und insbesondere größere
Systeme gewinnen durch einen ungestörten Informationsfluß.

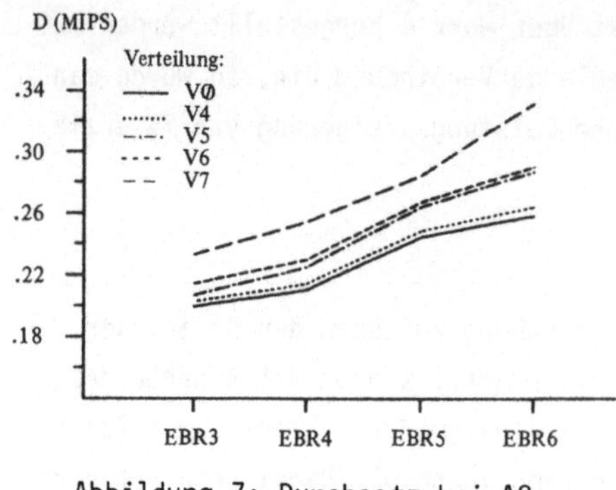

Abbildung 7: Durchsatz bei A2

Abbildung 8: Durchsatz bei A3

Aufgabenblock A3

Aufschlußreich sind auch die Aufgabenprofile V8 und V9. Die Abbildung 8 zeigt, daß die Leistungssteigerung der größeren Systeme (EBR5 und EBR6) gegenüber den kleineren sehr deutlich ist. So beträgt die Durchsatzsteigerung vom EBR3 zum EBR6 60% bei V9.

Das Verhalten der Systeme wird noch deutlicher bei Berücksichtigung der Auslastung der Systeme. Allgemein kann man feststellen, daß die Auslastung mit steigender Prozessorzahl abnimmt, da die größere Zahl der Prozessoren keine entsprechende Leistungssteigerung mit sich bringt; z.B. müßte der EBR6 gegenüber dem EBR3 bei gleicher Aufgabe eine Durchsatzsteigerung von 100% erreichen, um dieselbe Auslastung wie der EBR3 zu erzielen.

Interpretiert man die Auslastung eines Systems für eine Aufgabe bei einer vorgegebenen Organisation als ein Maß für die Eignung dieser Aufgabe für das System, so macht Abbildung 9 deutlich, daß die Verteilungen V0 bis V3 für alle Systeme gleich geeignet sind. Betrachtet man dagegen die Verteilungen des Blocks A2, so steigt die Auslastung mit Abnahme der Sprungbefehle ständig an und alle Systeme erreichen bei V7 die höchste Auslastung (vgl. Abbildung 10). Insbesondere ist sie beim EBR3 84% und beim EBR6 62%. Die Auslastungssteigerung beträgt gegenüber der Verteilung V0 beim EBR3 etwa 20% und knapp 30% beim EBR6.

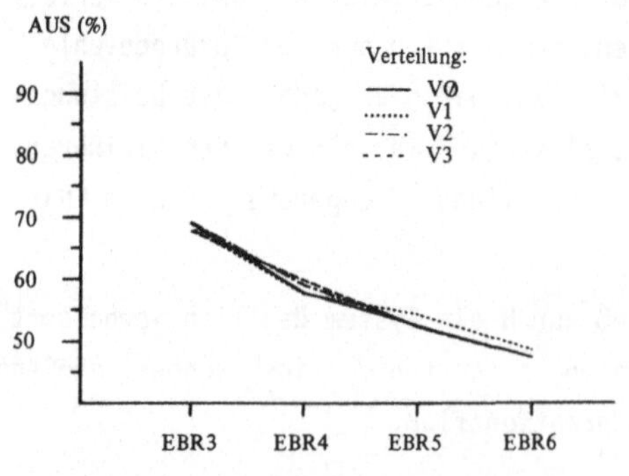

Abbildung 9: Auslastung bei A1

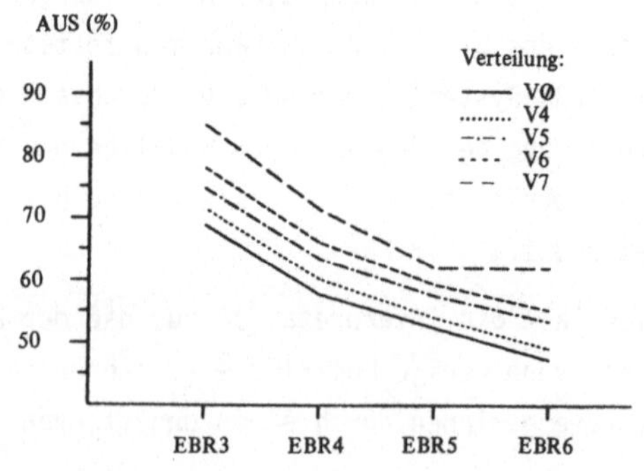

Abbildung 10: Auslastung bei A2

Leistungsvergleich unter Berücksichtigung von Überholvorgängen

Ein weiterer Teil der Untersuchung beschäftigt sich mit der Frage: Welcher Leistungsgewinn läßt sich mit dem Konzept der Überholvorgänge gewinnen?

Zu jedem der betrachteten EBR-Systeme wurde bzgl. eines Werkes ein Überholvorgang
vorgesehen. Da diese Überholvorgänge nicht von derselben Art in den einzelnen Systemen sind, ist es nicht sinnvoll, die Leistung direkt zu vergleichen. Grundsätzlich ist aber folgendes zu berücksichtigen:

- Da bei einem Überholvorgang in einem Werk der sequentielle Befehlsfluß in diesem
  Werk geändert wird, müssen zusätzliche Kontrollmaßnahmen die Korrektheit des Ge-
  samtablaufs garantieren.
- Der lokale Zeitgewinn im Überholwerk kann durch zusätzliche Wartezeiten in anderen
  Werken reduziert werden. Im Extremfall können diese sogar zu einem Leistungsver-
  lust führen (vgl. V0 in Abbildung 11).

In der Abbildung 11 wird die Differenz des Durchsatzes bei verschiedenen Verteilungen mit und ohne Überholvorgang dargestellt. In Abhängigkeit von den Verteilungen
ergeben sich unterschiedliche Gewinne bei den einzelnen Systemen. In den kleineren
Systemen sind die Vorteile deutlicher sichtbar als in den größeren.

Notwendig für einen effektiven Gewinn beim Überholvorgang ist:

- ein häufiges Eintreten des Überholvorganges aufgrund der Befehlssequenz,
- eine verhältnismäßig hohe Auslastung des Werkes, in dem der Überholvorgang stattfindet.

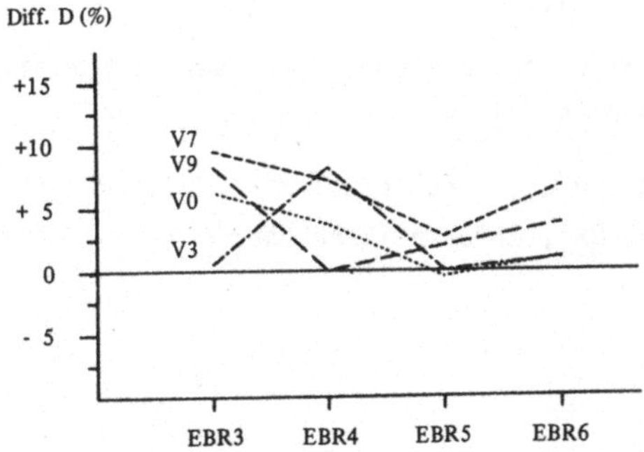

Abbildung 11: Durchsatzerhöhung bei Überholvorgängen

Zusammenfassung

Mit dem EBR-Konzept wurde eine Möglichkeit aufgezeigt, enggekoppelte Rechnersysteme
zu entwickeln. Mit diesem Konzept werden aktuelle Forderungen im Hinblick auf die
technologische Entwicklung wie Modularität, Flexibilität, Einfachheit und Fehlertoleranz weitestgehend berücksichtigt.

An Hand von vier Prozessorsystemen werden EBR-Systeme vorgestellt und mit einer her-
kömmlichen Maschinensprache versehen diskutiert. Dabei wurde die Leistung dieser mo-

dularen Systeme durch Simulation ermittelt. In Abhängigkeit von verschiedenen Aufgabenprofilen wurden die Prozessorsysteme hinsichtlich ihrer Größe und Struktur untersucht und strukturelle Möglichkeiten zum Leistungsgewinn aufgezeigt. Mit dem Konzept der Überholung sollte die durch die Maschinensprache vorgegebene enge Grenze
der Parallelarbeit erweitert werden.

LITERATUR

/Hell75/ Hellerman,H.; Conroy,Th.F.: Computer System Performance, McGraw-Hill Book
Company, 1975

/Kuck78/ Kuck,D.J.: The Structure of Computers and Computations, vol. 1, John Wiley
Sons, 1978

/Mie82/ Mierendorff,H.; Kolp,O.; Schwamborn,H. und andere: Einheitsbausteinrechner,
GMD-Studie Nr. 67, 1982

/Reg79/ Regenspurg,G.: Entwicklung von Zentralprozessoren aus Einheitsbausteinen,
Elektronische Rechenanlagen 21(1979), Heft 2, S. 61-64, Heft 3, S. 125-129

/Reg80/ Regenspurg,G. (Hrsg.): GMD-Rechnerstruktur-Workshop, R. Oldenbourg Verlag,
Bericht Nr. 128 der Gesellschaft für Mathematik und Datenverarbeitung,
1980

/Sie82/ Siewiorek,D.P.; Bell,C.G.; Newell,A.: Computer Structures: Principles and
Examples, McGraw-Hill Book Company, 1982

/Schü80/ Schütt,D.: Parallelverarbeitende Maschinen, Informatik-Spektrum, Band 3,
Heft 2, Mai 1980, S. 71-78

/Yan82/ Yan,K.M.; Regenspurg,G.: Fehlertoleranz durch Rekonfiguration beim Mehr-
rechnersystem 'EBR', Informatik-Fachberichte 54, März 82, S. 277-289

<u>ON THE OPTIMAL DISTRIBUTION OF PROCESSING POWER</u>
<u>IN A STAR CONFIGURED SYSTEM</u>

Günter Haring
Institut für Informationsverarbeitung
Technische Universität
Schießstattgasse 4 a
A - 8010 Graz/Austria

Kishor S. Trivedi[*]
Department of Computer Science
Duke University
Durham, North Carolina 27706

<u>Abstract:</u>

A star configured network with n satellites, one central site and three
different job classes is investigated. The optimum distribution of both
the workload and the required processing power is given, using the method of dynamic programming. Further extensions, like the inclusion of
optimum design of site configuration, are outlined.

1. Introduction

An important problem in the design of a distributed computer system is
the optimum distribution both of the computing power and of the workload. Many variations of such a problem has been investigated in the
literature (/2/, /3/, /4/, /5/, /7/). The differences can be characterized by the different assumptions regarding the workload, the structure of the individual node, the nature of the communication subsystem,
the decision variables and the components of the objective functions
and the constraints. Like Mitrani and Sevcik /4/ and Yeh and Chandy /7/
we adopt a communication subsystem, with one central site attached to
n satellites configured in a star topology (Figure 1).

---

[*]
This work was supported in part by the National Library of Medicine
Program Project grant number LM-03373, and was performed when this
author was a visiting professor at the Institute of Information Processing at the Technical University of Graz, Austria.

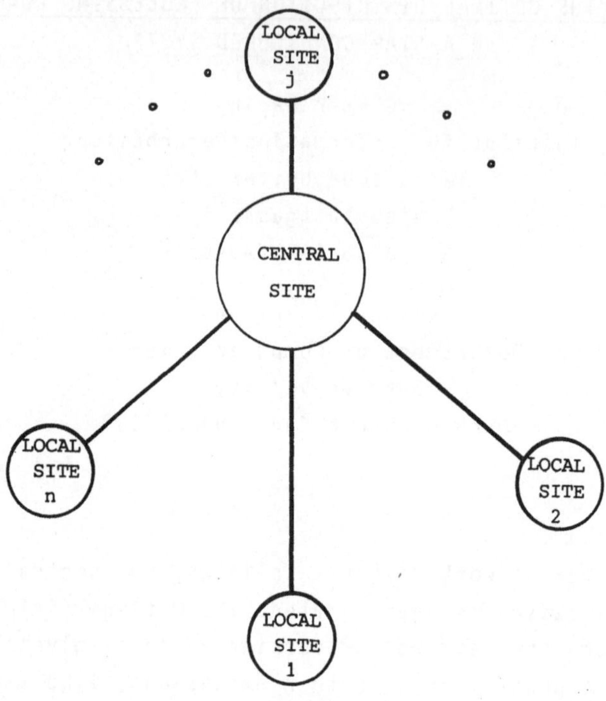

Fig.1   Star configured homogenous network

Instead of considering queueing delays at the communication links (as
in Yeh and Chandy /7/) we associate a cost to the use of a communication
link as a function of the bandwidth (similar to the model adopted in
/3/ or /4/). Our node model is similar to that in /3/, where the cost
of a node is considered to be a function of throughput requirement.
All nodes are considered to belong to the same product line. Unlike the
models in /4/ and /7/ we do not have explicit cost of queueing, however
our model is easily generalized to include queueing using the system
cost vs. throughput relationship studied in /6/. As in /3/ our model
determines whether it is necessary to place a computer system at each
site to satisfy (part of) the computing requirements of this site and
if so what is the optimum throughput requirement at that site as well
as at the central site. In addition, as in /4/, our model also determines the optimum distribution of workload between the central site and
the satellite. Our workload model consists of three classes of jobs submitted from each site. One class of jobs must be executed at the central
site as in /3/. The second class of jobs can be executed at the satellite with a fixed probability, but with a certain probability due to

355

data base miss it can not be completed at the satellite and it must be
dispatched to the central site (as in /2/). Finally the third class jobs
can be directed to either site so as to minimize the total system cost,
as in /3/ and in /4/.
Like in /3/ our objective function includes the costs of node hardware
and link hardware but in addition we also include the user cost due to
system unavailability.
Sequencing the choice of decision variables is facilitated by the use
of dynamic programming as in /4/, however the individual choice of a
decision variable is somewhat easier in our model than in /4/ and in
this sense it is similar to the approach in /3/. By extending our method
using the approach in /6/ we are able to determine the hardware components within a node as in /2/ and /7/. Our model can be seen as an extension of those in /2/, /3/ and /5/.
In section 2 we present details of our model and the related assumptions.
Properties of the model, an algorithm for its solution and the complexity
of the latter are given in section 3.
Section 4 concludes with a summary of the paper and some suggestions for
further investigations. A numerical example is given in the appendix.

2. Model Assumptions

The jobs submitted from each local site j are composed of three different
job classes. Class 1 contains jobs that require special software processors or hardware equipment which are only available at the central site.
Such jobs therefore must be executed at the central site. Class 2 jobs
may be executed either on the local or on the central site. Due to possibility of quicker response, execution on the local site is prefered,
whenever possible. If the decision has been made not to have a satellite
processor at this site, then of course these jobs have to be executed
at the central site. Similarly even if the satellite processor does exist,
upon its breakdown after a failure, these jobs will be executed at the
central site, if it is up. In all other cases an attempt will be made to
execute the job at the local site. However with probability δ_j the job
will not find the required data at the local site and must hence be dispatched to the central site. Such jobs are viewed as information system
oriented, with whole of the required data base being located at the
central site, while the most frequently used portion of it being duplicated at the local site. The decision on the data base distribution is
outside the scope of the current investigation and as such the value of
δ_j is assumed to be fixed for each j. Class 3 jobs are flexible in nature and can therefore be executed at either site. The decision on where

to execute such jobs is based on cost considerations. So that the probability β_j with which we send such jobs for execution to the central
site, is a decision variable. Fig.2 shows the routing of the workload
from site j.

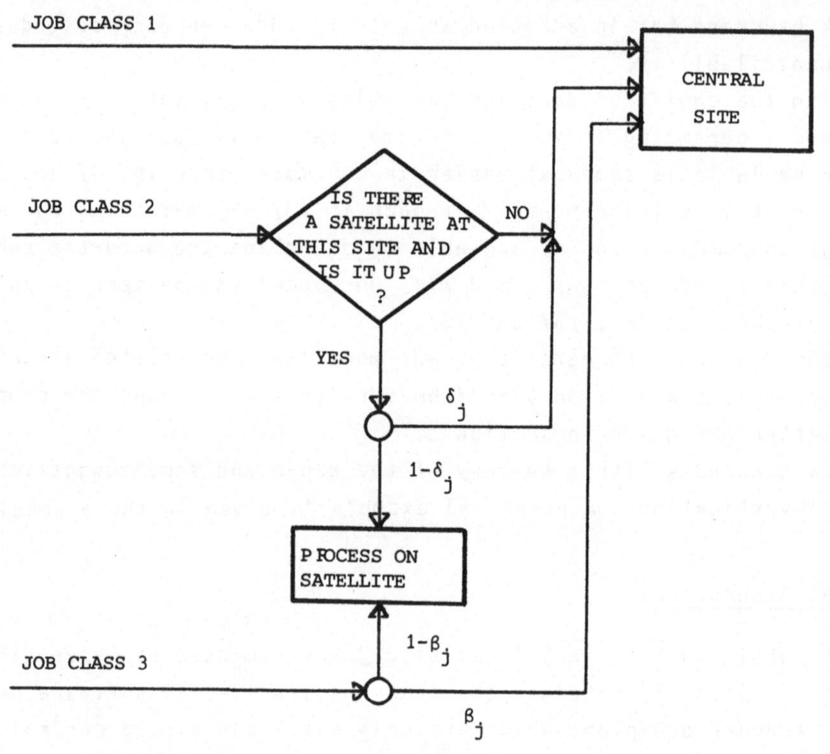

Fig.2 Routing of the workload from site j

Let λ_{ij} be the throughput requirement (in jobs per second) of class i
jobs at site j (j = 1 (1) n, i = 1, 2, 3). Similarly K_{ij} and L_{ij} respectively denote the average number of operations and the average communication requirements (in bytes) for jobs of class i submitted at site j.

The number of operations per second due to the total load from site j
is given by

$$P_j = \sum_i \lambda_{ij} K_{ij}$$

Let α_j be the portion of this requirement satisfied by the central site
and $(1 - \alpha_j)$ portion is satisfied by the local processor j, i.e.

$$(1 - \alpha_j) P_j = (1 - \delta_j) \lambda_{2j} K_{2j} + (1 - \beta_j) \lambda_{3j} K_{3j}$$

Note from our definition of workload that α_j is restricted to a certain set of values. Let us define

$$\alpha_{jmin} = (\lambda_{1j} K_{1j} + \delta_j \lambda_{2j} K_{2j}) / P_j$$

$$\alpha_{jmax} = (\lambda_{1j} K_{1j} + \delta_j \lambda_{2j} K_{2j} + \lambda_{3j} K_{3j}) / P_j$$

Then $\alpha_j \in \{[\alpha_{jmin}, \alpha_{jmax}], 1\}$, where the value of $\alpha_j = 1$ corresponds to the decision of not locating any processing power at site j.

Now the parameter β_j can be expressed in terms of α_j:

$$\beta_j = (\alpha_j - \alpha_{jmin}) / (\alpha_{jmax} - \alpha_{jmin})$$

The requirement in number of operations per second at the central site is then given by .

$$P_o = \sum_j \alpha_j P_j$$

For the communication link between the central site and the local site j, the required bandwidth varies with the variable α_j:

$$B_j(\alpha_j) = \begin{cases} \lambda_{1j} L_{1j} + \delta_j \lambda_{2j} L_{2j} + \beta_j \lambda_{3j} L_{3j}, & \alpha_j \in [\alpha_{jmin}, \alpha_{jmax}] \\ \sum_i \lambda_{ij} L_{ij}, & \alpha_j = 1 \end{cases}$$

Let A_{ij} be the availability as perceived by jobs of class i submitted at site j. Let A_{Sj} and A_{Lj} respectively denote the availability of satellite processor of site j and of the link between site j and the central site. A_C denotes the availability of the central site. A_{Sj}, A_{Lj} and A_C are assumed to be independent of α_j. We can then write down the expression for A_{ij} /8/:

$$A_{1j} = A_{Lj} A_C$$

$$A_{2j} = \begin{cases} A_{Sj} [(1 - \delta_j) + \delta_j A_{Lj} A_C] + (1 - A_{Sj}) A_{Lj} A_C, \\ A_{1j}, \quad \alpha_j = 1 \end{cases} \qquad \alpha_j \in [\alpha_{jmin}, \alpha_{jmax}]$$

(see Figure 3)

$$A_{3j} = \begin{cases} 1 - (1-A_{Sj})(1-A_{Lj} A_C) = A_{Sj} + A_{Lj} A_C - A_{Sj} A_{Lj} A_C, \\ A_{1j}, \quad \alpha_j = 1 \end{cases} \qquad \alpha_j \in [\alpha_{jmin}, \alpha_{jmax}]$$

(see Figure 4)

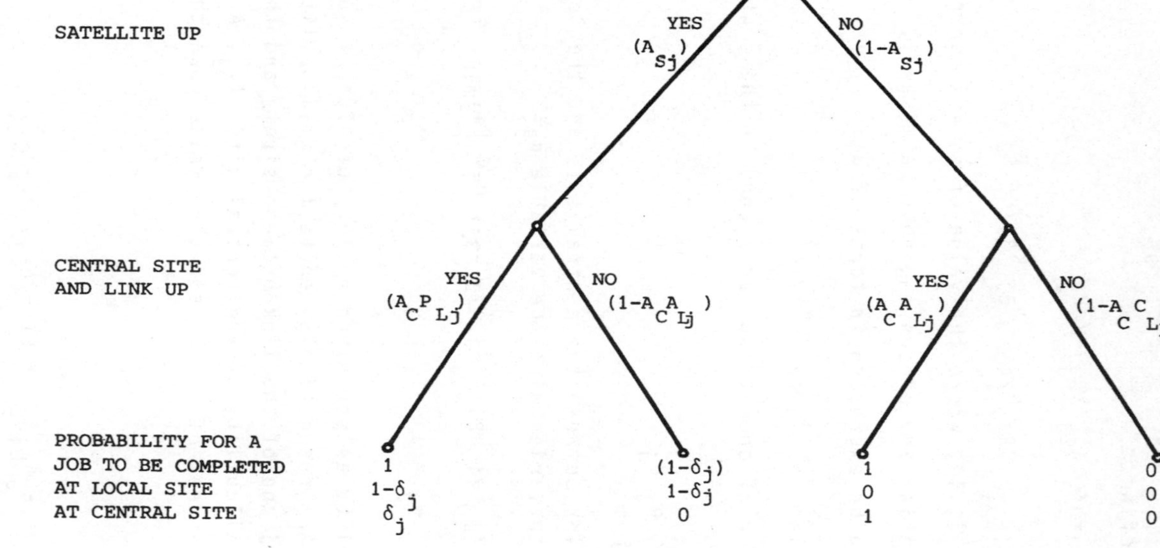

Fig.3.: Availibility computation for class 2 jobs (For the case $\alpha_j \neq 1$)

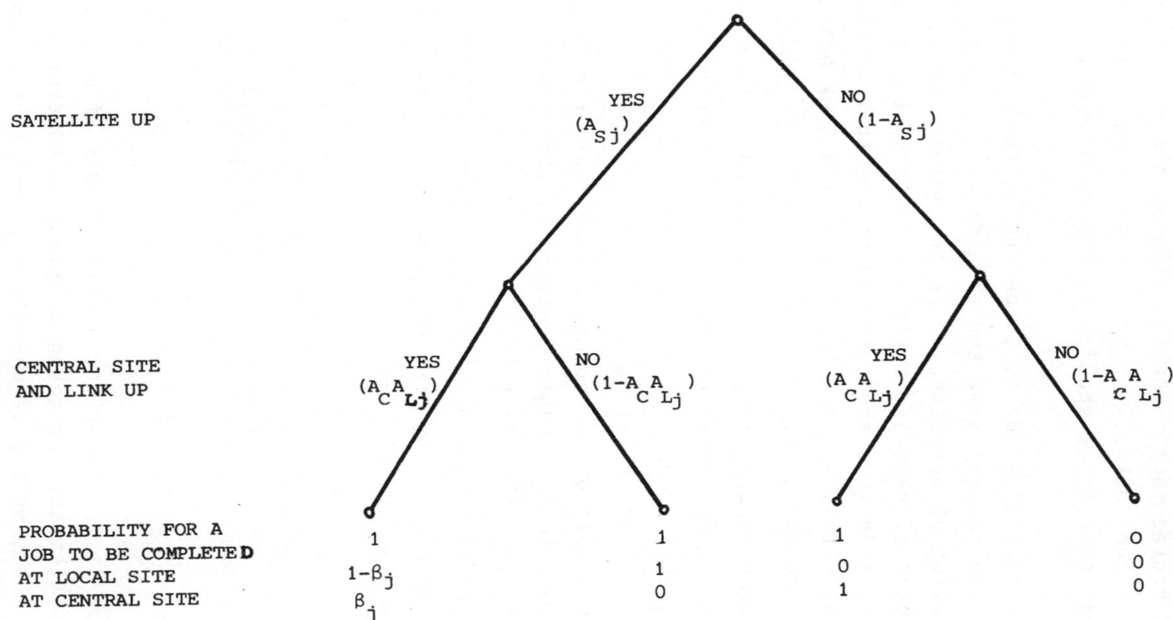

Fig.4.: Availability computation for class 3 jobs (For the case $\alpha_j \neq 1$)

We assume that jobs routed to the central site do not require the satellite to be up and the jobs normally routed to the local site are redirected to the central site for execution in the case that the satellite is down.

The objective of the investigation is to determine the optimum throughput requirements at the central site and at each of the satellites and the optimum distribution of workload, so as to minimize system cost. The system cost is composed of hardware costs and costs of unavailability of service. Hardware costs in turn are composed of the cost of the central site, the cost of the satellites and the cost of the link between the local sites and the central site.

The cost of a processor located at site j is assumed to be a power function of the requirements expressed as operations per second at that site, given by $q_1 [(1 - \alpha_j) P_j]^{\epsilon_1}$. Here we assume $\epsilon_1 \leq 1$. Similarly the cost of the central site is given by $q_1 P_o^{\epsilon_1}$.

In a like fashion, the cost of the communication link from site j to the central site is assumed to be a power function of the required bandwidth and is given by $q_2 B_j (\alpha_j)^{\epsilon_2}$, where $\epsilon_2 \leq 1$.

We associate a general cost function $f_j (A_{1j}, A_{2j}, A_{3j}) = f_j (\alpha_j)$ with the unavailability experienced by jobs submitted from site j.
We can now write down the overall system cost:

$$(1) \quad \text{SYSTEM COST} = q_1 P_o^{\epsilon_1} + \sum_j \{q_1 [(1- \alpha_j) P_j]^{\epsilon_1} + q_2 B_j (\alpha_j)^{\epsilon_2} + f_j (\alpha_j)\}$$

3. <u>Model solution</u>

Our overall objective is to choose the optimal values of $\alpha_1, \ldots, \alpha_n$ so as to minimize the system cost as given by eq. (1). However it is convenient to consider the simple case where n = 1 giving us a single variable optimization problem. In this case we are interested in obtaining the value of α that minimizes the function

$$D(X,\alpha) = q_1 \{(X+\alpha P)^{\epsilon_1} + [(1-\alpha)P]^{\epsilon_1}\} + q_2 B(\alpha)^{\epsilon_2} + f(\alpha)$$

We assume that the central site is required to satisfy X operations per second beyond the requirement (αP) imposed by the satellite under consideration. We proceed with this minimization in two steps, corresponding to ranges of α - values ($[\alpha_{min}, \alpha_{max}]$ and 1). First consider $\alpha \in [\alpha_{min}, \alpha_{max}]$. In this case D (X,α) can be written as:

$$D_1(X,\alpha) = q_1 \{(X + \alpha P)^{\epsilon_1} + [(1-\alpha)P]^{\epsilon_1}\} +$$

$$q_2 [\lambda_1 L_1 + \delta\lambda_2 L_2 + (\alpha - \alpha_{min})/(\alpha_{max} - \alpha_{min}) \lambda_3 L_3]^{\epsilon_2} + f_1$$

Note here that cost of unavailability is not a function of α when α is restricted to this range.

It is easily seen that $D_1(X,\alpha)$ is a concave function of α and hence achieves its minimum at one of the boundary points (α_{min} or α_{max}). In order to find the minimum of $D(X,\alpha)$ it suffices to compare the values of $D_1(X, \alpha_{min})$, $D_1(X, \alpha_{max})$ and $D(X, 1)$.

From the form of the overall cost function (equation (1)) we know that the effect of the choice of an individual α_j is on the one hand to add a separable cost component to the system cost and on the other hand to change the operations requirement of the central site. The overall choice of α_1, ..., α_n can then be facilitated by using dynamic programming, where the current requirement of the central site is identified with the notion of state.

Let $C(j, n, X_{j-1})$ denote the minimum cost of selecting α_j, ..., α_n given the initial state X_{j-1}, i.e.:

$$C(j, n, X_{j-1}) = \min_{\alpha_j, \ldots, \alpha_n} \{q_1 [X_{j-1} + \sum_{i=j}^{n} \alpha_i P_i]^{\epsilon_1} +$$

$$+ \sum_{i=j}^{n} \langle q_1 [(1-\alpha_i) P_i]^{\epsilon_1} + q_2 B_i (\alpha_i)^{\epsilon_2} + f_i(\alpha_i) \rangle \} =$$

$$= \min_{\alpha_j, \ldots, \alpha_n} \{q_1 [X_{j-1} + \alpha_j P_j + \sum_{i=j+1}^{n} \alpha_i P_i]^{\epsilon_1} +$$

$$+ \langle q_1 [(1-\alpha_j) P_j]^{\epsilon_1} + q_2 B_j (\alpha_j)^{\epsilon_2} + f_j(\alpha_j) \rangle +$$

$$+ \sum_{i=j+1}^{n} \langle q_1 [(1-\alpha_j) P_i]^{\epsilon_1} + q_2 B_i (\alpha_i)^{\epsilon_2} + f_i(\alpha_i) \rangle \} =$$

$$= \min_{\alpha_j} [\min_{\alpha_{j+1}, \ldots, \alpha_n} \{q_1 [X_j + \sum_{i=j+1}^{n} \alpha_i P_i]^{\epsilon_1} +$$

$$+ \sum_{i=j+1}^{n} \langle q_1 [(1-\alpha_i) P_i]^{\epsilon_1} + q_2 B_i (\alpha_i)^{\epsilon_2} + f_i(\alpha_i) \rangle \} +$$

$$+ \langle q_1 [(1-\alpha_j) P_j]^{\epsilon_1} + q_2 B_j(\alpha_j)^{\epsilon_2} + f_j(\alpha_j) \rangle] =$$

$$= \min_{\alpha_j} \{C(j+1, n, X_j) +$$

$$+ \left\langle q_1 \left[(1-\alpha_j)P_j\right]^{\epsilon 1} + q_2 B_j (\alpha_j)^{\epsilon 2} + f_j (\alpha_j)\right\rangle\} =$$

$$= \min_{\alpha_j} \{C (j+1, n, X_j) + I_j (\alpha_j)\}$$

where

$$I_j(\alpha_j) = q_1 \left[(1-\alpha_j) P_j\right]^{\epsilon 1} + q_2 (B_j(\alpha_j))^{\epsilon 2} + f_j(\alpha_j).$$

Note here that $X_j = \sum_{i=1}^{i} \alpha_i P_i$ and $C(n+1, n, X_n) = q_1 X_n^{\epsilon 1}$.

It follows therefore that for $j=n$ the last equation reduces to a minimization problem, considered for the single satellite case above with $X=X_n$. For $j \neq n$ the solution of this minimization problem has the same properties and hence each individual minimization can be performed by evaluating the cost function for three different values of α_j (α_{jmin}, α_{jmax} and 1).

The following program will then solve the overall minimization problem:

```
FOR SATELLITES j = n TO 1
                        j-1
    FOR ALL X_{j-1}, X_{j-1} = ∑ α_i P_i, where α_i ∈{α_imin, α_imax, 1}
                        i=1

      FOR ALL α_j ∈{α_jmin, α_jmax, 1}

      W (α_j) = C (j+1, n, X_{j-1} + α_j P_j) + I_j (α_j)

      END FOR

      C (j, n, X_{j-1}) = min  W (α_j)
                          α_j

      α_j* (X_{j-1})  is the corresponding minimizing value of α_j

      END FOR

END FOR

C (1, n, X_o)  is the minimum system cost

X_o = 0

FOR SATELLITES j = 1  TO n
```

$$\alpha_j^* = \alpha_j^* (X_{j-1})$$

$$X_j = X_{j-1} + \alpha_j^* (X_{j-1}) \, P_j^*$$

END FOR

It should be noted that the space and time requirement of the above algorithms is $O(3^{n+1})$ while for an exhaustive search the space requirement is $O(n)$ and the time requirement is $O(n.3^n)$.

4. Conclusion

We have developed a model for determining the optimum distribution of computing power and workload between different local sites and one common central site. The objective function is to minimize the system cost, which is composed of the costs of processing power at all sites, the costs of links between the satellites and the central site and the costs of unavailability of system components. The overall minimization problem is cast as a dynamic programming problem, and at each individual step it is shown to be a single variable minimization of a concave function. The latter can be solved by simple comparison of three values of the variable under consideration.
Besides the costs of hardware components we have included the user - oriented cost associated with unavailability. The other component of user-oriented cost associated with slow response needs to be included in future efforts. Another related problem is that of determining optimal δ_j values in conjunction with the problem of data base distribution over the sites of the network. In this paper we have fixed the network topology to be a star. However it is clearly extendible to hierarchical networks.
We have not explicitely included the effect of queueing in our analysis. However we can easily modify our analysis to include such queueing if we interpret P_o as the throughput required at the central site and similarly $(1 - \alpha_j) \, P_j$ as the throughput requirement at satellite j. In this case $q_1 \, P_o^{\, j \epsilon 1}$ is the cost of all hardware located at the central site including the CPU, the I/O - devices and the main memory as a function of throughput. The parameters q_1 and ϵ_1 are not directly obtained from manufacturer data, but are obtained from an analysis as in Fig.2 of reference /6/ and the associated equation on page 51.
Having obtained q_1 and ϵ_1 we proceed to solve for the optimum throughput requirements at all sites using the dynamic programming procedure in this paper. Subsequently we return to the optimization method of reference /6/

to determine the optimum components at each site.
It appears possible to reduce the number of sequences to be searched in
the dynamic programming procedure by exploiting the structure of the
problem. It should also be noted, that the optimum throughput requirement for each site determined by our procedure may not be realisible in
practice. The consequences of this on the objective function and the decision variables need to be investigated.

5. References

/1/   R.E.Bellman, S.E.Dreyfus: Applied Dynamic Programming,
            Princeton University Press 1962

/2/   G.Bucci, D.N.Streeter: A Methodology for the Design of
            Distributed Information Systems,
            Comm. ACM, 22 (1979), p.233-245

/3/   L.A.Guaccimanni, G.Bucci: The Influence of Computer Hardware
            and Communication Lines on the Cost of Distributed
            Computer Systems, in D.Haupt, H.Petersen (Eds.):
            Rechnernetze und Datenverarbeitung, Informatik-
            Fachberichte Nr.3, Springer-Verlag Berlin (1976), p.61-73

/4/   I.Mitrani, K.C.Sevcik: Evaluating the Trade-off between
            Centralized and Distributed Computing, Univ.of Toronto,
            Techn. Report CSRG-100 (July 1979), p.117-135

/5/   D.N.Streeter: Centralization or Dispersion of Computing Facilities,
            IBM Systems Journal, 14, 3 (1973), p.283-301

/6/   K.S.Trivedi, R.E.Kinicki: A Model for Computer Configuration Design,
            IEEE Comp.Magazine, April 1980, p.47-54

/7/   R.T.Yeh, K.M.Chandy: On the Design of Elementary Distributed
            Systems, Computer Networks, 3 (1979), p.24-35

/8/   K.S.Trivedi: Probability and Statistics with Reliability, Queueing
            and Computer Science Applications,
            Prentice-Hall, Englewood Cliffs, N.J., 1982

Appendix:

We illustrate the algorithm developed in this paper by means of a simple example. We assume N=2 sites with the following parameters:

j	λ_{1j}	λ_{2j}	λ_{3j}	K_{1j}	K_{2j}	K_{3j}	L_{1j}	L_{2j}	L_{3j}	δ_j	A_{Lj}	A_{Sj}	α_{jmin}	α_{jmax}
1	1.0	1.0	2.0	10.0	10.0	10.0	1.0	30.0	0.3	0.4	0.9	0.9	0.35	0.85
2	1.0	1.0	1.0	10.0	10.0	10.0	1.0	1.0	1.0	0.2	0.9	0.9	0.4	0.733

$q_1 = 1.0, \quad q_2 = 1.5, \quad q_3 = 3.0$

$\epsilon 1$ varied from 0.6 to 1.0 , $\quad \epsilon 2 = 1.0, \quad \epsilon 3 = 1.0$

Note here that $f_j(\alpha_j) = \sum\limits_{i=1}^{3} q_3 (1-A_{ij})^{\epsilon 3}.$

The results for $A_c = 0.9$ are tabulated as follows:

$\epsilon 1$	0.6	0.9	1.0
AC	0.9	0.9	0.9
α_1^*	0.85	0.85	0.35
α_2^*	1.0	0.4	0.4
C^*	43.05	75.32	94.56

MODELL ZUR SIMULATION EINES
MULTIPROZESSORSYSTEMS AUF DER BASIS VON
INTEL PROZESSOREN - IAPX432 UND EINEM
KREUZSCHIENENVERTEILER FÜR DIE SPEICHERKOPPLUNG

K. U. Hellmold

Institut für Mathematische Maschinen und Datenverarbeitung
Lehrstuhl IV (Betriebssysteme)
Universität Erlangen-Nürnberg
Martensstraße 3
D-8520 Erlangen

1. Einleitung

Das Modell SIM432 simuliert eine Multiprozessorkonfiguration, bei der
eine variable Menge von Prozessoren an eine variable Menge von Speichermoduln über einen Kreuzschienenverteiler gekoppelt sind.
Das Modell wurde insbesondere auf die Architektur des Intel IAPX432
Prozessors zugeschnitten, zeigt aber dennoch allgemeine Aspekte eines
modularen Multiprozessorsystems.

Als Besonderheit des Modells ist die Aufteilung in zwei eingenständige
Untermodelle anzusehen, die die Prozeß- und Prozessorverwaltung bzw.
die Speicher- und Geräteverwaltung simulieren. Beide Untermodelle sind
unabhängig voneinander zu betreiben, können jedoch auf Grund ihrer gemeinsamen Schnittstelle zu einem Gesamtmodell gekoppelt werden.
Dadurch ergibt sich der Vorteil, beide Modelle getrennt auszuloten und
den unterschiedlichen Zeitverhältnissen der Komponenten mit der gewünschten Detaillierung anzupassen. Das Verhalten des zweiten Untermodells wird hierbei tabellarisch oder durch analytische Funktionen vorgegeben.

Da der IAPX432 im Hinblick auf eine Integration von ADA-Sprachelementen
entwickelt wurde, sind die ADA Synchronisationsmechanismen ins Modell
mit einbezogen worden. Das Modell ist mit Hilfe des Simulators GPSS-III
/3/ am IMMD IV implementiert worden.

2. Modellfunktionen

2.1 Aufgabenstellung für den Modellaufbau

Das zu simulierende Multiprozessorsystem soll den im folgenden grob dargestellten Aufbau besitzen:

1) Das System besteht aus N Prozessoren (N=2,...,16), einschließlich
   einem E/A-Prozessor, die über einen Kreuzschienenverteiler an einen
   gemeinsamen Speicher gekoppelt sind. Außer dem E/A-Prozessor sind
   alle Prozessoren gleichberechtigt.

2) Die Prozeß-Prozessorzuteilung erfolgt über eine sog. Ablaufwarteschlange (AWS), in die Prozesse eingeordnet werden, die sich um einen
   Prozessor bewerben.
   Zur Organisation der AWS sind vier verschiedene Strategien zugelas-
   sen. Diese sind FIFO, ROUND ROBIN, PRIORITAET und DEADLINE.

3) Der E/A-Prozessor besitzt eine eigene Warteschlange, die nach FIFO
   abgearbeitet wird.
   Jeder Prozeß belegt nach seinem Start diesen Prozessor, um Code und
   Daten in Form von Segmenten in den Arbeitsspeicher einzlagern.
   Außerdem wird der E/A-Prozessor benutzt, um Ergebnisse vom Arbeitsspeicher an die peripheren Geräte auszugeben (Spoolout).
   Die Peripherie selber wird nicht simuliert, da sie für den Zweck
   des Simulationsmodells von untergeordneter Bedeutung ist. Die Verwaltung des E/A-Prozessors entspricht hier also der Geräteverwaltung.

4) Alle Prozesse im System können über sog. Kommunikationswarteschlangen
   (KWS) miteinander in Verbindung treten. Die Kommunikation dient der
   Prozeßsynchronisation.
   Kommunikationsoperationen sind SENDE- und EMPFÄNGE-Operationen.
   Kann eine Kommunikationsoperation nicht ausgeführt werden, so wird
   der Prozeß blockiert.

5) Ein Prozessorwechsel kann auftreten bei:

   - Beendigung eines Prozesses,
   - Unterbrechung eines Prozesses nach Ablauf einer zugeteilten
     Zeitscheibe,
   - Blockierung eines Prozesses wegen nicht ausführbarer Kommunika-
     tionsoperation,
   - Spoolout, d.h., ein Prozeß muß den E/A-Prozessor belegen.

6) Der gesamte zur Verfügung stehende Speicherplatz wird als unendlich
   groß angesehen, d.h., ein Prozeß findet jederzeit Platz für seine
   Code- und Datensegmente.

Mit Hilfe dieser Angaben kann nun bereits eine Grobstruktur des Modells
erstellt werden (siehe Abb. 2.1). Das Simulationsmodell soll dazu dienen,
Auslastungen, Warteschlangenverhalten und Wartezeiten bei verschiedenen

Konfigurationen und Lastprofilen zu ermitteln und zu vergleichen.

2.2 Aufgabenstellung für die Modellkopplung

Da auch die Speicherverwaltung simuliert werden soll, und diese im
Mikro- bis Nanosekundenbereich abläuft, während das Geschehen im restlichen System wesentlich langsamer vor sich geht, erscheint es aus
Gründen der Rechenzeitersparnis sinnvoll, dem Benutzer die Möglichkeit
zu geben, die Simulation der Speicherverwaltung von der Simulation des
restlichen Systemablaufes abzutrennen.

Dazu ist es nötig, außer einem Gesamtmodell zwei Teilmodelle zu erstellen, von denen jedes für sich einen Teil des Gesamtmodells darstellt und allein lauffähig ist. Das eine Teilmodell (<u>Untermodell
Prozessorverwaltung</u> genannt), soll das Gesamtsystem ohne Speicherverwaltung simulieren, das andere Teilmodell (<u>Untermodell Speicherver-
waltung</u> genannt), soll die Speicherverwaltung des Multiprozessorsystems
nachbilden. Zur Speicherverwaltung wird hier auch die Verwaltung des
Speicher-Prozessor-Verbindungssystems gezählt.

Der Benutzer kann also entsprechend seinen Bedürfnissen vor dem Pro-
grammstart durch die Angabe eines Systemparameters wählen, ob er das
Gesamtmodell oder eines der beiden Untermodelle benutzen will.

Dabei werden die Modelle so gekoppelt, daß die beiden Untermodelle
sowohl einen Teil der Ausgabegrößen des Gesamtmodells als auch einen
Teil der Ausgabegrößen des jeweiligen anderen Untermodells als Eingabe-
größen benutzen können.

2.3 Modellkopplung

Aus der oben genannten Aufgabenstellung geht hervor, daß insgesamt
drei Modelle zwar selbständig ablaufen, aber doch über ihre Ein- und
Ausgabedaten aneinander gekoppelt werden sollen. Die Übergabe der Daten
erfolgt dabei mit Hilfe von Tabellen.

Durch diese Möglichkeit ergibt sich für den Benutzer ein weiterer interessanter Aspekt. Er kann ein Untermodell mit den Tabellen-Eingaben
laufen lassen und dann in einem weiteren Modellauf versuchen, diese
Daten in Form von Verteilungsangaben anzunähern. Ein Ergebnisvergleich
der beiden Simulationsläufe zeigt die Güte der Annäherung.

Die Struktur einer solchen Modellkopplung wird in Abb. 2.2 deutlich.

3. Modellstruktur

Das Simulationsmodell muß das Zusammenspiel der drei Hauptkomponenten
des vorgegebenen Multiprozessorsystems nachbilden.

Diese sind:

- die Anforderungen des Benutzers an das System,
- die Hardwarekomponenten des Systems,
- das Betriebssystem.

3.1 Benutzeranforderungen

Die Anforderungen des Benutzers an das Multiprozessorsystem können durch folgende Komponenten beschrieben werden:

- durch das Lastprofil,
- durch Größen, die die Konfiguration des Systems bestimmen, z.B. Anzahl der Prozessoren, Kapazitäten, Segment- und Registergrößen etc. Diese Größen werden im Folgenden als Modellparameter bezeichnet.

Bei der Simulation des Multiprozessorsystems müssen aber auch Anforderungen des Benutzers an das Simulationsmodell berücksichtigt werden. Solche Anforderungen sind z.B. Protokoll- und Ergebnisausdrucke, Vorgabe der Simulationsdauer etc. Diese Anforderungen werden im Modell durch sog. Steuerparameter beschrieben.

In diese drei Komponenten lassen sich die Benutzeranforderungen bei nahezu allen Simulationsmodellen, die etwas mit Rechnersimulation zu tun haben, zerlegen. Durch die Möglichkeit, das Gesamtmodell in zwei Untermodelle aufzuteilen, kommt im vorliegenden Fall noch ein weiterer Bestandteil hinzu: die Zugriffsparameter. Dieser Parametersatz ist nötig, um die Speicherzugriffe in den Untermodellen zu spezifizieren.

3.1.1 Lastprofil

Im Lastprofil werden die Anforderungen des Benutzers an das System festgelegt, soweit diese den Systemablauf betreffen. Diese Anforderungen werden dabei durch Prozesse dargestellt, die während ihrer Verweilzeit im System eine Reihe von Aufträgen durchführen. Solche Aufträge sind:

- Rechenaufträge,
- E/A-Aufträge,
- Speicherzugriffe,
- Kommunikationsoperationen.

Aus dem Lastprofil muß auch die Reihenfolge, in der jeder Prozeß die ihm zugeordneten Aufträge ausführt, ersichtlich sein. Man kann daher das Lastprofil auch als Datenbasis der Prozeßsteuerung bezeichnen. Diese Datenbasis muß zwei Bedingungen erfüllen. Einmal müssen die Daten so gehalten sein, daß aus ihnen ohne großen Rechenaufwand der Ablauf

eines Prozesses bestimmt werden kann, zum anderen sollen die Daten vom
Benutzer leicht zu ändern sein. Da aber weder vom Benutzer verlangt,
noch vom Speicherplatzaufwand her vertreten werden kann, daß alle auszuführenden Aufträge vor dem Modellablauf bis ins Detail vorgegeben werden, erscheint es sinnvoll, diese Daten durch Verteilungen, also als
stochastische Daten anzusehen.
Eine einfache Änderung der Daten durch den Benutzer wird durch das
leicht handhabbare Eingabesystem des Modells sichergestellt.

3.1.2 Lastprofil im Simulationsmodell

Alle Prozesse, die ähnliches Verhalten aufweisen, werden zu __Prozeß-
klassen__ zusammengefaßt. So erscheint es z.B. sinnvoll, alle E/A-inten-
siven Prozesse in einer Prozeßklasse zusammenzufassen.
Die für die Prozeßklassen charakteristischen Daten werden im Simulationsmodell in der __Prozeßklassenmatrix__ PKM abgespeichert.
Die Prozeßklassenmatrix repräsentiert aber in der Beschreibung des
Lastprofils nur die erste Stufe. Es muß nun noch die Auftragsreihen-
folge der Prozesse festgelegt werden. Dazu werden im Simulationsmodell
pro Prozeßklasse drei Werte herangezogen:

- reine Rechenzeit zwischen zwei E/A-Aufträgen,
- reine Rechenzeit bis zum nächsten Speicherzugriff,
- reine Rechenzeit bis zur nächsten Kommunikationsoperation.

Aus diesen drei Werten wird nun der nächste Auftrag festgelegt.

Die Werte für die Rechenzeit zwischen zwei E/A-Aufträgen werden in der
__Rechenzeitmatrix__ RZM in Form von Verteilungen gespeichert, wobei jeder
Prozeßklasse eine Zeile der RZM entspricht.
Die Rechenzeit bis zum nächsten Speicherzugriff wird ebenfalls in Form
einer Verteilung angegeben und in die __Speicherzugriffsmatrix__ SZM abgespeichert. In der SZM werden noch andere Daten, die für einen Speicherzugriff von Bedeutung sind, in Form von Parametern abgespeichert.
Der Verteilungswert für die Rechenzeit bis zur nächsten Kommunikationsoperation wird aus der __Kommunikationsmatrix__ KOM ebenfalls mit
Hilfe einer Verteilung gewonnen. Als weiterer Parameter wird der prozentuale Anteil der EMPFANGE-Operationen an der Gesamtzahl der Kommunikationsoperationen des Prozesses in KOM abgespeichert.
Mit diesen Eingabedaten ist nun der Benutzer in der Lage, ein belie-
biges Lastprofil für das zu simulierende Multiprozessorsystem zusammen-
zustellen.

3.1.3 Modellparameter

Die Kenngrößen des Multiprozessorsystems werden im Modell durch die
sogenannten Modellparameter repräsentiert, deren Datenbasis die Modell-
parametermatrix MOP darstellt. Auch diese Parameter können wie das
Lastprofil vom Benutzer vor jedem Simulationslauf verändert werden.
Der Benutzer ist dadurch in der Lage, z.B. Ergebnisse von verschiedenen Simulationsläufen mit gleichem Lastprofil, aber verschiedener Konfiguration zu vergleichen.

3.1.4 Steuerparameter

Die Steuerparameter sind für den Benutzer zur Handhabung des Simulationsmodells wichtig. Sie dienen dabei hauptsächlich der Steuerung des
Ablaufprotokolls und der Ergebnisausdrucke sowie der Vorgabe der Simulationsdauer. Die Steuerparameter werden im Simulationsprogramm ebenfalls durch Mnemonamen angegeben. Als Datenbasis dient dabei die Steu-
erparametermatrix STP.

3.1.5 Zugriffsparameter

Hat der Benutzer den Wunsch, an Stelle des Gesamtmodells ein Untermodell laufen zu lassen, so muß er für dieses Untermodell zusätzlich zu
den Eingaben des Gesamtmodells weitere Eingabedaten zur Verfügung
stellen.
Beim Untermodell Prozessorverwaltung werden Speicherzugriffe nur dadurch
berücksichtigt, daß die Prozesstransactions um eine bestimmte Zeitspanne verzögert werden. Diese Zeitspanne muß der Benutzer angeben.

Beim Untermodell Speicherverwaltung werden nur die Speicherzugriffe
simuliert. Die Zugriffsparameter, wie z.B. Zeitabstand der Zugriffe,
betroffener Speichermodul etc., die sich beim Gesamtmodell ergeben,
müssen hier vom Bemutzer "Der Hand" eingegeben werden. Für diese Aufgaben steht die Zugriffsparametermatrix ZUP zur Verfügung.

Die in den Kapiteln 3.1.2 bis 3.1.5 erwähnten Datenbereiche werden vor
dem Start des Simulationsprogrammes vom Benutzer durch ein leicht hand-
habbares Eingabesystem abgefragt. Sie sind alle vorbesetzt, so daß
der Benutzer nur noch die gewünschten Änderungen an der Vorbesetzung
vorzunehmen hat.

3.2 Hardwarekomponenten

Die Aufgabe der Hardwarekomponenten des Multiprozessorsystems ist es,
zusammen mit dem Betriebssystem die Benutzeranforderungen zu erfüllen.
Für den Aufbau des Simulationsmodells werden als Hardwarekomponenten

benötigt:

- Prozessor,
- E/A-Prozessor,
- Speicher,
- Speicher-Prozessor-Verbindungssystem.

3.2.1 Prozessor

Im Simulationsmodell werden die Prozessoren durch eine Multifacility nachgebildet. Dabei entspricht jedem Prozessor ein Serviceelement. Die Anzahl der benötigten Prozessoren kann für jeden Simulationslauf festgelegt werden. Die Simulation der Prozessorverwaltung erfolgt im Modell im Modul PROZESSOR.

3.2.2 E/A-Prozessor

Der E/A-Prozessor hat im Simulationsmodell die Aufgabe, sämtliche E/A-Vorgänge durchzuführen. Dabei muß bei jedem E/A-Vorgang auf den Speicher zugegriffen werden. Der Benutzer ist in der Lage, die Speicherzugriffszeit des E/A-Prozessors zu regulieren. Bei einem Faktor von 0.5 wird die Speicherbelegungszeit gegenüber einem vergleichbaren Speicherzugriff von einem der anderen Prozessoren aus um die Hälfte verringert. Zu beachten ist, daß sich dabei außer der Speicherbelegungszeit auch im gleichen Maß die Belegungszeiten des Kreuzschienenverteilers verringern, soweit sie von der zu übertragenden Byteanzahl abhängen. Die beiden Extremwerte sind 0 und 1. Bei Angabe des Wertes 0 fallen die oben genannten Belegungszeiten völlig weg, beim Wert 1 verhält sich der E/A-Prozessor bezüglich dieser Belegungszeiten wie die übrigen Prozessoren.

3.2.3 Speicher

Der allen Prozessoren, einschließlich dem E/A-Prozessor, gemeinsame Speicher ist in dem zu simulierenden Multiprozessorsystem in Speicherbereiche untergliedert, die wieder in Speichermoduln aufgeteilt sind (siehe Abb. 3.1).
Ein Speichermodul besteht aus mehreren Speicherzellen, deren Größe jeweils 4 Bytes umfaßt. Die Anzahl der Speichermoduln sowie deren Größe kann vom Benutzer festgelegt werden.

3.2.4 Speicher - Prozessor - Verbindungssystem

In dem vorliegenden Multiprozessorsystem besteht die Speicher - Prozessor - Verbindung aus einem Kreuzschienenverteiler, dessen Aufbau im Folgenden näher beschrieben wird.

Ein Kreuzschienenverteiler, so wie er hier benützt wird, besteht aus
4 Gruppen von Teilelementen (siehe Abb. 3.1):

- Access - Data - Bus (ACD-Bus),
- Memory - Access - Data - Bus (MACD-Bus),
- Bus - Interface - Unit (BIU),
- Memory - Control - Unit (MCU).

Bei der Abwicklung eines Speicherzugriffs durchläuft ein Prozeß die
Teilelemente des Kreuzschienenverteilers im Normalfall in folgender
Reihenfolge:

CPU --> ACD-Bus --> BIU --> MACD-Bus --> MCU --> Speichermodul
--> MCU --> MACD-Bus --> BIU --> ACD-Bus --> CPU

Für die Abwicklung eines jeden Schrittes innerhalb des Kreuzschienenverteilers ist eine bestimmte Anzahl von Zyklen notwendig, die abhängig
ist von:

- der Zugriffsart (READ oder WRITE),
- der Länge der zu übertragenden Daten,
- der angesprochenen Adresse im Speichermodul.

Die Nachbildung des Speichers und des Speicher-Prozessor-Verbindungssystems erfolgt im Simulationsprogramm im Modul SPEICHER.

3.3 Betriebssystem

Das Betriebssystem des zu simulierenden Multiprozessorsystems kann in
folgende Teile aufgegliedert werden, die für die Modellerstellung nötig
sind:

- Prozeßsteuerung,
- Prozeßverwaltung,
- Prozeßkommunikation.

3.3.1 Prozeßsteuerung

Wie aus Abb. 2.1 ersichtlich ist, durchläuft ein Prozeß während seines
Ablaufes mehrere Stationen des Multiprozessorsystems. Diese Stationen
sind E/A-Prozessor, AWS, Prozessor, KWS etc. Die Steuerung der Prozesse
durch diese Stationen erfolgt im Simulationsmodell mit Hilfe von Transactions, wobei jedem Prozeß eine Transaction, die im folgenden auch
Prozeßtransaction genannt wird, zugeordnet ist.
Die Prozeßsteuerung wird dabei im Modell auf zwei Ebenen realisiert:
Auf der oeberen Ebene wird dem Prozeß eine feste Ablaufreihenfolge
zugeordnet (siehe Abb. 3.3). Nach dem Prozeßstart muß er den E/A-Pro-
zessor belegen, um seine Code- und Datensegmente in den Speicher ein-

zulagern. Die untere Ebene der Prozeßsteuerung wird erreicht, wenn der
Prozeß einen Prozessor belegt. Während dieser Belegungszeit hat der
Prozeß nicht nur reine Rechenarbeiten durchzuführen, sondern auch
Speicherzugriffe und Kommunikationsoperationen. Diese Aktionen und die
sich daraus ergebenden Konsequenzen für den Prozeßablauf (z.B. Blok
kierung wegen undurchführbarer Kommunikationsoperation) regelt diese
Ebene der Prozeßsteuerung.

3.3.2 Prozeßverwaltung

Auf ihrem Weg durch das Simulationsmodell treffen die Prozeßtransactions auf Modellstationen, die sie belegen bzw. durchlaufen oder vor
denen sie blockiert werden können. Solche Modellstationen werden in
GPSS-F Facilities, Multifacilities, Bins oder Gates genannt. Auf diesen Modellstationen werden die Prozeßtransactions mit Hilfe der Transactionmatrix und der GPSS-F-Unterprogramme, die zum Belegen und Verlassen der Modellstationen, sowie zur Bearbeitung der Transactions auf
diesen Stationen dienen, verwaltet. Folgende GPSS-F-Unterprogramme
werden dabei benutzt:

- für Facilities: SEIZE, WORK, CLEAR
- für Multifacilities: MSEIZE, MWORK, MCLEAR
- für Bins: ARRIVE, DEPART, ENDBIN
- für Gates: GATE, DBLOCK

Als Datenbasis der Prozeßverwaltung dient im Simulationsmodell die
Transactionmatrix (TX-Matrix), in der sämtliche prozeßspezifischen
Daten abgespeichert werden. Dabei wird jeder Prozeßtransaction eine
Zeile der TX-Matrix zugeordnet. Aus ihrer Dimensionierung TX(200,50)
kann ersehen werden, daß im Simulationsmodell bis zu 200 Prozesse
gleichzeitig ablaufen können.
Zu Beginn des Simulationslaufes werden alle Prozesse generiert, die
der Benutzer im Lastprofil vorgegeben hat. Sind alle Aufträge eines
Prozesses ausgeführt, wird er beendet. Nach einer frei wählbaren Verzögerungszeit erfolgt danach der Start eines Nachfolgeprozesses. Die
Verzögerung entfällt jedoch, wenn dadurch eine vorgeschriebene Mindest-
anzahl von Prozessen unterschritten würde.

3.3.3 Prozeßkommunikation

In Multiprozessorsystemen ist es üblich, daß die Prozesse, die sich
im System befinden, miteinander in Verbindung treten können, sei es,
um eine Synchronisation zu erreichen oder um irgendwelche Nachrichten
(z.B. Rechenergebnisse) auszutauschen.

Im zu simulierenden System werden zur Prozeßkommunikation sog. <u>Kommu-</u>
<u>nikationswarteschlangen</u> (KWS) benutzt. Jedem Prozeß wird eine solche
Warteschlange zugeteilt, in die die anderen Prozesse in dem Zeitraum,
in dem sie einen Prozessor belegen, Botschaften ablegen können. Dieses
Ablegen entspricht einer SENDE-Operation, die zwei Parameter besitzt:

SENDE(Botschaft,Ziel)

Die Botschaften, die sich in einer KWS befinden, können nur von dem
Besitzer der KWS entnommen werden, wenn er einen Prozessor (außer dem
E/A-Prozessor) belegt. Dieses Entnehmen einer Botschaft nennt man eine
EMPFANGE-Operation:

EMPFANGE(Botschaft)

Die Botschaften werden dabei nach FIFO abgearbeitet.

Bei der Durchführung dieser Operationen können nun folgende Kompli-
kationen auftreten:

- Da die KWS nur eine begrenzte Kapazität besitzt, kann es sein, daß
  eine SENDE-Operation an eine KWS gerichtet ist, die zu diesem Zeitpunkt keinen Platz mehr für die Aufnahme einer Botschaft hat. In
  diesem Fall wird der Prozeß, der das SENDE ausführen wollte, solange
  blockiert, bis ein Platz in der angesprochenen KWS frei wird.

- Ebenso kann es vorkommen, daß ein Prozeß eine EMPFANGE-Operation
  durchführen will und seine KWS keine Botschaft enthält. Auch in
  diesem Fall wird der Prozeß blockiert, solange bis eine Botschaft
  für seine Warteschlange eintrifft.

In beiden Fällen beinhaltet ein Blockieren des Prozesses auch ein Verlassen des Prozessors.

In einem realen System hat der Inhalt einer empfangenen Botschaft Auswirkungen auf den weiteren Prozeßablauf. Dies wird im Simulationsmodell
nicht nachgebildet. Die Durchführung einer Kommunikationsoperation hat
keine Auswirkung für den weiteren Ablauf eines Prozesses, solange die
Operation auch wirklich durchführbar ist. Ist dies nicht der Fall, so
wird der Prozeß wie in der Realität blockiert.

Auch im Modell bedeutet dieses Blockieren, daß der Prozeß den Prozessor freigeben muß. Er wird dann an einem Gate blockiert, solange, bis
die Operation durchführbar wird. Dann verläßt er das Gate und bewirbt
sich in der AWS um einen Prozessor. Bekommt er einen zugeteilt, wird
die Kommunikationsoperation ausgeführt, bevor der Prozeß mit der Abarbeitung seiner Rechenzeit fortfährt.

Im Modell sind 3 verschiedene Kommunikationskonzepte verwirklicht.
Der Benutzer kann das gewünschte Konzept durch den Modellparameter

KOMART auswählen. Die drei Konzepte sollen im Folgenden näher erläutert werden:

1) KOMART=1.: "Kommunikation ohne Rückmeldung"

Bei diesem Konzept sind die EMPFANGE- und SENDE-Operationen vollkommen unabhängig voneinander, d.h., ob ein Prozeß zu einem Kommunikationszeitpunkt eine SENDE- oder eine EMPFANGE-Operation durchführt, wird nur aufgrund eines Parameters ermittelt.

2) KOMART=2.: "Kommunikation mit Rückmeldung"

Dieses Konzept soll an einem Beispiel erläutert werden. Eine Kommunikation zwischen zwei Prozessen A und B läuft folgendermaßen ab:

a)   A sendet eine Botschaft an B.
b)   B empfängt die Botschaft von A.
c)   B sendet eine Rückmeldung an A.
d)   A empfängt die Rückmeldung von B.

Hier kann es genau wie beim ersten Konzept vorkommen, daß Prozesse blockiert werden müssen, weil eine SENDE- bzw. EMPFANGE-Operation im Moment nicht ausführbar ist.

3) KOMART=3.: "Rendezvous-Konzept"

Es soll ebenfalls anhand einer beispielhaften Kommunikation zwischen zwei Prozessen A und B dargestellt werden:

a)   A sendet eine Botschaft an B und wird blockiert.
b)   B empfängt die Botschaft von A.
c)   B sendet eine Rückmeldung an A und A wird deblockiert.

Mit dem Schritt c ist die Kommunikation zwischen A und B beendet. Zu bemerken ist, daß es sich bei dem in c vorkommenden Senden der Rückmeldung von B nach A, genauso wie bei dem Empfangen der Rückmeldung von A, nicht um eine SENDE- bzw. EMPFANGE-Operation wie oben beschrieben, handelt, sondern nur um ein Deblockieren von A, das von B aus durchgeführt wird. Auch in diesem Konzept kann es bei den Schritten a und b zum Blockieren eines Prozesses wegen einer nicht durchführbaren Operation kommen.

3.4 Struktur des Simmulationsprogramms

Das Simulationsprogramm wird in fünf Moduln unterteilt, von denen jeder die im Folgenden kurz beschriebenen Aufgaben erfüllt:

1) Modul PROZESS-START/-ENDE:
   - Generieren der Prozeßtransactions zu Beginn des Simulationslaufes
   - Starten und Beenden der Prozesse

- Verzögern der Prozeßtransaction nach Beendigung eines Prozesses

2) Modul PROZESSOR:
- Verwalten der AWS und der Prozessoren
- Ermitteln der Rechenzeit zwischen zwei E/A-Vorgängen für jeden Prozeß
- Ermitteln der nächsten Speicherzugriffs- und Kommunikationszeitpunkte für jeden Prozeß
- Ermitteln der Zugriffsparameter bei Speicherzugriffen

3) Modul KOMMUNIKATION:
- Durchführen der SENDE- und EMPFANGE-Operationen
- Blockieren des Prozesses bei nicht durchführbarer Kommunikationsoperation

4) Modul E/A-PROZESSOR:
- Einlagern der Code- und Datensegmente nach dem Prozeßstart
- Durchführen eines Spoolout nach Abarbeiten der vorgegebenen Rechenzeit zwischen zwei E/A-Vorgängen

5) Modul SPEICHER:
- Speicherzugriff über das Speicher-Prozessor-Verbindungssystem
- Zugriff auf den Speichermodul
- Ermitteln der Zugriffszeit

Im Modell Prozessorverwaltung durchlaufen die Prozeßtransactions dabei mit Ausnahme des Moduls SPEICHER alle Moduln, das Modell Speicherverwaltung benutzt hingegen nur den Modul SPEICHER. Im Gesamtmodell werden alle Moduln durchlaufen.
Die Struktur des Simulationsmodells und das Zusammenwirken der einzelnen Moduln wird aus Abb. 3.4 ersichtlich.

4. Modellergebnisse

Das Modellverhalten wird während des Simulationslaufes durch
- gezielte Protokollierung der aktuellen Systemzustände und
- numerisches Erfassen interessanter Ereignisse zur späteren statistischen Auswertung für den Benutzer gewonnen.
Man erhält Aufschluß darüber,
- wann welcher Prozeß an welchem Betriebsmittel welche Zustandsübergänge durchführt
- wieviele Prozesse sich an welchen Beobachtungspunkten wie lange aufgehalten haben.

Zum Schluß des Simulationslaufes werden aus den aufgesammelten Daten die Werte der Betriebsmittelauslastungen und der Warteschlangencharakteristika berechnet und mit den zugehörigen Konfidenzintervallen ausgedruckt.

Im Modell werden folgende Betriebsmittel überwacht:

- jeder Prozessor
- jeder ACD-Bus
- jeder MACD-Bus
- der Gesamtspeicher

und folgende Warteschlangen geführt:

- die Ablaufwarteschlange vor den Prozessoren
- die WS vor dem E/A Prozessor
- die WS vor dem Speicher
- die WS für die Kommunikation
  (getrennt für Senden/Empfangen/Rückmelden).

Zudem werden die mittlere Anzahl von Prozessen im System sowie deren mittlere Verweilzeit gemessen.

LITERATUR

/1/ Reference Manual for the ADA Programming Language,
     United States Department of Defence, July 1980

/2/ Allegre, N.; Burns, G.; Johnson, R.; Morris, J.; Zeigler, S.:
     "ADA for the Intel 432 Microcomputer",
     COMPUTER, June 1981, pp. 47-56

/3/ Schmidt, B.: GPSS-FORTRAN Version II, Springer Verlag 1977

/4/ Schmidt, B.: Rechnermodelle. Die Simulation von Rechenanlagen
     mit GPSS-FORTRAN, R. Oldenburg Verlag, München-Wien 1978

/5/ Musielak, H.; Stößel, M.: SIM330 - Ein Simulationsmodell für die
     Prozeßrechnerfamilie Siemens 330, Arbeitsberichte des IMMD, Bd. 12
     Erlangen 1979

/6/ Einsatz des Simulators GPSS-F am Beispiel der Simulation einer
     DVA 4004/151 (BS 2000), Siemens Arbeitsbericht Nr. 20/77,
     Dienststelle E TDV 11

/7/ Eichhorn, E.: Entwicklung einer Kommandosprache zur leichteren
     Handhabung des Simulationsmodells BS 2000, Studienarbeit am
     IMMD IV, 1980

/8/ Hopf, F.; Eichhorn, E.: Implementierung eines Modells zur Simula-
     tion eines Multiprozessorsystems unter besonderer Berücksichtigung
     der Speicher-Prozessor-Kopplung durch einen Kreuzschienenver-
     teiler, Diplomarbeit am IMMD 1982

/9/ Gordon, R.: Systemsimulation, R. Oldenburg Verlag, München 1972

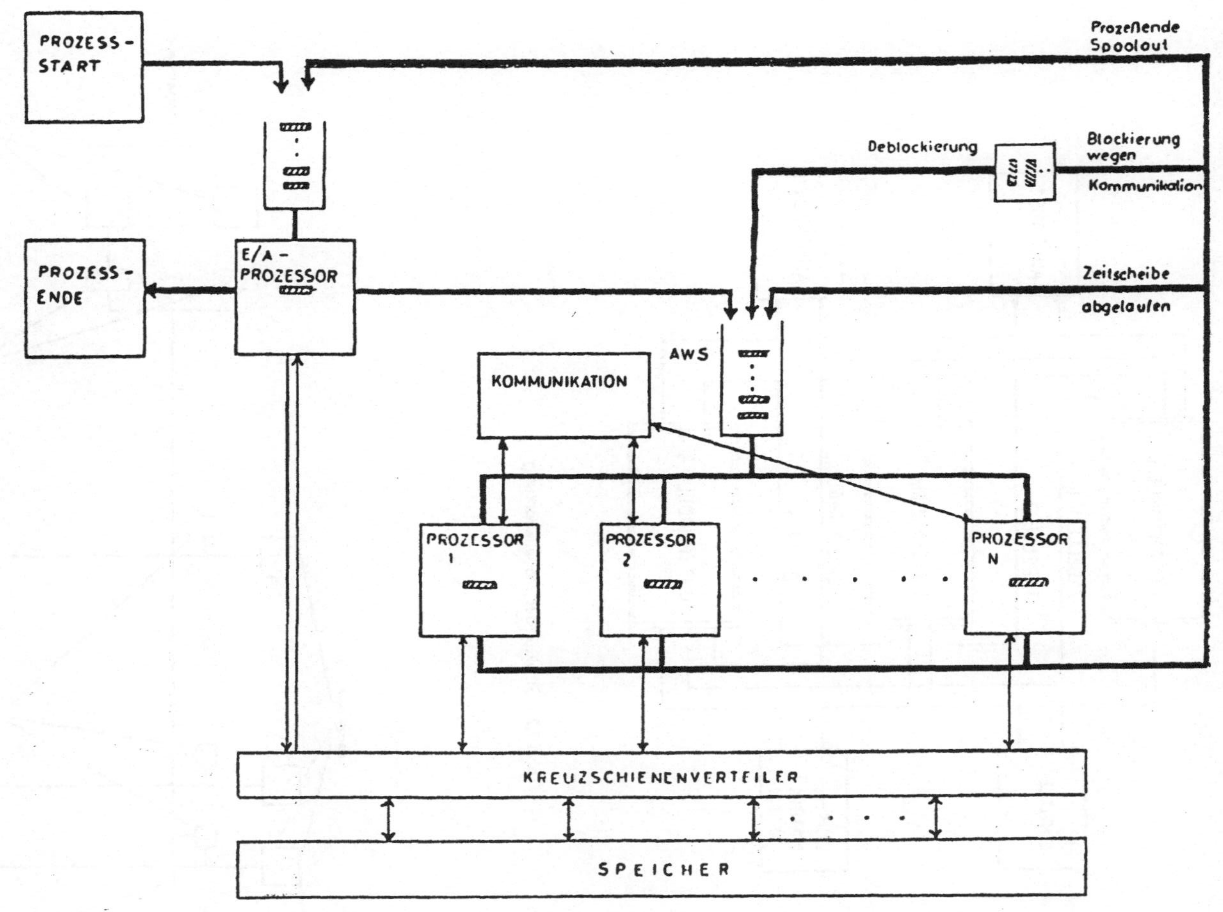

Abb. 2.1 : Grobstruktur des Modells

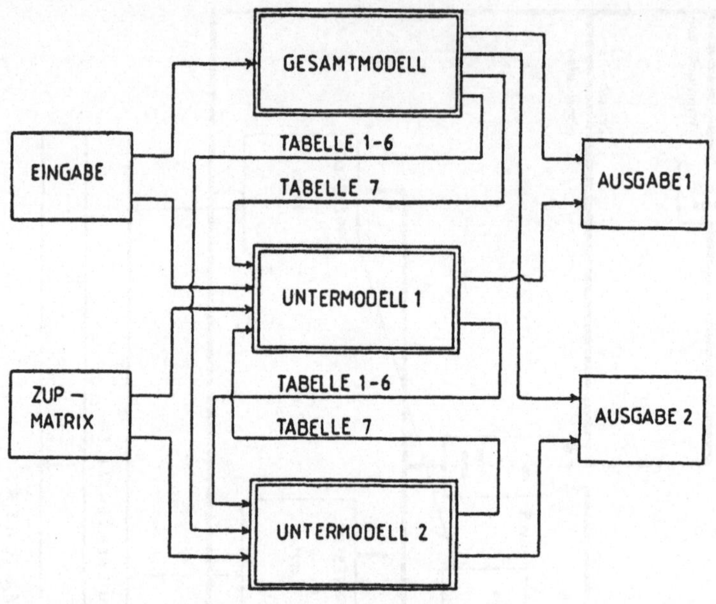

Abb. 2.2 : Struktur der Modellkopplung

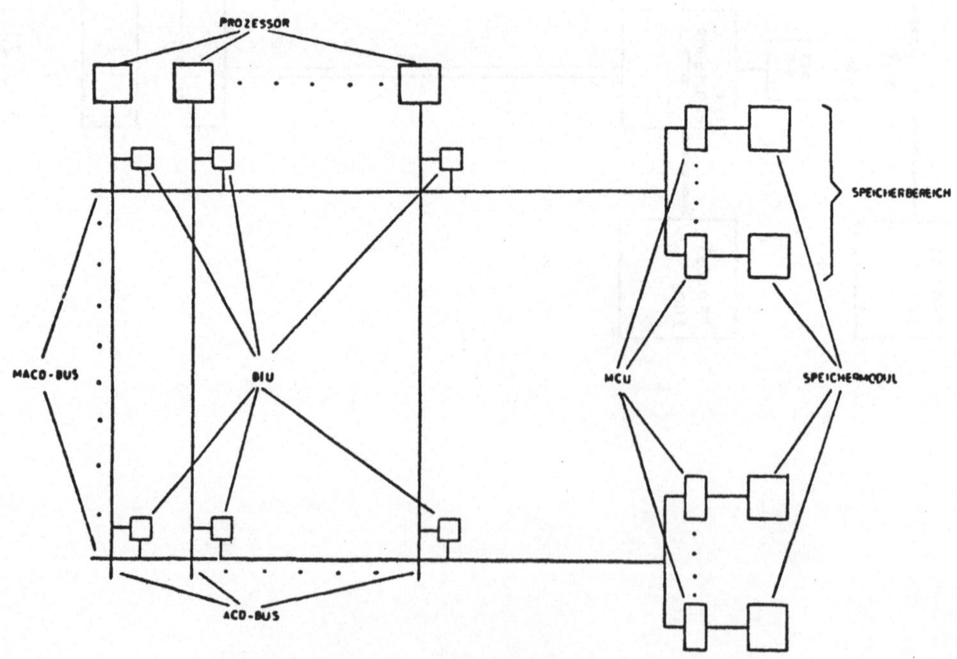

Abb. 3.1 : Kreuzschienenverteiler und Speichereinteilung

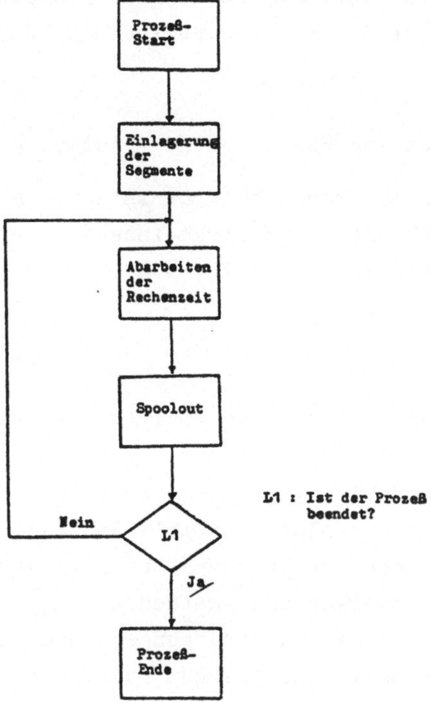

Abb. 3.3 : Obere Ebene der Prozeßsteuerung

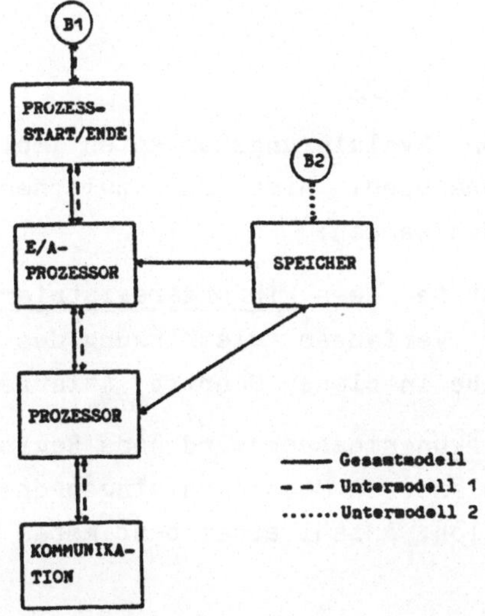

B1: Programmbeginn und -ende für Gesamtmodell
und Untermodell 1

B2: Programmbeginn und -ende für Untermodell 2

Entwicklung eines Monitor-Modelles zur Evaluierung der Leistungsfähigkeit und der Benutzerfreundlichkeit interaktiver Systeme

Henning Hanusa   und   Helmut R. Weber

Technische Hochschule Darmstadt, FB Informatik
Fachgebiet Graphisch-interaktive Systeme
Alexanderstr. 24, D-6100 Darmstadt

In den vergangenen Jahren wurde viel Arbeit im Bereich der Mensch-Maschine-Kommunikation investiert. Die Informationstransferrate zwischen Mensch und Maschine wurde vor allem durch den Einsatz von Graphik immer mehr erhöht. Portable Software erreichte man durch Standardisierung der graphischen Grundsoftware (GKS). Im Bereich der Interaktionstechniken und -methoden liegen gute Resultate /1/, /2/, /3/ vor. Bei allen Anstrengungen wurde aber stets vergessen ein geeignetes Modell (und hieraus konstruiert ein entsprechendes Instrumentarium) zu entwickeln, daß die Wirksamkeit und Effizienz an der Mensch-Maschine-Schnittstelle messen kann. Die unter der üblichen Bezeichnung Monitor verstandenen Systeme wurden den realen Anforderungen aus dem Grunde schon nicht gerecht, weil sie das Verhalten des Benutzers zu wenig oder garnicht berücksichtigten.

1. Das Evaluierungskonzept

Die Anwendung von Evaluierungskonzepten impliziert die Absicht, Wirkungen zu beobachten. Hier muß zwischen vier verschiedenen Stufen unterschieden werden:

- Auf der Stufe der _Wirkungsregistrierung_ wird mit Hilfe empirischer Verfahren die Wirkung des Systems registriert (z.B. Ausgabe in blauer Schrift, Ablaufschritte im Dialog).

- Bei der _Wirkungsmessung_ wird jede Registrierung bemaßt und relativ zu anderen Messungen eingeordnet (z.B. Dauer einer Benutzeraktion, Anzahl eines bestimmten Fehlers).

- Die <u>Wirkungskontrolle</u> vergleicht die gemessenen Werte hinsichtlich einer Norm, z.B. mit dem Verhaltensmuster "des" Durchschnittbenutzers oder einer Benutzerklasse.

- Erst bei der <u>Wirkungsbewertung</u> wird die Güte des Systems reflektiert. Dies geschieht heutzutage meist noch außerhalb des Systems, z.B. im Verkaufsvorstand.

Abgesehen von der Tatsache, daß bisherige Monitore in einem interaktiven System unseres Wissens nach nur auf die Evaluierung der Systemkomponenten beschränkt waren, erlaubte die Einengung auf Wirkungsregistrierung und -messung keine Rückkopplung ins System zur dynamischen Zustandsänderung während einer Sitzung. Dies ist aber unbedingt nötig, um z.B. adaptives Verhalten gegenüber eine Benutzerklasse zu gestatten. Die Zuordnung des aktuellen Benutzers zu einer dieser Klassen kann durch die Kontrolle der Messungen an einer "Erfahrungsnorm" vorgenommen werden. Da unser Monitormodell die Evaluierung hauptsächlich während einer Sitzung vornehmen soll, wird im folgenden die Wirkungsbewertung in den Hintergrund geschoben. Die Schwierigkeiten der Bewertung (Was ist ein gutes System? Wann ist der Benutzer zufrieden?) bedürfen vornehmlich der außermaschinellen Bearbeitung und seien deshalb hier ausgeklammert.

Bevor in Kapitel 3 die zugrundeliegenden Entwicklungsmethoden eines solchen Monitormodells beschrieben werden, sei kurz auf das Evaluierungskonzept eingegangen. Wir gehen von dem Verfahren der Prozeßevaluation aus, d.h. wir versuchen Verhaltensmuster zum Zeitpunkt ihres Erscheinens zu analysieren bzw. ihre Registrierung und Messung aufgrund im System vorhandener Kontext- und Vergangenheitsinformationen an einer zu erstellenden Norm zu kontrollieren. Diese Orientierung an Verhaltensmustern bedingt eine starke Zeitabhängigkeit, so daß wir als Evaluierungsgegenstände Interaktionseinheiten sehen, wie z.B. die Einheit: Eingabeaufforderung, Eingabe, Eingaberückmeldung und Verwertung. Da unser Monitormodell als Programm ablaufen soll, kann es nur indirekt das Benutzerverhalten evaluieren. Dies gilt auch, wenn z.B. bei Körpertemperaturmessungen direkt eine Messung am Benutzer vorgenommen wird, seine Kontrolle an der Norm (z.B. erhöhte Temperatur --> Nervosität) aber indirekt ist.

Unter _Evaluierungsdesign_ verstehen wir die Konstruktion von Verarbeitungseinheiten V_i , die einen einzelnen oder eine Gruppe von inhaltlich zusammenhängenden Verhaltensaspekten beschreibt. Wesentliches Hilfsmittel hierfür ist die zugrundeliegende Datenstruktur (Kap. 3). Als Designer sehen wir eine Gruppe von Spezialisten, die, analog zu Dialogautoren, über Spezialkenntnisse (psychologisch/ergonomischer Art) verfügen, aber für die EDV-technischen Realisierung ausreichend ausgebildet sind.

2. Anforderungen an das Monitormodell

Um von dem Evaluierungskonzept zu einem Konstruktionskonzept zu gelangen, stellten wir einen Anfoerdungskatalog auf, der aus System- und Benutzersicht einzelne Teilaspekte einer solchen Konstruktionsaufgabe beleuchtet. Die Forderungen beinhalten z.B.:

- Konstruktion nach allgemeingültigen Entwurfsmethoden und prinzipien, um ein gutes Teilsystem innerhalb eines guten interaktiven Systems zu erhalten.

- Systematisierung der Entwurfsarbeiten.

- Unterstützung von Datenaustausch in als auch aus Datenbank-, Informations- und ähnlichen Systemen, um den komplexen Datenbedarf und -anfall bewältigen zu können.

- Flexibilität gegenüber bestehenden und zukünftigen Anwendungen als Voraussetzung für einen langfristig einsetzbaren Modellentwurf.

- Sicherstellung der Datensicherheit und Datenintegrität

- Systemadaption bezüglich der zeitlichen Dynamik des Benutzerverhaltens.

- Unterstützung klassischer und neuer statistischer Verfahren unter besonderer Berücksichtigung des Gesetzes der "kleinen" Zahl.

- etc.

Hieraus ergab sich folgende Klassifizierung der Anforderungen für ein solches Monitorsystem.

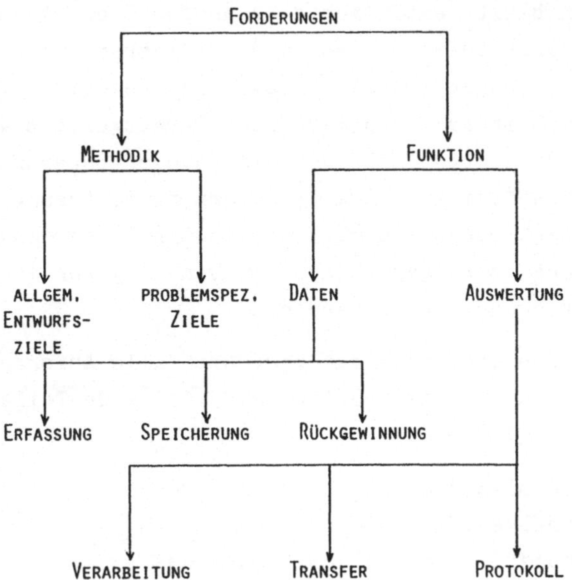

Abb. 1: Klassifizierung der Anforderungen

Neben diesen prinzipiellen Anforderungen wurde das Problem der mathematisch/statistischen Behandlung der Daten gesondert untersucht, um Rückwirkungen auf das Design der Verfahren V_i zu finden.

Es stellten sich folgende Besonderheiten heraus:

1. durch die fortlaufende Beobachtung des Systems sowie der gleichzeitigen Auswertung und der eventuell beabsichtigten Beeinflussung des weiteren Ablaufes liegt stets nur ein Ausschnitt aus dem Datenstrom vor, der während der Gesamtsitzung anfällt. Hierbei kann nicht auf alle Daten aus der Vergangenheit zurückgegriffen werden.

2. die aktuelle Verarbeitung (und Rückführung dieser Daten) beeinflußt die Produktion neuer Daten in der Zukunft.

3. die Mächtigkeit der zur Verfügung stehenden Datenmenge ist sehr gering.

Ein wesentliches Problem ist die Forderung nach Erfüllung des real-Zeit-Aspektes. Da das Monitormodell nur ein Systembaustein sein soll, der das Gesamtsystem unterstützt, folgt aus der Forderung, daß das Anwendungssystem benutzerfreundlich im Sinne einer niedrigen Zykluszeit ($\leqslant$ 10 sec) sein soll, daß das Monitormodell nur einen Bruchteil dieser Zeit verbrauchen darf.

Unangetastet hiervon bleibt natürlich eine ausführliche Auswertung außerhalb des Sitzungslaufs. Daten und Verfahren, die nicht unmittelbar für die augenblickliche Sitzung benötigt werden, sollen für die Verarbeitung aus dem Monitor herausgezogen werden. Hierunter fallen z.B. statistische Systemmessungen (Übertragungsrate, Interaktionskoeffizient, usw.), sofern nicht Aussagen über das Benutzerverhalten durch sie möglich sind. Alle Berechnungen, die eine Rückwirkung zeitigen sollen, müssen hingegen zur Lauf- (Meß/Kontroll-)-Zeit durchgeführt werden.

Da keine der bekannten statistischen Verfahren alle Anforderungen erfüllen, scheint eine Konzentration auf folgende Teilaspekte angebracht:

1. Die Berücksichtigung der offenen Datenmenge
   (Sequentialanalyse)
2. Ausnutzung zusätzlicher Informationen aus
   a. bedingten Wahrscheinlichkeiten
   (BAYES-Verfahren)
   b. der Reihenfolge der Meßwerte
   (Iterationstheorie)
   c. der Untersuchung von abhängigen Ereignissen
   (Markoffsche Prozesse)
3. Konstruktion schneller Tests
   (ROSENBAUM, DAVID, etc.)

Neben einer formalen Art der Optimierung, wie z.B. Minimierung der Operationen, scheint aber die Konstruktion und Anwendung neuer Verfahren in der Statistik wichtiger zu sein, die aus der gegebenen Datenmenge mehr Informationen herausholen.

Eines der Hauptprobleme liegt in der Abschätzung dieses Verläßlichkeitsniveaus, denn es gibt vorerst keine sichtbare Korrelation zwischen diesen Werten, der Reaktion des Systems und der Wirksamkeit auf den Benutzer.

Der Umfang der benutzbaren und benötigten Verfahren widersprach der Absicht der Autoren, ein statistisches Grundpaket zur Verfügung zu stellen. Auch im Sinne der Verarbeitungszeit scheint das ausprogrammieren der statistischen Verfahren in den Designverfahren günstiger. Aufgrund der Abhängigkeit von den Designverfahren können keine allgemeinen Empfehlungen zur Benutzung einer bestimmten Statistik gegeben werden, obwohl dies wünschenswert erschien.

3. Beschreibung des Modells

Nach der Definition der Verarbeitungsphase durch den Monitordesigner müssen die Designverfahren in eine programmierbare Form gebracht werden. Um diesen Übergang zu erleichtern wird dem Monitordesigner eine Datenstrukturbeschreibung als Hilfsmittel angeboten, mit deren Hilfe er eine fast formale Spezifikation seiner Absichten vornehmen kann. Bei vorhandener Rechnerunterstützung kann dann anhand von Regeln eine erste syntaktisch/ semantische Überprüfung der Spezifikation vorgenommen werden. So läßt sich z.B. überprüfen, ob die gewünschten Eingabedaten an der abstrakten Schnittstelle ED bereits vorliegen oder ob sie auch erst noch spezifiziert werden müssen. (Genauere Beschreibung siehe weiter unten). So kann jeder Monitordesigner sein Verfahren (relativ) unabhängig vorbereiten. Eine Kommunikation unterhalb der Verfahren kann in standardisierter Weise mittels einer sitzungsbezogenen Speicherinstanz SD vorgenommen werden. Aus dem (Design-) Verfahren V_i , daß die Bearbeitung z.B. eines Verhaltensaspektes bearbeitet, wird eine ablauffähige (Verarbeitungs-) Einheit V_i. Die Einbindung der Einheiten V_i in die Systemarchitektur (Ein- und Ausgabe, sowie Ablaufsteuerung) übernimmt ein Systemimplementierer, der sich hierbei auch auf die Datenstruktur bezieht, mit der die Monitordesigner formell und verbal ihre Wünsche beschrieben haben.

Die Aufgabe des Monitors besteht im wesentlichen darin, Daten vom und über das System und den Benutzer zu erfassen, diese zu verarbeiten (kontrollieren) und die Ergebnisse (bedeutungsmäßig als Entscheidungskriterien) bereitzustellen. Die Objekte für die Verarbeitung sind die Daten über das System/Benutzerverhalten. Sie fallen in mannigfacher Weise an. Zeitlich gesehen können sie bei der Systemnutzung sofort bei ihrem Auftreten anfallen, aber sie können auch während der Sitzung aufbewahrt werden und über diesen Zeitraum hinaus längerfristig auf externen Datenträgern notiert werden. Neben der Bereitstellung der aktuellen, sitzungsgebundenen Entscheidungskriterien hat man die mittel- und langfristige Datenhaltung zu betrachten.

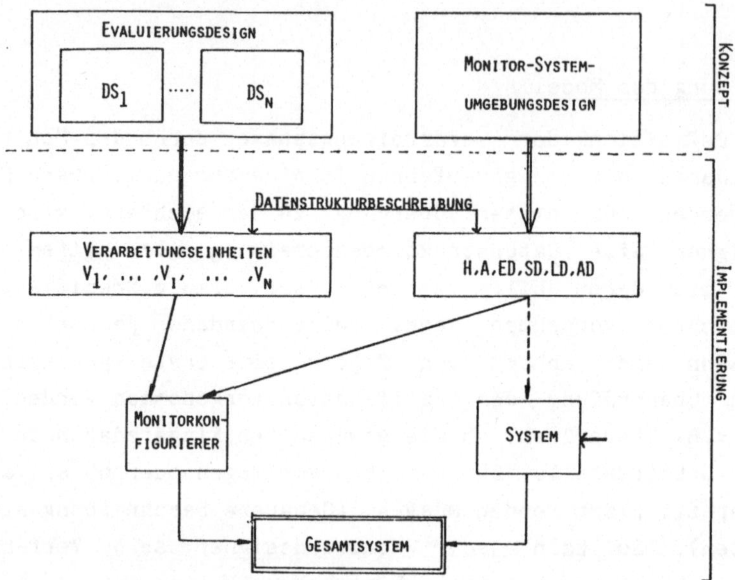

Abb. 2: Realisierungskonzept

Der Kontrolleinheit fallen folgende Aufgaben zu:

- Koordinierung von unabhängigen Verfahren zur Behandlung verschiedener Aspekte des Systemverhaltens
- Steuerung des Datenflusses
- Kommunikation mit den entsprechenden Systemteilen

Über das Datenvolumen lassen sich generell keine Aussagen machen, da der Datenbedarf durch die einzelnen Verarbeitungsverfahren festgelegt wird. Die Bearbeitungsfrequenz der Daten ist aufgrund der real-Zeit-Forderung als ständig während der Sitzung anzusehen. Es gibt aber Unterschiede bei den einzelnen Verfahren. Die außerhalb der Sitzung liegende Bearbeitung der längerfristig gespeicherten Daten soll hier nicht betrachtet werden, da sie nicht zum eigentlichen Kern des Monitors gehören soll, sondern etwas eigenständiges auf gleicher Ebene ist.

Die Aufteilung des Monitors in Entwurfsmodule verlangt, daß folgende Aspekte vorrangig berücksichtigt werden:

1. Implementierungsentscheidungen sollen so spät wie möglich fallen, um die Forderung nach einem allgemeinen Ansatz aufrecht erhalten zu können.

2. Von den allgemeinen Entwicklungszielen sollen besonders die Änderbarkeit und die Verständlichkeit beachtet werden.

Eine leichte Änderbarkeit für eine Einheit V_i, die einen ganz bestimmten Aspekt des System-/Benutzerverhaltens bearbeitet, bedeutet, daß keine oder nur sehr wenige Änderungen in anderen Einheiten V_j nötig werden. Dies bedingt, daß die Dinge, die wahrscheinlich häufig geändert werden (oder geändert werden müssen) als Geheimnisse in einem Modul versteckt werden.

Für den Monitor ist zu erwarten, daß folgende Dinge häufig geändert werden:

1. Die einzelnen Verfahren zur Behandlung eines bestimmten Verhaltensaspektes.

2. Form und Herkunft der aus dem System-/Benutzerverhalten gewonnenen Daten.

3. Schnittstellen zu externen Speicher- und Kommunikationsmedien.

4. Aufbau der Informationen, die an die Kopplungsinstanz weitergegeben werden.

5. Überwachungs-/Protokollierungsinstanzen.

Die Überwachung und Protokollierung des Systems ist eng verbunden mit den Verarbeitungseinheiten, so daß sie als Teil dieser angesehen wird. Die Daten über die Entscheidungskriterien werden in der Einheit AD zusammengefaßt, da diese aufgrund der Verflechtung mit dem Gesamtsystem wahrscheinlich weniger oft geändert werden müssen als andere Daten. (Man beachte, daß ja erst zur Laufzeit die Effizienz der Verfahren beurteilt werden kann, daß aber die gewünschten Anfordungen in der Spezifizierung der Entscheidungskriterien feststehen. Das ständige Ändern, Erproben und Beurteilen der Verfahren und der Datenproduktion ist somit wahrscheinlicher als ein ständiges Ändern der Sollvorgabe.)

Als zweites betrachte man die aufgeworfene Problematik der situationsgebundenen statistischen Auswertung. Die Ergebnisse, die eine Verarbeitungseinheit erzeugt, können Eingabedaten in eine andere Einheit sein. Hierdurch muß entweder eine übergeordnete Einheit V diese mittelfristige, sitzungsbezogene Datenhaltung realisieren oder diese Datenhaltung muß als eigenständige Einheit konzipiert werden. Im ersteren Fall ist die Realisierung der Datenstruktur vorteilhaft in der übergeordneten Einheit V verborgen, aber die Zugriffe der einzelnen Einheiten zu diesen Daten sind implizit verdeckt. Im zweiten Fall besteht die Möglichkeit, diese Zugriffe explizit angebbar machen zu können (und zu müssen). Ferner besteht V dann aus völlig disjunkten Verarbeitungseinheiten V_i, die nichts miteinander zu tun haben. Um die Transparenz der Datenzuordnung zu den Verfahren zu erhöhen, wird dem zweiten Fall der Vorzug gegeben. So werden die Verfahren V_i bei ihrer Abbildung auf die Einheiten V_i als echte Module auf der Ebene der Verarbeitung aufgefaßt, was der Erweiterbarkeit und Konfigurierbarkeit des Gesamtsystems entgegenkommt.

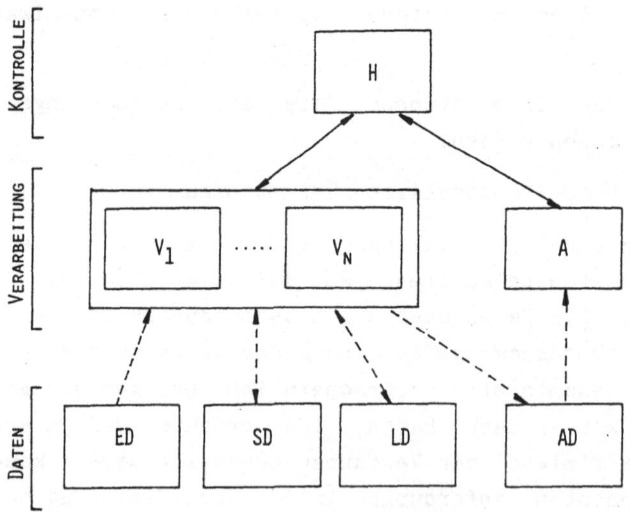

Abb. 3: Modularisierung

Die einzelnen Einheiten verbergen auf dieser Ebene folgende Informationen:

H Koordinierung der Verarbeitungseinheiten V_i und damit Aktualität der Entscheidungsdaten.

A Abbildung der Anforderungen aus dem übergeordneten System auf die tatsächliche Realisation in AD.

V_i verfahrensspezifische Informationen über die verwendeten Algorithmen; nach außen sind nur Eingabedaten und Ergebnisdaten zusammen mit der verbalen/formalen Beschreibung der Funktion bekannt.

ED Gewinnung der Daten über den Benutzer, Koordinierung der Zugriffsüberlappungen (der verschiedenen externen Geräte).

SD Realisation der sitzungsbezogenen Datenspeicherung.

LD Zugriffsrealisation zu den externen Speicher- und Kommunikationsmedien.

AD Realisation der Speicherung für die Entscheidungskriterien und Koordinierung der Zugriffe hierauf.

Die Einheiten können in zwei Klassen eingeordnet werden. Klasse 1 besteht aus einer Hauptfunktion, deren Ausgabe ausschließlich von der Eingabe abhängt, also einer Funktion im mathematischen Sinne. Klasse 2 dient dazu, die Realisierung wesentlicher Datenstrukturen des Programms von ihrer Benutzung zu isolieren. Hier liegt also eine abstrakte Datenstruktur vor. Aus der Entscheidung, die V_i als eigenständige Einheiten zu betrachten nebst einer Absonderung der mittelfristigen Datenhaltung in SD, folgt unmittelbar, daß zwar jedes Verfahren V_i beliebige Daten aus SD lesen darf, aber nur Daten in dem ihm zugewiesenen, verfahrensspezifischen Speicherbereich schreiben darf. Dies beinhaltet eine Segmentierung von SD mit den Zuordnungindex der V_i.

Im folgenden soll diskutiert werden, welche Struktur der Daten notwendig ist, um die geforderten Leistungen vollbringen zu können. So wird zuerst untersucht, wie eine solche Datenstruktur aus der Problemsicht heraus aufgebaut sein muß.

Eines der grundlegenden Merkmale ist, daß die einzelnen Daten aus ihrem Erzeugungsplatz heraus nur ein geringes Informationsguthaben besitzen. Ein Ereignisindikator während der Systemnutzung sagt alleine nichts darüber aus, ob der Benutzer nervös ist oder welche Fähigkeiten er besitzt. Erst die Zusammenfassung einzelner Daten zu komplexeren Strukturen erhöht zusammen mit der entsprechenden Verarbeitung den Gehalt der Information. Eine Reihung von Fehlerindikatoren nebst ihren zeitlichen Abständen kann als Muster schon eher Informationen darüber liefern, welcher Fehlerbehandlungsklasse der jeweilige Benutzer zuzuordnen ist. Dieses Zusammenfassen und Strukturieren der Daten ist bestimmend für die Konstruktion der Designverfahren. Die Datenkonvertierung ist selten 1 : 1, sondern es werden aus mehreren Stufen, parallel und sequentiell, aus n Daten m neue Daten gewonnen, wobei m meist sehr viel kleiner als n ist.

Ferner sei noch einmal auf eine mögliche Rückkopplung der Systemwirkungen auf die Erzeugung der Dateninhalte hingewiesen. Der Monitor kann aus dieser Sicht als eine Systeminstanz gesehen werden, die viele Daten komprimiert und nach außen nur eine geringe Erzeugung von Daten sichtbar werden läßt.

Es muß jederzeit möglich sein, den erzeugten bzw. gewonnenen Daten eindeutige Attribute bzgl. ihrer Ausprägung und Bedeutung zuzuordnen. Es mag zuerst etwas ungewöhnlich erscheinen, den Daten ihre semantische Bedeutung als Attribute beizugeben. Folgende Argumentenliste mag verdeutlichen, warum gerade dieser Weg gewählt wird:

1. Im Zusammenhang mit der Gewinnung von Daten über Systemreaktionen als Folge von Benutzereingaben steht die semantische Transformation der Bedeutungsinhalte im Vordergrund, nicht so sehr ihre datentechnische Ausprägung.

2. Die Konstrukteure der Verarbeitungseinheiten V_i sind (aus der Sicht der Autoren) eher Ingenieure mit guten Kenntnissen der Human Fctors, als reine Systemimplementierer. Ersteren kommt die vorgeschlagene Sichtweise entgegen.

3. Die Attributierung mit semantischen Paraphrasen läßt hoffen, eine rechnergestützte Überprüfung der Bedeutungstransformationen zu ermöglichen, indem die Spuren eines Datums nach Attributen untersucht werden können. Zugleich erhöht sich die Chance auf einfache Änderbarkeit, da weniger Annahmen über die Daten verborgen sind.

4. Dem Nachteil des Informationsüberhanges und der damit verbundenen Codevergrößerung steht der Vorteil der rechnergestützten Datenstrukturgenerierung durch Menütechnik oder ähnlichem gegenüber (einschließlich einer ersten semantischen Überprüfung anhand von Regeln).

Die Daten verlangen folgende Beschreibungsteile:

1. HERKUNFT: Woher kommen die Daten?
2. ZIEL: Wohin gehen die Daten?
3. ART: Wie sind sie aufgebaut?
4. BEDEUTUNG: Was sagen sie aus?
5. IDENTIFIZIERUNG: Wie sind sie gekennzeichnet?

Zur Beschreibung dieser Datenstruktur wird eine Backus-Naur-Form verwendet:

<DATENSTRUKTUR> ::= <HERKUNFT> <ZIEL> <ART>
                         <BEDEUTUNG> <IDENTIFIZIERUNG>

Die Datenstrukturen, die für die Designer der Verfahren interessant sind, sind diejenigen in den V_i's. Alle anderen brauchen ihn nicht zu interessieren, d.h. er braucht nur zu wissen, daß er ein Eingabedatum erhalten kann, aber nicht wie es zustande kommt. Wir haben für die obigen fünf Beschreibungspunkte eine Detaillierung ausgearbeitet, mit deren Hilfe eine Datenstruktur erzeugt werden kann, die zum einen eine genaue Beschreibung des gewünschten Datums erlaubt, zum anderen auf Grund des verwendeten Formalismus eine rechnergestützte Überprüfung anhand semantischer Regeln erlaubt. Um einen Einblick in die Mächtigkeit dieses Beschreibungsmittels zu vermitteln, geben wir ohne weiter auf die Einzelheiten eingehen zu können eine grobe Grammatik an.

```
<HERKUNFT>              ::=  <PRIMÄR> / <SEKUNDÄR>
<PRIMÄR>                ::=  programm / betriebssystem /
                            externwertgeber / sonstiges
<SEKUNDÄR>              ::=  <BEARBEITUNG> / <DATENHALTUNG>
  <BEARBEITUNG>         ::=  V_i
  <DATENHALTUNG>        ::=  SD(V_i) / LD("externbezug")
<ZIEL>                  ::=  <EINZEL-ZIEL> / <ZIELMENGE>
  <ZIELMENGE>           ::=  <EINZEL-ZIEL> /
                            <EINZEL-ZIEL>,<ZIELMENGE>
  <EINZEL-ZIEL>         ::=  SD / LD / AD / V_i
<ART>                   ::=  <ZEIT> / <EREIGNIS> / <WERT> /
                            <TEXT>
  <ZEIT>                ::=  <RELATIVE-ZEIT> / <ABSOLUTE-ZEIT>
    <RELATIVE-ZEIT>     ::=  "wert in zeiteinheit"
    <ABSOLUTE-ZEIT>     ::=  "meßwert in bezugssystem"
  <EREIGNIS>            ::=  "ereigniscodierung"
  <WERT>                ::=  "einfacher strukturtyp"
  <TEXT>                ::=  <ZEICHENKETTE>
<BEDEUTUNG>             ::=  <AUSWERTESTUFE> <UMSETZUNG> <URSPRUNG>
                            <SENSITIVITÄT><TEXT>
  <AUSWERTESTUFE>       ::=  <STUFE1> / <STUFE2> / <STUFE3>
    <STUFE1>            ::=  sofort / sitzung / dauer
    <STUFE2>            ::=  sofort, sitzung /
                            sofort, dauer /
                            sitzung, dauer
    <STUFE3>            ::=  sofort, sitzung, dauer
  <UMSETZUNG>           ::=  direkt / indirekt
  <URSPRUNG>            ::=  vom-benutzer / über-den-benutzer
  <SENSITIVITÄT>        ::=  frei / schützenswert
<IDENTIFIZIERUNG>       ::=  <SYSTEMID>.<ID-TEXT>
  <ID-TEXT>             ::=  <ZEICHENKETTE>
  <SYSTEMID>            ::=  <ZEICHENKETTE>
```

Die Spezifizierung eines Eingabedatums, daß z.B. eine Temperatur im umliegenden Raum mißt, könnte so aussehen:

```
HERKUNFT              :=  PRIMär  :=  externwertgeber
ZIEL                  :=  EINZEL-ZIEL  :=  V_3
ART                   :=  WERT  :=  real (z.B. 23.073)
BEDEUTUNG             :=
    AUSWERTESTUFE      :=  STUFE1  :=  sofort
    UMSETZUNG          :=  indirekt
    URSPRUNG           :=  über-den-Benutzer
    SENSITIVITÄT       :=  frei
IDENTIFIZIERUNG      :=  F20.TEMPERATUR
```

An der beschriebenen Datenstruktur sieht man, wie bereits Einzelheiten der Verarbeitung der Daten in die Beschreibung der Daten eingehen. Dies ist insofern erwünscht, als daß das Festlegen der Datenstrukturen eng mit der Konstruktion der Vearbeitungseinheiten zusammenhängt. Der Vorrat an Daten ist ja zu Beginn der Konstruktion nicht vorgegeben, ja er existiert überhaupt nicht. Erst die Umsetzung eines Teilproblems in einen Verarbeitungsalgorithmus erzeugt die zugehörige Datenstruktur. Diese muß dann in die schon vorhandenen eingepaßt werden, auf standardisierte Weise. So gesehen genügt es nicht, die Datenbeschreibung auf rein syntaktische Maßnahmen zu beschränken, sondern es muß vielmehr durch eine flexible semantische Attributierung erreicht werden, daß auch Informationen über die Integration in das Gesamtsystem beigegeben werden. Derartige Informationen sind normalerweise Gegenstand der Systembeschreibung. Das hier dieser etwas ungewöhnliche Weg gewählt wurde, ist durch die Absicht begründet, die Datenbeschreibung gleichermaßen für Systemkontrukteure und Human-Factors-Spezialisten attraktiv zu machen, zusammen mit der Forderung nach maschineller Überprüfbarkeit und rechnergestützter Unterstützung bei der Konstruktion.

4. Zusammenfassung

Es wurde ein Monitormodell vorgestellt, daß über die Leistungen bisheriger Monitore hinaus in der Lage ist, Benutzerverhalten zu erfassen und auszuwerten. Anhand eines Anforderungskataloges wurde eine modulare Monitorstruktur entwickelt, die es erlaubt, den Monitor den Bedürfnissen der verschiedensten Hardware-/Software-konfigurationen anzupassen. Die Vorteile der flexiblen Datenstruktur für die Beschreibung der zu verwertenden Meßdaten sind beim Einsatz des Monitors für die Steuerung einer adaptiven Dialogführung eines interaktiven Auskunftsystems (ASK, siehe /2/ und /5/) aufgezeigt worden. In ein definiertes Monitorgerüst sind die Verarbeitungseinheiten, im angeführten System sind dies im wesentlichen Module zur Messung und Bewertung von Antwortzeiten und Fehlerhäufigkeiten und -arten, als unabhängige Module eingepaßt worden. Diese Eigenschaft unterstützt zum einen eine flexible Erweiterbarkeit und "Pflege" des Monitors, zum anderen gewährleistet sie ein breites Einsatzgebiet durch eine ständige Anpaßbarkeit in einem Konfigurierungsprozeß /3/.

5. Literaturhinweise

/1/ GUEDJ, Richard A. (Hrsg): Methodology of Interaction. Amsterdam: North-Holland 1980 (= IFIP Workshop on Methodology of Interaction, Seillac, France).

/2/ BARON, Norbert; HANUSA, Henning; KLOS, Walter: Beschreibung, Bewertung, Entwurf interaktiver Systeme der technischen Kommunikation. Darmstadt, Technische Hochschule 1981 (= Forschungs- und Arbeitsberichte des Fachgebiets Graphisch-interaktive Systeme GRIS 81-6).

/3/ HANUSA, Henning; PFAFF, Günther; KUHLMANN, Herbert: On Constructing Interactive Graphics Systems. (Hrsg.): D.S.Greenaway, E.A.Warman. Amsterdam: North-Holland 1982 S. 237-248. (= EUROGRAPHICS 82 - Participants Edition).

/4/ WEBER, Helmut R.: Entwicklung eines Modells zur Messung und Bewertung von Benutzerverhalten für die Anpassung des Mensch-Maschine-Dialoges interaktiver Systeme. Dipl.-Arb., Darmstadt, Technische Hochschule 1981.

/5/ ENCARNACAO, Jose; HANUSA, Henning; STRASSER, Wolfgang:Tools and Techniques for the Description, Implementation, and Monitoring of Interactive Man-Machine-Dialogues. Zürich: IEEE Catalog No. 82CH1735-0 1982 . (= Proc. Int. Zürich Seminar Digital Communication Man-Machine Interaction, Zürich, Mar. 9-11,1982)

                    The Research Queueing Package:
                        Graphics Developments

                    Alvin Blum and Edward A. MacNair
                    IBM Thomas J. Watson Research Center
                    Yorktown Heights, New York 10598

                           Charles H. Sauer
                    IBM Communications Products Division
                           Austin, Texas 78758

Abstract: The Research Queueing Package (RESQ) is a system for
constructing   and   solving   extended   queueing   network   models. The
extensions to classical queueing network models which are available in
RESQ enable the modeler to represent many complexities which are found
in computer systems, communication networks, distributed systems, office
systems and manufacturing lines.

The graphical facilities for constructing RESQ models will be described.
The model builder selects RESQ symbols which represent the system and
specifies   how   they   are   interconnected.   The   program   automatically
produces a file containing RESQ modeling language statements which can
be used with RESQ commands.   It is also possible to draw a diagram of a
model which has been constructed directly from RESQ modeling language
statements.   Once the model is solved, perhaps several times with
different parameter values, the results can be displayed in graphical
form.

1. INTRODUCTION

Performance models (FERR78, KOBA78, LAVE82, SAUE81, SAUE82c) are widely
used to predict the behavior of systems.   The Research Queueing Package
(RESQ) (SAUE80, SAUE82a, SAUE82b) is a system for constructing and
solving extended queueing network models. The extensions include
facilities for representing many complex features which appear in
systems to be modeled.   Queueing network models which are solved by an
analytic technique require many simplifying assumptions to be
mathematically tractable. In addition to being able to solve models by
analytic techniques, RESQ also allows more complex models to be solved
by simulation.   RESQ employs a high level modeling language to describe
a system.

One situation which arises in many systems is that jobs can acquire two
or more resources simultaneously. A job may be allocated some amount of
memory and be using other processors at the same time. A message may
hold a buffer while it is transmitted over a communications link.
Representing simultaneous resource possession in RESQ is accomplished

with a high level building block called the passive queue. The passive queue may also be used to represent communications algorithms like polling, pacing and flow control. This modeling construct can also be used to communicate between several tasks. In an operating system, this type of communication is known as a semaphore. The passive queue is a very general modeling construct which can be used to represent many complex situations.

The traditional types of queues are called active queues in RESQ. Many different queueing disciplines can be specified, including priority scheduling. Simulation permits a large range of service time distributions and rates of service. There can be any number of servers at an active queue. Queue dependent servers can also be defined.

The simulation approach permits many other system details to be represented. Each job can be tagged with several variables to remember different types of information. These tags, which are called job variables, can be used for assigning message lengths, for counting the number of times a job goes through a submodel, etc. The values of these job variables can be used for making decisions about which resources the jobs will visit or in expressions involving distributions. Jobs can be split into multiple copies and optionally reassembled. Routing decisions can additionally be based on the state of the system, the values of variables or probabilities.

The simulation program embodies several features not found in most other simulation languages. Statistical output analysis procedures produce confidence intervals for the performance measures and there are stopping rules for determining when the simulation should end.

Models are very effectively represented by a diagram which describes the flow of work through the system. Different symbols represent the various RESQ elements. The RESQ symbols are connected together to show what paths the jobs follow and where the jobs experience delays. Usually this type of diagram is drawn when beginning a model. The construction of a model by drawing a RESQ diagram on a graphical device attached to an IBM Personal Computer is decribed in section 2.

A model can also be constructed with the modeling language. This can be done interactively or in a mode similar to using a programming language compiler. A picture of a model constructed in this fashion can be produced as discussed in section 3. The diagram is useful when debugging a model and for describing the flow of jobs through the system.

Models can be constructed using parameters which are given values when solving for the performance measures. This permits the solution of the model many times for various parameter values. The results which are generated for these different parameter values can be plotted to graphically illustrate the model solutions. A description of the graphical presentation of the results is given in section 4.

We are attempting to support graphical interfaces on many different
devices. We have some interfaces running on very low resolution devices
and some on very high resolution devices. The problem with supporting
many different devices is that different programs are usually necessary
for each device.

2. MODEL CONSTRUCTION BY DRAWING A DIAGRAM

Traditionally, the design of queueing network models begins with a
manually drawn diagram of the system being analyzed. The graphical
elements of the diagram are then translated by the model developer into
a language and structure required by the modeling method. This results
in duplication during the model building process since much of the
model's structure appears both in the diagram and in the textual input
description to the modeling system. Thus, in order to minimize this
redundancy, to simplify the design process, and to enhance understanding
of system interrelationships, model diagrams can be constructed using
computer graphics capabilities. The information implicit in the model
diagram can then be used to pre-define many of the modeling language
constructs required for input.

A program is being developed for the IBM Personal Computer which
provides the graphics capabilities for creating RESQ queueing network
model diagrams, and then continues the input process interactively with
the user until a transcript of a model definition file (in RESQ terms,
the "dialogue" file) is created. The file is processed by the RESQ
translator, expansion, and solution components as is done currently.
The program is implemented with dual displays, one screen in graphics
mode for the drawing of model diagrams and the other for completing the
entry of textual material as it relates to the diagram and as required
by RESQ. The program is structured in three phases:

(1) The model diagram is drawn on the graphics screen as a
series of interconnected panels (described below). The
panels are placed in diskette files for further processing
and/or revision. Hard copy output of model diagrams will
also be available.

(2) Using these files, the program then prompts the model
developer on the text (monochrome) display for the
additional information necessary to complete the RESQ
dialogue file. Using the Asynchronous Communications
Adapter, the file is then transmitted to the remaining
RESQ components for execution. Should input errors be
found, the file is sent back to the PC for corrections.

(3) Solution results are returned to the user for (graphics)
display and analysis.

When creating model diagrams during phase (1), the user is presented with a screen divided into partitions. There is one large window for the current working panel and four others for reference, e.g., for showing previously constructed panels containing sections of RESQ models and submodels. Any of the standard RESQ modeling symbols can be invoked by the use of function keys. Symbols can be moved in any of eight directions to any desired location within the working panel by pressing the appropriate key in the keypad section of the Personal Computer keyboard.

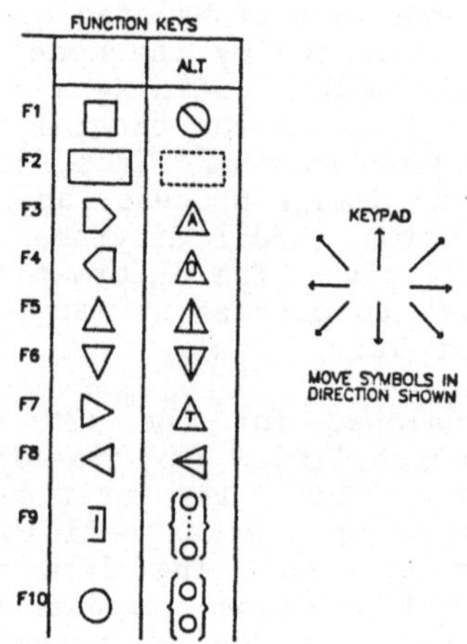

Figure 2.1 - Current Function Key Assignments for RESQ Diagrams

Each symbol can be enlarged or contracted, thereby permitting the tailoring of model diagrams to a user's personal perspective and aesthetics. Symbols can be locked into position at any time; they can also be unlocked and moved and/or erased at any time by the use of function keys.

Typically, the procedure for building model panels consists of the following (Figures 2.2a through 2.2d):

1. Moving and placing symbols in selected locations on the large working panel and locking them into place.

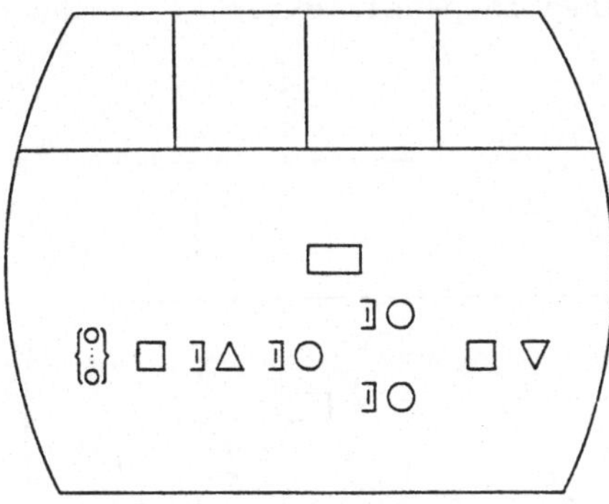

Figure 2.2a - Placing Model Symbols on Graphics Screen

2. Denoting passive QUEUE token flow by connecting the RESQ symbols for ALLOCATE, CREATE, RELEASE and DESTROY nodes to TOKEN POOLs.

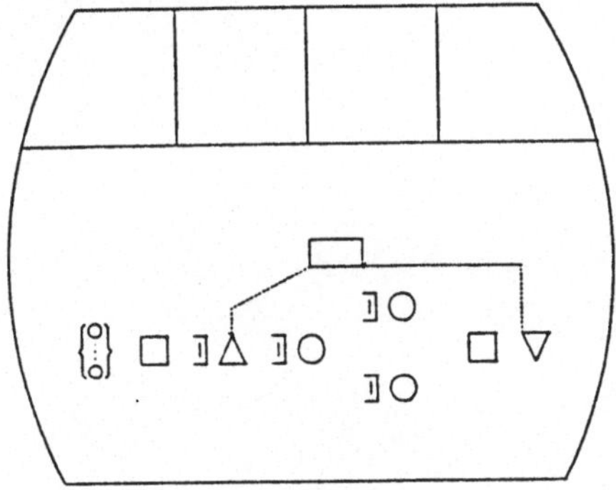

Figure 2.2b - Passive Queue Token Flow

3. Creating job routing by invoking a routing chain keyboard
   function and sequentially linking all nodes in the chains
   to be constructed in the current working area. Incomplete
   chains are indicated with special off-panel connector
   symbols to provide linkages to those sections of the
   chains contained in panels external to the current working
   panel.

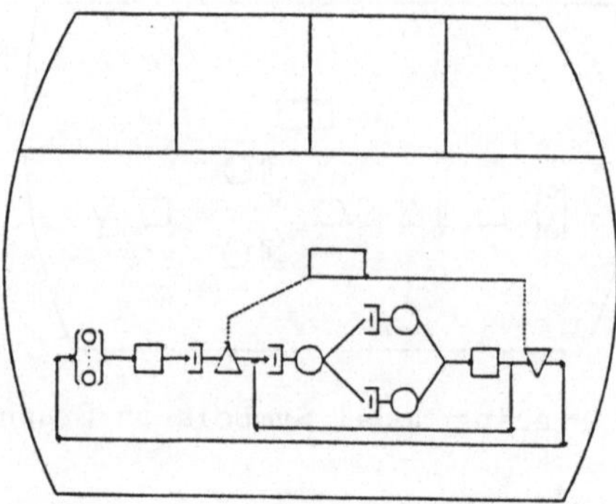

Figure 2.2c - Routing Chains

4. Listing of user names for RESQ symbols on the panel (active QUEUES, passive QUEUE elements, submodels, SOURCE, SINK, FISSION, etc. nodes). The program will prompt for the names directly on the panel. However, since this is not always feasible due to space limitations and general diagram appearance, any symbol or node not named is identified during phase (2) and named at that time.

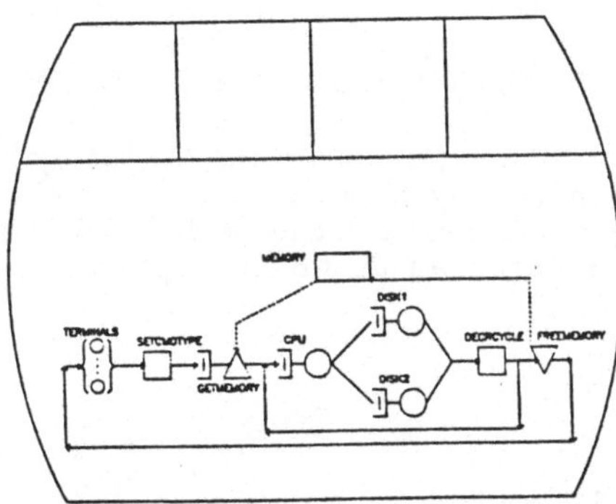

Figure 2.2d - Naming Elements

Upon completion, the panel is reduced and placed in the next sequential partition for reference (beginning with the upper leftmost partition), and the working area is cleared so that the model diagram can be continued. When all the reference partitions are filled, the oldest reference panel is stored on a diskette in FIFO sequence in a model file. (Submodels are uniquely identified and stored in a library of separate files). The reference panel is then overlaid with the current working area. At any time, the current working area and any one of the reference partitions can be interchanged for viewing and/or revision. In addition, any stored sequential set of up to five panels can be read from the file for the same purpose.

During phase (2), both displays are used to complete the dialogue file. The monochrome screen prompts (in full-screen mode) for the remaining input information in conjunction with a graphics display of that portion of the model diagram under consideration. The stored panels (of diagram descriptions) contain most of the structural configuration of the model and thereby serve as a basis for prompting for the additional RESQ information. The type of data requested typically consists of RESQ Parameters, Identifiers, Variables, Service Times, Work Demands, Submodel Invocations, and Run Time information (Confidence Interval Method, Initial State Definition, Run Limits). When this session is complete, the dialogue file is uploaded to the host system where the

model is executed through the RESQ translation, expansion, and solution
phases. Should any errors occur that prevent further processing, the
file can be downloaded to the PC, corrected, and returned to the host.

As is done presently, output from the RESQ expansion component can be
returned to the PC, run time parameters can be modified, and the model
can be resubmitted for execution. Phase (3), graphical output
presentation, is briefly discussed in Section 4 below.

3. DIAGRAM PRODUCED FROM MODELING LANGUAGE STATEMENTS

A model can be constructed using modeling language statements. A model
constructed in this fashion may undergo many revisions. It is helpful to
be able to generate a diagram of the model from the current version.
Figure 3.1 shows a model diagram drawn on a graphics device.

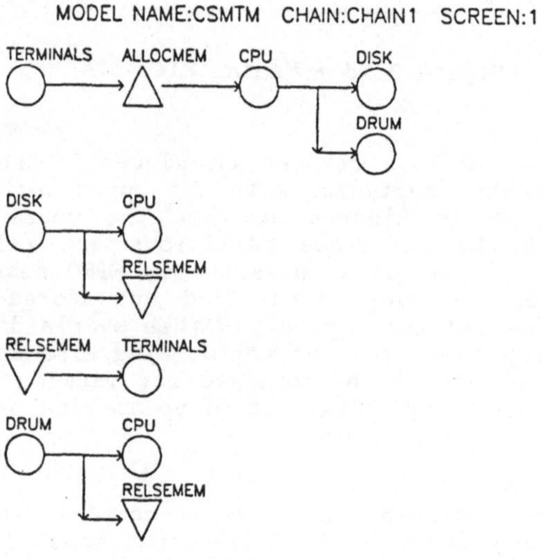

Figure 3.1 - Model diagram drawn on a graphics device

The diagram which is currently drawn is disconnected and does not
contain any feedback loops. The RESQ symbols are drawn until a set of
parallel routing branches is encountered. The diagram is then continued

on a new line with one of the last symbols. The program which draws the diagram proceeds in this fashion until all the branches have been produced.

We plan to improve the program so that we can produce connected diagrams automatically from modeling language statements. We will also include performance measures produced by a solution technique on the model diagram near the corresponding RESQ symbol.

We have programs which can produce more sophisticated drawings for use in publications, but these programs require that the user specify the exact placement of the symbols in a coordinate system of the graphics device. Figure 3.2 is an illustration of this.

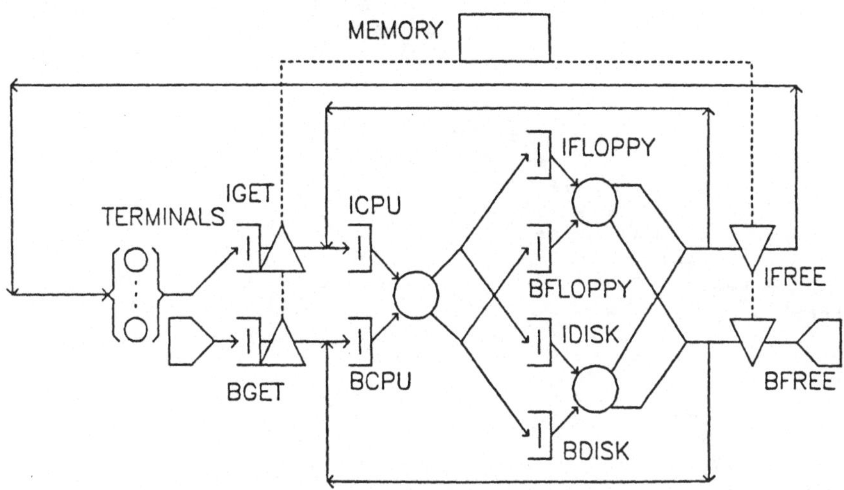

Figure 3.2 - Connected diagram

4. GRAPHICAL PRESENTATION OF RESULTS

The ability to produce graphical plots of model results often gives further insight into the system behavior. We have developed some simple plotting routines for use with a low resolution device. These routines take a matrix of X and Y coordinate values for one or more curves of data. Figure 4.1 shows a sample plot of two curves.

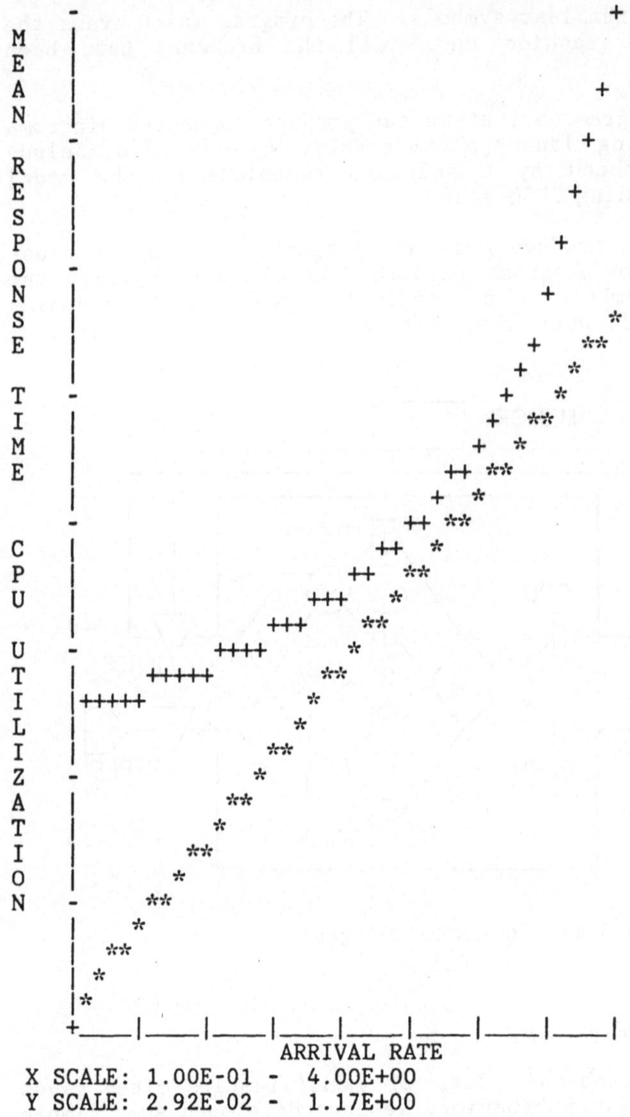

Figure 4.1 - Example plot of model results

These routines will be extended so that they can be used with higher resolution devices. Currently, it is the users responsibility to construct the matrix of the points to be plotted. We plan to implement an interactive dialogue which will permit the user to specify one or more curves and the results which make up these curves and the corresponding model parameter values. The program would then be able to generate the matrix and call the plotting routines automatically.

The interactive dialogue for specifying the results to be plotted would be part of a new RESQ command for reviewing results from a model which has been solved with one or more sets of parameter values. The existing command for solving a model would produce a file containing all the RESQ results for each set of parameter values. This file would be the input for the new command which could display the results in the current format or in a graphical format. Figure 4.2 illustrates the current format for model results for the mean queueing time of several queues.

```
ELEMENT            MEAN QUEUEING TIME
MEMORYQ            2.04902(1.81592,2.28212) 22.8%
CPUQ               0.05243(0.05009,0.05476) 8.9%
DISKQ              0.06681(0.06364,0.06999) 9.5%
DRUMQ              0.01067(0.01047,0.01087) 3.8%
TERMINALSQ         4.71685(4.45555,4.97814) 11.1%
```

Figure 4.2 - Current format for model results

The first number on each line is the point estimate, which is followed by the lower and upper confidence interval values in parentheses. The relative width of the confidence interval is also given as a percent.

This information could also be displayed as a histogram as shown in Figure 4.3.

```
ELEMENT            MEAN QUEUEING TIME
                     1     2     3     4     5
MEMORYQ            ************
CPUQ              *
DISKQ             *
DRUMQ             *
TERMINALSQ        ********************************
```

Figure 4.3 - Histogram of results

Plans are underway for exploring the graphics capabilities of the IBM Personal Computer to generate graphics output. Again, the output of the RESQ solution phase would be downloaded to a graphics processor at the PC. Plots similar to those described above would be generated. In addition, data collected over discrete time intervals for selected model output measurements (mean queue lengths and times, resource utilizations, throughput, etc.) could be displayed as time series plots. In addition, distributions of queue lengths, queueing times, and other paramaters can be displayed. Also under consideration is the possibility of using the RESQ simulation trace in conjunction with model diagrams to represent dynamic flows within models. Thus by regenerating selected parts of model diagrams, various quantities of interest can be displayed at specific time intervals directly on the diagram and state changes with respect to time can be graphically illustrated.

5. CONCLUSION

We feel that RESQ is a useful tool for constructing and solving extended queueing network models of contention systems. The graphical interfaces associated with RESQ enhance its usability.

REFERENCES

FERR78 D. Ferrari, Computer Systems Performance Evaluation, Prentice-Hall (1978).

KOBA78 H. Kobayashi, Modeling and Analysis: An Introduction to System Performance Evaluation Methodology, Addison-Wesley (1978).

LAVE82 S.S. Lavenberg (Editor), E.A. MacNair, H.M. Markowitz, C.H. Sauer, G.S. Shedler and P.D. Welch, Computer Performance Modeling Handbook, to appear, Academic Press (1982).

SAUE80 C.H. Sauer, E.A. MacNair and S. Salza, "A Language for Extended Queueing Network Models," IBM Journal of Research and Development, Vol.24, No.6, November 1980, pp. 747-755.

SAUE81 C.H. Sauer and K. M. Chandy, Computer System Performance Modeling, Prentice-Hall (1981).

SAUE82a C.H. Sauer, E.A. MacNair and J.F. Kurose, "The Research Queueing Package Version 2: Introduction and Examples," IBM Research Report RA-138, Yorktown Heights, New York (April 1982).

SAUE82b C.H. Sauer, E.A. MacNair and J.F. Kurose, "The Research Queueing Package: Past, Present and Future," Proceedings of the National Computer Conference, pp. 273-280 (June 1982).

SAUE82c C.H. Sauer and E.A. MacNair, Computer Communication Systems: Simulation Methodology, to appear, Prentice-Hall (1982).

An Adaptive Working Set Algorithm

G. Liefländer, H. Schmutz, P. Silberbusch, R. Steimle
IBM Scientific Center Heidelberg

1. Introduction

Since the late sixties many publications on paging and related topics have been
published dealing with theoretical and practical page replacement algorithms (see
references in [1]). If we consider the algorithms based on the LRU (least recently
used) principle there are two basic approaches for solving the page replacement
problem in a multiprogramming environment: Global (e. g. global LRU) and local
(e. g. WS [1] and PFF [13]). The "global LRU" type of algorithms will select for
replacement the system wide least recently used pages. This approach is used by many
available Operating Systems. It shows satisfactory behavior over most workloads as
long as the load on main storage is not too high. The main problem with this
approach is the use of "real age" (i. e., the elapsed real time since the page was
last referenced) as the basis of page replacement. The real age is, as discussed in
section 2, inherently unstable for many programs operating at optimal memory allocation. Global LRU is therefore, in general, not optimal. Available Operating
Systems offer additional support to help the user protect critical applications from
loosing their pages [2,3].

The WS algorithm as described by Denning in [1,4] defines the "Working Set" as the
set of pages referenced during a certain execution time of a program. The time when
the CPU executes instructions belonging to a program is called the "virtual time" of
this program. A "window" of virtual time is defined, and all pages not referenced
during this window are considered as not belonging to the working set. Implementa-
tions of this concept have been so far restricted to smaller systems [5] or for
experimental purpose [6]. It is claimed that this algorithm gives a better utilization of main storage as measured by the space time product. In [7] Graham and
Denning observed for a set of programs that WS harmonizes better with the "knee
criteria" than PFF or LRU. The "knee criteria" is claimed to be the most adequate
heuristic load control. One major problem with WS is finding the right window size.
According to [1] and [7] the size of the window is not of major concern and it
should be possible to achieve near optimal thruput by using a single global value.
Recent research results do not support this statement [8,9]. A further problem with
WS in its basic form is its unability to cope with workloads composed of communicat-
ing programs and data spaces.

The object of this paper is the description of the Adaptive Working Set algorithm (AWS) and its comparative analysis under workloads with a stationary behavior. AWS attempts to combine the "good aspects" of global LRU and WS and to avoid their drawbacks. In section 2 we discuss in more detail the problems with global LRU and WS and develop the basic principles of AWS. In section 3 we describe briefly the simulation model which has been used to compare AWS with global LRU. In section 4 we present the simulation results for a set of different workloads. Section 5 summarizes the results.

2. Description of the AWS Algorithm

2.1 Motivation

The AWS algorithm is the result of a thorough study of the global LRU and the WS paging algorithms under the conditions of fast CPU's operating with high levels of multiprogramming and executing a DB/DC workload. Figure 1 shows a DB/DC system. It is composed of a set of terminals, a CPU with main memory and Input/Output processors (IOPs). The main memory contains a Data Communication (DC) subsystem, a Data Base (DB) subsystem, one or more Data Spaces (DSi) and a set of Message Processing Programs (MPPi). Each of these components can be viewed as being contained in one virtual Address Space (ASi), although more than one such AS may be accessible concurrently by one program (e. g., the own AS and a data space).

The (slightly simplified) control flow in a DB/DC system may be viewed as follows. The DC subsystem services transaction generated at the terminals. To this end it assigns the processing of a transaction to a free MPP. The MPP calls the DB subsystem for access to the data base. After completion of processing, the MPP responds to the DC subsystem and becomes idle (i. e., it enters "wait for next transaction") until a new transaction is assigned to it by the DC subsystem. In summary, a DB/DC system is a system of cooperating address spaces. Address spaces offer services and use services offered by other address spaces. The ultimate driving force behind the system is the set of users at the terminals who enter transactions and wait for a response. It is important to keep this kind of system structure in mind while evaluating page replacement algorithms.

The global LRU algorithm shows good results with DB/DC systems as long as the paging activity of the MPPs is low and the main servers (data spaces, DC subsystem, DB subsystem) are protected from paging [2,3]. A low paging activity means, say, less than one reference outside the locality set per 10 accesses to the disks via calls to the DB subsystems. We refer to these disk accesses as I/O in contrast to disk accesses resulting from paging. In the described situation memory is being utilized

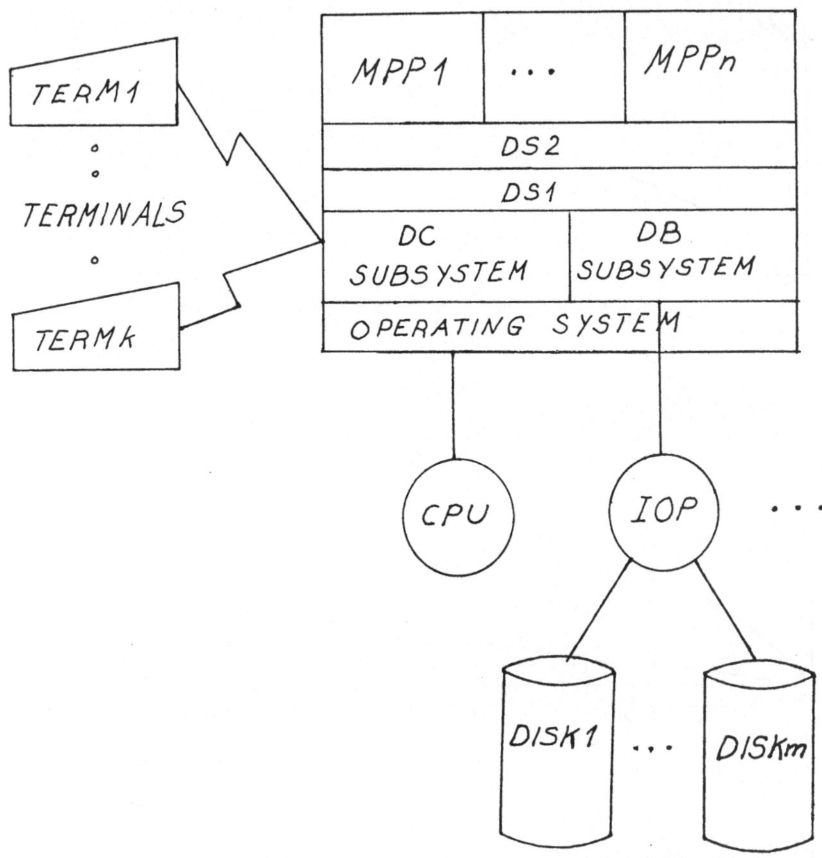

Figure 1: A DB/DC System

efficiently, if unreferenced pages remain for a long period in memory (say, 5 to 15 seconds) before they are removed. However, if the paging rate increases to .3 and more per I/O, the memory is not being utilized in an efficient way any longer.

The goal of the page replacement algorithm is the control of the real memory assignment to address spaces. To avoid oscillation of real memory per address space, it is necessary that the quantity selected to regulate memory is a non-decreasing function of memory size. Fig. 2 illustrates the relationship between virtual window size, real window size, and real memory. Many programs, in particular those with a well defined locality set, show the behavior displayed in figure 2 as, for example, measured by Smith [12]. Fig. 2 (a) shows storage as a function of the virtual window size; typically, the storage is a non-decreasing function of this quantity. Fig. 2 (b) shows the mean real age of removed pages as a function of the virtual window size.

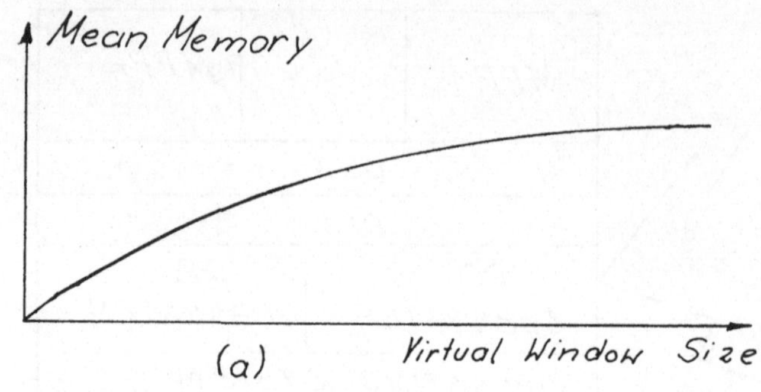

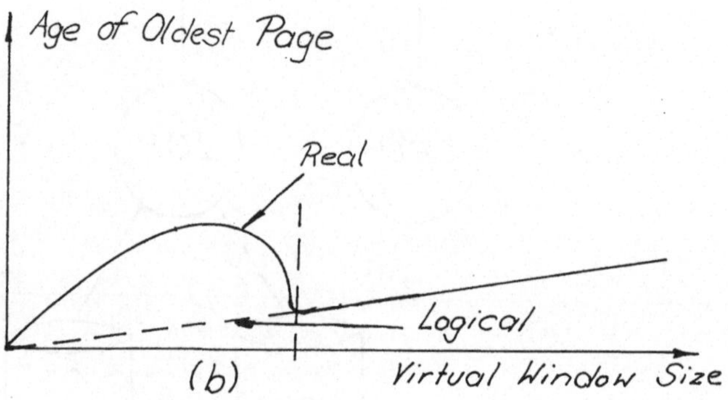

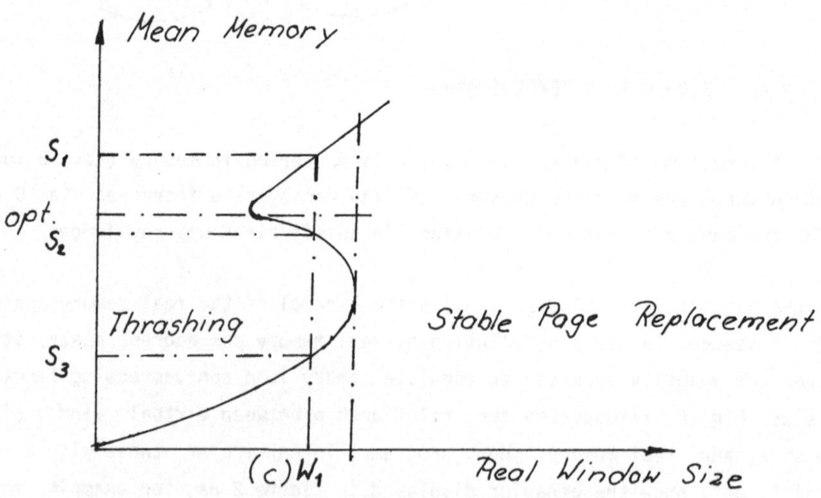

Figure 2: The Anomalous Behavior of Real Age

This function has a minimum, in general, very close to the point, where memory allocation is optimal. Fig. 2 (c) shows memory as a function of the real window size. We see a region of real window values in which memory is not a well behaved function. Consider the situation shown in fig. 2 (c).   The window size W1 is achieved with three different storage sizes S1, S3, and S3.   Simulation shows that storage allocation may oscillate with such programs between S1 and S3 [12]. This instability of global LRU is inherent and can only be avoided if the real age of removed pages is "large enough", a condition which can be met in practice by many applications.

In contrast, the WS algorithm has considerable problems with the workload described above. Similar to the global LRU it would have to be operated with a global virtual window size and thus fail the requirement of near-optimality [9]. Worse, in case an address space runs out of use (i. e., enters wait), its pages would remain in memory because its virtual time does not advance. There seems to be no straight forward circumvention. It is easy to see, that removing all pages at this instant would have a terrible effect on system performance. Techniques proposed in [1] are costly and their impact on the performance of a DB/DC system is at best unclear.

To summarize the analysis: global LRU fails for high paging rates because a small real time window (or real age) is an unstable basis for page replacement; WS fails basically because a virtual time window (or virtual age) does not increase during any wait time. It should be noted, that the above disadvantages of both algorithms are complementary. This leads us directly to the solution proposed below. However, none of the above algorithms comes, in general, close to near optimality due to the global nature of the LRU and the selection of a single global window size for WS.

2.2 Basic Principles of AWS

In the AWS algorithm each address space is assigned a <u>logical time</u> window which varies with real time. At regular intervals, the logical time window is <u>readjusted</u> depending on <u>observations</u> of the past behavior of the address space.   In short, a window size is selected with which the address space would have operated at minimal memory cost during the immediate past in the hope, that its behavior will remain stationary for the immediate future. We will therefore first define logical time and then the mechanisms of observation and readjustment.

Logical time is essentially real time minus the time caused by page waits due to avoidable paging exceptions. More formally, there exists a maximal logical time window τ_{MAX}, one of the parameters of AWS. A page fault of an address space A at real time t_2 is avoidable if the page has been last reference at real time t_1 and the logical time $lt(A,t_1,t_2)$ is less than τ_{MAX}, otherwise the page fault is unavoidable.   The function lt is given by:

$$lt(A,t_1,t_2) = t_2 - t_1 - \sum_i T_i$$

where T_i is the page wait time for the i-th avoidable page fault of address space A during the real time interval (t_1, t_2).

An analysis of logical time shows that it is a non decreasing function of virtual time as indicated in fig. 2 (b). Page replacement based on logical time avoids therefore the anomalies of the global LRU while it takes, in contrast to WS, proper account of address space wait time.

Observations and window readjustments are based on vectors

$$\tau = [\tau_1, \tau_2, \tau_{MAX}] \text{ of window sizes and}$$

$$d = [d_1, d_2, \ldots, d_{MAX}, d_\infty] \text{ of observation intervals}$$

both measured in logical time. τ and d are global parameters of AWS.

Each address space has associated with it a vector:

$$h = [h_1, h_2, \ldots, h_{MAX}, h_\infty] \text{ of reference rates.}$$

Each element h_i is the number of references per logical time unit to pages with a logical age greater than τ_{i-1} (where τ_0 equals 0) and less than τ_i. References to pages which have not been referenced before, or which have been referenced more than τ_{MAX} logical time units ago are accumulated into h_∞. To maintain the vector h each referenced page is time stamped with the logical time of its address space. Then it is straightforward to compute the logical age of a referenced page. The values h_i are obtained by exponential smoothing with mean backwards distance d_i.

With the vector h we are in a position to calculate quantities of interest for the readjustment process. First, there are the quantities m(i), the estimated rates of avoidable paging exceptions per logical time if the window size would have been τ_i.

$$m(i) = \sum_{j=i+1}^{MAX} h_j \tag{1}$$

Next we need an estimate of the working set size WSS(i) if the window size would have been τ_i. The usual formula [4,10] is not directly applicable, however, a similar consideration leads to:

$$WSS(i) = \tau_i \cdot (m(i) + h_\infty) + \sum_{j=1}^{i} \tau_j \cdot h_j \tag{2}$$

Let T be the observed mean page replacement time, then we can estimate the space time product SPT(i) per logical time if the window size had been τ_i as

$$SPT(i) = WSS(i) \cdot (1 + m(i) \cdot T) \tag{3}$$

The basic idea of AWS is to select the τ_j at readjustment time such that the space time product/logical time unit is minimized. However, formula (3) is not directly useable. Since all quantities, in particular the quantities WSS(i) are associated with estimation errors, we have to analyze the effect of errors. Suppose, WSS(1) is estimated too small, say as less than 1. Since (3) is linear in WSS, SPT(1) tends to become very small, a possibly extremely undesirable effect of an estimation error. This problem can simply be removed by adding a small additive constant σ referred to as storage priority. This leads to

$$SPT(i) = (WSS(i) + \sigma) \cdot (1 + m(i) \cdot T) \tag{4}$$

It turns out, that the actual value of σ is not critical if it is selected greater than 1 page. However, a large value of σ clearly favours an address space, the storage priority could therefore be set individually per address space for this purpose. (4) does not account for the CPU overhead caused by paging. A corresponding factor can easily be added, however, since its effect is in general not significant, we omit its discussion here for the sake of simplicity.

2.3 The Algorithm

We are now in a position to summarize the algorithm. The parameters are:

ltu   the logical time unit. A typical value is between 20 ms and 500 ms.

aiv   the adjustment interval. The logical window size is readjusted in intervals of aiv. A typical value is one second.

τ the vector of logical window sizes. Typical values for τ_i are from 100 ms to 500 ms, for τ_{MAX} from 100 seconds to 200 seconds. τ_{i+1} is typically $2 \cdot \tau_i$, thus it is possible to cover a wide range of window sizes with few elements in τ.

d   the vector of observation lengths. Analysis has shown, that the d_i should be at least equal to the τ_i, otherwise statistics are poor and oscillations likely. On the other hand, the d_i should not be much larger to avoid delays of adjustment after an address space has changed its behavior.

σ the storage priority. A global value of 5 is reasonable.

At run time AWS maintains lt (the logical time) for each address space in the system. The wait time resulting from avoidable paging exceptions is subtracted from lt, otherwise lt grows with real time. AWS maintains also statistics on the global mean page replacement time T.

At intervals of one logical time unit all page frames of the address space are interrogated whether they have been referenced. Referenced pages are time stamped and the vector h is updated.

At intervals of aiv (in logical time) the space time product SPT(j) for j = 1 to MAX is calculated. The new value of i is the smallest j such that

$$SPT(j) = \underset{k}{MIN}(SPT(k))$$

where SPT(j) is calculated according to (4).

3. Description of the Simulation Model

In order to study the behavior of the two paging algorithms a simulation program has been implemented using APL. Note, that WS has not been simulated, since WS fails basically with a DB/DC workload, or, with other words, AWS may be viewed as a version of WS which is capable of coping with DB/DC workloads. The APL model simulates various CPU speeds and real memory sizes. Auxiliary storage is modelled as rotational magnetic devices with currently achievable performance. The hardware components of the simulation model (figure 1) are restricted to those of major impact to the performance of main memory and processor use.

The workload has been modelled as a DB/DC system executing user transactions. Transactions are processed by MPPs running in distinct address spaces. MPPs are of different types. For each MPP type we prepared a reference string such that the MPP appears to execute page references, I/O operations and consumes CPU power. Only paging of the MPPs is modelled, all other components of the DB/DC system are assumed to be protected from paging.

A MPP type is characterized by the size b of its address space and by a sequence of transaction phases. Each transaction phase is in turn characterized as follows:

- a phase length expressed in number of I/O's
- a mean locality set size ($\leq$ b)
- a probability for page references outside the locality set during the phase.

Page reference strings for each MPP type are generated via the LRU stack model (see [11]).

The simulation of the global LRU paging algorithm follows a system wide page replacement strategy. Every u real time units the referenced bits of all page frames are scanned. If they have been referenced during the last u time units their age is set to zero, otherwise their age is increased by one. The pages with the highest age are now candidates for page replacement. The results of these simulations have been validated by comparing them with results obtained from measurements on a real operating system.

The number of active concurrent MPPs (i. e., the multiprogramming level, MPL) have been obtained for each CPU-speed by tuning the operating system.

CPU speed in MIPS	1	2	4	8	16
MPL	4	8	15	27	47

Table 1: Multiprogramming Level for Different Machines

The new paging algorithm has been described in detail in chapter 2. As a WS-oriented algorithm it needs a swapping mechanism such that a swap-out occurs whenever the sum of all working sets exceeds the available main storage and a swap-in occurs as soon as the count of free page frames is sufficient to accommodate an additional MPP plus a certain threshold.

4. Results

All the results presented in this paper are obtained for an 8 MIPS machine. The logical time unit has been selected based on the consideration that the CPU overhead for performing AWS should be about the same as for global LRU. The logical time unit (ltu) determines the time interval for repeating the loop of checking and resetting the page reference bits. On large machines this loop is a major source of CPU overhead. As global LRU performs this loop after 1 sec. real time, and the logical time is about 30 - 50 % slower, ltu has been set to 500 ms. Accordingly the window sizes $\tau_i \in \tau$ covered the interval between 500 [ms] and 100 [s]. The main performance measure used in the following results is the normalized system wide space time product defined as

$$NSPT := \frac{\sum_{i=1}^{MPL} SPT_i^*}{\sum \text{finished I/O's}}$$

where the SPT_i^* := (mean resident size x of address space i)·(real time).

In the first experiment we used a workload WL1 consisting of address spaces with b = 65. Each MPP has only one phase. Due to the stationary behavior AWS could adapt the real memory amount very well. The memory requirements per address space are less than those needed with global LRU.

memory size algorithm	350	400	450
LRU	0.86	-	0.88
AWS	0.68	0.69	0.69

Table 2: NSPT Results for WL1

Similar results have been obtained for the 1 MIPS machine and workload WL1.

In the next experiment we tested a workload WL2 of two different MPP types TRT1 and TRT2. MPPs with odd indices performed TRT_1 and those with even indices TRT_2. Though both types had an address space size of b = 155 pages and a mean locality set size of 25 pages, type TRT_2 had a high paging rate whereas type TRT_1 had a very low paging rate.

For the 8 MIPS machine the following NSPT results have been measured:

memory size algorithm	600	650	700	750	800	900
LRU	-	2.10	-	2.13	-	2.17
AWS	1.66	1.64	1.61	1.68	1.72	1.74

Table 3: NSPT Results for WL2

Within the next experiment a workload WL3 consisting of three similar MPP types TRT_1, TRT_2, and TRT_3 was tested, where address spaces with numbers (3i-2) were of type TRT_1, those with numbers (3i-1) were of type TRT_2, and those with numbers 3i were of type TRT_3, i = 1, 2, 3, ... For all address spaces the size was b = 205 pages. Each transaction type consisted of the same three different phases $TRPH_1$, $TRPH_2$, and $TRPH_3$, however TRT_1 performed the phase sequence $TRPH_1$, $TRPH_2$, $TRPH_3$, whereas TRT_2 performed $TRPH_2$, $TRPH_3$, $TRPH_1$, and TRT_3 performed $TRPH_3$, $TRPH_1$, $TRPH_2$. The characteristics for the phases were:

	$TRPH_1$	$TRPH_2$	$TRPH_3$
phase length in user I/O's	100	50	50
mean locality set size	20	30	10
probability for page references outside the locality set	0.3	0.2	0.1

Table 4: Workload Characteristic of WL3

algorithm \ memory size	560	695	830	965	1100
LRU	1.74	1.81	1.85	1.87	-
AWS	1.45	1.48	1.55	-	1.67

Table 5: NSPT Results for WL3

Again AWS shows better performance than LRU.

In the last series of experiments we tested the robustness of the AWS by defining a workload WL4 consisting of two MPP types TRT_1 and TRT_2. TRT_2 differs from TRT_1 only in order of the phases $TRPH_1$ and $TRPH_2$.

	$TRPH_1$	$TRPH_2$
phase length in user I/O's	L	L
mean locality set size	10	50
probability of page references outside the locality set	0.1	0.2

Table 6: Workload Characteristic of WL4

We varied the phase length in an attempt to induce the AWS algorithm to regulate in an anticyclic manner. Table 7 lists the results for L = 150 and L = 100 and the corresponding LRU results.

memory size	L = 150		L = 100	
	LRU	AWS	LRU	AWS
695	1.99	1.68	-	-
830	1.98	1.70	2.45	1.99
965	2.03	1.77	2.46	2.14
1100	2.06	1.88	2.53	2.05

Table 7: NSPT Results for WL4

AWS shows again better performance than LRU. Obviously it is able to cope with the changing phase length L.

5. Conclusion

The well known global LRU and WS algorithms show in systems with cooperating address spaces such as DB/DC systems certain undesirable anomalies leading to system ineffi-ciency and/or poor storage utilization. A novel algorithm, called the "Adaptive Working Set" (AWS) algorithm, has been developed and compared in several series of simulation experiments with the global LRU algorithm. In all cases, AWS showed better or equal performance, but in addition, AWS provides direct feedback to the Operating System for regulating the level of multiprogramming. Also, AWS passed all conducted tests for robustness. Thus it has been shown that AWS is in principle superior to global LRU and in general superior to WS. However, while global LRU is well tested in practice and practitioners have learned how to avoid its inherent instabilities, AWS is so far only tested with a simulation model. Although the authors believe, that it can be implemented with approximately the same overhead as global LRU they are aware that more work is needed to support their thesis. The experiments presented in this paper are based on workloads which exhibit a station-ary behavior. Further experiments are necessary to study the performance for AWS in non-stationary situations, e. g. during program initialization/termination. Only an actual implementation in a real Operating System can prove that AWS competes successfully with global LRU in practice.

References

[1] Denning, P. J.: "Working Sets Past and Present", IEEE Transactions on Software
     Engineering, Vol. SE-6, Janaury 1980.

[2] "MVS: Overview", No. GC28-0984, IBM System Reference Library, June 1978. See also "MVS: Initialization and Tuning Guide", No. CD28-0681, IBM Systems Reference Library, May 1979.

[3] "MVS-System Extensions, Release 2 Installation Guide", GG24-1508-00, 8/1/80, WTSC Poughkeepsie.

[4] Coffman, E. G.; Denning, P. J.: "Operating Systems Theory", Prentice Hall Inc., Englewood Cliffs, New Jersey.

[5] Morris, J. B.: "Demand Paging Through Utilization of Working Sets on the Maniac II", Communications of the ACM, October 1972.

[6] Rodriguez-Rosell, J.; Dupuy, J.P.: "The Design, Implementation, and Evaluation of a Working Set Dispatcher", Communications of the ACM, April 1973.

[7] Graham, G. S.; Denning, P. J.: "On the Relative Controlability of Memory Policies", in Computer Performance (edited by K. M. Chandy and M. Reiser), North Holland Publishing Company, 1977.

[8] Franklin, M. A. et al: "Anomalies with Variable Partition Paging Algorithms", Communications of the ACM, March 1978.

[9] Abu-Sufah W. A.; Padua, D. A.: "Some Results on the Working Set Anomalies in Numerical Programs", IEEE Transaction on Software Engineering, Vol. SE-8, March 1982.

[10] Slutz, D. R., Traiger, I. L.: "A Note on the Calculation of Average Working Set Size", CACM, Vol. 17, No. 10, October 1974.

[11] Mattson, R. L.: " Evaluation Techniques for Storage Hierarchies", IBM Systems Journal, NO. 2, 1970.

[12] Smith, A. J.: "Multiprogramming and Memory Contention", Software - Practice and Experience 10, 531 - 552 (1980).

[13] Opderbeck, H., Chu, W. W.: "Performance of the page fault frequency algorithm in a multiprogramming environment", Proc. IFIP Congress, 1974.